선장 김인현 교수의

해운산업 깊이읽기 II

김 인 현

法 文 社

머 리 말

2020년 도쿄대학에서 안식년을 마치고 귀국하면서 300페이지 이내의 읽기 쉬운 범용서를 펴내자고 마음을 먹었다. 2020년 9월부터 6개월간 일본에서 연구한 결과를 「해운산업 깊이읽기」라는 제목의 단행본으로 펴냈다. 성공적이었다. 해운업계에서 반응이 좋았다. 많은 사람들이 필자의 책을 읽어주었다. 해운산업이라는 작은 산업분야이지만 이 분야의 지식과 발전방향에 대한 수요가 많다는 것을 알게 되었다.

정년퇴직을 이제 3년 남짓 남기다 보니 그간 연구하고 발표한 것을 하나로 정리할 필요성을 느끼게 되었다. 산업계를 위한 칼럼을 많이 남겼다. 조선일보, 동아일보, 중앙일보, 매일경제, 한국경제, 부산일보 등 일간지는 물론이고 해운신문, 해양한국 등 해운전문지에도 기고를 많이 했다. 이들 칼럼의 목적은 모두 해운산업을 축으로 하는 물류산업, 조선산업의 발전에 있다. 그래서 「해운산업 깊이읽기 Ⅱ」라는 제목으로 책을 엮어도 충분할 것으로 보았다.

초고를 수정하는 과정에서 전체적인 맥락을 맞추기 위해 칼럼 17편을 추가했다. 배치 작업을 완료하고 나니 총 72편의 칼럼이 본서에 수록되게 되었다. 모두 내가 목포해양대에서 연구와 강의를 시작한 1999년에서 고려대에서 재직 중인 2020년 사이에 발표한 것들이다.

본서는 제1부 일반, 제2부 선박, 선원 그리고 안전, 제3부 해상법, 제4부 한국해운의 재건과 국제경쟁력 확보방안 등 총 4부로 구성되어있다.

제1부에서는 해양수산분야의 행정을 담당하는 국가기간인 해양수산부의 중요성에 대한 기술을 제일 먼저 담았다. 2008년 해양수산부

가 폐지될 때 그리고 2013년 부활될 때 필자의 소회를 밝힌 것이다. 다시 읽어보아도 여전히 시사성이 있다. 지금의 나를 존재하게 한 스승 채이식 교수와의 사제지간 이야기도 실었다. 분쟁해결수단으로서 해사법원과 서울해사중재협회의 설치에 대하여 그리고 해상변호사를 양성하는 로스쿨에 대하여도 소개했다.

제2부 선박, 선원 그리고 안전에는 4차 산업혁명 시대의 선봉에 서 있는 무인선박 관련 칼럼이 포함되어 있다. 세월호 사고시 사고의 원인과 해결책을 제시한 칼럼을 추가했다. 특히 홍콩항내에서 발생한 람마 IV 사고시의 홍콩의 모범적인 사고조사제도를 소개했다. 선원보호의 중요성을 강조한 "바다에 뼈를 묻게 하려면"이라는 칼럼도 추가했다. 특히 잘 다루어지지 않는 한강과 교량에서의 사고예방, 그리고 반복되어 사고가 발생하는 연안여객분야와 연근해 어선의 사고 방지대책의 글도 포함시켜 경계로 삼기로 했다.

제3부 해상법에서는 가벼운 해상법 주제를 모았다. 해상법의 다양한 기능에 대한 필자의 생각을 담았다. 해상법은 분쟁해결기능만 있는 것이 아니라 산업을 조장하고 예측가능하게 하는 기능이 강조되어야한다. 한진해운 회생절차 당시 적었던 글도 넣었다. 대법원 삼다수 판결을 기회로 개품운송, 복합운송 그리고 종합물류업이 어떻게 변천해왔는지 살펴보고 입법론을 제시했다.

제4부 한국해운의 재건과 국제경쟁력 확보방안에서는 2016년 한진해운사태를 거치면서 필자가 고민한 내용들이 소개되었다. 정기선 운항이 왜 중요한지? 한진해운을 살릴려면 어떻게 하면 되는지를 적었다. 한국해운의 재건을 위하여 필요한 각종 정책대안을 발표한 것들을 모았다. 선주사 육성, 선화주상생, 해운과 조선의 상생 방안 등이 담겼다. 해운부대산업으로서 한국선급, Korea P&I 등도 중요함을 강조했다. 해운산업에 대한 홍보의 중요성도 역설했다.

부록에서는 본문에 나와있지 않는 것들을 다룬 인터뷰 기사 9편을 실었다. 필자의 개인적인 소회들이 많이 담겨있지만, 인터뷰 당시의 시대상을 반영한 것이라서 그대로 싣기로 했다.

마지막에는 "바다, 저자전문가와의 대화" 모임의 좌장이신 정필수 박사님과 해양출판인인 김연빈 사장에게 서평을 부탁드렸다.

72편의 글은 필자의 사견이 담긴 글들이지만, 당시 해운계의 쟁점이 무엇이었는지 짚어볼 수 있게 한다. 그냥 하나씩 내버려두기보다는 정리를 하여 일반인들이 읽기 쉽도록 준비해주는 것이 지식인의 책임이기도 하다. 필자의 이 글들이 해운·조선·물류산업에서 널리 읽혀 산업의 발전에 조금이라도 기여하길 바란다.

이 책의 편집에 도움을 준 제자 백지수 변호사, 출간을 허락해준 법문사 관계자 여러분, 특히 편집을 해주신 예상현 과장, 실무를 담당하신 정해찬 대리에게도 감사의 마음을 전한다.

2021. 2. 12. 화정동 서재에서

저자 김인현

차 례

제1부 일 반

제1장 해양수산부 존재의 의의 ·· 3

　　1. 해양수산부 존치론 ·· 3

　　2. 신 해양수산부의 부활을 바라면서 ·························· 9

제2장 해기사와 로스쿨 변호사 ··· 21

　　1. 해운특성화 로스쿨 ··· 21

　　2. 해기사 출신 변호사의 양산 ·································· 28

제3장 한국해사법정 중재 활성화 ····································· 32

　　1. 우리나라 해사중재의 현황과 활성화방안 ··············· 32

　　2. 서울해사중재협회 창립과 임의중재 ······················ 37

　　3. 해사법원 설치에 대하여 ······································ 42

제4장 고려대 해상법연구센터 개원의 의미 ··················· 50

　　1. 개원세미나와 그 기능 ··· 50

　　2. 스승과 제자의 30년간의 대화 ······························ 56

제5장 존경하는 해운계 인사 ··· 60

　　1. 배순태 선장님의 출판기념회를 다녀와서 ··············· 60

　　2. 이준수 전 학장님을 기리며 ································· 63

제6장 해양문화, 홍보 ··· 66

　　1. 영화 "안시성"이 해운무역업계에게 주는 교훈 ········ 66

　　2. 해운·조선 산업 홍보의 필요성 ·························· 74

제2부 선박, 선원과 안전

제1장 세월호 사고의 원인과 대책 ················· **79**

1. 세월호 선주의 민·형사상 책임 ················· 79
2. 선체조사위원회의 조사결과를 보고 ················· 81
3. 내항선 선장에게 '안전' 義務 교육을 ················· 85
4. 해양경찰, 독립적 지휘 체제 존속시켜야 ················· 87
5. 해상 안전, 채찍과 당근 함께 써라 ················· 89
6. 선박 대형 사고 막으려면 복원성 교육 강화해야 ················· 90
7. 여객선 침몰, 홍콩式 조사 방법 본받자 ················· 91

제2장 선   원 ················· **93**

1. '바다에 뼈를 묻게' 하려면 ················· 93
2. 해양대 해기사 증원 확대의 전제 ················· 95
3. 육상직을 위한 선장/기관장면허 제도를 마련하자 ················· 102

제3장 해양안전심판 ················· **105**

1. 해양안전심판원의 법학교육 ················· 105
2. 2019년 세계해양조사관 워크숍을 다녀와서 ················· 107

제4장 무인선박 ················· **111**

1. 무인선박으로 해운산업 재도약을 ················· 111
2. 무인선박 시대의 도래와 해운·조선산업 ················· 112

제5장 숨어있는 분야에 대한 안전확보 방안 ················· **116**

1. 선박설계도 및 건물구조도를 활용한 구조가 되어야 ················· 116
2. 한강에서의 안전대책 ················· 120
3. 내항여객선 공영제 도입 ················· 123
4. 위험성 커지는 사회, 이에 걸맞는 안전대책 필요 ················· 126
5. 연안어선 충돌예방 교육 시급하다. ················· 129

제6장 나용선 등록제도 ·· 131

1. 나용선 등록제도 국내 도입의 필요성 ······················ 131
2. 나용선 등록제도로 선박 안전확보 가능 ···················· 135

제3부 해 상 법

제1장 해상법의 기능과 이념 ······································ 143

1. 해운조선산업에서 해상법의 다양한 기능 ················· 143
2. 계약자유의 원칙과 해운조선산업 ·························· 149

제2장 국취부선체용선과 편의치적선 ···························· 155

1. 국취부선체용선의 장점과 단점 ····························· 155
2. 편의치적선과 법인격 부인론 ······························ 160

제3장 유류오염사고와 책임보험 ································· 163

1. 원유부두시설에서 유출된 유류오염사고 손해배상의 쟁점 ····· 163
2. 태안 유류오염사고 10주년, 유류오염손해보상 국내기금을
   만들자 ·· 168
3. 세월호 유족들의 책임보험자에 대한 직접청구권 행사 ········· 170

제4장 종합물류업 ·· 176

1. 종합물류업과 대법원의 삼다수 판결 ······················ 176
2. 물류자회사를 진정한 운송인으로 대우하자 ················· 183

제5장 한진해운과 동아탱커의 회생관련 ························ 189

1. 국취부 나용선된 한진 샤먼호의 압류사태에 대하여 ·········· 189
2. 한진해운 회생절차에서의 해상법 및 도산법상 쟁점 ·········· 193
3. 동아탱커의 회생절차신청의 의의 ·························· 199
4. 동아탱커 SPC선박에 대한 포괄적금지명령의 의의 ············ 202

제4부 한국해운의 재건과 국제경쟁력 확보방안

제1장 한진해운을 살리자 ································· 213

1. 불황 겪는 우리 船社, 살아남게 해야 ················· 213
2. 해운 구조조정, 기초체력 훼손은 안 돼 ················ 214
3. 한진해운 영업망·노하우 살리는 구조조정을 ·········· 216
4. 정기선사 하역보험 도입해야 ······················· 218
5. 국적선 적취율 높여야 '해운한국' 되찾는다 ············ 219

제2장 정기선 해운을 살리자 ··························· 222

1. 정기선사 운항의 중요성 ··························· 222
2. 현대상선이 완전한 해운동맹을 맺으려면 ············· 225
3. 현대상선의 2M 가입에 대하여 ····················· 227
4. 한국 외항 정기선해운 위기의 원인과 부활을 위하여 ········· 230
5. 외항정기선사의 공동운항 논의의 필요성 ············· 237
6. 글로벌 얼라이언스 가입과 해운업 재도약 ············ 239

제3장 선주사를 육성하자 ····························· 242

1. 선박소유와 운항의 적절한 조화 ···················· 242
2. 선주사 육성으로 해사크러스트 완성해야 ············· 248

제4장 해양진흥공사 ································· 251

1. 공사설립의 의의와 업계의 유념사항 ················· 251
2. 해양진흥공사 설립, 해운업발전 계기로 ·············· 257

제5장 해운업 살리는 법제도 구축 ····················· 260

1. 해운업 살리려면 제도 정비부터 ···················· 260
2. 하역비지급보장 기금제도라도 조속히 만들자 ·········· 262
3. 제2의 한진해운 사태 차단하려면 ··················· 266
4. 한진해운사태 이후 화주보호관점에서의 법제도보완 ······ 268
5. 원양정기선 시장 회복을 위한 국제공조체제 ··········· 275

제6장 한국 해운산업 말선방안 ·········· ················· **277**
  1. 실천적 빙인 ···· ···················· 277
  2. 한국해운에 대한 호감도를 높이는 방안 ········ 293
  3. 해운·조선·화주·금융 상생협력 생태계 다져야 ········ 302
  4. 해운 산업 전후방의 국산품애용이 절실하다 ········ 306
  5. 해운산업과 조선산업의 상생 ········ 310

〈부 록〉 인터뷰 기사

[부록1] 나용선 등록제도, 한국 해운력 상승 계기될 것 ············· 315
[부록2] 법정에 선 후 '마도로스 출신 법대교수' 결심 ············· 321
[부록3] 해운산업과 로스쿨 ············· 327
[부록4] 선장 출신 로스쿨 교수가 본 세월호 ············· 333
[부록5] 선장에서 해상법 학자로 ············· 339
[부록6] 해수부 정책 자문위원장에게서 듣는다 ············· 350
[부록7] 선장 출신 '해상법 전문가' 로스쿨 교수 ············· 356
[부록8] 「한진해운 파산 백서」 낸 김인현 교수 ············· 362
[부록9] 고려대 바다 최고위과정을 말하다 ············· 365

〈서 평〉 / 정필수 (한국종합물류연구원장, 전 KMI 부원장) ············· 372
〈서 평〉 / 김연빈 (도서출판 귀거래사 대표, 전 주일한국대사관 해양수산관) ········ 376

제1부

일 반

제1장 해양수산부 존재의 의의
제2장 해기사와 로스쿨 변호사
제3장 한국해사법정 중재 활성화
제4장 고려대 해상법연구센터 개원의 의미
제5장 존경하는 해운계 인사
제6장 해양문화, 홍보

제 1 장
해양수산부 존재의 의의

1. 해양수산부 존치론

해양수산부가 농림부에 흡수통합 되리라는 언론의 보도를 접하면서 10대 후반부터 30년간 해운에 종사하여온 사람으로서 의견을 밝히고자 한다. 필자가 20, 30대 때에는 해운항만청과 수산청이 나누어져 있었고 해운인들과 수산인들은 해운과 수산을 발전시키기 위해서는 부로 승격이 되어야겠다는 오랜 염원을 갖고 있었다. 김영삼 정부가 들어서면서 1996년에 해양수산부가 발족되었다. 필자는 이는 참으로 잘 된 일이라고 생각해 왔다. 그간 해양수산부가 해운하기 좋은 나라, 톤세제도 등 좋은 정책을 많이 펴온 덕분으로 해운은 최근 3~4년 유래 없는 호황을 누리고 있다. 현대상선, 한진해운, STX팬오션, 대한해운 등 선사들은 우리나라의 대표적인 기업이 되었다. 해양대학을 나온 해기사 출신 40여명이 선박을 소유한 선주로서 이끄는 장금상선, 창명해운, C&상선, 선우상선 등의 기업들이 해운산업에 속속 등장하였다.

大運河 시대와 海洋水産部의 역할

한반도 대운하가 많은 국민들의 관심을 끌고 있다. 이를 추진하고 있는 대통령직 인수위원회 측에서는 전국토를 항만화하여 세계와 교류하는 환경을 만들고자 한다는 포부를 밝히고 있다. 옳은 말이다. 대운하를 통하여 전국은 바다와 연결되게 된다. 무역대국은 우리나라의 포기할 수 없는 정책이다. 무역은 해운으로 이루어진다. 해운의 수단은 선박이다. 선박을 운항하기 위하여는 선원이 있어야 하고, 화물을 싣고 풀고 선박이 쉴 수 있는 항만이 있어야 한다. 그러므로 해운을 위하여는 선주, 선박, 선원, 화물이라는 4박자가 있어야 한다. 그리고 물적 기반으로서 항만이 있어야 할 것이다. 문제는 우리의 한반도 대운하가 바다에 존재하고 있는 항만을 육지 깊숙이 끌어드리게 된다. 한반도 대운하가 바다와의 연결성에 비중을 둔다면, 운하를 이용한 운송은 해운의 연장선에 있는 것이므로 위의 해운의 요소를 그대로 가지고 있게 된다. 따라서, 운하와 관련된 운송, 안전, 부두시설 부분은 해운담당부서가 맡아서 처리하여야 한다. 그러므로, 현재의 해양수산부의 위치는 더 강화되고 격상되어야 한다. 예컨대, 운하가 바다와 연결되면 선박이 항해 중 준수하여야 할 해상교통법이 있어야 한다. 충돌이 발생하지 않도록 하는 행정은 현재 해양수산부의 담당이고, 현재의 해상교통안전법이 적용된다. 운하를 이용하는 추진력이 없는 피예인선이 선박인지도 문제가 된다. 이러한 안전과 법적 문제는 모두 해운의 문제이고 해양수산부의 업무범위에 속하게 된다. 운하를 건설하는 것은 다른 부서의 담당소관이 되지만 운하를 이용하면서 발생하는 행정수요는 대부분 해양수산부의 소관이 되는 것이다. 이것은 운하는 바다의 연장선이라는 인수위의 인식과 궤를 같이 하는 것이다. 그러므로, 대운하시대에 있어서 해양수산부는 소관사항이 늘어나게 될 것이다.

機能論의 관점에서 본 海運 水産과 農林 및 다른 交通과의 차이점

장차 기능에 따라서 부처를 통폐합한다고 하면서 해양수산부를 농림부와 통합할 것이라는 언론의 보도를 보았다. 해양수산부의 기능과 농림부의 기능이 동일한 범주에 속한다고 볼 수 있는가? 농림은 1차 산업이다. 해양수산의 기본이 되는 해운은 3차 산업이다. 해운은 어떤 산물을 생산하는 것이 아니라 생산된 물건을 장소적으로 이동하는 기능을 하는 것이다. 필자가 과문한 탓인지는 모르나 해방이후 우리 해운이 농림부에 속하였다는 기억은 없다. 해운은 3차 산업인 점에서 농림과 다를 뿐만 아니라 엄청난 국제 경쟁속에 놓여있는 분야이다. 농림은 우리나라의 영토에서 이루어지는 생산 활동이지만, 해운은 우리나라 영해 밖을 무대로 이루어진다. 선박의 안전을 위한 국제조약, 해상운송을 위한 국제조약, 오염피해를 위한 국제조약, 이런 국제적인 법적 체제 속에 해운은 놓여있다. 선박을 확보하기 위하여 경쟁국가보다 유리하게 금융을 조달하여 주는 일, 선박을 운항할 선원들을 안정적으로 양성하여야 하는일도 해운 정책에서 하여야 한다. 이 선원들은 국제적인 성격상 영어를 모두 잘 구사하여야 하고 특별히 높은 수준의 선박운항 교육을 받아야 한다. 이러한 점들은 해운을 농림과 절대적으로 구별하게 하는 요소들로서 생각된다. 만약 교통이라는 측면에서 육상, 항공운송과 함께 건설교통부에 해운을 통합하는 것을 생각할 수도 있을 것이다. 그러나, 도로교통의 자동차, 철도 및 항공운송의 항공기와 해상운송의 선박은 큰 차이가 있다. 해상운송의 선박은 바다를 항행하여야 한다. 바다를 운항하는 선박은 많은 위험 속에 오랜 기간동안 항해하여야 하는 점, 국제적인 경쟁체제 하에 놓여있는 점, 선박 운항에 대한 고도의 교육이 필요하다는 점에서 다른 운송수단과 다르다. 교통과 운송이라는 측면에서 육상, 해상, 항공운송이 동질성을 갖지만, 운송수단은 각각 다른 특징과 공간이용이 필연적이고 이 점에서 해상운송은 특이성을 가진다. 오히려 바다를 공간으로 한다는 측면에서 해운과 수산의 수단이 되는 선박을 하나의 묶음으로 하는 것이 더 큰 행정적 효율을 가져올 것이다. 이러한 점이 인정되어 오늘의 해양수산부가 탄생되었을 것이다.

統廢合의 이유 존재여부

한국해운이 괄목할 만한 성장을 하여 5년 내에 선복량이 2배로 증대되었고 해운수입이 자동차, 조선, 반도체와 함께 4대 주요 외화 가득원이 되었다는 것은 해양수산부가 주축이 된 해운행정이 경쟁력 있게 잘 되어왔다는 반증이 아닌가 생각된다. 그리고 최근 필자가 교수로 재직하였던 목포해양대학교 및 한국해양대학교의 입학생들의 수준이 놀랄 정도로 수직상승한 점은 해운에 대한 국민적인 인식과 졸업생에 대한 수요가 높아졌기 때문이라고 생각한다. 국제적인 협력에 있어서도, 유엔 산하의 전문기관인 IMO의 법률위원회의장 배출, IMO 이사국 3회 진출 등 우리나라는 주도적인 역할을 하게 되었다. 20년전에는 국제회의에 한국의 대표들은 자료를 얻어오는 수준이었다면, 10년 전에는 의견을 소극적으로 개진하는 수준이었고 이제는 적극적으로 회의를 주도하고 국익을 이끌어내는 수준이 된 것이다. 외교통상부의 관리들도 해양수산부가 관련된 국제회의가 가장 효율적으로 국익을 대변하고 있다고 말한다. 항만은 해운과 밀접한 관련을 맺고 있기 때문에 기능이 동일하다고 볼 수 있다. 해양수산부의 일부를 이루는 수산은 생산의 면을 강조하여보면 1차 산업으로서 농림과 유사하다. 그러나, 수산은 바다를 무대로 한다는 점에서 해운과 유사한 면이 있다. 또한 수산업을 영해 이원에서 하게 되는 경우에는 국제성을 띠게 된다는 점에서 해운과 유사하고 농림과 다르다. 또한 상선과 어선이라는 선박을 이용한다는 점에서 행정관리를 하여야 하는 행정청의 입장에서는 차이가 없다. 나아가 이들 선박에는 선원들이 승선하여야 한다는 점에서 해운과 수산은 동일한 행정의 대상을 갖는다. 해양수산부의 기능으로서 해양의 관리가 있다. 영해, 배타적 경제수역을 지키고 관리하는 것이다. 이의 기본조약인 유엔해양법은 영토의 연장인 영해 등을 규율하는 것에 포함하여 해양어족의 보존, 선박의 안전운항, 해양오염을 모두 하나로서 다루고 있다. 이 모든 분야를 해양수산부가 원스톱으로 다루고 있다는 것은 효율적인 조치라고 생각된다.

結 – 海洋水産部 存置에 찬성함

한때 해운산업을 사양 산업이라고 하였다. 그러나, 이제 누구도 해운산업을 사양 산업이라고 하지 않는다. 부존자원이 없는 우리나라에서 해운만큼 좋은 산업도 없다. 지리적인 조건이 좋고, 기꺼이 선원이 되어 선박을 운항하겠다는 젊은이들이 있다. 선박금융이 발달하여 선주들이 쉽게 선박을 확보하여 외국의 화물을 운송하면서 달러를 벌어들이고 있다. 해운기업은 육상 항공의 물류산업, 조선산업으로 영역을 확장하면서 글로벌 기업으로서 우리나라 산업을 견인하고 있다. 이를 담당하는 부서로서 해양수산부가 존재하는 것은 당연한 것이 아닌가? 국가는 해운을 그만큼 중요하게 생각한다는 것을 보여주어야 한다. 다시 해운을 관리하는 행정부서를 청으로 만들거나 혹은 다른 부서에 통폐합하여 지위를 격하시키는 것은 시대를 12년 뒤로 후퇴시키는 것이다. 10여년 전과 비교하여 지금의 해운은 천양지차가 있을 정도로 성장하여 국가산업에서의 비중이 커졌다. 그럼에도 이를 12년 뒤로 후퇴시킨다는 것은 이해하기 어려운 일이다. 마약, 그렇게 된다면 이는 그간 해운을 위하여 헌신적인 노력을 기울여온 해운인들에 대한 정당한 대우가 아니다. 일련의 해양사고는 미리 예견하고 잘 준비하지 못한 탓인지는 모른다. 해운이 호경기에서는 더 많은 선박이 운항하고 노후된 선박이 운항되게 되기 때문에 사고의 확률은 높아진다. 해운이 호경기일 때에는 해양안전업무는 오히려 강화되어야 사고를 방지할 수 있는 것이다. 담당부서에서 대형 사고가 있다고 하여 담당하는 부서를 폐지하는 것은 단견이다. 이를 오히려 보강하여야 하는 것이 현명하다고 생각한다. 태안오염사고에 있어서도 우리 해양수산부는 담당부서를 두어 그동안 유류오염손해 배상을 위한 국제기금에 가입하고 적극 회의에 전문가를 참석시켜 노하우를 축적하여 앞으로의 정산과정에서도 좋은 결과가 있을 것으로 본다. 우리나라의 해양안전 체제는 그동안 많은 노력을 기울여 잘 갖추어져 왔다고 생각되었다. 이번 오염사건을 통하여 추가할 사항이 있다면 이를 더욱 보완하고 발전시켜서 해운 중진국이나 후진국에게 그 기술을 수출도 할 수도 있다고 생각한다. 30년을 해운에 종사한 실무자로서, 해양수산부가 대과없이 효율적으로 한국의 해운과 수산 및 해양수호를 위하여 크게 도움이 되고 있음에도 불구하고, 해운인의 염원에 힘입어 설립된 지 10여년이 지나 이제 이를 다시 폐지한다는 것, 그것도 농림부에 흡수 통합된다는 기사의 내용은 필자의 인식과 너무나도 큰 차이가 난다. 이는 재고되어야 하고 해양수산부는 현재대로 그대로 존속시키면서 더욱 발전시켜야 한다. 부족한 면이 있으면 官民學이 머리를 맞대어 보완하고 발전시키는 것이 바람직한 방향이라고 생각한다. 한번 폐지된 제도를 다시 살리는 것은 얼마나 어려운지 한국해양대학교 학생들의 해군예비역장교제도의 복원작업에서 우리는 보아왔다. 해운관련분야에서 우리는 다시금 이런 우를 범하여서는 아니 된다는 것이 필자의 생각이다. 해양수산부가 정녕 통폐합이 되어야 한다면 12년 전의 해양수산부의 설립 당시에 내린 정부의 결정과 현재 어떤 사정이 달라졌는지 그리고 그 결과 어떤 장점들이 있을 지에 대하여 해양수산인들이 납득할 만한 이유와 근거가 제시되어야 할 것이다. 《《한국해운신문》, 2008년 1월 11일)

2. 신 해양수산부의 부활을 바라면서

〈우리나라 해양분야정책의 상황〉

해 운

우리나라 해운은 해방 이후 눈부신 성장을 이룩하여 현재 세계6위(지배선대 기준)의 선복량을 기록하고 있다. 그러나, 지나친 용선 위주의 기업경영의 결과 및 지나친 신조발주로 인하여 2009년 이후 어려움을 맞고 있다. 2005년경부터 시작된 호황하에서 우리 해운회사들은 닥쳐올 불황을 예견하면서도 정부로부터의 행정적인 규제나 자율적인 제재를 받지 않았다. 해운은 10년 불황에 1년 호황이라는 것은 상식에 속하는 말이다. 우리는 1980년대 초반의 해운합리화조치를 생각하게 된다. 최근의 해운의 상황은 이보다 더 나쁘다고 한다. 왜 우리는 10년 주기로 이런 경험을 되풀이하는가? 해양수산부가 존치되었다면 이렇게 되었을까 하는 생각을 해본다. 해양수산부는 톤세제도의 도입, 국제선박등록제의 도입, 선박펀드제의 도입, 해기사병역문제의 해결 등 가시적인 큰 성과를 이루었다. 이러한 선도적인 정책들이 2000년대 후반의 해운 호황기와 맞물려 해운기업들은 초유의 호황을 맞보았다. 현재의 국토해양부 체제하에서는 홍보의 부족인지 몰라도 그 성과가 피부에 와 닿지 않는다. 한편으로는 해운의 불황 조선의 불황을 방지하고 해결하는 것이 반드시 정부의 몫은 아님을 알게 된다. 기본적으로 행정부는 규제와 허가를 하는 것을 목적으로 하기 때문이다. 그렇다고 하더라도 이것이 모두 민간에 방임하여서는 안 될 일인 것도 이제는 자명하게 되었다. 그 결과가 너무나 혹독하기 때문이다. 업계가 수년간 주장한 선박금융 공사의 설립이 난항이다. 필자는 어느 세미나에서 말했다. 왜 호경 기일 때 선사들이 갹출하여 선박금융을 제공하기 위한 기금을 마련하지 못하였느냐고? 이제 와서 정부에게만 무성의를 탓할 수는 없다. 기본적으로 동종 업계가 스스로 자구책을 마련하는 것이 자유경제체제제하의 원칙이기 때문이다.

조 선

우리나라 조선산업은 세계 1~2위의 건조량을 나타내면서 눈부신 성장을 하여왔다. 2000년대에 들어서서 대형조선소를 제외하고 중소조선소들이 난립하면서 언젠가는 공급초과로 큰 문제가 발생할 것이라고 많은 사람들이 예견하였다. 수급의 예측에 따른 설립 불허 등의 조치 등과 같은 행정적 규제 혹은 민간의 자발적인 제제가 있었다면 이렇게 중소형 조선가가 난립하여 문제가 생기지는 않았을 것이다. 선가가 떨어지자 금융회사들이 대출한 대금을 회수하고 선박금융을 제공하지 않자 근본적인 선박금융공사의 설립 등 대책을 업계가 요구하고 있다. 입법안이 국회의원들의 손에 의하여 만들어졌지만 난항을 거듭하고 있다. 금융사들도 조선소에 선수금환급보증서를 발급하여 주었다가 조선소의 파산 등으로 지급의 위기에서 영국에서 법정소송을 벌였다. 우리 은행들은 거의 모두 패소하여 발주자들에게 파산한 조선소를 대신하여 선수금을 환급하여 주고 있는 고통을 겪고 있다. 종합적이고 근본적인 대책이 필요한 부분이다.

해상보험, 법률서비스, 기타 분야

해운산업과 조선 물류산업의 눈부신 발전에도 불구하고 이 분야는 낙후되어 있다고 할 수 있다. 여기서 낙후라는 말은 영국에 대한 의존도가 너무 높다는 것이다. 해상보험은 영국법을 준거법으로 사용하고 있고, P&I 보험도 거의가 영국계 클럽에 가입하고 있다. 우리나라 해상보험회사들은 국내고객을 주대상으로 하는 한계성을 벗어나지 못하여 해상보험이 전체 손해보험에서 차지하는 비중이 30%에서 5% 내로 줄어든 결과를 낳았다. 일본의 도쿄마린이 세계적인 해상보험회사로 성장한 것과 큰 대조를 이룬다. 그 결과 우리는 해외에서 재보험을 사야 한다. 해운산업관련 법률수요도 거의 영국을 중심으로 처리된다. 따라서, 법무비용, 보험료의 해외유출은 상당히 높은 수준이다. 개선을 위한 어떠한 유인도 제공되지 않고 업계는 과거를 답습하고 있다. 또한 70년대 우리나라 선원들이 해외에서 벌어온 외화도 상당하였다. 그 선원들의 숫자는 현격히 줄어들었고 이제는 우리나라는 외국선원들을 상당수 수입하는 구조가 되었다. 그동안 선원들로서 경험을 가진 자원들을 활용하여 선박관리업이라도 발전시켜야 할 처지가 되었다. 이 분야에서도 우리는 민간에서 애로가 있다. 이제는 정부가 적극적으로 나서서 이 분야의 발전을 유도하고 조장할 필요성을 느끼게 된다.

해양수산

계속되는 중국어선의 우리 해역 침입과 독도 및 동해표기에 따른 이웃 국가들과의 신경전이 계속되고 있다. 일본과의 신어업협정 체결 이후 어민들은 어획량 감소로 인한 어려움을 겪고 있다. 2007년 12월 태안유류오염사고 처리에서의 혼선과 배상 및 보상의 문제는 아직 이렇다 할 개선책없이 세월은 흘러가고 있다. 가장 큰 문제점은 보상체제의 문제가 아니라 입증증거의 문제이다. 1995년의 시프린스호 사건에서도 동일하게 어민들의 소득에 대한 증거가 없었기 때문에 보상이 지연되었고 현재 사건도 동일하다. 사고후 5년이 지난 지금에서야 국제기금은 어민 등이 청구한 피해액의 15%만 보상 가능한 것으로 인정하였다. 언제까지 이러한 문제점을 안고 갈 것인가? 다른 제3의 대형사고시 우리는 이러한 어려움을 또 다시 겪고 사회적 비용을 치러야 하는가? 국회 대책위원회의 처리도 상시적이지 못하고 일시적인 것에 지나지 않는다. 보상제도 개선을 위한 통합적이고 근본적인 대책이 필요하다.

〈신 해양수산부 부활의 필요성〉

민간과 행정부의 일체화에 대한 요구

최근 우리가 겪고 있는 해운업 조선업 등의 어려움에서 우리는 민간과 정부가 따로 분리되어서는 아니된다는 점을 알게 된다. 7-8번에 걸치는 용선체인에 대하여 2~3번으로 제한하는 규제가 있었다면, 아니면 이러한 내용이 용선계약 하에 들어가는 것이 일반화되었다면 용선료에 거품이 끼지도 않았을 것이고 해운기업들은 등락의 폭을 줄이면서 보다 안정적인 영업을 하였을 것이다. 민간에 일임하여 둔 결과는 파멸적인 결과를 가져왔다. 적절하게 규제하고 이에 상응하여 산업을 조장하고 육성하여 주어야 하는 행정이 필요함을 체험하게 되었다. 값비싼 수업료를 치른 것이다. 여기에서 우리는 또 민간산업을 국가가 규제하면서도 적극 지원할 필요성을 알게 되었다. 순수하게 민간의 영역으로 방임되었던 해상보험 및 해상법률시장을 이제는 적극 개척하여야 한다. 한국선급이 외국의 선박을 입급시켜서 상당한 수익을 창출하는 것은 널리 알려진 일이다. 우리나라 해운회사들이 제3국간의 운송에 투입되어 외화를 가득하는 것이 전체 수입의 60% 이상이다. 그럼에도 불구하고 해상보험은 외국의 선주와 화주를 거의 가져오지 못하고 있다. 일본의 도쿄마린과 같이 세계를 무대로 나아가야 한다. 법률분쟁 및 법률자문도 외국의 의존도를 낮추어야 한다. 이러한 문제는 너무나 오래된 일이기 때문에 정부가 적극 나서야 한다. 싱가포르해사중재의 발전을 위하여 싱가포르 정부는 싱가포르해사재단(SMF)을 설립하여 경제적인 지원을 하고 있다. 이번 11월 14일 세미나에도 법무차관이 직접 와서 축사를 하여주었다. 신 해양부 하에서는 국부창출을 위하여 민간사업을 조장하는 정책이 필요하고, 여기에 초점을 맞추어 부가 재편성되어야 할 것이다.

현 정부조직 체제의 비효율성

현재 국토해양부에서는 본부 과장만 130~140명에 이른다. 이는 대부처주의 때문에 건설부, 교통부 그리고 해양수산부가 합친 결과이다. 해양수산부 시절 과장 50~60명이었던 시절에 비하면 3배에 이른다. 장관이 효율적으로 통솔하는 범위를 넘어선다고 보아야 한다. 해양수산부의 공무원들이 건설/교통 업무에 적응하기 어렵고, 수산공무원들이 농림에 적응하기 어렵다. 우리나라 행정부가 가지고 있는 순환보직제도 때문에 상황은 더 악화되게 된다. 작년에 있은 IMO 사무총장 선거에서 우리나라가 일본에 패한 것도 국토해양부 내에서 약화된 해양수산의 지위가 그대로 나타난 것이라 생각된다. 현정부하에서 업계는 어려움이 있으면 행정부에 가는 것이 아니라 국회로 달려가서 해결책을 구하곤 한다. 해양수산부 시절과 많이 다른 점이다. 행정부에는 더 많은 전문가들이 있고 입법이 된다고 하여도 집행은 행정부에서 하는 것이니 국회도 중요하지만 행정부도 중요하다. 그럼에도 불구하고 업계가 국회에 의존한다는 것은 그만큼 행정부가 신속하게 효율적으로 업계의 어려움을 풀어주지 못했기 때문이라고 생각된다.

새로운 환경의 변화

싱가포르에 한국해기사 출신이 150명, 인도네시아 쟈카르타에 50명이 진출하여 있다. 이들은 해양설비업, 선주로서의 선박운항, 컨테이너 터미널 전문가, 선박선원관리직등 전문직에 종사한다. 우리나라 해기사 출신들의 해외전문직 진출과 이들과 연계한 산업의 구축 등이 필요하게 되었다. 북극항로가 개설되어 선진해운국들은 많은 관심을 보이고 있다. 유럽까지의 항해기간이 1/3로 줄어들면 그만큼 선복도 불필요할 것이다. 이는 선가의 하락 등 폭발적인 영향을 해운과 조선에 미칠 것으로 예상된다. 미리미리 대처하기 위한 특별 부서의 설치가 요망된다. 해양플랜트 산업과 요트산업의 무한한 발전가능성이 점쳐진다. 그런데 이들은 기존의 선박 중심의 개념과 다른 것이기 때문에 기존의 틀과 다른 입법을 요구한다. 해운 유사성이 있기 때문에 해양수산부에서 더 적절하게 처리할 수 있다. 안전검사, 근로자의 보호, 입출항 통제 그리고 피해자를 보호하기 위한 강제보험의 도입은 모두 해양수산부에서 처리할 수 있고 또 처리하여야 할 분야이다. 해양플랜트에서 야기되는 오염은 현재의 법제도가 선박을 중심으로 하였기 때문에 새로운 법제도가 창설되어야 한다. CMI와 IMO 같은 곳에서는 이미 논의가 되었지만 우리는 별다른 관심을 보이지 못한다. 해양플랜트가 우리나라 내에서 작업을 하지는 않지만 건조자의 책임이 개입될 수 있기 때문에 우리나라가 선도적으로 적극적으로 새로운 법제도의 창설을 주도할 수 있고 그럴 필요성도 있다는 것이다.

〈신 해양수산부가 처리하여야 할 다양한 프로젝트〉

한국 건조선박에 한국국적 부여

현재 우리나라 선박법에 따르면 원칙적으로 한국인이 소유하는 선박만 한국국적을 취득할 수 있다. 그런데, 우리나라에서 건조되는 선박에 대하여도 한국국적을 선택적으로 취득할 수 있도록 허용한 다면, 외국 선주의 선박이 한국국적을 달게 된다. 외국 선주는 자국 의 국적 혹은 건조지인 한국국적 중에서 택일을 하게 될 것이다. 우 리나라가 선박의 소유 및 운항에 더 유리한 입장이라면 선주는 한 국국적을 택할 것이고 우리나라는 장차 최대 선박보유국가가 될 것 이다. 이는 국격을 높이게 되고 자신감을 전 국민들에게 심어주는 긍정적 효과를 가져다줄 것이다. 경제적으로도 한국선급에 가입하는 선박의 숫자가 늘어날 것이고 선원의 고용도 늘어날 것이다. 어떠한 유인을 제공할 수 있을지는 물론 간단하지 않다. 이러한 내용에 대 한 검토가 신 해양수산부의 선박국에서 이루어져야 한다.

해상보험의 성장을 도모

선박보험은 cross-border가 허용되었다. 그런데, 건조중인 선박 이 과연 여기서 말하는 선박의 범위에 포함되는가가 쟁점이 되었다. 만약 그렇지 않다면 보험업법상 여전히 한국보험자와 건조계약에 대한 보험에 가입하여야 한다. 업계와 학계는 합심하여 유리한 의견 을 냈고, 금융감독원은 건조 중인 선박은 선박의 범위에 속하지 않 는다고 유권해석을 내렸다. 그 결과 우리나라 선박보험자의 보험료 수입은 상당부분 지켜질 수 있었다. 신 해양수산부는 해상보험에 대 하여 이를 금융감독원의 담당이라고 버려둘 것이 아니라 육성을 위 하여 적극적인 입장을 취하여야 한다. 금융감독원이 담당하는 것은 소비자를 보호하기 위한 규제적인 측면이다. 신 해양수산부는 일반 영리보험일지라도 적극적으로 국부를 창출할 수 있도록 해외 진출 등을 지원하여야 한다. 작년에 있었던 태국의 물난리에 일본의 도쿄마린이 큰 피해를 보았다는 것은 그만큼 도쿄마린은 외국 보험계약자가 상당수 있다는 것을 말하는 것이다.

유류오염사고보상의 근본적 해결책

국제기금에 연동된 국내기금을 설치하여야 한다. 허베이스피리트 오염사고 보상처리가 곧 종료될 것이다. 허베이지원단을 없앨 것이 아니라 기구를 개편하여 유류오염국내 기금 사무국으로 만들어야 한다. 이 사무국에서는 각 어촌을 정하여 1년 상주하면서 소득을 집계하고 기록에 남기는 기능도 하여야 한다. 유류오염피해자는 국내기금에게 직접청구가 가능하다. 보상을 한 국내기금은 국제기금에 구상청구를 하게 되므로 기금의 고갈을 막을 수 있게 된다. 또한 국내기금은 책임제한제도가 없기 때문에 좀더 신속하게 정산이 가능하게 된다. 이렇게 된다면 청구의 남발도 막을 수 있고 빠른 보상도 달성될 수 있을 것이다.

세계 선복량 조절에 대한 국제조약의 창설 및 사무국 한국유치

앞서 본 바와 같이 우리나라는 10년 주기의 해운불황을 여러차례 경험하고 있다. 조선산업의 주기는 해운산업의 주기와 연동되어 있다. 다른 국가들도 비슷한 입장이다. 과연 선복량의 조절은 완전히 민간의 몫이어야 하는가? 세계선대의 선복량을 자율에 일임한다는 것은 공급이 초과하여 선박의 선가가 떨어지고 용선료가 떨어짐으로써 막차를 탄 선주들이 도산을 한 다음에야 비로서 수급균형이 이루어진다는 것을 의미한다. 꼭 이렇게 10년 주기로 많은 선사의 도산을 우리는 필연적으로 보면서 안타까워할 것인가? 지구온난화를

방지하기 위한 교토의정서등 기후협약은 왜 만들어졌는가? 탄소배출
은 민간의 일이다. 그럼에도 인류에 미칠 영향이 지대하기 때문에
국제조약이 만들어진 것이다. 해운조선 산업의 경기에 절대적 영향
을 미치는 세계 선복량 조절은 역시 세계경제에 파급효과가 큰 국
제적인 이슈가 될 수 있다고 생각한다. 세계 제1위의 선박 건조국으
로서 우리나라가 앞장서서 이러한 제도를 만들어갈 수 있다고 생각
한다. 새로운 신 해양수산부가 심혈을 기울여서 처리할 일 중의 하
나이다. 사무국을 우리나라에 유치하는 것도 대단한 일이 될 것이다.

〈신 해양수산부에 포섭되어야 할 기구〉

통합 및 포섭의 요소

기상청, 조선까지를 포함하는 해양수산산업부가 새롭게 창설되어
야 한다고 주장하는 분들도 계신다. 이러한 부서는 과거 해양수산부
에 속하지 않았던 분야이다. 그렇다면 우리는 신 해양수산부에 포섭
될 부서를 관통하는 개념요소를 찾아야 한다. 선박이라는 운송수단
에 직간접으로 관련되는 산업군이어야 한다. 전통적인 해운, 항만,
수산, 물류, 조선/플랜트/요트사업군이 여기에 속한다. 선박이 항해
하는 바다와 관련되어야 한다. 해양안전, 해양환경, 해양개발, 해양
주권 그리고 해상치안이 여기에 속한다. 독립을 뒷받침하는 고유의
특질을 가진 산업분야를 포섭하여야 할 것이다.

그 관통하는 개념요소는 아래와 같다.

(i) 국제성과 전문성을 들 수 있다. 해운산업등은 국제경쟁에 놓
여있고 전문적인 지식과 경험을 요구한다. 이와 반면, 육상운송과
농업 건설은 상대적으로 더 국내에 한정된 분야라고 할 수 있다.

(ii) 국익, 국부창출과 직결되어야 한다. 해운산업에서 창출되는 운
임과 해외에 수출되는 우리 수산물은 국익 국부창출과 직결된다.

(iii) 국제경쟁 및 위기의 상시성을 들 수 있다. 해운산업은 장기불황에 단기호황인 산업이다. 국제경쟁이 치열하기 때문에 특별한 주의가 필요한 산업이 된다. 호황이라고 하더라도 곧 닥칠 불황에 대비하여야 한다. 따라서, 신속하고 예측가능하고 전문적이고 장기적이고 통합적인 행정이 필요하게 된다. 기상이나 육상운송은 이와는 거리가 있기 때문에 만약 신 해양수산부에 포섭을 시키려면 추가적인 논리의 개발이 필요하다.

전통적인 분야

해운, 항만, 해상안전, 해양환경보전, 수산은 위의 요소를 모두 갖춘 전통적인 해양수산부에 포섭될 산업군이다.

추가논의가 필요한 분야

해양분야는 선박이 항해하게 되는 바다로서 신 해양수산부와 관련을 맺게 된다. 해양위를 무대로 하는 요트산업 및 신재생에너지를 개발할 수 있는 분야는 국제성과 전문성을 갖추고 있다. 해양의 아래를 무대로 하는 해저자원개발분야는 큰 국익을 가져다 줄 수 있다. 조선해양플랜트 분야는 해운의 수단인 선박을 건조하는 분야이다. 해양플랜트는 선박은 아니지만 유사하다고 볼 수 있다. 장기운송계약의 경우에 선박건조가 동반되고 선박금융이 같이 움직이기 때문에 업계에서는 해운과 조선은 결부되어 있다고 보는 분위기가 있다. 국제적인 성격, 전문성, 국익창출, 고용 효과 등에서 해양수산부에 포섭되어야 할 분야이다. 그런데 조선플랜트의 수출 및 금융이라는 측면을 해양수산부가 잘 다룰 수 있을지는 의문이다. 이미 이부분을 담당하는 전통적인 행정부서가 있다면 이를 다시 해체하여 해양수산부에 가지고 오기에는 많은 저항과 반대에 부딪칠 것으로 예상된다. 그러나, 조선해양플랜트의 안전, 항해, 근로자의 보호, 강제보험의 가입, 재산권의 행사 부분은 선박과 유사하기 때문에 이미 국토해양부에서 상당부분 처리하고 있고 이에 대한 경험과 노하우가 있는 해양수산부가 더 강화 확대할 분야이다. 해상보험과 해상법 분야는 금융감독원과 법무부가 주무관청이다. 그러나 이들 기관들은 해상보험과 해상법을 조장하는 기능을 가지고 있지 않는 것 같다. 이들 관청과 중복되지 않는 차원에서 조장하는 부서를 가지고 국부창출에 나서야 한다고 생각한다. 이들은 해양수산부에 포함될 산업군에 대한 서비스를 제공하는 산업으로서 기능이 인정된다.

〈마치며〉

구 해양수산부 시절에 비하여 현 정부가 해운조선산업의 발전에 크게 기여한 바가 없다. 이는 대부처주의가 실패하였다는 의미이기 때문에 우리는 해양수산에 전념하는 소명의식을 갖춘 행정관청인 신 해양수산부의 부활을 주장하는 것이다. 현 정부하에서 국토해양부가 제대로 기능을 하였다고 하더라도 위기의 상시화로 대표되는 해양수산조선분야에서 우리는 기민하고 신속하고 더 전문성을 갖추고 국제적인 감각을 가지고 우리 산업에 전념하고 챙겨주는 독립된 해양수산부를 필요로 한다. 그래서 부활을 주장하게 되는 것이다. 국제성과 전문성, 국제경쟁력을 갖추고 장기적 시각을 가진 작지만 신속성과 효율성을 갖춘 전문 행정관청으로서 해운, 항만, 물류, 수산해양, 조선해양플랜트(안전 항해등에 국한), 해상치안과 해양오염방지를 담당하는 산업군을 포섭하는 신 해양수산부의 부활이 필요하다. 또한 새로운 환경에 대처하기 위하여 건조중인 선박/해양플랜트/요트 등의 안전, 운영관리, 환경 및 재산권 행사를 담당하는 부서, 북극항해의 개발 대응팀, 해저자원개발팀 등의 독립된 부서의 설치도 필요하다. 과거의 해양수산부와 다른 점은 규제일변도가 아니라

이들 산업을 조장하는 기능에 더 방점이 찍힌 그런 부서여야 한다는 것이다. 고유의 행정업무는 아니지만 민간부분에도 적극적인 개입이 필요하다. 호황기에 불황기의 대책을 수립하고 지원하고 민간을 통제하는 장기적인 시각이 필요하다. 이를 담당하기 위하여 해운조선경기조절 담당관 혹은 민간산업담당관실을 설치하여야 한다. 그리고 민간산업담당관은 해상법 보험법 및 해사중재의 발전을 위한 자료조사와 현황, 제도 창설 등의 적극적인 역할도 하여야 한다. 이 외에도 정부, 산업계, 학계, 연구단체 그리고 입법부의 실무자들이 모인 통합기구를 가동하여 상시화되는 위기에 대처하고 한발 빠르게 국부창출을 하여가야 할 것이다. 《《한국해운신문》, 2012년 12월 19일)

제 2 장
해기사와 로스쿨 변호사

1. 해운특성화 로스쿨

오랜 논란을 거쳐 우리나라에서도 내년부터 법학전문대학원(로스쿨)제도가 도입된다. 필자는 현재 부산대학교 법과대학에서 해운특화 로스쿨의 주임을 맡아서 여러 제도를 구상하고 있다. 필자는 또 해운인이기 때문에 해운특화와 해운계가 어떻게 상호보완 관계에 놓일 수 있는지 오랫동안 생각하여 온 바도 있다. 이제 곧 첫 관문인 리트(LEET)시험이 8월로 다가왔다. 많은 분들의 문의도 있고 하여 로스쿨 제도 및 필자가 몸담고 있는 부산대학교 로스쿨에 대하여 몇 가지 소개하고자 한다.

새로운 제도의 특징

새로운 법조인 양성제도는 현재의 법학교육 및 사법시험제도와 여러 점에서 다르다. 우선 로스쿨을 졸업한 자에게만 변호사시험의 응시기회가 주어진다. 현재의 제도하에서는 누구나가 사법시험을 거쳐서 법조인이 될 수 있다. 둘째, 로스쿨을 졸업하면 사법연수원에서 2년 교육을 거치지 않고 바로 변호사가 될 수 있다. 현재는 사법시험을 합격하고서 2년의 연수교육을 받아야 한다. 셋째, 로스쿨은 전국 20개 대학에 설치되어 입학할 수 있는 학교가 제한되었다. 이것은 현재 모든 법과대학에서 법학교육을 시키는 제도와 달라진 점이다. 넷째, 전문성을 강조하기 위하여 비법학도에게도 문을 열어두었다. 비법학도가 30% 이상 반드시 선발되어야 한다. 로스쿨이 설치되는 대학에는 학부과정에서 법학과가 폐지된다. 그렇지 않은 대학은 법과대학이 존재한다. 따라서 장차 로스쿨에는 학부에서 법학을 전공한 자와 다른 학부 출신들이 공존하게 된다. 다섯째, 전문 법조인을 양성하기 위하여 각 대학마다 특화하는 전공을 두게 되었다. 이것은 현재 일반적인 모든 법학과목을 전공하는 학부의 과정과 다르다.

우리나라 해운 법률시장 현황

그간 우리나라는 해운이 세계 6위 규모, 조선이 세계 1위 규모, 무역이 10위 규모로 경제력이 외형적으로 괄목할 만한 성장을 하였다. 그러나 해운을 뒷받침하는 해운 법률문화는 이러한 성장과 함께 발전하지 못하여 왔다. 이러한 더딘 발전은 해운과 관련하여 영국법이 강한 전통을 가지고 있고, 보험도 영국법을 위주로 관행화 되어왔던 점 때문이기도 하다. 이는 또한 해운의 국제적인 성격상 외국인들이 해운시장에 개입되기 때문에 중립적인 영국법이 선호되기 때문이기도 하였다. 1970년대 해양대학을 졸업한 송정관 변호사가 해상변호사 업무를 시작하면서 그 신기원을 열었다. 여전히 영국의 변호사에 의존하던 한국의 해운관련 법률시장은 유록상, 채이식 변

호사를 비롯하여 김&장, 한미 등 대형 로펌의 해상변호사들이 1980
년대부터 본격적인 자리를 잡기 시작하면서 업무영역을 넓혀 나가
기 시작하였다. 해상법을 연구하고 강의하는 법학교수진들은 1970
년대부터 배병태, 임동철, 박용섭 교수 등 한국해양대학을 졸업한
해기사들을 한 축으로 서돈각, 손주찬, 송상현 등 일반 법학 출신
교수들을 또 다른 축으로 하여 독자적인 해상법학을 이 땅에 정착
하게 하였다. 이러한 1세대 변호사와 학자들이 등장한 지 30년이
지나 2세대가 활동하는 시대가 열렸지만, 우리 해상법 교수와 해상
변호사의 규모는 해운산업의 확장에 비하면 초라한 성적표를 보여
주고 있다. 해상법(혹은 해사법) 교수의 숫자도 10명 남짓으로 정체
상태이다. 해상변호사의 숫자 또한 30~40명 선에서 정체상태이다.
대형 로펌에서조차 해상변호사는 첨단을 걷지 못한다는 이유로 충
원이 어려운 실정이 되었다. 노력이 없었던 것은 아니지만, 영국으
로 향하는 해운시장의 법률 수요를 차단하고 한국에 정착시키기에
는 한계가 있었다. 해운산업의 확장과 조선 산업의 발전은 법률수요
의 확대를 가져올 것임에도 해상변호사의 숫자가 늘어나지 않고 해
상법 교수의 숫자가 늘어나지 않고 있다. 이것은 우리의 법률 수요
가 영국계 변호사의 힘에 의존을 한다든지 아니면 그 수요가 잠재
하고 있다는 추론이 가능할 것이다. 우리나라 해운에서 발생하는 법
률수요를 한국에서 일정한 비율로 처리하기 위해서는 우리 해운관
련 법문화의 수준이 일층 업그레이드되어 수요자들이 한국법정을
선호하게 되어야 한다는 점은 분명하다.

한국법정이 선호되기 위해서는 여러 가지 조건이 갖추어져야 할
것이다. (i) 양질의 우수한 해상변호사가 배출되어야 한다. (ii) 우리
나라의 해상사건관련 법원의 판결과 중재판정의 내용이 안정적이어
야 한다. (iii) 이러한 한국법의 내용이 잘 정리되고 널리 알려져야
한다. (iv) 업계에서도 전향적인 자세로 한국법정을 선호하여 주어

야 한다. 부연 설명하자면, 양질의 해상변호사에는 적절한 비율의 해기사 출신 혹은 해운업계 출신이 포함되어야 할 것이다. 해상사건은 특수한 해상의 사실관계를 잘 알 것이 요구되기 때문이다. 이러한 양질의 해상변호사가 변호사가 되어 우수한 판사와 같이 좋은 판결을 이끌어내야 한다. 법학교수나 연구원들은 좋은 논문을 작성하고 우리나라의 판례를 정리하고 외국에 소개하면서 한국 법정의 우수성과 안정성을 한국 시장은 물론 외국 시장에도 알려야 한다. 업계에서도 영국 일변도의 법률문화에서 우리나라에서 처리가 가능한 것은 한국에서 처리되도록 전향적인 자세를 보여주어야 한다. 필자는 위와 같은 생각을 오랫동안 하여왔다. 그나마 다행인 것은 2000년경부터 한국 P&I 클럽이 생겨서 법률 보험시장의 한 축을 담당하고, 채이식 교수와 같은 해상법 학자가 국제해사기구의 법률위원회 의장이 되어 한국해상법의 우수성을 알리고 있다는 점이다.

해운특화 로스쿨 입학과 교육

이러한 찰나에 마침 2009년부터는 로스쿨이 출범하게 되었고 나아가 해운과 물류에도 특화하는 로스쿨이 생겨났다. 부산대학교와 인하대학교는 금융, 해운통상과 물류에 각각 특성화하겠다고 발표한 바 있다. 부산대학교의 해운통상 특화는 해상변호사 배출을 목표로 한다(전체 정원에서 몇 명이 특화과정의 학생이 되는지는 정한 바가 없다). 이외에도 국제거래를 특화하는 학교도 있기 때문에 몇몇 학교에서도 해상변호사가 배출될 것으로 생각된다(반드시 해운특화 로스쿨에서만 해상변호사가 배출되는 것은 아니다. 특화 학교에서는 그 분야를 더 강조하여 교육하므로 전문화된다). 이러한 새로운 제도의 도입이 해운업계에게는 호재 중의 호재임에 틀림없다. 해운계 출신들은 새로운 제도 하에서 현재의 사법시험에 비교하여 상당히 쉽게 법조인이 될 수 있는 길이 열렸기 때문이다. 제도를 잘 활용하면 해운계 출신 변호사의 양산체제가 구축될 수도 있다. 새로운 로스쿨 제도는 특히 사회과학에 관심과 적성이 있는 해기사 출신이나 해운관련 업계 종사자들에게는 신세계를 열어주는 절호의 기회가 될 것으로 전망된다. 로스쿨에서는 입학이 곧 변호사가 되는 것으로 생각하여도 좋을 것이다. 물론 3년 교육 후에 변호사 시험을 거쳐야 하지만 70% 정도의 합격률을 보일 것이기 때문에 입학 시험이 곧 변호사 자격 시험이 되는 것과 같다. 입학시험에서의 과목은 법학과목으로 구성되는 것은 아니다. 법학적성검사(LEET), 영어, 학부의 성적으로 1차 시험이 구성된다(1차 시험에서는 부산대학교는 정원 120명의 4배수인 480명을 선발함)(1차 원서접수 2008. 10. 6부터). 그리고, 2차 시험에서는 자기소개서 제출, 면접, LEET 논술로 구성된다.

해운에 특화하는 학교에서는 해운을 특화한다고 하였고 특화담당 과목과 교수가 있기 때문에 학생이 없을 수가 없다. 따라서 2차 시험에서는 가능하면 해운 관련 배경을 가지는 학생들이 입학하도록 합리적인 배려가 있을 것으로 생각된다. 문제는 어떻게 1차 시험을 통과할 수 있을 것인지가 관건이다. 법학적성검사는 학원 등을 통해 점수를 올려야 할 것이고, 영어는 평소에도 꾸준히 준비를 하였을 것이므로 문제는 없을 것이다. 부산대학교는 토익 750점 이상만이 입학시험을 볼 자격이 주어진다. 면접시험에서 해운관련 기관에서의 경력이 고려될 것으로 보인다. 해기사로서 1항사 1기사 정도의 경력이면 해상변호사가 되기에 만족스런 해기 경력이라고 생각된다. 해운관련 기관에서 근무한 경력도 해상변호사가 되는 데에 도움이 되는 것이므로 고려가 될 것으로 본다(입학시험 일정 등은 부산대학교 홈페이지 참조바람). 입학하고 나서도 해운특화 학교로서 부산대학교는 민법, 형법 등 일반 기초법률과목 이외에 해상법(영어강의), 해상보험법(영어강의), 국제해운물류법(영어강의) 그리고 실무적용 과목을 가르치게 된다. 3학년이 되면 해운회사, 해상변호사 사무실 등에서 실무교육을 한다. 부산대학교는 법무법인 세경, STX팬오션, 한국 P&I, 한국선주협회, SK해운, 한진SM, 중앙해양안전심판원 등과 협 정체결을 통하여 변호사 실무교육체제를 갖추었다.

장래의 수요

현재 40여명에 이르는 해상변호사 규모에서 예컨대 한 해 약 5 명 정도의 신규인력은 충격없이 수용될 것으로 보인다. 장차 해상변 호사에 대한 잠재적인 수요는 상당하다고 본다. 선박회사, 보험회사, 조선회사 등에서 사내변호사가 필요할 것이다. 대형선사에서 법무보 험담당 직원을 로스쿨에 공부시켜 다시 사내변호사로 근무하게 하 는 방안도 나올 것으로 본다. 예컨대 한 해 5명의 해상변호사가 배 출된다면 10년이 지나면 50명의 해상변호사가 우리나라에 존재하는 것이 된다. 현재 해운계 출신의 해상변호사가 1~2명에 지나지 않는 현실과 비교하면 상전벽해라고 할 수 있다. 이들은 법원의 판사, 해 상변호사, 국토해양부의 공무원, 해양안전심판원의 심판관, 해운회 사의 사내변호사, 대학의 교수들로서 자리하면서 한국해운과 물류업 계, 조선업계의 든든한 버팀목이 되어 줄 것이다. 하드웨어적으로 우리나라 해운과 조선산업의 성장은 환영하지 않을 수 없다. 그러나 여기에 해운조선 관련 법률 분야까지 성장하여 세계적인 수준에 이 르러 준다면 이는 더욱 환영할 만한 일이라 하지 않을 수 없다. 이 제 우리는 세계 시장을 장악하고 있는 영국과 미국의 상선대학 출 신 해상변호사들과 어깨를 나란히 할 수 있는 젊은 인재들의 탄생 을 눈앞에 두고 있다. 특히 해기사 출신들이 전문성을 가지고 해운 특화 로스쿨에 진입하게 되면, 선진국에서는 더 이상 해기사들이 배 출되지 않으므로, 우리는 장차 수십년 동안 이 분야에서 우위를 점 할 수 있을 것이다. 또한 해기(海技) 직업의 매력화도 이루어 질 것 으로 전망된다.

필자를 비롯한 39명의 교수들은 부산대학교 로스쿨이 해운특화 학교로서 세계 유수의 해운특화 로스쿨과 경쟁할 수 있는 체제를 구축할 수 있도록 노력하고 있다. 특히 이번 가인가에서 서울대학교 다음으로 많은 120명의 정원을 배정받음으로써 동일하게 120명을 배정받은 고려대, 연세대 등과 최고의 로스쿨을 다툴 수 있는 유리한 지위를 점하게 되었다. 부산대학교 해운특화 과정은 선장 출신으로서 실무경력이 있는 필자를 비롯하여 해운업계에서 선박운항, 해상보험, 해운경영분야에서 저명한 세 분을 겸임교수로 모시고 있고 곧 실무에서 해상법 교수를 한 명 더 초빙할 예정이다. 그리고 해상법 연구과정 등도 로스쿨에 둘 예정이다. 또한 학문으로서의 해상법이 또 필요하기 때문에 박사과정도 그대로 존치한다. 이번 6월 12일 부산대학교에서 개최되는 국제해상법학술대회에 세계 해상법의 중심지인 영국의 사우스햄턴 대학의 갸스킬 교수가 와서 발표도 하고 부산대학교 해운특화 로스쿨의 출발도 축하하여 준다. 이 자리가 우리나라 해운특화 로스쿨의 큰 출발점이 될 것으로 기대된다. 해기사 출신은 물론이고 해운 물류 조선분야에 종사하는 훌륭한 인재들이 로스쿨에 입학하여 해상변호사로서 활동할 수 있기를 기대한다. 새롭게 탄생하는 해운특화 로스쿨이 어느 정도의 축복과 선물이 될 것인지는 해운업계와 그 종사자들이 얼마나 많은 관심을 가지고 준비하고 지원하는가에 달려있다. 해운특화 로스쿨은 이미 대강의 준비를 마친 상태이다. (《한국해운신문》, 2008년 5월 30일)

2. 해기사 출신 변호사의 양산

〈4기까지 9명의 해기사 로스쿨 합격〉

치열했던 법학전문대학원(로스쿨) 입학의 열기도 가라앉았고 제4
기가 입학하게 되었다. 해운업계의 관심을 끄는 것 중의 하나는 금
년 로스쿨 입시에서 해기사 출신들이 얼마나 입학하였는가일 것이
다. 금년 입시에서 부산대 로스쿨 2명, 전남대 로스쿨 1명 그리고
동아대 1명 등 총 4명의 해기사 출신들이 합격하였고 고려대에는
지원이 있었지만 합격이 되지 않았다. 좋은 결과이다. 제1기에 부산
대에 1명, 2기에서 부산대 3명 제주대에 1명 총 4명이 있었고, 3기
에는 한 명도 없었다. 그리고 이번 4기에서 4명이 합격하였다. 이렇
게 되어 현재 로스쿨에 재학 중인 해기사 출신들은 모두 9명이다(1
기 졸업생포함)(한국해대 8명 목포해대 1명).

현행 사법시험체제하의 50여년 동안 한국해양대 해기사 출신 변
호사가 4명 배출된 것에 비하면 이러한 숫자는 '해기사 출신 해상변
호사 양산'이라고 불러도 될 정도의 비약적인 발전이라고 할 수 있
다. 로스쿨 제도가 많은 비판에도 불구하고 해양대학 출신 해기사들
에게는 변호사가 되기에 정말 좋은 제도라고 할 수 있다. 해기사 출
신들이 약진하는 이유는 대략 세 가지라고 볼 수 있다. 첫째, 해양
대학교 해사대학 출신은 우수한 학생집단으로 평가받고 둘째, 졸업
후에 진출할 수 있는 전문분야가 있기 때문에 취업에 유리하고 셋
째, 도선사 협회에서 장학금을 제공하기 때문이다. 두 번째와 세 번
째는 각 로스쿨에서 좋은 평가를 받기 위하여 필요한 부분으로서
각 로스쿨은 이러한 학생들을 선호한다.

〈취업기회를 제공하자〉

이렇게 늘어난 입학생 숫자를 두고 본다면 이는 해운업계에서 오랫동안 바라던 염원으로서 환영할 만한 일이다. 그러나 이러한 밝은 면의 뒷면에는 장차 이들의 변호사 시험합격 여부와 취직 여부에 대한 걱정이 도사리고 있다. 변호사 시험합격 여부는 학생들이 얼마나 열심히 공부하는가에 달려있기 때문에 업계에서 도와줄 방법은 없다. 취직은 정말 심각한 형편이다. 기본적으로 1기들의 취업시장은 기존 시장이 이미 포화상태였기 때문에 저조하다. 전체로 보아서 졸업생의 50%가 채 취직되지 않을 것으로 생각된다.

해상변호사를 지망하는 학생들의 취직상태는 어떠한가? 현재 해상변호사의 양성을 표방하는 학교는 고려대와 부산대가 대표적이다. 고려대는 해기사 출신들은 없지만 해운회사, 해양경찰 등 해운관련 유경험자가 있었고 또 필자를 포함하여 2명의 해상법 교수가 있기 때문에 학생들도 해상관련 취업에 상당한 기대감을 가지고 있었다. 5명 정도가 진정 해상변호사가 되길 원하여 수업도 열심히 들었다. 그러나, 해운관련 분야에 2명이 취직자리(STX그룹과 법률사무소 호크마)를 잡았을 뿐이다. 이러한 저조한 실적은 아직도 사법연수원생들이 배출되고 있고 이들이 더 선호되기 때문이고, 해상 변호사에 대한 변호사 업계의 수요 자체가 없기 때문일 수도 있다.

업계에서 영국준거법 및 영국관할과 영국중재가 여전히 압도적으로 사용되고 있는 현실하에서 약 40여명이 넘는 우리나라 해상변호사업계는 이미 포화상태에 있다고 볼 여지도 있다. 자명한 것은 1년에 4~5명씩 배출되는 해기사 출신 해상변호사와 4~5명 정도 되는 일반 출신 해상변호사 희망자 등 약 10명을 해상변호사업계에서 모두 소화할 수가 없다는 것이다. 해운기업, 해상보험, 조선회사 등에서 신입사원과 같이 로스쿨출신 변호사를 채용하여 기획 혹은 법무를 담당하도록 하면 좋을 것이다. 그리고 선박관리업체 같은 곳에서도 해기사 출신 변호사를 채용하면 도움이 될 것이다.

현재까지 시행되고 있는 사법연수원 출신과 동일한 실부실습을 갖추도록하는 것은 로스쿨과 변호사협회와 선배 해상변호사들이 도와주어야 할 일이다. 필자는 이제 해마다 해기사 출신들이 4~5명 그리고 해운경험자 출신 등이 4~5명 배출된다면 10명의 학생들을 위한 해상변호사 특별실무수습제도를 로스쿨, 변호사 및 관련 산업계가 합심하여 만들어 운영하여야 한다고 생각한다. 신 변호사시험을 치른 1월부터 시험 발표에 이르는 4월초까지 3개월간 특별 연수를 시켜주어서 직무능력을 키워준다면 해운회사 등에서도 부담없이 채용할 수 있을 것이다.

〈해기사 출신 변호사 양산의 의미〉

산업에 동반하여 법률이 받쳐주지 않으면 그 산업은 더 이상 견딜 수가 없다. 세계 1위(조선) 세계 6위(해운)를 차지하는 실물경제의 법률수요를 모두 외국에 맡겨서 법률비용이 계속 해외로 유출되게 할 것인가? 우리 앞에 로스쿨 제도라는 좋은 제도가 만들어져 우리 업계가 키운 해기사들이 법률수요까지도 담당하기 위하여 목표를 세우고 로스쿨에 입학하고 또 졸업을 하게 된다.

해기사 출신들의 변호사가 양산된다는 것은 업계의 오랫 염원을 풀어나가는 것이다. 특히 해기사 출신 변호사들이 많이 있는 영국과 미국의 해상로펌에 비하여 상대적으로 경쟁력이 떨어지는 웨뜨(선박충돌, 오염등) 사건에 있어서 우리 해기사 출신 변호사들은 큰 역할을 할 수 있을 것으로 기대된다. 이들을 유용하게 활용할 수 있도록 관심을 가져줄 것을 업계 관계자들에게 부탁드린다. 모든 로스쿨 해기사 출신 학생들에게 한 학기에 500만원 상당의 장학금을 지급하

고 있는 도선사협회에 이 자리를 빌어서 감사의 말씀을 전하고자
한다.   《한국해운신문》, 2012년 3월 19일)

※ 로스쿨제도의 일반적인 장·단점에 대하여는 "로스쿨제도 운영의 긍정적 측면
   과 부정적 측면"〈법률저널, 2020. 5. 7.〉을 참고 바람.

제3장
한국해사법정 중재 활성화

1. 우리나라 해사중재의 현황과 활성화방안

한국 해사중재의 상황

한국의 해사법정은 전반적으로 영국 등 해외의존도가 너무나 크다. 한국선박회사등 사건의 90% 이상이 영국에서 처리된다. 이를 타개하기 위하여 2011년 11월 28일 한국해법학회와 Korea P&I가 공동으로 한국해사법정활성화를 위한 밤을 개최한 바 있다. 그 이후 1년이 지난 시점에 어느 정도 개선이 되었는지 조사하고 오늘 싱가포르해사중재 세미나가 개최되는 참에 이를 활용하는 방안도 생각해보았다.

우리나라에서 나용선, 정기용선, 항해용선계약의 절대다수가 영국법을 준거법으로 하고 런던해사중재에서 처리된다는 약정을 하고 있다. 개품운송의 사정은 이보다 낮지만 결과통계를 보면 위와 마찬가지이다. 2011년 어떤 대형 선박회사의 자료를 구하여 보았더니 총 60여건에 한국에서 처리되는 것은 1~2건이 고작이다. 한편, 대한상사중재원에서 처리된 사건수를 보면 2011년 총 323건중에서 19건(약 6%)가 해상사건이었다. 해상보험의 준거법은 절대적으로 영국법이다. 그러나 소송 자체는 피고인 한국보험자의 주소지인 한국에서 열리는 경우가 많다. 선박건조계약도 압도적으로 영국준거법/런던해사중재에서 사건처리가 된다.

새로운 움직임

이러한 해상법 관련 계약의 준거법을 영국법으로 하고 분쟁처리를 런던중재에서 처리하는 오랜 경향에서 탈피하는 움직임도 있다.

첫째, 선박건조계약 연구회가 결성되어 금년 1년 동안 활발한 활동을 하였다. 고려대학교 해상법연구센터는 그동안 연구가 소홀하였던 선박건조계약에 대한 연구 모임을 만들어 5번의 발표회를 가졌다.

둘째, 선박건조보험에서 국내굴지의 해상보험회사는 한국준거법을 사용하기 시작하였다. 이것은 단순한 해상관련 계약의 경우 계약당사자들이 마음만 먹으면 우리 법을 준거법으로 할 수 있음을 보여준다.

셋째, 선박보험은 보험업법에 의하여 해외보험자와 계약이 가능하다. 한국에서 건조되는 선박을 위한 선박건조보험은 한국의 보험자와 보험계약을 체결하여야 한다는 금융감독원의 유권해석이 나와서 우리나라 건조선박의 보험자는 모두 우리나라 보험자가 되게 된점은 매우 고무적인 일이다(해상보험에서 선박건조보험이 차지하는 비중은 30%라고 들었다).

넷째, 한국해운조합은 P&I 보험에서 담보특약(warranty) 조항을 개정하여 위반한 담보내용과 보험사고사이에 인과관계가 있는 경우에만 보험자가 면책이 되도록 했다. 이는 피보험자인 선박회사에 유리한 것으로 우리 법을 준거법으로 하는 해운조합의 보험이 선호되게 하는 결과를 가져올 것이다.

활성화 방안

우리나라 해사중재의 활성화를 위하여 어떠한 조치가 필요할 것인가?

첫째, 체제의 문제이다. 독립된 기구로서 한국해사중재원(Korea Chamber of Maritime Arbitration)을 새로이 창설할 것인지, 아니면 현재 대한상사원의 독립된 하나의 부서로서 운용할 것인지 선택의 문제가 있다. 싱가포르해사중재(SCMA)는 싱가포르중재(SIAC)의 하나의 부서로서 2004년 출발하였다가 몇 년이 지나서 2009년 완전 독립한 사례이다. 그 이유는 런던해사중재와 동일한 중재규칙을 가지고 있지 않으면 성공할 수 없다고 판단하였기 때문이라고 한다. 어떠한 경우를 취하든 간에 런던해사중재와 싱가포르해사중재와 경쟁할 수 있는 매력적인 해사중재가 되어야만 한다. 해사중재 판정문이 법원의 판결과 같이 집행력을 갖는 것은 물론이고 행정비용이 부과되지 않으면서 전문해사중재인이 정당한 보수를 받으면서 신속하게 전문적인 판단을 내릴 수 있는 제도이어야 한다. 대한상사중재원의 하나의 부서로서 존속한다고 하더라도 싱가포르해사중재와 동일한 중재규칙을 제정하여 적용하여야 할 것이다.

둘째, 전문해사중재인(full time maritime arbitrator)의 양산이 시급하다. 수요자들은 해사중재에만 전념하는 전문중재인을 더 신뢰하고 선호한다. 런던이나 싱가포르에는 전문해사중재인을 많이 만날 수 있다. 우리나라는 한 명도 없는 실정이다.

셋째, 한국법이 무엇인지 외국에 알리는 영어로 된 주석서(commentary) 및 저널의 발간이 필요하다. 영연방 국가들에 가면 각국의 법을 쉽게 알아볼 수 있게 되어있다. 외국 상대방이 한국법을 준거법으로 하자는 우리 측의 주장에 대하여 한국법이 어떤 것인지 알려 달라고 하면 제시할 영어로 된 책자와 판결이 없는 것이 현실이다. 이것은 해상법 교수 한 명의 힘으로 되는 것이 아니다. 정부의 적극적인 지원이 필요하다. 영국의 로이드 리포트, 미국의 AMC 그리고 일본의 해사법연구회지는 자국의 해상법을 알리는 통로로서 큰 역할을 한다. 그리고 영국의 각 해상로펌 및 P&I의 소식지도 영국법정을 신뢰하게 하는 힘이 되는 것이다.

넷째, 한국인 당사자들의 해운조선관련 계약에서는 한국법과 한국해사중재를 사용하도록 노력하여야 한다. 한국인 간의 용선계약, 건조계약에도 굳이 낯선 영국법과 런던해사중재를 선택할 이유가 없다. 특히 선박건조계약은 용선계약과 달리 여러 외국의 당사자가 개입된 것이 아니기 때문에 더 쉽게 한국법을 준거법으로 택할 수 있을 것으로 본다.

다섯째, 범국민적 한국해사법정활성화 추진위원회를 결성하여 대대적이고 장기적인 관점에서 활성화작업을 추진하여야 한다. 싱가포르해사중재의 경우 정부가 해사재단을 만들어 행정비용을 모두 부담하고 싱가포르해사중재 홍보에도 열을 올리고 있는 점은 좋은 귀감이 된다. 오늘 세미나에도 싱가포르 법무차관이 참석하여 홍보를 하고 있는 점은 우리 정부와 크게 대비된다.

싱가포르 해사중재의 활용

싱가포르해사중재는 임의적 중재(ad hoc)의 성격을 가지면서 중재기관이 중재절차를 통제하지 않고 중재인과 신청인들이 중재를 함께 이끌어가는 점에서 기관중재와 다르다. 중재인비용도 당사자들이 합의하여 정한다. 행정직원은 사무국장과 여직원 1명 총 2명에 지나지 않는다. 행정비용은 청구하지 않는다. 이러한 비용은 모두 싱가포르해사재단(SMF)에서 나온다. 반드시 이들만이 중재인이 되는 것은 아니지만, 50여명의 해사중재인이 등록되어 있다.

싱가포르해사중재는 런던해사중재에 비하여 우리나라의 관점에서는 (i) 시간차이가 1시간밖에 없기 때문에 일을 하기가 편하다. 그리고 지리적으로도 가깝다. (ii) 비록 영국법 혹은 싱가포르법이 준거법이라고 하여도 사안의 계약이나 행위에 개입된 사람들을 싱가포르 중재인등이 같은 동양권의 문화라서 더 잘 이해할 수 있을 것이다. (iii) 한국에 대한 싱가포르의 우호적인 시각도 도움이 될 것이다.

이러한 싱가포르해사중재를 우리가 활용하는 방안으로서는, (i) 조직의 구성에서 동 중재가 걸어온 길을 벤치마킹할 수 있을 것이다. 독립된 기구로 성공하기 위하여는 그 전제로서 재정적인 뒷받침을 해주는 싱가포르해사재단과 같은 공익재단이 우선 설립되어야 한다. (ii) 싱가포르해사중재에 우리 전문가들이 많이 등재되도록 하는 것이다. 우리 전문가들이 50여명의 중재인들과 함께 전문중재인으로 등재되면 수요자들로부터 높은 신뢰를 받을 것이고 이들이 싱가포르에 계류되는 한국사건에서 중재인으로 활동할 수 있을 것이다. 나아가 한국법을 준거법으로 하고 싱가포르해사중재로 하면 우리 법의 해석이 중요한 의미를 갖기 때문에 우리나라 전문해사중재인이 싱가포르해사중재에 많이 지명될 수 있을 것이다. 이들은 점차 한국해사중재에서 외국사건으로까지 널리 활동하게 될 것이다. 이것은 결국 한국해사중재의 발전을 가져오는 것이 된다.

오늘은 작년의 한국해사법정 활성화의 밤을 이은 두 번째의 행사가 되었다. 싱가포르해사중재와 한국해사중재의 동반발전을 기대한다.

(〈한국해운신문〉, 2012년 11월 19일)

2. 서울해사중재협회 창립과 임의중재

필요성

해운업이나 조선산업을 영위하다 보면 각종 분쟁에 봉착하게 된다. 우리나라는 이런 분쟁해결수단을 영국에 절대적으로 의존해왔다. 해운 세계 6위, 무역 10위 그리고 조선 1위를 달성한 현재에도 이러한 경향은 여전하다. 우리나라 해운회사 보험법무팀 업무의 90%는 영국 등 외국의 재판이나 중재와 관련된다. 그 결과 우리는 해마다 많은 법률비용을 외국에 유출하여 커다란 법률수지적자를 낳았다. 그 결과 해상법은 발달하지 못하고, 해상변호사의 숫자는 늘어나지 않았고, 다시 영국에 분쟁해결을 의존하는 악순환이 계속되어왔다.

급기야 2016년 한진해운이나 현대상선 사태에서 외국 선주들과 용선료협상에 있어서도 우리나라 변호사가 아닌 미국 변호사를 채용하는 자존심 상하는 일이 벌어졌다. 해상법 교수의 숫자는 날로 줄어들어 서울의 25개 로스쿨에는 1명의 해상법 교수만이 존재하는 상태로까지 악화되었다.

이런 악습을 타파하기 위한 노력은 오래전부터 계속되어왔다. 2004년 해수부와 KMI는 우리나라에 해사중재원 설치 타당성 연구용역을 실시하였다. 한국해법학회는 대한상사중재원과 공동으로 2006년 해사표준계약서를 작성하였으나 그 사용은 미미하여 실패로 돌아갔다. 이에 한국해법학회는 2011년 Kore P&I와 함께 "한국해상법의 밤"을 개최하여 우리 법과 우리 법정과 중재의 사용빈도를 높이는 캠페인을 벌인 바 있었다.

해사법정 활성화 추진위원회의 결성과 역할

2014년 12월 당시 한국해법학회 수석부회장이었던 필자는 해사법정과 해사중재를 활성화하기 위한 작업을 더 강하게 추진하기 위하여 선주협회, 한국해법학회 그리고 고려대 해상법연구센터가 공동으로 "한국해사법정·중재활성화 추진위원회"를 구성하게 되었다. 해사법원설치운동을 강력하게 전개하여 2016년 2월 그 전단계인 해사전담재판부를 설치하게 되는 성과를 거두었다. 그 후 2017년 3월 해사법원 설치에 대한 법안이 4개가 국회에 제출되었고 현재 법사위에서 논의를 기다리고 있다. 금년 6월 지방선거가 종료되면 본격적인 논의가 있을 것으로 보인다.

2017년 8월 말 대한상사중재원은 부산시의 지원 하에 해사중재부분을 부산으로 이관하는 작업을 펼쳤고 부산에 "아태해사중재센터"를 설치하려는 의사를 피력하였다. 이에 추진위에서는 과연 대한상사중재원의 계획이 영국의 LMAA나 싱가포르의 SCMA와 경쟁할 수 있는 인프라가 될 것인가를 면밀히 검토한 결과, 부정적으로 판단하였고, 우리나라의 독자적인 해사중재제도를 만들기로 결정했다. 그 중심적인 역할은 기존에 활동해온 해사법정 중재 활성화 추진위가 하는 것이 자연스러웠고 위원장인 필자가 해사중재제도 도입 추진위원장을 맡게 되었다.

10인 소위의 활동과 총회개최

지난 2017년 9월 11일 3차 회의에서 추진위원회는 10인 소위원회를 결성하였다. 위원에는 김인현 교수(위원장), 정병석 변호사(김&장), 최종현 변호사(세경), 이석행 사장(시마스타), 손점열 부사장(테크마린), 이광후 변호사(세창), 문광명 변호사(선율), 조성극 변호사(지현), 김종현 실장(팬오션), 강종구 변호사(태평양)이 지명되었다.

위원회는 먼저 수요자인 업계가 얼마나 임의중재의 도입을 원하는지 알아보기 위하여 설문조사를 하였다. 응답자의 95%에 해당하는 분들이 현재의 기관중재보다 더 효율적이고 전문적이면서도 저렴하고 객관성이 보장되는 해사중재를 원하였다. 이에 위원들은 더욱 힘을 얻었다.

위원들은 중재문구·중재인 명부작성·중재규칙의 작성에 박차를 가하였다. 2017년 10월 31일 정성한 씨(전 동남아해운이사)를 사무국장으로 초빙했다. 임시거처는 고려대 해상법연구센터에 두었다. 조직은 사단법인으로 하기로 하고, 정관도 마련하였다. 37명의 전문가들이 회원으로 입사의사를 밝혔다.

위원회는 여러 차례의 회의를 거쳐 2018년 2월 28일 드디어 해운업계의 오랜 숙원이었던 임의해사중재를 지원하는 서울해사중재협회를 창립하기에 이르렀다. 회장으로는 정병석 변호사(김&장, 전 한국해법학회 회장)을 추대하였고, 감사에는 김창현 사장(한리손해사정)을 선임하였다. 5명의 부회장과 15명의 이사 총 20명중 소위원회 위원들과 관련업계(선주협회, 해운조합, Korea P&I, 조선해양플랜트협회 그리고 KMI)에서 총 16명을 선임하고 4명은 회장에게 위임하였다.

창립총회에서 유기준 국회의원, 김현 대한변협 협회장, 김영무 선주협회 부회장, 한홍교 해운조합 이사장 대행, 전준수 서강대 명예교수, 최장현 위동항운 사장, 정용상 한국법학교수 회장의 축사가 있었다. 축사에는 "영국을 능가하는 해사중재가 되자", "우리나라에 또 하나의 해운을 위한 인프라가 탄생되었다", "우리나라 해운에서 역사적인 날이다"는 등 긍정적인 내용이 포함되었다. 특히, 한홍교 해운조합 이사장 대행은 본 협회의 중재에 의할 수 있도록 해운조합의 선박공제 약관의 개정이 이루어져 올 4월부터 시행할 예정이라고 설명하여 큰 박수를 받았다.

임의중재의 특징

중재에는 기관중재와 임의중재가 있다. 대한상사중재원(KCAB)은 대표적인 기관중재이다. 기관이 중재인의 선정에 개입하고 중재절차도 기관이 주도한다. 중재인 보수도 당사자로부터 수령하여 중재기관에서 지급한다. 이에 반하여 영국의 런던해사중재(LMAA)나, 싱가포르의 해사중재(SCMA)는 임의중재(ad hoc)이다. 이들은 기관의 개입은 최소화하면서, 당사자들이 직접중재인을 선정하는 대단히 효율적인 중재로서 해사분쟁에서는 압도적으로 선호된다.

본 서울해사중재협회의 중재도 임의중재이다. 협회의 개입은 최소화된다. 본 중재규칙에 따르면 중재통지서를 신청인이 피신청인에게 송달함으로써 중재절차가 개시된다(중재규칙 초안 제7조). 중재절차는 당사자들과 중재인이 자율적으로 진행한다(동 제7조, 10조, 17조), 협회에서 추천하는 등재된 전문중재인 명부에서 당사자들이 중재인을 직접 선택한다(동 제10조). 중재인 보수는 당사자가 직접중재인에게 지급한다(동 제10조, 55조). 당사자는 본 협회에게 전혀 행정비용을 지급하지 않는다(동 45조). 협회의 사무국은 국장 1인만 존재하여 비용이 적게 소요되는 구조가 된다.

앞으로 우리나라는 기관중재를 행하는 대한상사중재원과 임의중재를 하는 서울해사중재협회가 양립하게 된다. 싱가포르도 SIAC이라는 기관중재와 SCMA라는 임의중재가 있다. 해상사건을 년간 각각 40건 정도를 처리하는 것으로 알려져 있다. 앞으로 양 기관은 서로 선의의 경쟁을 하면서 발전할 것으로 생각된다. 또한 해외홍보나 해사표준계약서의 한국화 작업은 공동으로 협업할 수 있을 것으로 본다.

효과와 결론

본 중재도 원칙적으로 단심으로 종료되고 법원에 항소가 허용되지 않는다. 중재인의 중재판정은 중재법에 의하여 법원의 확정판결과 동일한 효과가 있다(제35조). 중재판정으로 강제집행이 가능하다. 중재판정문을 가지고 해외에서 집행을 하고자 할 때에도 뉴욕협약에 의하여 가입국은 그 효력을 인정해준다. 1억원 이하의 소액분쟁에 대하여는 1인중재, 서면심리에 의한 중재가 가능하다(중재규칙 초안 제6장). 또한 선박충돌과 같은 손해배상에 대한 중재도 특별하게 이루어질 수 있다(동 제7장).

우리나라에서 발생하는 해사분쟁, 조선분쟁, 선박금융분쟁을 우리나라에서 해결하자는 운동은 선주협회가 매진하고 있는 "선화주 상생" 프로젝트와 일맥상통하는 것이다. 우리나라 화주들이 우리 선사를 이용하고, 우리 선사들이 장래운임수입을 바탕으로 선박을 건조하여 조선소를 도와주고, 분쟁이 생기면 우리나라에서 처리하여 해상법이 발달하고 법률비용을 낮추어 경비를 절감하여 우리 선사는 경쟁력을 갖추게 되면 운임이 낮아지고 우리 수출업체는 또한 상품경쟁력을 가지고 수출량은 더 많아질 것이다. 이러한 선순환 구조를 우리는 달성해 나가야 하는데, 본 중재는 그런 기능을 다 할 것이다. 결국, 서울해사중재협회의 창립은 이러한 해운, 무역, 조선, 물류산업의 선순환구조의 일환이라고 생각한다.

해사임의중재 제도가 성공하기 위하여는 수요자인 선주, 화주, 조선, 해상보험, 물류 업계들의 동참이 필수적이다. 해사관련계약서에서는 한국준거법에 서울해사중재협회의 임의중재에 의한다는 중재문구를 넣어야 한다. 국내 당사자들끼리의 분쟁은 필수적으로 본 중재에서 처리하도록 하고, 관행적으로 외국으로 가는 것은 피해야 한다.

협회는 공정하면서 객관성이 담보되고 전문성을 갖춘 해사중재가 잘 발달할 수 있도록 중재인의 전문성과 객관성이 보장되도록 중재인등재 선정기준을 확보하고 이들에 대한 교육제도도 마련해야 할 것이다.

이상과 같이 설립추진위원장의 임무를 완성하였음을 해운인들에게 보고 드리면서, 그동안 본 협회의 창립을 위하여 노력하신 회원 여러분과 10인소위 위원들께 깊은 감사의 말씀을 드린다. 초대 회장이신 정병석 변호사님의 리더십 하에서 본 협회의 중재가 크게 발전하여 우리나라 해사산업의 경쟁력을 갖추는 데 일조하길 고대한다.   (《한국해운신문》, 2018년 3월 4일)

3. 해사법원 설치에 대하여

〈문제의 제기〉

조사에 의하면 우리나라 3대 대형선사들의 용선계약관련 건수 중 200건은 영국의 해사중재에서 처리되고 있다. 한 건당 법률 및 부대비용이 약 12억원으로 추산되므로 약 2,400억원의 비용이 외국으로 나가고 있는 실정이다. 다른 선사들의 사건도 포함하면 연간 약 400건은 족히 외국에서 처리된다고 보인다. 이 중에서 1/2에 해당하는 200건만 우리나라에서 처리된다고 하면 양측이 있으므로 4,800억원에 달하는 법률비용은 우리나라의 국부창출이 된다. 외국의 사건들까지도 우리나라에서 해결된다면 연간 1조원의 법률비용 관련 수입을 얻을 수 있게 될 것으로 전망된다.

그러면 어떻게 이러한 목적을 달성할 수 있을 것인가? 그것은 전문성을 갖추고 신속하고 신뢰받는 해사법원제도를 갖는 것이다. 경쟁하는 국가인 영국은 오래전부터 해사법원이 있었고, 싱가포르와 홍콩도 마찬가지이다. 여기에 중국까지 해사법원을 10개 설치하였고 지원 24개를 포함하여 현재 34개의 해사법원에서 해사판사 500명이 연간 2만건의 해사사건을 처리하고 있다.

우리나라는 해사법원이 없고 해사사건은 모든 지방법원에서 처리하는데, 일반적으로 경쟁국가에 비하여 전문성이 없고 판결까지 시간이 많이 걸리므로 우리 수요자들에게 크게 신뢰를 받지 못하여왔고 그런 이유로 우리나라 당사자들 사이의 사건조차도 영국법을 준거법으로 하며 영국에서 처리되는 일들이 일상이 되어왔다. 이대로라면 우리나라의 해사사건의 대부분이 중국해사법원으로 갈 위기감이 팽배한 가운데 해사법원 설치운동이 일어났다.

2015년 한국해법학회, 선주협회 그리고 고려대 해상법연구센터는 한국해사법정중재활성화 추진위원회를 구성하였고, 그해 9월 국제세미나를 11월 국회 공청회를 개최하여 해사법원이 설치되는 듯하였다. 그러나, 국회회기의 마감으로 뜻을 이루지 못하였다. 2016년 서울과 부산에 해사전담부가 설치되는 것으로 1차 목표는 달성되었다. 그 후 부산 및 인천에서도 해사법원을 설치하자는 운동이 일어났고, 2017년 들어서는 부산에만 해사법원을 설치하자는 안 그리고 인천에만 해사법원을 설치하는 안이 국회에 제출되었다. 이러한 가운데 한국해법학회는 서울, 부산 그리고 광주에 해사법원을 설치하는 합의안을 제출하였다. 대통령 선거를 거치면서 해사법원설치는 정치권과도 연결되어 세간의 상당한 관심을 불러일으키고 있다. 본고에서는 (1) 해사법원 설치의 당위성 (2) 설치 지역에 대한 의견을 제시하고자 한다.

〈해사법원 설치의 당위성〉

해사법원은 우리나라 해사, 조선 및 물류산업의 경쟁력 확보에도 도움이 된다.

해상기업은 영리활동 중 다양한 법률문제에 처하게 될 때, 신속하고 전문성있게 법률관계를 처리할 필요성이 있다. 그리고 해상기업이 법률관계의 처리결과를 미리 예측할 수 있다면 그렇지 않은 경우보다도 영리활동을 안정적으로 행할 수 있다. 불행하게도 해상기업들은 우리나라 법이나 우리 법정을 크게 신뢰하지 않고 있다. 그래서, 대부분 높은 법률비용을 외국에 지출하면서 외국변호사나 외국의 분쟁절차를 이용하고 있는 실정이다. 우리나라에서 더 효율적이고 신속한 법률서비스의 제공을 받게 되면 법률서비스 비용과 시간이 절약되어 운송분야 경쟁력이 강화될 것이다. 2010년대 초반에 있었던 RG파동과 2016년 한진해운 사태는 법률 서비스의 수준이 얼마나 중요한지를 알게 해주었다.

해사법원은 우리나라에 국부창출의 도구로서 사용된다. 자료에 따르면 3대 대형선사는 연간 200건의 사건을 외국에서 처리하였다. 이 사건을 모두 우리나라에서 처리한다면 약 4,800억원의 법률서비스비용은 우리나라의 수입이 된다. 더 나아가서 외국사건 자체를 우리나라에서 처리할 수 있다면 법률비용 수입액은 더 늘어나게 될 것이다. 최대 1조원을 생각한다면 이는 대단한 국부창출이 되는 것이다.

〈발의된 법안〉

법원행정처안

2015년 11월 한국해사법정활성화 추진위원회에서 국회공청회를 할 당시에 법원행정처에서 법안을 잠정적으로 제시한 것이 있다. 이에 따르면 해사사건이 너무 적기 때문에 서울과 부산에 각각 해사지원을 두는 것이었다. 경기·충남북·강원은 서울해사지원이, 영

남·호남·제주는 부산해사지원이 담당하는 것이다. 이 안은 국회
회기의 만료로 더 이상 진행되지 못하였다.

부산과 인천에만 해사법원을 설치하자는 법안

부산에만 해사법원을 설치하자는 안으로는 김영춘 의원 대표발의
안과 유기준 의원 대표발의안이 있다. 그리고 인천에만 해사법원을
설치하자는 안으로는 정유섭 의원 대표발의안이 있다.

이들 법안은 모두 부산과 인천에만 해사법원을 두고, 해사사건은
모두 이들 법원에서만 처리되어야 한다는 점을 골자로 한다. 서울
혹은 부산에 주소지를 둔 해상기업이 피고가 되는 사건이라도 부산
혹은 인천 해사법원이 전속관할을 가지게 되므로 부산이나 인천에
서 소송을 진행하여야 한다. 해사법원은 전문법원이므로 해사사건은
모두 해사법원에서 처리되어야 한다. 지리적으로 원거리에 있는 소
송당사자들이 불편함과 비용추가가 된다는 점이 단점이다.

한국해법학회안

한국해법학회안은 안상수 의원이 대표발의한 안으로서 국제경쟁
력을 갖추고, 지역적으로도 수요자의 불편함을 덜어주기 위하여 사
건이 많은 서울에 해사법원을 두고, 부산과 광주에 해사지원을 두는
형식을 취하고 있다. 기본적으로 경인지역에 주소를 두고 있는 피고
는 서울 해사법원에서 소송을 하고, 부산의 경우는 부산에서 소송을
하므로 한 곳에만 해사법원을 설치하는 경우보다 지역적으로 편리
함이 보장된다.

〈해사법원 설치시 고려해야 할 사항〉

국제경쟁력을 갖추어야 함

해사법원을 설치하는 주목적은 순수한 우리나라 해사사건이나 일방이 우리나라 국민인 해사사건을 우리나라에서 처리하도록 하여 국부유출을 막고 나아가 국부창출을 하자는 것이다. 그러기 위해서는 필연코 해사법원을 가진 중국, 영국, 홍콩, 싱가포르와 경쟁을 하게 되는데, 수요자들로부터 우리 해사법원의 우수성과 편의성을 인정받아야 할 것이다.

서울 및 경인지역에는 대법원, 서울고등법원에 해사전담부, 서울중앙지방법원에 2개의 합의부 및 1개의 해사전담부가 이미 설치되어있는 점, 법원도서관, 해상법을 교수하는 고려대, 서울대, 성균관대, 경희대, 인하대, 명지대등이 있는 점, 인천송도에 유엔국제상거래법위원회(UNCITRAL)가 설치되어 있고, 서울국제중제센터 등이 존재하는 점, 서울과 동경, 북경 등을 연결하는 항공편이 김포에 있는 점, 인천국제공항도 1시간 거리인 점, 해운회사, 보험회사, 물류회사들의 본점이 대부분 서울에 있기 때문에 피고의 주소지인 서울중앙지방법원에 사건이 집중되는 점, 서울은 영국 런던과 같이 세계적으로 널리 알려진 브랜드라는 점 등을 고려하여야 한다.

지역적인 균형을 갖추어야 함

해사법원을 설치하는 목적이 전문성을 가진 법원의 판사로부터 신속하고 전문적인 법적 판단을 받는 다는 것이다. 그렇다면 해사사건은 모두 해사법원에서 처리되어야 한다. 이제는 해사법원이 해사사건에 대한 전속관할을 가지게 된다. 그런데, 한곳에만 설치하면 지역적으로 멀리 떨어진 곳에 있는 사람들은 이동에 따른 비용의 지출과 불편함을 겪게 된다.

만약, 부산에만 해사법원을 설치하면, 우리나라 경인지역의 사건이 연간 400건이므로, 시간당 추가되는 변호사 비용이 40만원이다. 계산을 하면 약 1,000억 정도의 추가비용이 현재보다 더 들게 된다. 인천에만 해사법원을 설치하는 경우도, 영호남 지역의 사건이 100건으로 본다면 약 250억원 정도의 비용이 추가로 들게 된다.

현재보다 비용이 더 많이 들게 되면, 해사사건의 당사자들은 오히려 홍콩이나 싱가포르 혹은 중국에서 소송을 처리하길 원하게 되거나 아니면 영국의 런던해사중재로 분쟁해결을 시도하게 된다. 그렇다면 오히려 우리나라 사건이 줄어들고 외국으로 사건이 더 나가게 되는 구축효과가 발생하게 되어 해사법원설치 목적에 반한다.

2016년 사법연감에 의하면 2015년 국제거래전담부에서 처리된 사건(해사사건포함)이 경인지역 1,025건(서울중앙 866건) 및 영남지역 83건인 점, 대한상사중재원의 조사에 따르면 최근 5년간 서울 본원과 부산지원의 사건 수는 각각 79건(76%)과 25건(24%)인 점, 해운조합의 경우 경인지역과 부산경남지역 및 호남지역 사건수의 비율은 52건(60%), 29건(33%) 및 11건(12%)인 점 그러나 소가기준으로 하면 서울이 94%를 점하여 대형사건은 서울에 집중되는 점, 대부분의 해운, 물류기업들의 본사가 서울에 있는 점, 해상변호사가 서울에 약 100명 부산에 약20명이 있는 점 등을 종합적으로 고려하여야 한다.

이러한 여러 지표를 종합적으로 고려하면 현재 우리나라 해사사건의 수는 약 550건인데 서울·경인·충청지역에 400건, 부산·경남북지역에 100건, 호남제주지역에 약 50건으로 보인다. 따라서 그나마 사건수가 많은 서울에 해사법원 본원을 설치하여 해사사건의 약 70%를 처리하고 부산해사지원이 약 20% 그리고 광주해사지원이 해사사건의 약 10%를 처리하도록 하는 것이 합리적이다. 인천은 서울과 지리적으로 1시간 이내로 동일 지역권으로 보아도 될 것이다.

분쟁해결수단은 당사자의 선택에 따른다는 점

행정기관이나 연구기관을 특정지역으로 이전하는 것과 해사법원을 특정지역에 유치하는 것은 다른 점이 있다는 것이 충분히 고려되어야 한다. 전자의 경우 수요자인 국민들은 수동적으로 따라 갈 수밖에 없고 그렇게 해도 크게 불편하지 않을 수 있다. 그러나, 분쟁해결의 수단은 당사자의 선택에 의하여 좌우되는 경우가 많기 때문에 수요자의 편의를 생각하지 않을 수가 없다. 수요자들이 생각할 때 영국의 해사중재가 우리나라 해사법원이나 대한상사중재보다도 편리하고 신뢰할 수 있다고 보아 계약에 그러한 약정을 하면 우리 해사법원이 이를 구속할 수가 없다. 그렇기 때문에 해사법원을 설치할 때에는 어느 지역에 설치하면 수요자들로부터 신뢰를 받고 편의성이 인정될지를 충분히 고려하여야 한다.

해사전문판사의 운용에는 복수의 해사법원이 좋다는 점

우리나라 공무원조직은 모두 순환보직을 하게 된다. 해사법원의 판사들은 해사법원에만 근무를 하면서 전문성을 익혀야 할 것이다. 그럼에도 순환보직의 대상이 된다면 하나의 해사법원만 있다면 전혀 다른 법원으로 배속이 될 것이지만, 2개 혹은 3개의 해사법원이 있다면 교대로 배속이 가능할 것이므로 순환보직의 충족도 가능하다. 따라서 하나의 해사법원보다는 2~3개의 해사법원이 법원의 입장에서 해사전문판사의 양성과 배출에도 유리할 것이다.

〈결 론〉

이상 살펴본 바에 따르면 아래와 같은 결론을 내릴 수 있다.

우리나라 해사관련 분쟁해결이 영국을 중심으로 이루어져와 연간

4,800억원 정도 법률비용유출이 있는데, 우리도 경쟁력을 갖춘 해사법원을 설치하여 국부창출을 이루어야 한다. 우리나라 법률 수요자들에게 신속하고 전문성을 갖춘 해사판사들의 법률서비스를 제공하여야 한다.

우리나라 해사사건은 연간 550여건으로 서울·경인지역에 70%, 부산·경남북지역에 20% 호남·제주지역에 10%가 처리되는 것으로 추정된다. 국제경쟁력의 관점에서 본다면 모든 인프라가 잘 갖추어지고 국제적인 브랜드를 가지고 있으면서 사건수도 충분한 서울에 해사법원 본원을 설치하고, 수요자의 지리적인 편의성을 고려해서 부산과 광주에 해사지원을 설치하고 이들 지원들은 사건수가 늘어나면 본원으로 승격하는 것이 바람직할 것이다.

(〈월간해양한국〉, 2017년 7월호)

제4장
고려대 해상법연구센터 개원의 의미

1. 개원세미나와 그 기능

지난 2013년 3월 29일 고려대에서는 의미 있는 행사가 있었다. 고려대학교 해상법 연구센터가 개원 기념 제1회 해상법 이슈진단 세미나를 개최함과 동시에 해상변호사 양성프로그램/센터의 사업에 대한 설명회를 개최한 것이다. 우리나라 해상법의 강의와 연구는 영국에 비하여 활발하지 못하였다. 2009년부터 로스쿨이 생기면서 고려대, 부산대, 인하대 등에서 학생들에게 해상법 교육을 제대로 시키겠다는 목표를 세우고 인력을 확충하였다. 고려대학교에서는 IMO 법률위원회 위원장을 지낸 채이식 교수와 실무의 선장 출신인 필자 두 명이 해상법 교수로 재직하게 되었다.

해운 및 조선, 무역 등 실물이 동아시아로 이동하였기 때문에 해상법 관련 법률수요도 동아시아권에 많이 생겨났다. 이러한 실물의 지리적 변화는 필연코 기존의 영국 일변도의 해상법 시장의 동아시아로 이동하게 한다. 이에 맞추어 일본의 와세다 대학은 3년 전 실무자를 위한 해상법 LLM과정을 개설하였고, 중국에서는 대련해사대학을 중심으로 해상법은 인기과목이 될 정도로 많은 학생들이 모여들고 해상변호사의 숫자도 크게 늘어나고 있다.

이러한 대외 환경의 변화에도 불구하고 로스쿨에서 군소과목인 해상법강좌는 폐강이 속출하여 서울에서 해상법강좌가 제대로 개강되는 학교는 고려대학에 지나지 않을 정도로 해상법의 위상은 위축되게 되었다. 또한 새로운 해상법쟁점을 신속하면서도 심도있게 다룰 연구기관이 부재하여 한번 발생한 이슈는 해결이 느린 악순환이 계속되고 있다.

마침, 고려대학교에서는 2012년 11월 CJ 법학관이 개원되어 해상법연구센터도 9평 남짓한 연구실을 구하게 되었다. 이에 발맞추어 해상법연구센터는 선주협회 등 업계의 지원을 받아 연구센터를 정식으로 오픈하면서 여러 가지 사업을 시행하게 된 것이다. 금년 2월에 실시된 30시간의 해상법 실무강좌에는 160명의 실무자들과 로스쿨생들이 다녀갔다. 해상법에 대한 실무에서의 수요를 확인하게 되었다.

센터에서는 기존의 선박건조법연구회의 지원에 이어서 해상법이슈진단 프로그램을 운영하기로 하였다. 업계에서 화두가 되는 해상법이슈가 있다면 한 주제씩 수시로 전문가를 초빙하여 의견을 듣고 법률적인 해결책을 마련하는 진단을 해보기로 한 것이다. 그 첫 번째 주제로는 업계의 가장 큰 관심사이고 현안인 선박금융과 선박충돌과실비율산정 중재제도의 도입에 대한 것이다. 행사를 하는 김에 해상법연구센터의 설립목적과 사업구상을 발표하고 또한 해상변호사 양성프로그램도 참석자에게 알리기로 하였고, 사교의 장을 제공하기 위하여 칵테일 파티를 개최하기로 정하였다.

〈개원기념 세미나내용〉

선박금융공사와 해운보증기금

오후 3시 30분부터 70여명이 참석한 가운데 자타가 공인하는 우리나라 최고의 선박금융 전문가인 정우영 변호사가 선박금융공사와 해운보증기금에 대한 주제로 발표하였다. 현재, 선박금융공사법이 작년에 발의되었지만 통과되지 못하였다. 선박금융공사는 다른 산업계와의 형평의 문제로 금융위원회 등이 반대를 하여 진행이 쉽지 않은 상황이고, 오히려 해운보증기금을 만들기가 현실적으로 쉬울 것이라는 설명이었다.

선박금융공사의 업무는 기존의 선박금융기관과 중복되어 민간금융기관에 대한 구축효과가 발생할 우려가 제기된 상황이라는 것이다. 반면 해운보증기금은 해운산업에 대한 보증업무를 수행하면서도 해당 재원이 모두 직접 해운사에 제공되지 않으면서도 신용제공을 통한 자금조달이 용이하게 함으로써 운영이 안정될 수 있다는 장점이 있다는 점이 강조되었다. 정변호사는 선박금융공사가 설립되면 자금회전율이 빠른 조선업에 지원이 집중되고 해운업은 실질적 도움이 되지 않을 가능성도 있다는 점을 지적하였다.

박세민 교수(고려대)의 사회로 진행된 토론에서는 토론자(해양수산부 김인경 서기관, 선주협회 황영식 이사, 우송대학교 원동욱 교수) 및 플로워에서는 아래와 같은 토론 및 의견제시가 있었다.

첫째, 선박금융공사는 금융위 소관이라서 해양수산부에서 통제할 수 있는 상황이 아니고 해수부에서는 해운보증기금에 집중하고 있다.

둘째, 선박금융공사나 해운보증기금은 공공기관의운영에관한법률의 적용을 받게 되면 기관장은 경영평가를 받아야 하기 때문에 해운침체기에 해운산업에 대한 금융지원확대가 어려울 수 있다는 점에 유의하여야 한다.

셋째, 현재 해운업계는 하루하루가 다급한 상황이기 때문에 선박금융과 해운보증기금 양쪽을 추진하여 힘을 분산시키지 말고 운영자금이 필요한 업계를 위하여 보증을 정부가 해주는 해운보증기금 제도에 집중하여 줄 것을 요구한다.

선박충돌과실비율산정 중재

필자는, 해사법원이 없는 우리나라 법원 제도하에서 신속하고 정확한 과실비율 산정은 쉽지 않기 때문에 전문가를 동원하여 이를 중재로 처리할 수 없는가 오랫동안 고민하여 왔다. 마침 싱가포르에서도 유사한 제도를 구상하고 있기 때문에 이에 자극을 받아 선박충돌사건의 해결을 위하여 중요한 요소의 하나인 과실비율산정을 중재로 처리하는 안을 만들어 두 번째 주제로 발표하게 된 것이다.

필자의 구상은 (i) 당사자들은 사전 혹은 사후에 중재로 처리하겠다는 약정을 체결하고 (ii) 충돌사건이 발생한 경우 가칭 "한국선박충돌과실비율 산정 중재 위원회"에서 제공하는 전문가 리스트를 참조하여 중재인을 2인 지명하게 된다. 지명된 2인이 의장중재인을 정한다. (iii) 중재절차와 비용 등은 중재인이 의뢰인과 함께 정한다. (iv) 심리를 거쳐서 과실비율을 판정한다. (v) 중재판정은 중재법에 의하여 법원의 판결과 동일한 효력이 있다. (vi) 중재위원회는 임의중재이고 사무국은 최소한의 행정을 제공하고 행정비용을 당사자에게 구하지 않는다. 그 실천 방안으로는 한국해법학회, 고려대 해상법연구센터에 사무국을 두는 것, 법원으로부터 법원조정연계기관으로 지정을 받아서 조정으로 과실비율을 산정하여 주는 것 등이 제시되었다.

정병석 변호사의 사회로 진행된 토론에서 토론자(경찰대학교 장문

철 교수, 법무법인 율촌 이영석 변호사, 이석행 시마스타 사장)들은 과실
비율 산정만의 중재는 비경제적이고 법률적으로도 문제가 있기 때
문에 손해배상을 포함한 선박충돌전체에 대한 중재를 하여야 한다
고 조언하였다. 그 근거로는 (i) 과실비율을 산정하고 또 손해배상
액 산정에 대한 절차가 다시 필요하다면 이는 비경제인 것이고 (ii)
손해배상액 산정은 당사자들이 전문가를 동원하여 중재부에 제출할
것이기 때문에 어렵지 않다는 것, (iii) 중재법에 따르면 사건의 일
부도 중재가 가능한 것으로 되어있지만 이것은 집행이 가능한 일부
라야 되는 것이고 과실비율만의 중재는 집행이 되지 않는 사항이므
로 중재법의 적용을 받기 어렵다는 점이 제시되었다.

　　전문가들의 의견을 경청한 다음 필자는 원래의 계획을 수정하게
되었다. 한편으로는 과실비율 전체에 대한 선박충돌중재를 기획하
고, 다른 한편으로는 조직을 더 체계화한 다음 법원으로부터 조정연
계기관으로 지정을 받아서 법원에 계류된 사건에 대하여 선박충돌
과실비율을 조정으로 처리하도록 하는 것이다.

〈해상법연구센터/맞춤형 해상변호사 프로그램 소개〉

해상법연구센터

　　센터 소장인 필자는 아래와 같이 센터를 소개하였다; 영국의 사
우스 햄턴이나 미국의 튤렌과 어깨를 나란히 할 정도의 해상법연구
센터가 동아시아권에도 필요하고 고려대학교의 해상법연구센터가
이러한 수준을 달성할 것이 설립 목적이다. 한국해사법정활성화를
위하여 각종 세미나의 개최와 강좌 개설 등을 할 것이다. 그리고 국
내외의 해상법 판례와 법률의 제정 및 개정에 대한 소개도 신속하
게 하게 된다. 센터는 업계에서 해상법에 관련되어 오랫동안 종사하
다가 은퇴하시는 분들을 초빙연구원으로 모시고 공간을 제공하고

경륜을 사회에 환원할 기회를 제공하고자 한다. 그 첫 케이스로 STX의 손점열 상무가 대상이 되어 현재 센터의 초빙연구원으로 활동하고 있다.

해상변호사 양성 프로그램

적정한 숫자의 로스쿨 출신자가 해상변호사로 진출하는 것은 업계로 보나 학교로 보나 매우 중요하다. 특히 학교에서는 해상변호사가 되기 위하여 해상법수업을 듣는 일정한 숫자의 학생이 존재하지 않는다면 해상법수업자체가 존재하지 않기 때문에 해상법 교수가 필요 없게 된다.

고려대학교 로스쿨에서는 해상변호사의 양성을 위하여 (i) 4개의 강좌(해상법, 해상운송법영어강의, 선박충돌법, 해상보험법)를 개설하고 (ii) 여름과 겨울 방학에 연수를 위하여 김&장 법률사무소, 법무법인 세경·선율·해원에서 2주간씩 교육, 그리고 싱가포르의 라자&탄, 홍콩의 리차드 버틀러에서 연수교육을 받게 된다. (iii) 승선실습을 위하여 여름방학에는 흥아해운 및 겨울방학에는 한진 SM의 선박을 이용하게 된다. (iv) 변호사 시험을 마치고 난 2월에는 해상변호사 실무 강좌에서 변호사 실무수습을 30시간 받게 된다. 이러한 과정을 밟은 해상법 전공학생들은 세계 어느 국가의 신임 변호사와도 경쟁할 수 있을 것으로 필자는 믿는다.

이러한 고려대학교 맞춤형 해상변호사 양성프로그램은 기존의 해상변호사 양성과정과 많이 다르다. 기존에는 해상법을 특별히 공부하지 않은 일반변호사를 해상로펌에서 1~2년간 도제식 교육을 시켜 나가면서 해상법을 익히게 하였기 때문에 고객을 만족시켜주지 못하였고 국제로펌과의 경쟁력에서도 뒤떨어지는 문제가 있었다. 맞춤형 프로그램이 기존의 제도보다 우수한 제도임은 분명하다고 할 것이다.

감사패 전달

이 날 행사에는 도선사협회, 선주협회 및 이종민 사장에 대한 감사패 전달식이 거행되었다. 도선사협회는 2009년 로스쿨이 출범한 이후 각 로스쿨에 진학한 해기사출신 및 서울대, 고려대등을 비롯한 각 로스쿨의 일반학생들에게도 장학금을 지급하여 왔다. 특히 고려대에는 1년에 1000만원씩 장학금을 제공하고 학교에서는 해상법수업을 수강하는 학생들을 대상으로 장학금을 지급함으로써 해상법강좌의 개설에 큰 역할을 하여 왔다. 이에 고려대학교 로스쿨에서는 도선사협회에 감사패를 전달하게 되었다. 선주협회와 한기분의 이종민 사장은 해상법연구센터의 운영자금을 지원하여 해상법센터의 설립에 큰 역할을 하였기에 감사패를 드리게 되었다.

칵테일 파티

한국해법학회의 회장이신 김&장의 정병석 변호사의 건배사 제의로 시작된 칵테일 파티에는 약 70명의 업계관계자와 학계의 전문가 및 로스쿨 학생들이 고려대 해상법 연구센터의 개소를 축하하여 주면서 한국해상법의 발전을 기원하였다. 행사는 화기애애한 분위기에서 저녁 8시 30분경 마무리되었다.   (《한국해운신문》, 2013년 4월 5일)

2. 스승과 제자의 30년간의 대화

#장면 1. 1993년 12월의 어느 날

제자: 저는 선장을 하다가 배사고가 나서 해상법을 공부, 저와 같이 어려움에 처한 사람들에게 도움을 주고자 대학원에 들어왔습니다. 선생님께서 해상법 전공이라고 해서 선생님을 지도교수로 모시고자 합니다.

스승: 예, 잘 알겠습니다.

#장면 2, 1999년 4월의 어느 날

스승: 목포해양대 교수로 초빙된 것 참 잘되었네. 로펌은 자네를 책임 져 줄 수 없다네. 변호사가 아닌 이상 자기 길은 자기가 개척해 야하네.

제자: 예, 감사합니다. 모두 선생님의 학은 덕분입니다.

스승: 내가 목포로 내려가겠네. 자네 학부의 교수들 모두 모시게. 그리 고 목포에서 제일 잘하고 비싼 곳에 선생님들을 모시게...

제자: 그럴 것까지는 없습니다 선생님. 저렴한 곳으로 해도 됩니다.

：

제자: 선생님, 저희 학부 선생님들이, "우리가 모셔온 교수의 지도교수 가 이렇게 찾아와서 환대하고 제일 좋은 식당에서 우리를 대접하 는 것은 교수생활 중 처음이다. 김교수의 지도교수님 인품이 훌륭 하시다."고 안부를 전했습니다.

스승: 당연한 일이지... 자네를 교수로 초빙해주니 얼마나 고마운 일인가. 감사함을 표할 때에는 화끈하게 기억에 남도록 해야 하네. ㅎㅎ

#장면 3, 2006년 10월의 어느 날

제자: 선생님, 부산대학에서 해상법 교수 자리가 났습니다.

스승: 전화를 해보니, 다른 사람을 염두에 두고 있는 것 같네. 내가 "김교수는 아주 장래가 촉망되는 교수입니다."고 말했네만 우리가 한발 늦은 것 같으네. 그렇지만, 이 기회에 자네가 부산에 내려가 서 연구업적 등을 설명하는 것이 좋네.

제자: 선생님, 이미 안 된다고 하는데... 더 이상 직접 찾아가기는 마음 이 내키지 않습니다.

스승: 아니네. 이번에 자네가 반드시 내려가서 자네를 알려야 자네가 부 산에서 입지가 서네. 이것은 나의 명령이네. 반드시 다녀오기 바 라네. 이번에 안되어도 그래야 다음에라도 기회가 있네.

제자: 예, 알겠습니다. (그 일이 있고 난 2년 뒤 제자는 부산대에 교수 로 초빙되었다)

#상면 4. 2008년 5월의 어느 날

제자: 선생님, 회갑잔치를 저희 제기들이 모시고기 합니다. 올해 기올인
데 지금부터 준비를 해야 합니다.

스승: 그런 쓸데없는 짓을 하지 마시게. 나는 제자들 힘들게 하는 일은
하지 않네. 대신, 빨리 준비하게. 이번에 상법에서 공고를 하면
고려대 상법교수로 지원해야 하네.

#장면 5. 2019년 12월의 어느 날

제자: 선생님, 제가 오래 준비한 것입니다. 미국의 뉴욕대학에서 마련하
고 있는 힐리 해상법 렉쳐와 같은 렉쳐를 만들고자 합니다. 이 렉
쳐는 동료변호사이자 그의 후임자격인 존 킴발 변호사가 만들어
이미 15년째가 됩니다. 세계의 해상법 교수와 변호사들이 여기에
서 한번 초대받아 강의하는 것을 영광으로 생각합니다. 저도 여기
에 한번 초대되길 원합니다. 선생님께서 IMO 법률위원회 위원장
을 5년 이상 해오셨고, 동아시아 해상법 포럼의 창시자로서 동아
시아의 해상법 발전에 기여한 바가 큽니다. 12월에 고려대 해상법
전문가강좌를 할 때 해상법 최고의 전문가를 선정, 초대하여 강의
를 듣도록 하겠습니다. 알아보니까, 추대받는 분이 첫 강의를 해야
한다고 합니다. 그래서 오는 12월 21일 선생님을 모시고자 합니다.

스승: 그런가, 좋은 취지에 감사하네. 나는 부족한 사람인데...고려해보
겠네.

#장면 6. 2020년 5월 2일

스승: 자네가 지난 12월에 나의 이름을 딴 렉쳐를 마련해주어서 고맙네.
자네가 해봉특별상으로 수령했다던 500만원에 내가 매칭하여 500
만원을 낼 것이니 이를 재원으로 잘 시작해보세요. 내가 점차 재
정을 더 준비하겠네.

제자: 그렇게 많은 재정은 들지 않을 것 같습니다. 한번은 한국인, 한번
은 외국인으로 돌아가면서 하면 연간 100만원이면 될 겁니다.

스승: 자네 또한 한국 및 동아시아 지역의 해상법 발전에 기여한 바가
있네. 자네도 무얼 만들어야 한다고 보네.

제자: 아닙니다. 선생님. 저는 그런 정도가 아닙니다. 만약, 선생님께서

허락하시면 10년 뒤 쯤에 Prof. Chai's Maritime Law Lecture의 이름을 저의 이름을 함께 넣어서 Prof. Chai and Captain IH Kim's Maritime Law Lecture로 하면 저로서는 여한이 없습니다.

⋮

제자: 저로서는 이 렉쳐가 영원히 이어져야 하는데 이를 어떻게 보장하는가가 관심사항입니다.

스승: 나도 그렇네. 자네가 정년퇴직을 해도 이어갈 수 있도록 보장제도를 만들어보세.

제자: 아무래도 렉쳐의 실무는 고려대 해상법연구센터가 해야 할 것 같습니다. 제자들과 상의하여 렉쳐를 담당하는 조직체를 꾸리면 좋겠습니다. 스승의 날 모임에서 상의를 제자들과 하면 좋겠습니다. 상사법학회도 서돈각 선생님 무애재단이 있고, 실무는 상사법학회에서 위탁을 받아서 합니다. 우리도 그런 체제로 하면 좋겠습니다.

스승: 그러면 이번 스승의 날 행사에서 보세나.

여기서 제자는 김인현 교수이고, 스승은 채이식 고려대 법대(로스쿨) 교수이다. 스승의 날을 맞이하여 은사이신 채이식 교수님의 건강을 기원드리면서, 인생의 고비고비마다 학덕을 배풀어주신 선생님께 감사드립니다. 저도 지도교수님과 같이 훌륭한 스승이 되고자 노력하겠습니다.

(이 땅의 수많은 스승과 제자들과 함께 스승의 날의 의미를 되새겨봅니다. 스승님들에게는 지도에 감사를, 제자들에게는 소중한 인연에 감사를 드립니다. 저에게도 학은을 베풀어주신 수많은 스승들이 계십니다. 오늘 스승의 날을 맞이하여 채이식 은사님과 저의 30여년간의 학은 이야기를 남겨보았습니다.)

2020년 5월 15일 스승의 날 아침
고려대 법대(로스쿨) 교수 김인현 드림

제5장
존경하는 해운계 인사

1. 배순태 선장님의 출판기념회를 다녀와서

지난 2016년 3월 24일 인천 하버파크호텔에서 의미 있는 출판기념회가 있었다. 평생을 바다에 바친 바다의 사나이가 출판기념회를 가졌다. 그 주인공은 배순태 도선사님이다. 그는 진해고등상선학교를 졸업하시고 선장으로 진급하여 3000톤 급의 우리 선박으로 1957년 최초로 북태평양 항해를 성공하여 미국에 도착하신 분이다. 그후 그는 인천항의 도선사가 되어 활발한 활동을 벌이셨다. 도선의 신이라고 불릴 정도로 어려운 도선을 성공적으로 마치셨다. 한국도선사협회를 창설하셨고, 시험제 도선사 1호로 기록되었다. 그 후 도선사로서 정년퇴직을 하신 후 예선업에 종사하셨다.

당일의 모임에는 배순태 회장님의 약력소개에 이어서 회장님의 인사말이 이어졌다. 94세의 연세에도 불구하고 후배 도선사들이 연

말 연하장을 보내지 않는다고 유머를 구사하는 여유를 보이셨다. 작은 배로 우리나라에서 처음으로 대권항법을 취하여 태평양을 횡단 미국 LA에 1957년 도착했을 때 교포로부터 열렬한 환영을 받았다는 기억을 회상하셨다. 6.25. 종전이 된 지 얼마 지나지 않아 우리나라가 형편없이 어려운 상태에서 한국 선박이 태평양을 횡단하여 미국에 이르렀다고 하니 교포들이 어찌 감동하지 않았겠는가?

이어진 가족 대표의 인사말에서 아드님이신 배동진 사장님께서 아버지의 당시의 마음을 담은 시를 작사하여 낭독하셨는데, 감명 깊었다. 무뚝뚝한 아버지와 갈등도 있었지만 모두 화해하였다는 대목에서는 청중들이 모두 박수를 보냈다.

필자는 2010년경부터 해운신문에 연재된 배순태 선배님의 일대기를 통해 그를 알게 되었다. 일제 강점기 및 해방 후의 우리나라 해기사 양성제도 및 해운에 관한 내용이 담겨 있어서 참 흥미롭게 읽었다. 특히 진해고등상선 출신들이 초기 한국해운에 이바지한 바를 깊이 알게 되었다. 그 후 한국해양대학에서 진해고등상선 출신들을 모시고 해양대 명예졸업장을 드렸고, 한국해양대학의 역사는 1920년대로 거슬러 올라간다는 발표를 한 것을 보았다. 이즈음에 배순태 회장님께서 해양대학에 상당한 토지를 기증을 하셨다는 기사를 보았다. 그러나 그 후 동창회에서 다시 이를 부정하면서 진해고등상선학교는 한국해양대학의 전신이 아닌 것으로 정정되었다.

필자는 이러한 논란을 뒤로 하고 배순태 회장님을 자랑스런 선배님이라고 불러드렸다. 행사에서 회장님으로부터 자서전을 받고, 나도 나의 저서인 「해상법」과 「해상법연구 III」을 노란 책보에 싸서 드렸다. 책의 첫 장에는 "선배님, 존경합니다. 만수무강하십시오."라고 적었다.

무에서 유를 창조한 한국해운에서 해기사의 역할은 지대하였다. 일본의 상선대학을 나오신 분들이나 우리나라에서 고등상선학교를

졸업하신 엘리트들이 해방 후의 우리나라 해운의 초석을 닦은 것은
누구도 부인하지 못한다. 이 땅에 정규 4년제 대학교육이 시작된 것
은 1945년부터이고 한국해양대학교를 중심으로 한 졸업생들이 오늘
날 한국해운에 큰 기여를 한 것도 사실이다. 그렇지만, 그 이전에
일본에서 동경상선대학이나 고베상선대학을 졸업하신 선각자들 및
인천 혹은 진해고등상선학교를 졸업하신 선각자들이 해방을 전후하
여 한국해운의 기틀을 닦기 위하여 모진 어려움을 극복하고 큰 기
여를 하셨다는 점도 잊지 말아야 한다. 또한 그분들의 도전정신과
개척정신을 높이 평가하고 존경하여야 한다. 엑스트라 선장으로 국
무총리 서리를 지내신 신성모 학장님, 개인재산을 출연하여 해사문
제연구소를 설립하고 한 번의 결호도 없이 월간 해양한국을 발간한
신 동경상선대학 출신의 윤상송 박사님, 진해고등상선 출신으로 기
관사 생활을 거친 다음 세계적인 육상, 해상 및 항공 운송의 대그룹
을 만드신 조중훈 회장님, 진해고등상선 출신으로 해군 참모총장을
지내신 박옥규 제독님, 동경상선대학 출신으로 한국해양대학의 창립
자이신 이시영 박사님 등 너무나 쟁쟁한 선배들이 많이 계셔서 일
일이 언급하기 어려울 정도이다. 대부분은 고인이 되셨다.

배순태 회장님의 자서전 출판기념회에 2시간 정도 참석하면서,
해방을 전후한 시기에 한국해운의 초석을 닦기 위하여 바다에서, 육
지에서, 해군에서, 교직에서, 대한해운공사 육상근무를 하면서, 불철
주야 최선을 다하셨던 해운 선배님들의 숭고한 희생정신을 떠올리
면서 필자는 가슴이 뭉클해졌다. 현재 우리나라 해운은 절체절명의
어려운 시점에 있다. 해운인들은 배순태 회장님과 같은 훌륭한 해운
선각자들이 우리에게 남긴 도전과 개척정신을 이어받아 이 어려움
을 충분히 뚫고 나갈 수 있으리라고 생각해보았다.

《한국해운신문》, 2016년 4월 4일》

2. 이준수 전 학장님을 기리며

어제(2017.6.19.) 부음을 들었다. 한국해양대학 학장님을 지내신 이준수 교수님께서 세상을 떠나셨다. 고인께서는 1949년 한국해양대학을 1기로 졸업하시고 한국해양대학에서 교수로 정년 퇴직시까지 재직하시면서 후학을 양성하셨다. 그 후로도 명예교수로 계시면서 해운의 발전에 진력하셨다. 선생님께서 한국해양대학 역사나 해운산업에 남기신 업적은 지대하다.

첫째, 공학계가 주류를 이루었던 한국해양대 교수진에 유일한 법학박사로서 해운에 법학의 뿌리를 내려주셨다. 한국해양대학은 항해학과 기관학 두 과로 운영되는 학교였고 항해학과 기관학은 모두 공학을 기반으로 한다. 여기에 이준수 교수님께서 법학박사, 손태현 교수님께서 경영학박사 학위를 가지고 학생들을 지도하셨다. 선장이 되면 법학과 경영학의 기초가 있어야 한다는 것이 선생님의 지론이셨다. 선생님께서는 우리들에게 국제법과 해양법이 무엇인가를 가르쳐 주셨다. 이후 배병태 교수님, 임동철 교수님, 박용섭 교수님, 황석갑 교수님 같은 분들이 법학박사 학위를 취득하여 선생님의 뒤를 이어셨다. 그리고 오늘날 해기사 출신 법학교수들 10여명 그리고 해상변호사 10여명이 탄생하게 되어 우리 해운산업에서 중추적인 역할을 하게 되었다. 해운산업에는 법학과목이 필요하다는 점, 그리고 하나의 전공분야로서 해사법학의 존재감을 후학들에게 알려주신 분이라고 말 할 수 있다.

둘째, 선생님은 프론티어 정신에 투철하셨다. 필자가 알기로는 선생님은 1960년대 후반 교수직을 일시 휴직하고 수산개발공사의 이사로 나가셔서 해외에 거주하시면서 우리나라 원양어업을 개척하셨다. 또한 1978년에는 한국해양대학 31기 학생들을 이끌고 신조한 한바다호의 실습감으로서 세계일주 항해를 완수하셨다. 우리나라 역사상 실습선이 세계일주를 한 것은 처음 있는 일이었다. 당시 한국 해대생들의 흰 제복입은 모습이 신동우 화백의 그림을 통하여 언론 에 보도되어 일반 국민들이나 대학진학을 앞둔 학생들에게 크게 인 기를 끌었고 한국해양대학의 위상이 이에 따라 크게 올라가게 되었 다. 박현규 이사장님, 서돈각 교수님, 손주찬 교수님과 함께 한바다 호에서 한국해법학회를 1978년 창립하신 것도 큰 업적이다. 해법을 좀더 조직적으로 체계적으로 연구하고 집적하자는 취지에서 한국해 법학회를 창립하셔서 오늘에까지 이르고 있다. 이렇게 선생님은 상 아탑 내에서 학문에만 매진하신 것이 아니라 학사행정가로서 또 해 운수산업의 발전을 위하여 크게 진력하신 분이기도 하다.

선생님과 나는 학창시절 교수와 제자 사이로 1981년 만나 뵙게 되었다. 그러다가 필자가 교수가 된 다음해인 2000년부터 3년간 자 주 뵙게 되었다. 한국해사문제연구소에서 "해운물류큰사전"을 편찬 하게 되었는데, 각 분야별 전문가 2분 총 12분을 모시게 되었다. 나 는 배병태 박사님과 같이 해상법의 담당이었고, 선생님은 허일 교수 님과 같이 항해학 담당이셨다. 당시에도 선생님은 이미 70대 중반 으로 모임에서 최고 원로이셨다. 우리들은 여름방학과 겨울방학에 두 차례 강원도의 조용한 곳에 합숙을 하면서 편찬 작업을 하게 되 었다.

어느 겨울날이었다. 위원님들은 평소와 같이 저녁을 먹고 소주잔 을 기울이면서 즐거운 시간을 보내고 있었는데, 밖에는 눈이 조금씩 내리고 있었다. 그 눈이 점차 강해져서 바닥에도 제법 쌓이게 되었 다. 숙소는 산길인데 차로 10분은 족히 걸리는 언덕길이다. 몇 분은 이제 숙소로 돌아가자고 하였지만, 술기운에 한잔 더 하자는 분위기 가 지배적이었다. 반주를 좋아하시는 선생님은 나직하면서도 설득력 있는 예의 목소리로 한 말씀을 하셨다. "여러분은 모두 이 나라에서 소중한 분들입니다. 눈이 더 쌓이면 길이 미끄러워 숙소로 돌아가기가 어렵습니다. 사고라도 나게 되면 큰 일입니다. 이제 그만 모두 일어나서 숙소로 돌아가십시다." 모두 숙연해지면서 주섬주섬 일어 나서 차를 타고 숙소로 돌아왔다. 이미 길은 미끄러워 겨우 숙소에 당도했다. 조금 더 지체했다면 문제가 생길 뻔했다. 필자는 당시 원 로의 경륜과 힘이라는 것은 이런 것이구나 생각하며 선생님을 더 존경하게 되었다.

선생님께서는 명문 경기고등학교를 졸업하시고 한국해양대학교에 1기로 1945년 입학하여 해양대학의 교수로 또 최고책임자인 학장으 로, 실습감으로 재직하시면서 후학을 양성하셨다. 그리고 해기사협 회장, 수개공 이사, 한국해법학회 창립, 해운물류큰사전 편찬 등 해 운산업의 발전을 위하여 진력하셨다. 선생님은 우리 해운의 여명을 밝히신 선각자의 한사람으로 후배 해운인들에게 길이길이 칭송되고 역사에 기록될 것으로 믿어 의심치 않는다. 선생님의 해운 사랑하는 마음을 후학들인 우리들이 잘 전수하여 해운의 발전에 기여하는 것 이 선생님의 유지를 받드는 길이라고 생각하면서 선생님의 명복을 빈다. 〈〈한국해운신문〉, 2017년 6월 20일)

제6장
해양문화, 홍보

1. 영화 "안시성"이 해운무역업계에게 주는 교훈

〈영화 "남한산성"과 "안시성"의 비교〉

추석과 설 명절에 아이들과 같이 영화를 보는 것이 연례 행사가되었다. 작년 추석에는 영화 "남한산성"을 보았고, 추석 다음날인 어제(2018.9.25.) 저녁 "안시성"을 보았다. 남한산성과 안시성은 모두 대국인 중국의 군대가 쳐들어와 우리 군대와 싸움을 하는 전쟁영화라는 점에서 동일하다. 그러나, 두 영화는 많은 점에서 차이가 난다. 역사적으로는 안시성 싸움은 서기 645년 고구려 때이고 중국은 당나라 때였다. 남한산성 싸움은 1636년 조선시대이고 중국은 청나라 초기였다. 남한산성에서는 47일간 항전하다가 항복을 하게 되었지만, 안시성에서는 90일을 견뎌내고 승리를 하였다는 점에서도 차이

가 난다. 영화 "남한산성"은 척화파 김상헌과 화친파 최명길의 명분
론과 실리론이라는 큰 사상적 대립을 배경으로 하여 이해하기가 쉽
지는 않지만, 영화 "안시성"은 성주 양만춘이 리더십을 발휘하여 단
결과 지략으로 중국 대군과 수적인 열세에도 불구하고 싸워나가는
단순한 스토리를 바탕으로 한다.

〈영화 "안시성"의 요지〉

영화는 645년 요동의 주필산 전투로부터 시작된다. 20만 당나라
대군과 15만 고구려 대군이 맞붙었지만 매복을 당한 우리 고구려군
이 패배하고 만다. 당나라 태종 이세민은 고구려 수도 평양성으로
가기 위한 마지막 관문인 안시성을 공격하게 된다.

안시성에는 성주 양만춘(조인성 분)이라는 걸출한 영웅이 버티고
있었다. 그는 부드러운 리더십을 가진 것으로 그려진다. 양만춘은
철저하게 백성을 사랑하고 아끼는 사람이다. 연개소문으로부터 그를
살해하라는 지시를 받고 온 사월은 그의 인간성과 애국심에 반하여
오히려 그의 사람이 되고 말 정도이다. 그는 당군의 공격에 대비하
여 철저한 준비를 해왔다. 안시성의 모양 자체가 수비하기에 좋은
모양으로 지어져있다. 성곽이 한자로 요(凹)자 모양이다. 이러한 성
곽은 튀어나온 양쪽의 끝부분에서 성문을 부수는 적군을 향해 화살
을 쏠 수 있다. 당군이 높은 통모양의 사다리 무기로 공격했을 때
양쪽에서 밧줄을 걸어 이를 쓰러뜨리는 장면이 나오는데, 이러한 성
곽의 모양에서 가능하였다. 성곽 입구를 지키기 위하여 성곽 앞에
다른 형태의 성을 쌓은 것을 옹성이라고 하는데 고창읍성, 수원성,
남한산성에서 볼 수 있다. 안시성의 성곽이 옹성과 유사한 기능을
한 것으로 보인다. 당군이 성벽을 처도 성벽이 뚫리지 않았다. 성벽
의 안쪽이 흙으로 되어있었기 때문에 성곽이 무너지지 않았던 것이

다. 당군은 이를 알고 당황한다. 성문이 뚫렸지만, 성주 양만춘은 "결코 성이 뚫리지 않는다."고 말한다. 그는 2차 방어진을 준비해두고 있었다. 높은 곳에서 아래로 떨어지도록 나무로 만든 그물망을 쳐서 적을 가두어 몰살을 시켰다. 기름을 준비하여 활용하거나, 큰 돌을 달아서 기어오르는 적군을 내리치는 장면에서도 철저한 준비 상황을 알 수 있게 한다. 영화는 높은 지대를 차지하고 있는 것이 전쟁에서 얼마나 유리한지 극명하게 보여준다. 지리적으로 높은 지대에 위치한 성곽에서 수비하는 안시성 군대가 낮은 지대에서 공격하는 당나라 군대에 비하여 절대 유리하였다. 대포가 없던 시절 지리적으로 높은 위치를 차지하는 것은 전쟁에서 최고의 이점이 되었음은 쉽게 이해가 된다.

이세민은 갖은 방법을 다하여 공격을 한다. 화살을 높이 쏘아 성벽 위로 올리는 방법, 사다리를 타고 기어오르는 방법, 높은 구조물을 만들어 위에서 아래로 쉽게 공격하는 방법 등 다양한 방법을 강구하지만 그는 번번이 실패한다. 마지막으로 이세민은 3개월간 토산(土山)을 지어서 지리적인 열세를 일거에 만회하여 안시성을 정복하려고 한다. 안시성 안은 긴장감이 감돈다. 야간기습을 감행했지만, 신녀의 밀고로 실패하고 만다. 신녀는 고구려 신이 고구려를 버렸다고 공언한다. 그러나, 양만춘은 결코 포기하지 않는다. 철체절명의 위기에 놓인 안시성. 고민에 고민을 거듭하는 양만춘. 아이들의 소꿉놀이에서 영감을 얻은 양만춘은 토산의 밑으로 굴을 뚫고 들어가 토산을 무너뜨리는 전략을 구사한다. 주민들의 살신성인하는 희생정신에 힘입어 토벽이 무너지면서 막 공격을 시작하던 당나라 군대는 또 패배와 후퇴를 하게 된다. 양만춘은 사력을 다하여 무너진 토벽의 고지를 장악한다. 또 다시 높은 지대의 중요성을 안 양만춘은 이를 실천한 것이다. 화가 난 이세민은 총공격을 개시하여 끝장을 보려고 한다. 그렇지만 높은 고지에서 수비하는 양만춘이 절대적으로 유리하다.

드디어 화살까지 모두 떨어진 상태. 최후의 순간을 맞이할 찰나에 양만춘은 주몽이 사용하였다는 대궁(大弓)을 가져 오라고 한다. 대궁은 주몽 말고는 활시위를 당길 수 없을 정도로 크고 육중하다. 그렇지만, 멀리까지 화살이 날아갈 수 있다. 양만춘이 두 번째 시도에서 활시위를 있는 힘을 다해 당겨 하늘 높이 날린다. 기적같은 일이 벌어진다. 멀리 날아간 화살이 이세민의 왼쪽 눈에 꼽힌다.

한편, 연개소문이 암살자로 보냈음을 알게 되었음에도 양만춘은 사월을 안시성 사람이라고 죽이지 않는다. 사월은 성곽 위 싸움에서 양만춘을 구해준다. 절체절명의 위기에 놓인 안시성을 구하기 위하여 사월은 평양으로 가서 연개소문을 설득한다. 드디어 연개소문의 군대가 도착하니 당 태종 이세민도 더 이상 버티지 못하고 혼비백산 후퇴를 하였다. 이렇게 하여 고구려와 당나라가 붙은 안시성 전투는 고구려의 승리로 막을 내리게 된다.

〈안시성 전투 승리의 요인〉

영화에 그려진 바에 따르면, 안시성 전투에서 승리의 가장 큰 요인은 안시성이 가진 지리적 여건이라고 생각된다. 양만춘에게는 높은 지역에 효율적으로 지은 성곽이 있었다. 대포가 없던 시절 낮은 지대에서 공격하는 측이 높은 지역에서 수비하는 군대를 이기기는 쉽지 않다. 양만춘은 이러한 지리적 이점을 철저하게 이용하고 활용하였다. 또 하나의 승리의 동력은 부드러운 리더십을 가진 성주 양만춘과 성주민들의 성을 지켜내야겠다는 합치된 마음과 이들의 살신성인하는 자세였다. 성주 양만춘의 철저한 준비와 지략도 승리의 요인으로 크게 부각되어 있다.

〈정기선해운에 적용〉

영화를 보는 순간 우리 정기선해운의 위기상황이 오버랩되었다. 2년전 한진해운의 법정관리에 이은 파산과 2개 외항정기선사의 부진으로 대표되는 대한민국 원양정기선해운과 당나라 20만 대군에 맞서 싸워 승리한 5천명의 안시성 군대가 크게 비교되었다. 이를 정리 해보면 아래와 같다.

첫째, 우리나라 수출입 물동량이 많다는 점은 안시성 전투에서 적을 아래로 내려다 볼 수 있는 성곽의 존재와 같은 것이다. 우리는 세계 10위권 이내의 물동량을 가지고 있다. 통계자료에 의하면 20년간 우리나라의 수출입 물동량은 10배나 성장하였다. 그렇지만 우리나라 해운사들의 매출은 제자리 걸음이었다가 한진해운사태로 오히려 줄어들었다. 약 30조원이다. 이런저런 요소를 감안하더라도 우리 해운산업의 매출은 20년 전에 비하여 5배는 확장되었어야 한다. 머스크는 덴마크 회사이다. 덴마크는 수출입 물동량은 우리와 비교할 수 없을 정도로 작다. 그렇지만, 머스크는 세계최대의 정기선사가 되었다. 왜 우리 원양정기선사는 북태평양 항로에서 우리나라 수출입 물동량의 17%만 싣고 다니느라고 운임수입을 올리지 못하는 것일까? 왜 우리 수출입 화주들은 우리 정기선사를 외면하고 외국 정기선사를 선호하여 짐을 맡기는 것일까? 우리 수출입 화주들은 안시성과 같은 성곽이 주는 장점을 우리 정기선사들에게 제공하지 못하고 있다. 이를 제대로 활용하지 못하고 있는 우리 해운과 무역과의 관계가 안타깝기만 하다.

둘째, 우리 원양정기해운의 전략이다. 양만춘은 전쟁에 대비해 장수와 군인들을 철저하게 전쟁준비를 시켰다. 이러한 철저한 준비가 전쟁에서 승리한 큰 요인이다. 그 철저한 준비는 육체적인 단련만 있는 것이 아니라 머리를 쓴 다양한 전략들이다. 수비하기 좋은 성곽 자체의 모양, 기름주머니, 나무를 이용한 그물망 포위작전, 대형 돌을 이용한 수비, 토굴아래를 뚫고 들어가는 전술 등이 동원되었다. 정기선해운은 단순히 선박만 항로에 띄운다고 해서 되는 것이 아니다. 국제경쟁하에 있기 때문에 화주에게 싼 운임을 제공하기 위하여 육상에서 해상에서 다양한 전략으로 원가를 낮추어야 한다. 물적 수단인 선박과 컨테이너 박스의 보유 비용을 줄이고, 컨테이너의 회수비용을 줄여야 한다. 피더선의 효율적인 활용, 규모의 경제를 통한 각종 사용료의 절감, 육상의 운송망의 확충 이런 것들이 모두 절실하게 필요하다. 영업 전략으로서의 포토폴리오의 확충도 필요하다. 이러한 것은 양만춘이 철저히 준비한 각종 전술들에 비견된다. 과연 우리 외항정기선사들은 어느 정도 이런 것들이 실행되었는지 반문하게 된다.

셋째, 해운계의 각 분야의 리더십에게 주는 교훈이다. 양만춘은 몸을 사리지 않고 직접 전투에 뛰어들어 부하의 전투를 독려하는 솔선수범의 리더십을 보여주었다. 그는 장수들과 주민들과 소통하고 상대방을 자기편으로 만드는 부드러운 리더십도 보여주었다. 이렇게 함으로써 성주를 중심으로 군대와 주민들이 일심동체가 되었다. 안시성 자체의 힘만으로 살아남아야 한다는 생존에 대한 명확한 목표를 그는 주민들에게 제시하고 끌고 갔다. 안시성 싸움은 양만춘의 탁월한 리더십의 결과물이다. 해운계에서도 훌륭한 리더십이 존재했었기 때문에 무에서 유를 창조한 오늘이 있다. 그렇지만 최근 외항 정기선 해운의 부진을 단순한 불경기나 금융의 탓으로 돌릴 수 만은 없다. 리더십의 부재가 일정부분 그 부진에 영향을 미쳤다고 보여 진다. 한진해운이 사라진 지 2년이 지난 다음에도 한진해운이 올렸던 8조원의 매출은 다시 회복되지 않고 있다. 양만춘 성주와 같이 자신의 직분에 충실하면서도 뚜렷한 목표의식을 제시하여 몸소 실천하면서 부하 및 주민들과 소통하여 조직을 하나로 통합하는 리더십이 해운산업 각 분야에서 절실하게 필요하다고 느껴진다.

넷째, 해운계는 물론 무역업계 등 관련 산업에게 주는 교훈이다. 안시성 사람들은 토산을 무너뜨리기 위하여 땅굴을 파게 되었다. 땅굴을 지탱하던 목재버팀목에 불을 붙여야 하는데, 비가 와서 기름에 불이 붙지 않자, 주민 10여명은 도끼로 막장을 무너뜨리고자 결심한다. 그 결과는 자신들의 죽음이었다. 그들은 위기상황에서 죽음으로써 성을 구한 것이다. 그들이 선택한 죽음의 결과 토산이 무너뜨려졌고 안시성이 살았고 고구려가 살아남았다. 그들의 죽음은 큰 감동으로 다가왔다. 우리 해운계나 무역업계가 이런 살신성인하는 자세를 과연 얼마나 보여주었나? 여기서 말하는 살신성인하는 자세는 공선사후(公先私後)하는 자세를 말한다. 모두 사기업들이기 때문에 이익추구가 우선인데, 공익적인 모습을 보여 달라고 하는 것이 자본주의 사회에서 무리일 것이다. 그렇지만, 지금은 상황이 다른 위기상황이다. 공익적인 자세가 필요한 때이다. 해방 이후 척박한 환경 속에서도 선배님들은 해운산업을 키워놓았다. 외부로부터 적들이 쳐들어 왔을 때 살 수 있는 방안으로 만든 안시성이라는 성곽이 큰 힘을 발휘하여 5천의 군사가 20만 대군을 이겨내듯이 우리 수출입화물의 운송, 즉 무역입국의 수단으로서 해운을 만들어 둔 것이다. 이를 활용하고 살려두는 것이 우리 대한민국 모두를 위하여 유용한 것임에 의문의 여지는 없을 것이다. 정기선해운은 무역과 연결되어 있다. 우리나라 정기선해운이 없다면, 모든 수출입화물의 수송을 외국정기선사에 의존하여야 한다. 이렇게 된다면, 우리가 해마다 매출 30조원을 획득하지 못하게 되는 점이 가장 뼈아프다. 외국 정기선사만 있을 경우에는 우리 정기선사가 없으므로 운임이 쉽게 올라가 우리 수출입상품의 경쟁력이 떨어지게 된다. 싫던 좋던 모항을 기반으로 하는 우리 정기선사는 안시성의 성곽과 같은 존재이다. 그 힘이 평화스런 시대에는 보이지 않지만, 꼭 필요한 때에는 요긴하게 그 기능을 다한다. 우리 정기선사가 있어야만 부산항, 광양항, 인천항 기항이 반드시 보장되어 우리 화물이 적기에 순조롭게 선적되어 수출입이 될 것이다. 우리 외항 정기선사와 우리 화주들은 안시성의 성곽과 같은 존재가 되어 서로 보호를 받아야한다. 그 첫 걸음은 우리 화주의 물량을 가능한 많이 우리 정기선사에 실어주는 것에서부터 시작되어야 한다. 우리 원양정기선사들은 원가를 절감하여 운임 경쟁력을 갖추어 화주로부터 이와 같이 선호 받도록 하는 준비를 철저히 해야 할 것이다. 혹시라도 우리 외항정기선사들이 우리 화주들이 아니어도 외국화주들의 화물을 실으면 충분하다는 느슨한 생각을 가지고 있다면 버려야 한다. 내수를 버리고 외국만 바라보는 것은 안전한 성곽을 버리고 벌판에서 싸우는 격이 될 것이다.

양만춘의 안시성 싸움은 역사적 사실로서 이미 드라마 등에서 많이 다루어졌다. 그렇지만, 2018년의 영화 "안시성"은 오늘의 관람객의 입장에 따라서 다양한 시각에서 평가되고 실생활에 투영되게 될 것이다. 해운인의 한사람인 나에게는 우리 해운의 어려운 상황이 투영되게 되었다. 우리는 작은 나라였기 때문에 외국과의 싸움에서는 항상 열세에 있었다. 현재 국제경쟁에 100% 노출된 우리나라 무역이나 해운도 마찬가지이다. 항상 열세에 우리가 놓여있으므로 우리가 단결하고 화합하고 지략으로 미리 대비하여 국제경쟁력을 기르고 발전시켜 나가야 우리가 살아남을 수 있다.

학계 등 전문가들은 연구를 통하여 합리적이고 효율적인 경영모델을 개발하고 법률로써 국적선에 화물을 적재하는 경우 보호되는 법제도를 제시하면서 이에 동참해야할 것이다. 목표를 뚜렷하게 해야 한다. "무역입국과 해운입국을 위해서는 우리 국적의 외항정기선 해운이 꼭 필요하다."는 목표이다. 외항정기해운계와 무역업계의 상생하는 정신과 단합이 꼭 필요하다는 점을 영화 "안시성"을 보고, 다시 한번 절감하게 되었다. 두 업계는 서로에게 안전한 보루인 안

시성이 되어야겠다.   (《한국해운신문》, 2018년 9월 27일)

(축약된 형태로 〈쉬핑가제트〉, 2018년 10월 12일에도 실림)

2. 해운·조선 산업 홍보의 필요성

지난 주 어떤 모임에서 현재 고사 직전인 해운산업에 자금을 지원하는 내용의 발표가 있었다. 선박금융공사의 설립 혹은 해운보증기금의 설치가 꼭 필요하다는 내용의 발표였다. 발표가 끝난 다음 이러한 제도의 설치는 정부의 결정이 있어야 하고 그것도 청와대의 결정에 의존하게 된다고 하면서 설득할 수 있는 논리의 개발이 중요하다는 지적이 있었다. 해운산업이 중요하다고 하여도 고용효과가 별로 없기 때문에 정책당국을 설득하기가 좀처럼 쉽지 않다는 지적도 있었다.

평소에 필자는 중앙지 언론에 우리 해운의 중요성을 상시적으로 알리는 작업이 필요하다는 생각을 하여왔다. 특히, 보험업계와 비교하여 그렇다. 보험업계는 중요한 사안이 있을 때마다, 중앙의 일간지를 통하여 자신들의 견해를 밝히고 여론에 호소하여 왔다. 특히 보험법 담당교수와 전문가들로 하여금 사정을 설명하고 보험업계에 우호적인 견해를 밝히게 함으로써 좀 더 객관성을 확보하는 현명한 방법을 택하는 것을 보아왔다.

해운산업의 운임을 통한 외화가득이 전체 산업에서 4~5위를 차지한다는 것을 아는 국민들이나 전문가들은 많지 않다. 원유, LNG, 곡물 등 중요한 원자재를 우리나라 선박들이 실어오지 않으면 국가경제가 돌아가지 않음을 아는 국민들은 얼마 되지 않는다.

중앙 일간신문에 전문기자 혹은 전문대기자제도가 있다. 건축, 의학, 법률 등이 그 대상이다. 의학전문기자가 의학에 대한 재미있는 기사들, 상식을 넓혀주는 기사를 주기적으로 쓰듯이 우리 해운이

나 해양, 조선에 대하여도 각 언론사에 전문기자를 두어 우리 해운, 해양, 조선, 물류산업의 기사를 주기적으로 싣도록 하자. 중요 사안들이 있을 때에는 객관적인 위치에 있는 교수들이나 연구원의 전문가들에게 의뢰하여 일간지에 해운조선산업을 홍보하고 문제점을 지적하고 주의를 환기하는 글을 싣도록 하자.

각 기업이나 학교 정부에는 언론담당부서가 있다. 그 만큼 언론이 각 단체나 산업의 이미지에 영향을 미칠 수 있기 때문일 것이다. 필자의 기억으로는 해운산업계에는 홍보의 문제를 그동안 너무 소홀히 다루어온 것 같다. 해운산업이 중요함에도 항상 제대로 된 대접을 받지 못하고 있는 현실은 홍보의 부족인지 모른다. 해운의 중요성이 널리 국민들이 인식하게 되고 이것이 선거때의 표로 연결이 될 수 있다면 최고의사결정자들의 입장도 달라질 것이다.

각 개별 선박회사의 홍보도 중요하겠지만, 해운전체의 중요성을 알리는 홍보도 더 중요하기 때문에 선주협회, 해운조합 등이 전담부서를 두어 지금부터라도 체계적인 홍보전을 펼칠 것을 주문한다. 2000년대 중반의 초유의 해운 호황기에도 해운산업이 얼마나 크게 국민 경제에 이바지하고 있는지 우리가 홍보를 하였던가 돌이켜 본다. 그 당시에도 선주협회 등에는 이를 전담하는 조직이 없었던 것으로 안다.

해운관련인들의 모임도 중요하지만 우리 산업을 이해하고 도와줄 우군을 많이 만드는 것도 필요하다. 말하자면 여론형성층을 주기적으로 모시고 해운산업의 현재 상황을 알려주는 작업을 하는 것, 예컨대, 법학교수들에게 승선실습을 시켜주거나 방선을 하게 하여 해운의 중요성을 일깨워주는 것이다. 각종 세미나 등에서도 우리 업계의 인사를 토론자 발표자로 할 것이 아니라 정책당국자 등을 폭넓게 초청하여 우리의 입장을 밝히고 이해를 구하자.

(〈한국해운신문〉, 2013년 3월 12일)

제2부

선박, 선원과 안전

제1장 세월호 사고의 원인과 대책
제2장 선 원
제3장 해양안전심판
제4장 무인선박
제5장 숨어있는 분야에 대한 안전확보 방안
제6장 나용선등록제도

제1장
세월호 사고의 원인과 대책

1. 세월호 선주의 민·형사상 책임

세월호 사고는 출항 시에 충분한 복원성을 갖췄는지가 문제다. 선박이 항해를 성공적으로 마치기 위해 갖춰야 할 성능을 감항성(堪航性)이라고 한다.

화물 적재와 관련해 선박은 첫째, 바다에서 침몰하지 않도록 만재흘수선(滿載吃水線)을 넘겨서 화물을 실어서는 안 된다. 둘째, 선박이 기울어도 제자리로 돌아올 수 있도록 복원성을 갖추는 것이다.

선박은 위험이 없도록 화물을 실어야 한다. 만재흘수선은 선박이 화물을 실을 수 있는 최대 한도를 표시한 선으로, 만재흘수선 협약에서 정해졌다. 누구라도 알 수 있도록 선박 외판에 큰 표시를 해두었다.

이 선을 넘어 화물을 싣게 되면 중력이 부력보다 크게 되어 선박은 침몰할 위험에 처하게 된다. 그 위험을 아는 사람이라면 절대로 초과하지 않는다. 출항할 때 흘수가 얼마인지는 반드시 1항사가 계산하고, 흘수선을 눈으로 확인한 다음 선장에게 보고하고 이에 따라 선장은 선주에게 출항보고를 하게 된다.

선박은 물에 잠긴 프로펠러의 회전으로 추진력을 얻게 된다. 프로펠러는 선박 자체 무게만으로는 물에 잠기지 않기 때문에 밸러스트(ballast), 즉 평형수(平衡水)를 넣어서 선박에 무게를 가하게 된다. 밸러스트는 이 밖에 선박 균형을 잡아주는 기능도 한다. 공선항해(화물을 싣지 않은 상태에서 하는 항해)에서는 이 같은 목적으로 밸러스트를 집어넣을 필요가 있다. 그러나 화물을 싣고 항해할 때는 모두 빼내야 한다. 그래야 더 많은 화물을 싣기 때문이다. 만재흘수선까지 3,000t을 싣는다고 할 때는 화물(1,000t), 밸러스트(1,000t), 연료유(500t), 청수(500t)를 합한 무게만큼을 실을 수 있다는 말이다. 만재를 하게 될 때는 보통 밸러스트를 빼내고 그만큼 화물을 더 싣게 된다.

위 예에서 밸러스트 1,000t을 빼내면서 화물을 1,000t 더 싣게 되면, 결국 동일한 만재흘수선을 유지하면서도 화물을 2,000t까지 실을 수 있게 된다.

그런데 밸러스트를 항상 가지고 있어야 할 때도 있다. 여객선과 같이 복원력이 좋지 않으면 선박 아랫부분에 밸러스트를 넣음으로써 복원력이 좋아지기 때문이다. 이러한 때 밸러스트를 빼버리고 그만큼 화물을 더 실으면 선박에 실린 무게는 같기 때문에 흘수에는 변화가 없다.

그러나 화물이 밸러스트가 실리는 공간보다 위에 있으므로 무게중심이 위로 올라가서 복원성을 감소시키는 위험이 따르게 된다. 통상 복원성은 GM이라는 m 단위 길이로 나타내는데 일반선박은 선박 폭 대비 5%지만 여객선은 2%(선박 폭이 20m면 40cm가 된다)면

좋다고 한다. 조선소에서 나온 표를 통해도 GM을 구할 수 있고, 선 박이 좌우로 흔들리게 하여 원위치까지 오는 주기를 구하여 간단한 계산식에 넣어도 알 수 있다. 선박 폭 20m, 경사시험에서 주기가 16초면 GM은 1m고, 주기가 32초라면 GM은 약 22cm가 된다.

위와 같은 화물 적재방법은 선박이 안전 항해를 위해 절대적으로 지켜야 할 사항으로서 위험공동체를 구성하는 여객, 선원, 선박, 화 물, 선주, 화주 등 모두를 위하여 필요한 것이다. 감항성을 갖추지 않은 상태임을 선주가 알고서도 출항시키게 되면 손해배상책임을 부담하는 것은 물론이고, 상법상 선주가 누리는 각종 면책 주장을 할 수 없고, 책임제한권도 박탈된다. 보험금도 받지 못한다.

이러한 선주를 법이 보호하여 줄 이유가 없다. 출항 전 감항성을 확보하지 못한 선장은 선원법상 책임을 부담하게 된다. 인명의 사망 에까지 이른다면 업무상 과실치사 책임을 져야 한다.

<〈매일경제〉, 2014년 4월 30일>

2. 선체조사위원회의 조사결과를 보고

김창준 변호사(위원장)와 김영모 교수(부위원장)가 이끄는 세월호 선체조사위원회(이하 선조위)가 임무를 마치고 사고원인에 대한 결과 를 지난 8월 6일 발표했다.

미수습자의 유해를 찾아낸 점, 세월호를 직립시켰다는 점 등 선 조위는 소정의 임무를 완성했다. 세월호의 사고의 원인을 하나로 확 정하지 못한 점은 아쉬운 점이다. 항해의 관점에서 보아 선조위의 가장 큰 공적은 세월호가 전복 시작 시 더 큰 각도로 기울어진 것 을 밝힌 점이다. 사고 당일인 2014년 4월 16일 8시 49분 급선회 시 작 뒤 1분 이내에 세월호가 왼쪽으로 45도 이상 기울여진 것을 선 조위가 차량의 블랙박스를 통하여 밝혀냈다. 검찰 및 해양안전심판원은 세월호가 초기에 30도 기울어진 것으로 보았는데, 이것이 45도에까지 이른다는 것이다. 이것은 사고 당시 세월호는 초기 조사에서 판단했던 것보다 복원성(復原性)이 더 나빴다는 것을 의미한다. 복원성이 더 나빴다는 것은 어떤 연유이든 외력이 세월호의 옆 방향에서 가해졌을 때 세월호가 제자리로 직립된 상태로 돌아오는 힘이 거의 없는 상태였다는 의미이다. 복원성이 아주 나쁜 상태였기 때문에 그 결과 세월호는 외력이 가해지자 1분 내에 45도까지 기울여져 돌이킬 수 없는 상황이 되어버린 것이다.

선박이 복원성을 갖추기 위해서는 선박의 중심으로부터 위와 아래에 균형 있게 무게가 실려야 한다. 선박의 중심보다 아래에 무게를 두면 복원성은 더 좋아진다. 선박은 통상 무게를 중심보다 아래에 두기 위하여 물(발라스트)을 싣게 된다. 복원성이 나빴다는 말은 중심보다 위쪽에 무게가 더 많았다는 말이니 결국 화물을 선박의 윗 부분에 많이 실었다는 의미이다. 규정된 흘수(선박이 물에 잠긴 깊이)를 유지하면서 더 많은 화물을 싣기 위해서는, 전체 선박의 무게는 같아야 하므로, 더 실은 화물량 만큼 선박 아래에 싣게 되는 물(발라스트)을 빼낼 수밖에 없다. 이렇게 되면 복원성은 아주 나빠지게 된다. 마치 오뚜기의 원리와 같다. 무게를 아래에 갖고 있는 오뚜기가 옆 방향으로 힘을 받아도 곧 바로 제자리로 돌아오는 것과 같다.

선박에 대하여 상식이 있고 정상 항해교육을 받았다면, 이것은 선박이 전복될 위험을 스스로 초래하는 일이니 아무도 시도할 수도 없고 시도해서도 아니 되는 금기사항이다. 이런 행위를 하는 자는 형사 처벌은 물론이고 상법상으로도 큰 책임을 부담하도록 하고 있다. 위험한 바다를 항해하기 위하여는 감항성을 갖추어야 하고, 그 중에서 가장 중요한 것이 복원성과 부력을 갖추는 것이라는 것은 항해사에게는 상식중의 상식이고 우리의 목숨과도 같은 것이다.

1993년에 발생한 서해훼리호도 감항성을 지키지 않아서 발생한 점에서 유사한 사고이다. 세월호와 달리 서해훼리호의 경우는 과승(過乘)이 문제가 되었다. 선박에 정해진 정원보다 더 많은 사람들이 승선하면 선박은 물속으로 더 잠기게 되어 선박이 바다에 떠 있을 수 있는 힘인 부력(浮力)이 부족하여 침몰하게 된다. 이런 바다의 상식 중의 상식이 통하지 않았기 때문에 서해훼리호 사고가 발생한 것이다. 세월호 사고는 선박이 경사되었을 때 제자리로 돌아오는 힘인 복원성이 부족해서 발생한 것인 반면, 서해훼리호의 경우 선박이 물에 떠 있을 수 있는 부력이 당할 수 없을 만큼 많은 사람들이 승선하여 침몰한 사고이다. 실로 모두 어처구니가 없는 사고이다. 감항성(堪航性)이 없었다는 점에서 동일하다.

세월호와 서해훼리호 사고 모두 연안 해운에서 발생했다는 점에 주목해야한다. 복원성이나 부력의 의미를 연안해운의 선원들이나 경영진들이 완전히 알지 못했기 때문에 두 사고는 발생했다고 생각한다. 감항성, 복원성, 부력은 선박적화(船舶積貨)라는 과목을 한학기동안 배우고 실습을 통하여 완전히 숙지하여야 할 사항이다. 연안해운에 종사하는 선원들은 안타깝게도 정식 항해교육을 받지 못한 경우가 발생하게 된다. 연안해운의 선박도 해기사면허제도의 적용을 받기는 하지만, 부원들이 사관으로 승급하여 해기사가 될 때에는 장기간의 학교 교육 없이 몇일 간의 교육만으로도 면허취득 및 승선이 가능 했었다. 그렇기 때문에 선박적화 과목에 대한 체계적인 학교교육이 이루어지지 못하고 현장에서 건성으로 배워서 그 의미가 무언지 완전히 알지 못했기 때문에 위 사고들이 발생했을 가능성이 매우 높다. 정상적인 해양고등학교 교육 혹은 4년제 대학의 항해교육을 받지 못한 선원들이 저임금의 연안해운에 내몰리고 경영진은 제때에 이들에 대한 교육을 시키지 못한 현실이 개선되어야 한다.

1993년 서해훼리호 침몰사고 이후 21년이 지나 세월호 사고 발생활 때까지 왜 이런 문제점이 연안해운에서 개선되지 못했었는지, 세월호 사고가 발생한 다음 4년이 지난 오늘에는 어떤지 그 현상을 확인하고 미비한 점이 있다면 개선에 박차를 가해야 하는 시점이다.

세월호 사고의 원인은 다양한 관점에서 파악할 수 있을 것이다. 항해의 관점에서 사고의 주원인은 복원성 부족이다. 복원성이 충분했다면 아무리 외력이 가해져도 선박은 제자리인 중립에 돌아온다. 북태평양을 항해하면서 저기압을 만나본 선장이나 선원들은 35도까지 선박이 경사되어도 곧장 제자리에 돌아왔던 경험을 대부분 가지고 있다. 사고 초기에 조사기관이나 항해전문가들 사이에서 공유되던 내용 - 즉 복원성이 나빴던 것이 선박이 전복된 주원인이다 - 이 이번 선조위 조사를 통하여 다시 한번 확인되었다. 검찰과 해심의 조사에서는 세월호의 경사를 발생시킨 외력이란 선원들의 조타잘못이라고 보았다면, 선조위에서는 솔레노이드 밸브의 고착으로 인하여 외력이 발생했다고 본 점에서 차이가 있다. 그렇지만, 모두 복원성이 좋았다면 세월호는 전복되지 않았을 것이기 때문에 항해의 관점에서 여전히 사고의 주원인은 복원성 부족이라고 보게 된다.

외력설에서 추정하는 외력으로서의 잠수함과의 충돌이나 여객구조에 대한 외부국가기관 자체의 구조실패의 문제는 선박항해 관련자들이 예방하고 개선시킬 수 있는 사항들이 아니다. 이들은 모두 선박 항해 외적 요소들이기 때문이다. 잠수함은 수면 하에서 항해하여 선박의 항해사들은 그 존재를 알 수 없기 때문에 잠수함이 충돌을 피해야할 의무가 있고 이 점에서 선박은 완전히 수동적인 존재에 지나지 않는다. 따라서, 특조위 2기가 발족되어서 사고의 원인을 더 찾아 완벽을 기하는 것과 항해의 안전을 확보하는 것은 충분히 별개로 처리할 수 있다고 본다.

사고의 예방조치는 한시가 급하다. 동종의 원인으로 인한 사고, 유사한 원인으로 인한 사고들이 발생할 여지가 많기 때문이다. 항해의 관점에서 세월호 사고에서 얻은 교훈은 모든 선박이 복원성을 갖추도록 제도화하고 선원들이나 경영진에게 복원성 확보에 대한 교육을 시켜야 한다는 점이다.

복원성 및 부력이 빈틈없이 갖추어져야 할 선박은 태평양을 건너야 할 원양상선은 물론이고, 가까운 바다를 항해하는 연안 화물선, 연안 여객선, 차도선에 까지도 반드시 지켜져야 한다. 최근 사용이 많아지는 해양레저기구도 마찬가지이다. 바다는 육지와 달리 예측불허의 위험성이 도사리고 있기 때문이다. 감항성이 지켜지도록 정부당국, 항해교육기관, 선주, 선원들, 항해 전문가들은 가일층 노력할 것을 촉구한다. 복원성, 부력 등을 갖추는 감항성 확보는 안전항해의 철칙으로서 어느 누구도 훼손시킬 수 없는 것임이 해운관련 자 모두에게 널리 알려져 상식중의 상식이 되도록 해야 할 것이다.

〈〈한국해운신문〉, 2018년 8월 31일)

3. 내항선 선장에게 '안전' 義務 교육을

해상의 여객을 보호하기 위해 국제사회는 국제해사기구(IMO)를 창설했고 각종 안전장치를 마련해 큰 효과를 봤다. 우리나라도 국제해사기구에서 이사국으로서 활발한 활동을 해왔고, 국제 항해에 종사하는 선박에는 엄격한 국제 수준의 안전 규정을 적용하여 왔다. 그런데 이러한 안전 규정 집행은 비용을 수반하기 때문에 국제조약은 국내 항구 사이를 다니는 내항(內航) 선박에 대해서는 적용 배제 규정을 두고 있다. 우리나라도 내항 선박에 대하여는 외항 선박보다 완화된 기준을 적용하여 왔다.

내항 선박은 먼바다에 나가지 않고 연안을 항해하므로 위험이 작기 때문에 외항 선박보다 좀 완화된 안전 규정으로 충분하다는 논리가 성립할 여지가 있다. 이런 논리는 연안이라서 선박이 고장 나도 예인선이 끌고 갈 수 있고, 즉각적인 구조가 가능하다는 점도 고려된 것이다. 그런데 세월호 사고에서는 이마저도 제대로 작동하지 않았다. 외항 여객선이나 내항 여객선이나 인명 사고가 나면 동일하게 대형 참사가 일어날 수 있다. 그러므로 내항과 외항 선박 이분법은 수정돼야 한다.

우리나라에서 정식 교육기관을 통하여 배출된 선장들 대부분이 외항 선박에 근무한다. 내항 여객선에는 세월호에서와 같이 정식 교육을 받지 않고 승선 경력만으로 면허를 취득해 선장으로 근무하는 경우도 있다. 제대로 된 교육을 받은 선장이 승선하지 않으면 또 사고가 발생한다. 제대로 된 교육이란 어떤 것인가? 적어도 6개월 이상 단기 과정과 상당한 승선 실습을 이수한 경우를 말한다. 아무리 좋은 선박 안전 규정을 두어도 선박을 운항하는 선장이 어떤 의무가 있는지 그 내용조차 파악하지 못하고 있다면 선박의 안전은 확보되지 못한다.

이제는 내항 선박이라고 하여도 인명이 걸린 내항 여객선에는 외항 여객선과 동일하게 적어도 6개월의 교육과정과 실습을 거친 선장을 승선시키도록 하자. 단편적인 지식이나 기능만을 습득한 사람들에게 소중한 인명을 맡길 수는 없다. 선박 복원성의 개념, 선원법상 선장의 재선 의무와 구조 의무에 대해 교육만 제대로 받았다면 세월호에서와 같이 출항 시 복원성이 문제 되고 구조 조치를 취하지 않는 것과 같은 어처구니없는 사고는 발생하지 않았을 것이다. 물론 이들이 성실한 자세를 가질 수 있도록 이에 상응하는 처우의 개선과 교육을 위한 국가적 지원이 따라야 할 것이다.

〈〈조선일보〉, 2014년 5월 7일)

4. 해양경찰, 독립적 지휘 체제 존속시켜야

세월호 참사 이후 사고 재발 방지를 위한 대책들이 나오고 있다. 그중 하나가 해양경찰 해체다. 이번 참사는 현장의 무지한 선장과 부도덕한 내항(內航) 여객선사에 의해 발생한 것이지만 해양경찰이 운항관리자에 대한 감독 잘못으로 사고를 예방할 기회를 놓친 점, 인명에 대한 구조조치를 제대로 하지 못한 점도 큰 인명피해가 발생한 원인이 되었다. 해양경찰은 안전과 구조 기능에 심각한 문제점을 노출한 것이다. 하지만 해양경찰 해체가 과연 그 해법일까?

해양경찰은 해상에서의 안전확보를 임무로 한다. 이번 참사는 평형수의 배출 여부를 확인하지 않은 해운조합의 운항관리자, 화물적재량을 초과 기재한 운항관리규정의 오류를 바로잡지 못한 해양경찰, 서해훼리호 사고 이후에도 개선되지 않은 운항관리자 제도를 운영한 해양수산부가 모두 비난의 대상이 되고 있다. 해상 위험을 예측하여 안전법령을 제정·집행하고 그 결과를 검토하여 개선하는 기능을 한곳으로 집중 통합관리하는 것이 해상 안전확보에 더 나은 결과를 얻을 수 있을 것이다. 이런 점에서 신설되는 국가안전처로 해상안전 기능이 통합되는 것에 찬성한다.

구조도 해양경찰의 중요 기능이다. 이번에 해양경찰은 구조의 골든타임을 놓쳤다. 상선(商船) 선장으로 진급하기 전 필자에게 선배 선장은 "바다와 선박은 위험 덩어리이다. 승선하면 사고를 처리하기 위한 세 가지 방책을 항상 준비하고 있어야 한다."고 교육시킨 적이 있다. 바다를 두려워하고 철저한 준비를 하는 것은 바다를 항해하는 모든 사람에게 적용되는 바다의 법칙이다. 이번 구조 시 해양경찰은 이런 준비상태가 돼 있지 않았던 것으로 보인다.

그간 우리 해양경찰은 해안경비에서 많은 업적을 남겼다. 그런데 왜 구조에는 실패했나? 구조에서 탁월한 성과를 내고 있는 미국과 일본은 우리나라와 달리 4년제 해안경비대 사관학교를 두고 있다. 바다는 선박 운항에 대한 1%의 무지와 구조 시 찰나의 머뭇거림도 용서하지 않는다는 사실을 우리는 세월호 참사에서 경험하였다. 따라서 바다의 위험에 대비하여 잠수와 구조를 포함한 체계적 교육을 받는 것이 해양경찰 간부들에게 반드시 필요하다. 4년간의 좌학(座學)과 6개월의 승선 실습은 미래의 해양경찰 간부에게 전문 지식의 함양은 물론 투철한 국가관과 책임감을 심어줌으로써 앞에서 말한 준비 상태를 항상 갖추게 해 줄 것이다. 이런 사관 교육과정을 밟은 간부들과 해상 경험을 가진 해양수산 계통 출신의 간부들이 병존하면 해양경찰의 전문성이 더 확대될 것이다.

해안경비도 해양경찰의 주된 임무다. 유엔 해양법 체제하에서 각국은 배타적 경제수역(EEZ)에서의 활동을 강화하는 등 해양의 주권(主權)을 강화하고 있고, 우리나라는 중국 및 일본과 영유권 분쟁을 하고 있다. 이러한 환경에서 1953년에 창설된 우리 해양경찰도 국가의 지원하에 독립 외청으로 급성장하면서 중국·일본 등 이웃 해양경찰과 어깨를 나란히 하여왔다. 이제 해양경찰이 국가안전처 산하 해양안전본부의 실이나 국으로 편제된다면 그간의 일관된 국가 정책과 다른 길을 걷게 된다.

비록 해양경찰을 국가안전처하에 둔다고 하더라도 유사시 일사불란한 대응체제를 갖추도록 할 필요가 있는 기능은 독립적인 지휘체제를 갖춘 기구로 존속시켜야 한다. 요컨대 해양경찰의 안전 기능은 해양안전본부에 통합시키더라도 해안경비와 수색구조 기능은 외청(外廳) 기구에 두어 그 기능을 강화하여야 한다. 또한 기존의 해양경찰교육원을 활용하여 4년제 사관학교를 설치, 정통 해양경찰 간부를 양성하면 그 전문성도 배가될 것이다. 《《조선일보》, 2014년 5월 26일》

5. 해상 안전, 채찍과 당근 함께 써라

세월호 사고 이후 해상 안전을 강화하기 위한 많은 법안이 제출되고 제도가 제안되고 있다. 대부분 선박 운항 관련 규제를 강화하는 내용이다. 규제 강화만으로 해상 안전을 확보할 수 있을까? 오늘(29일)로 세월호 참사 발생 105일째. 규제 강화에 더해 내항 여객선사의 안전 운항 능력을 높일 체질 개선 조치도 필요하다.

내항 해운(여객 및 화물 운송)은 구조적으로 영세하다. 우리나라 외항 해운은 수출 장려 정책 덕에 국가로부터 보호와 지원을 받으면서 세계 5위로 성장해왔다. 반면 내항 해운은 상대적으로 그러지 못했고, 외항 해운과 달리 국제 경쟁을 하지 않아 자발적인 체질 개선에 대한 자극도 덜 받았다. 현재 내항 여객운송은 63개 사업자가 여객선 173척을 운항하고 있고, 선원 988명 중 50대 이상이 67%이며, 임금 수준은 외항 상선의 59%다. 이러한 경영 영세성과 선원 노령화는 내항 여객선 안전 운항을 위협하는 큰 문제점으로 지적되고 있다.

영세성 탈피를 위해 도서지방 여객운송을 도로교통과 같은 개념으로 보아 국가가 적극적으로 교통수단인 여객선을 제공해야 한다는 공영제 개념 도입도 나오고 있다. 선박 안전관리 및 운항에 대해 우월한 노하우를 가지고 있는 외항 해운 관리회사와 내항 카페리(20척) 여객선사가 운항 위탁 계약을 체결하는 방안도 있다. 그 밖에 외항 해운이 우수한 선장 및 안전관리팀을 파견해 내항 해운의 어디가 문제인지 확인하고 컨설팅하면서 자신들의 안전관리 노하우를 전수해 줄 수도 있다.

선박을 운항하는 선장과 선원이 해상 안전확보에서 차지하는 비중은 절대적이다. 내항 여객 선사에는 전문 교육을 받지 못한 고령화된 선원들이 다수다. 해사고등학교를 내항 선박에 근무하는 선원양성의 중심학교로 육성해 내항 해운에 우수 선원이 꾸준히 공급되도록 해야 한다. 해사고등학교, 해양대학 등 수해양계 학생들이 졸업 후 3년간 해상 근무를 하면 병역을 필하는 승선근무예비역 제도가 병역법에 의해 운영되고 있다. 화물선에만 운영되고 있는 이 제도를 여객선에도 확대하면 전문 교육을 받은 우수한 선원을 유인하게 되고 내항 여객선 안전 수준을 높이는 더 근본적인 해결책이 될 것이다. 해상 안전을 위한 규제라는 채찍과 체질 강화를 위한 지원이라는 당근이 함께 갈 때 해상 안전은 더 쉽게 달성될 것이다.

(〈조선일보〉, 2014년 7월 29일)

6. 선박 대형 사고 막으려면 복원성 교육 강화해야

세월호 선체조사위원회(이하 선조위)가 임무를 마치고 사고 원인에 대한 결과를 지난달 초 발표했다. 선조위의 가장 큰 공적은 세월호가 전복 시작 시 더 큰 각도로 기울어진 것을 밝힌 것이다. 사고 당일 오전 8시 49분 급선회 시작 뒤 1분 이내에 세월호가 왼쪽으로 45도 이상 기울어진 것을 차량 블랙박스를 통해 확인했다.

검찰 및 해양안전심판원은 초기에 30도 기울어진 것으로 봤는데, 이게 45도까지 이른다는 것이다. 즉, 사고 당시 세월호는 처음 생각했던 것보다 복원성이 더 나빴다. 외력이 가해졌을 때 제자리로 돌아오는 힘이 거의 없는 상태였던 셈이다.

복원성을 갖추려면 선박 중심의 위와 아래에 균형 있게 무게가 실려야 한다. 선박의 중심보다 아래에 무게를 두면 복원성은 더 좋아진다. 복원성이 나빴다는 말은 중심보다 선박의 윗부분에 화물을 많이 실었다는 의미이다. 규정된 흘수(선박이 물에 잠긴 깊이)를 유지하면서 더 많은 화물을 싣기 위해서는 더 실은 화물량만큼, 선박 아래에 싣게 되는 물(발라스트)을 빼낼 수밖에 없다. 이렇게 되면 복원성은 아주 나빠지게 된다. 이는 선박이 전복될 위험을 자초하는 일로 절대 해서 안 되는 금기 사항이다. 이런 행위를 하는 자에게는 형사 처벌은 물론 상법상으로도 큰 책임을 지우고 있다.

1993년 발생한 서해훼리호도 과승(過乘)이 문제가 됐다. 정원보다 많은 사람이 승선하면 선박은 물속으로 더 잠기게 되어 부력이 부족해 침몰하게 된다는 상식을 무시한 결과이다.

세월호와 서해훼리호 사고 모두 연안해운에서 발생했다. 복원성이나 부력의 의미를 연안해운의 선원들이나 경영진이 완전히 알지 못했기 때문에 발생한 것으로 보인다.

세월호 사고에서 얻은 교훈은 모든 선박이 복원성을 갖추도록 제도화하고 선원들이나 경영진에게 복원성 확보에 대한 교육을 해야 한다는 것이다. 원양상선, 연안 상선, 차도선, 카페리 선박은 물론 해양레저기구까지 복원성 및 부력이 빈틈없이 갖춰지도록 정부 당국, 항해 교육기관, 선주, 선원들, 전문가들의 노력을 촉구한다.

〈〈조선일보〉, 2018년 9월 3일〉

7. 여객선 침몰, 홍콩式 조사 방법 본받자

홍콩대학에 2주간 머물며 여객선 람마4호 사건에 대해 좀 더 알아보았다. 2012년 10월 1일 밤 홍콩 항내에서 람마4호는 다른 선박과 충돌해 2분만에 침몰했다. 여객 중 39명이 사망했다. 보통 선박은 격벽이 있어 한쪽에 물이 들어와도 다른 쪽에는 물이 들어오지 않기 때문에 쉽게 가라앉지 않는데, 왜 여객이 퇴선할 기회조차 없이 선박이 빨리 가라앉게 됐는지가 의문이었다.

홍콩 정부는 법률에 따라 같은 해 10월 22일 특별 사고조사위원회를 출범시켰다. 위원회는 6개월 뒤인 2013년 4월 조사 보고서를 발표했다. 있어야 할 격벽이 없어 선박이 급격히 침몰했다고 밝히면서 항해 안전을 위한 자세한 개선 사항을 공표했다.

람마4호 침몰 사건은 작년 4월 16일 발생한 세월호 사건 처리와 몇 가지 점에서 뚜렷이 대비됐다. 첫째, 우리는 사고가 발생한 지 10개월이 넘었는데도 특별조사위원회는 가동되지 않고 있다. 우리는 특별법을 통과시키기 위해 많은 시간과 노력을 들였다. 그러나 홍콩은 이미 법률로 특별조사위원회를 작동하게 돼 있었다. 그래서 1개월 내 위원회가 바로 활동에 들어갈 수 있었다. 우리도 행정부를 배제한 특별 조사가 필요한 경우 특별조사위원회를 미리 법으로 규정해 두자. 그렇게 함으로써 사건마다 특별법을 제정하는 수고와 시간 낭비를 줄일 수 있다.

둘째, 홍콩은 존경받는 법원의 법관 2명만을 위원으로 지명했다. 이것은 사고와 직접 관련된 행정부 및 입법부로부터 독립된 사법부 법관이 사고 원인 조사에서 더 객관적인 처지에 있다는 판단에 따른 것으로 본다. 우리는 조사위원회 위원 중 법관은 없다. 대형 사고에는 법률 제정과 집행이 모두 문제가 되므로 이들과는 독립된 법관을 위원으로 포함하는 것도 한 방법이다.

셋째, 우리나라는 특별조사위원회가 형사처벌을 목표로 하고 있는 듯하다. 그러나 홍콩은 특별법 규정에 따라 조사에서 나온 증언이나 자료는 절대 형사상 목적으로 쓰지 못한다는 규정을 두고 있다. 또한 조사위는 장래 비슷한 사고를 막기 위해 필요한 수단을 권고함에 설치 목적이 있고, 형사처벌이나 민사 손해배상은 위원회가 위임 받은 사항이 아님을 명기하고 있다. 사고 관련자로부터 자발적인 진술을 구할 수 있는 좋은 제도라고 생각된다.

(《조선일보》, 2015년 3월 5일)

제2장
선 원

1. '바다에 뼈를 묻게' 하려면

대구지하철 참사와 관련하여 살신성인한 선장들의 일화들이 언론에서 거론되고 있다. 한 독자는 얼마전 "책임지는 선장이 돼라"는 시론을 기고하기도 했다.

선장들이 마지막까지 선박에 남아서 장렬한 최후를 마친다는 것은 영화나 외국에서만 있는 일은 아니다. 2001년 1월 한국 근해에서 발생한 피-하모니호 폭발사건에서 의인 심경철의 경우도 그러했다. 그는 마지막 남은 구명조끼 하나를 여학생인 실습생들에게 양보하면서 장렬한 최후를 맞이했던 것이다.

이러한 책임감은 하루 아침에 길러지는 것은 아니다. 그러한 선장을 만들기 위하여는 오랜 시간에 걸친 교육과 국가적인 지원이 뒤따라야한다.

해양대학에서는 선장을 양성하기 위해 항해 과목이외에도 투철한 책임감을 갖도록 하는 정신교육을 시켜왔다. 필자의 기억에도 해양대학교 재학중부터 숱하게 들어온 단어 하나가 선명하게 떠오른다. '바다의 매골(埋骨)'이라는 단어로 이는 '바다에 뼈를 묻는다'는 뜻이다. 해양대학생에 대한 병역면제와 국비지원, 상대적인 높은 임금에 힘입어 선장들은 수출역군으로서 투철한 직업의식을 가지고 한국해운을 이끌어왔다. 그런데 위험하고 힘든 일을 싫어하는 사회풍조에 따라 젊은이들은 선장이 되기를 꺼리는 추세이다. 여기에 더불어 병역면제 제도의 철폐 움직임과 저락하는 임금은 한국 선원 시장을 더욱 어렵게 하고 있다. 투철한 직업의식과 자부심이 있어야 극한 상황에서 선장은 장렬한 최후를 맞이할 수 있을 것이다.

기차나 기하철의 기관사들에게 최후의 순간에 살신성인할 수 있는 자부심을 심어주고 있는지, 높은 사회적인 책임을 인식하도록 하는 제도적 장치를 우리 사회가 가지고 있는지 묻고 싶다.

선박, 항공기, 철도처럼 참으로 중요한 업무에 종사하는 기술자들에게 사회적인 관심과 애정을 가질 때가 아닌가 생각한다. 지금 자기 자식들이 선원이 되기를 적극적으로 권장하는 부모가 있는가. 왜 책임과 의무를 논할 때에만 선장이 등장하고, 선원을 보호하자는 내용은 등장하지 않는지... 묵묵히 해상생활을 해나가는 선원들과 그 가족들의 입장을 생각하는 사회적인 공감대가 필요하다. 마찬가지로 철도나 지하철 기관사, 항공기 운항자, 소방수 등 위험한 직업에 종사하는 직업군에 대한 사회적인 관심도 더 필요한 때이다.

(〈조선일보〉, 2003년 3월 11일)

2. 해양대 해기사 증원 확대의 전제

(아래 글은 제가 해기사양성기관 증원이 대세를 이루었던 2013년 6월에 적은 글입니다. 당시 저는 신중론의 입장이었습니다. 그 뒤 위 정책은 받아들여져서 한국해양대 및 목포해양대에 상당규모의 증원이 이루어졌습니다. 일견 타당한 부분도, 긍정적인 측면도 분명히 있습니다. 그런데, 현재 한진해운의 파산으로 50여척, 현대상선 등의 국취부 나용선의 리스백으로 10척 등 제가 아는 선박만으로도 60여척의 대형상선에 우리 선원들이 타지 못하게 되었습니다. 업계에서는 100척이라고 말을 합니다. 항해과 학생 100명, 기관과 학생 100명의 승선시장이 사라졌음을 의미합니다. 4년전의 전제 즉, 우리 상선대가 1,000척에서 장차 2,000척으로 늘어난다는 전제와 다른 상황에 현재 우리가 처해 있습니다. 해기사 수요보다 공급이 많은 현상(우리나라 대형상선기준)에 대한 대책이 필요한 때라고 봅니다. 이런 현상이 단기적인 현상으로 거치고 5년 이내 10년 이내에 우리 선원들이 승선할 선박이 2,000척이 되었으면 좋겠다는 희망을 가지면서, 그 당시 발표하지 못했던 저의 글을 해운인들과 함께 공유하고자 합니다.)

들어가며

최근 해운단체를 통하여 해양대학에서 양성하는 해기사를 1년 475명에서 2,000명으로 확대하여야 한다는 주장이나 기사를 여러 차례 보게 되었다. 그 근거로서 한국의 선박이 1,000척에 이르고 장차 2,000척에 이를 것이고 육상에서 해기사 출신들의 경험이 필요한 직종이 늘어나고 있기 때문이라고 한다. 필자가 이런 주장을 접하면서 우선 4배 이상의 증원에 멈칫하게 된다. 해기사 출신이고 한때 해기교육을 담당하던 해양대학에 근무하였던 사람으로서 한편으로는 반갑고 즐거운 기분이 되기도 하면서 한편으로는 몇 가지 전제되는 점에 대한 의문이 풀리지 않아서 이렇게 글을 쓰게 된다.

첫째 의문점은 선원시장은 국제시장에 오픈되어 있어서 선주들은 한 푼이라도 선원비가 싼 국가의 선원을 승선시켜 경쟁력을 갖추려고 한다는 것이다. 그리하여 편의치적이 생겨났다. 지금도 편의치적은 상당한 숫자를 가지고 있다. 우리나라 선주들은 이제 이러한 그간의 정설적인 선원수급 입장을 버리게 되는가이다.

둘째 의문점은 한국 선박이 1,000척이라고 할 때, 4년제 대학을 나온 사람들이 과연 모두 그 선박에 승선하는가이다. 1,000척 중에는 한중일 항로에 투입되는, 해양대 졸업생들이 승선하지 않는 소형 외항선박도 있을 것이다. 이러한 요소들이 고려되었는지? 이러한 선박에 이들이 승선하지 않는다면 해양대학이 아니라 다른 기관에서 이들 선박에 승선할 해기사들이 양성되어야 하는 것은 아닌지?

셋째 의문점은 선원의 승선과 연계시킨다는 개념은 선박의 소유자로서 혹은 나용선자로서 선박을 운항하는 경우를 전제하는 것이다. 과연 우리나라는 정기용선 등을 하지 않고 소유하는 개념을 더 선호하는 것이 정책인지?

넷째 의문점은 과거도 그렇고 현재도 해외송출이라고 하여 외국적 선박에 많은 선원들이 나가게 되었는바, 이에 대한 수요는 어떻게 되는지?

편의치적과 우리나라 선원

선박회사가 경쟁력을 갖추는 방법이 여러 가지가 있지만, 다른 것은 고정비에 가까운 것이라서 선원비로 경쟁력을 갖추려고 하는 것이 유효한 방법이었다. 그래서 각국은 파나마 등에 편의치적을 하여 임금이 싼 선원을 태우고 경비를 절약하게 되었다. 이에 따라 편의치적이 50% 이상을 넘는 현상이 일어났다.

우리나라는 세제혜택 및 외국선원의 승선이 가능하도록 하기 위하여 국제선박등록법을 만들어 실시하여 한국국적을 가진 선박이 제주도에 부가등록을 하면 일정한 수의 외국선원의 승선이 가능하게 되었고, 상당수의 외국선원이 승선하고 있다. 이러한 장점으로 편의치적된 선박들이 우리나라 국적을 찾아온 점은 널리 알려진 사실이다. 그럼에도 불구하고 과반수 이상의 선원들은 한국선원이다.

외국선원을 태울 장점은 모두 사라진 것인가?

필자의 조사에 의하면 외국선원들의 임금도 크게 올라서 우리나라 선원을 승선시키는 것과 별반차이가 없다는 것이다. 그렇다면 이는 상당한 변화이고 이제 편의치적의 장점은 많이 사라졌다고 할수 있고, 이 점에서 우리나라 선박이 많아지면 우리 선원의 수요도 정비례하여 필요할 것으로 생각된다.

소형 외항선의 경우

우리나라는 상당한 수의 소형 외항선들이 한국-중국-일본 등 동남아를 항해하고 있다. 이러한 선박은 전통적으로 4년제 대학을 나온 학생들이 승선하지 않아왔다. 특히, 총톤수가 6,000톤 이상에 승선한 경우에만 도선사 시험 응시자격이 주어지기 때문에 승선가능 선박의 크기의 마지노선으로 인식되어 있다. 이러한 선박에는 다른 교육기관을 나온 해기사들이 승선하여 왔다. 오히려 이러한 소형선박은 연안항해를 많이 하고 항구 입출항이 더 잦기 때문에 오히려 4년제를 나온 전문해기사들의 승선이 요구되는 것이 사실이다. 그러나, 현실적인 이유로 기피의 대상이 되어온 것도 사실이다.

현재에도 이러한 사정은 크게 변하지 않았기 때문에 해기사 증원 확대를 고려할 때에는 이를 고려에 넣어야 한다. 즉, 일정부분에 대하여는 해양대학의 증원의 대상이 아니라 해양수산연수원의 단기과정 등의 증원이나 해양고등학교의 증원을 고려해야 한다고 생각된다. 해양대학의 증원을 확대하여도 소형선과 한·중·일 등의 선박에 여전히 승선을 기피하게 되면 정책은 무용지물이 되기 때문이다. 다만, 해양대학에서 과거의 전수과나 2년제 전문대학의 과정을 고려한다면 성립이 가능한 전제조건이 된다.

1항 기사 부족의 문제

선박에 근무하는 해기사들은 병역의무를 마치는 3년이 지난 다음 육상에 진출을 많이 하게 된다. 장기적인 관점에서 보아 3년만 승선하고 내리는 것은 하책이다. 적어도 5년 이상 근무하여 1항사 1기사를 마치고 가능하면 선장, 기관장까지 하는 것이 좋다는 것이 필자의 신념과 같은 지론이다. 그럼에도 불구하고, 젊은 해기사들의 이러한 경향은 지속되어왔다. 이러한 현상은 선박회사의 1항사 1기사 기근의 문제로 연결된다. 학교를 갓 졸업한 3항사 2항사 그리고 선기장은 충분하지만 1항사 1기사가 부족하여 인력난이 지속되었다. 지금도 이러한 경향이 지속된다면, 해기사증원을 확대하면 3항사 2항사등은 충분할지 몰라도 그 뒤에 1항사 1기사는 부족하게 될 것인데, 이에 대한 대책과 증원대책은 같이 가야하는 것이라고 생각된다.

어떻게 하면 해기사들이 장기승선 할 수 있을지 같이 고민하지 않을 수 없다. 필자가 해양대학에 있을 때, 의무기간을 5년 혹은 7년으로 연장하고 이들 학생들에게는 재학 중은 물론이고 의무기간을 마치고서도 어떤 혜택을 주자는 주장을 한 적도 있다. 그렇게 되면 지원자들이 급감할 것이라는 우려도 있어서 정책으로 진행되지는 못하였다. 장기승선을 위한 유인책을 어떻게 마련할 것인지도 세트로 정책화 되어야 한다고 생각한다.

소유와 운항의 분리

선박을 이용한 영리행위는 여러 가지가 있다. 소유와 경영이 분리된 지 오래다. 진정한 해상기업은 물적 설비와 인적 설비를 모두 갖추어야 한다. 그러나 이들 중에 하나만 갖추어도 충분하다. 해상기업의 영리활동은 용선과 운송이다. 해상기업은 수십척의 선박을 운항한다. 이 중에는 자기가 소유하는 선박도 있고 빌려온 선박도 있다. 선박에 대하여 소유자이거나 나용선자(선체용선자)인 경우에만 자신의 선원이 필요하다. 이러한 경우에 선원을 선박관리업자에게 위탁한 경우도 있다.

우리나라 국적선과 관련하여 선원의 수급을 말하게 될 때에는 한국기업이 선박의 소유자로서 직접 운항하거나 아니면 외국적 선박을 빌려서 나용선한 경우를 포함하여야 하고, 소유하고는 있지만 이를 나용선으로 내어준 경우는 그 나용선자가 선원을 공급하므로 제외되어야 할 성질로 생각된다(또한 여기에 외국의 선박에 우리나라 선원을 송출하는 숫자가 포함되어야 할 것이다. 이는 플러스 측면이다.).

반드시 많은 수의 선박을 소유하고 있다고 좋은 것은 아니다. 선박을 소유하는 것은 많은 위험이 따른다. 높은 가격에 건조한 선박은 지금같은 불황기에 소유자에게 엄청난 금융비용을 치르게 한다. 따라서 해운회사는 적절하게 소유하고 적절하게 용선을 하는 구조가 필요하다. 이에 맞추어서 선원 수급량도 결정되어야 할 것으로 생각한다.

국가의 정책이 한 명이라도 더 많은 한국선원을 승선하게 하여 고용창출을 바라게 된다면, 그만큼 선박회사에게 인센티브를 주어야 할 것이다. 선박을 나용선 주지 말고 직접 운항하도록 하는 인센티브를 말하는 것이다.

해기사 육상 진출의 전제

해기사의 관련육상 분야로의 진출은 모든 해기사의 열망이라고 할 수 있다. 이러한 육상 진출은 적절한 해기경력이 동반되어야 수월성을 갖는 것도 사실이다. 1990년대경부터 우리나라 기업들이 해운업을 육성하여 왔고, 해운산업이 성장하면서 해기사들의 육상 진출도 활발하게 되었고, 해운회사의 임원들 중에서 해기사 출신들을 많이 찾아볼 수 있는 것도 밝은 모습이다.

그럼에도 불구하고, 현재에 비하여 얼마나 더 많은 해기사들이 육상 진출을 할 수 있을 것인지 그 숫자가 늘어날 것인지는 현장수요에 대한 면밀한 분석이 필요할 것으로 보인다. 육상직에서 해기사들에 대한 수요가 늘어날 것은 예측이 가능하다. 또 그래야만 할 당위성도 있다.

해운회사의 해무와 공무, 해양수산부 공무원, 해양경찰 진출, 용선브로커, 도선사 및 교수 등은 해기사들이 육상으로 진출할 수 있는 직종으로 잘 알려진 분야이다. 이 직종에서 인원이 늘어날 수 있다고 하여 현재보다 2배 이상 늘어날 수 있을까? 적어도 해양수산부 공무원, 도선사 및 교수 등은 충원의 형태일 것이기 때문에 전체로 보아 숫자가 늘어나지는 않을 것이다.

새롭게 진출할 수 있는 분야는 해상보험업, 선박금융업, 그리고 해외진출이다. 해상보험업과 선박금융업은 일정한 해기경험이 필요하고 해운인맥의 관리도 중요하기 때문에 해당 업계에서 해기사에 대한 수요는 늘어날 것이다. 싱가포르에 진출해 있는 해기사들이 약 250명에 이른다. 미국에도 상당수이다. 이들은 대개 선박관련 전문직에 종사하고 있다. 진취적인 기상을 가진 해기사들이 상당수 해외로 진출하고 있는 것은 고무적인 일이다. 정부에서도 관심을 갖는 선박관리회사 제도가 활성화된다면 육상관리직으로서 해기사들이 필요할 것이다.

한편, 기존의 해기사들이 진출하였던 육상직종에서 해기사들이 후퇴하는 직종도 있다는 것도 고려해야 한다. 해운회사의 보험법무쪽에는 많은 해기사들이 진출하였었지만, 최근에는 그 숫자를 찾아보기가 어렵다. 그리고 이들 자리는 로스쿨 출신 해기사들로 채워질 것으로 전망된다.

그런데, 이러한 육상해기사진출 자리도 적어도 1등항해사/1등기관사 경험이 있을 때라야만 해기사들은 육상에서 더 크게 성장할 수 있다. 단기간 육상근무를 하다가 다시 해상으로 돌아가는 경우도 많다. 우리가 해기사들의 육상 진출을 말할 때에는 일시적인 육상 진출이 아니라 정년퇴직까지 갈 수 있는 육상 진출을 말하는 것이다. 이렇게 되기 위하여는 장기승선이 전제가 되어야 하고, 하선한 다음에도 더 전문성을 갖추어야 한다. 이를 테면 법과대학이나 경영대학에서 법학이나 경영학을 더 공부하여 해기경험과 법학/경영학/공학의 두 가지 전문성을 갖춘 전문가들이 되어야 한다고 본다.

해양대학의 정원의 증원의 근거로서 육상 진출의 숫자가 늘어나는 것을 든다면, 제대로 육상에서 자리를 잡는 그런 해기사의 생애주기적인 교육제도가 필요한 점을 강조하고자 한다. 물론 그간 정부와 업계에서 해기사의 육상 진출을 돕기 위한 좋은 제도들이 마련되어 있는 것도 사실이다. 그러나, 육상 진출해기사가 필요하므로, 업계와 정부가 지금보다 4배의 정원을 요구한다면, 육상 진출을 위한 더 광범위한 지원과 제도의 실시를 바라는 것이다.

마치며

해운의 중요성은 아무리 강조해도 지나치지 않다. 우리나라 해운의 성장에는 해기사들이 기여한 바 크다. 이 점은 이번 바다의 날에 훈장을 받은 분들이 모두 해기사출신인 점을 보아도 그렇다. 정부에서도 이 점을 인정한 것으로 이해된다.

우리나라는 무역입국을 하여야 하는 나라이고 부존자원이 적다는 점에서 해운만큼 좋은 산업도 없다. 해기교육의 전통도 있고 풍부한 인적자원도 있기 때문에 해기교육이 더욱 발전하여 세계를 호령하도록 되어야 한다. 수십년간 묶여 있는 해양대학의 증원을 늘려서 늘어나는 수요에 부응하고 또 새로운 수요를 찾아 해외로 나가야 한다.

그럼에도 불구하고, 더 철저한 분석과 기초를 닦아줄 것을 업계와 정부당국에 부탁드리고자 한다. 필자의 생각으로는 (i) 한국국적의 소형상선의 경우에 해양대학 졸업생이 승선을 하지 않는 경우는 다양한 시각에서 수요를 창출하여야 한다는 점, (ii) 의무기간이 지나면 하선하는 해기사의 문제를 해결하지 않으면 1항사 1기사가 부족한 점은 여전할 것이니 장기승선에 대한 인센티브가 필요하다는 점, (iii) 해기사의 육상 진출은 지속적이고 장기적 근무를 말하는 것이기 때문에 이들의 하선시 재교 육등 생애주기적 지원이 필요하다는 점, (iv) 업계는 더 이상 편의치적이나 외국선원을 선호하지 않는 점, 용선보다는 소유하면서 우리 선원을 승선시켜야 한다는 점에 대한 실태와 이론적 근거를 함께 제시하면서 증원을 요구하여야 한다는 점을 강조하여 본다. 　　　　　　　　(《한국해운신문》, 2017년 7월 28일)

3. 육상직을 위한 선장/기관장면허 제도를 마련하자

해양계 학교를 졸업하고 승선을 하게 되면 하루빨리 육상에 진출하고 싶어하는 것이 해기사들의 마음이다. 3년 의무승선시간은 지나게 마련이다. 그런데, 어떻게 육상 진출을 할 것인지는 큰 숙제이다. 학교에서는 재학 중에서부터 육상 진출을 위한 교과과정을 마련하여 학생들에게 연관 산업에 대한 지식을 전달하고 관심을 유도한다. 선박을 떠난 다른 분야에 진출해야겠다는 유혹도 많이 받게 된다.

그렇지만, 육상 진출의 가장 효과적이고 정통적인 방법은 학교에서 4년간 배우고 3년 이상을 근무한 항해학 및 기관학에 기반한 진출임을 늦게나마 깨닫게 된다. 7년 이상을 공부하고 체험한 분야말고 새로운 분야를 선택하여 육상 진출을 하는 것은 그만큼 출발이 늦어지는 만큼 성공할 가능성은 더욱 줄어든다. 항해학 기관학과 최소한 연결된 분야로 진출하는 것이 정답이다. 1980년대 등과 달리 지금은 해운관련 산업의 일자로도 육상에 많은 편이다.

적어도 1등 항해사, 1등 기관사의 경력이 있어야 육상 진출에 도움이 된다. 선장이나 기관장의 경력이 있다면 더욱 좋다. 항해기관 관련 실력뿐만 아니라 선박에서 최고직으로서의 경험과 리더십을 또 인정해주는 것이다. 그런데, 승선을 더 오래해서 선장과 기관장의 자격을 가지고 하선하면 좋지만, 나이가 많아지는 단점이 있다. 그러나, 전혀 새로운 분야에 가는 것은 아니고 자신이 하던 일을 육상에서 하는 것이므로 새롭게 시작하는 직업이 아닌 만큼 결코 늦다고 할 수 없다.

사정이 이러하다면, 우리는 해상에서의 경력을 육상에서 극대화시켜서 효용을 높이는 방안을 강구해보아야 한다. 필자는 최근 "육상근무용 선장/기관장 면허"제도의 시행을 생각 중이다. 육상에서는 바다에서 생각하는 것 보다 선장 경력, 기관장 경력을 아주 크게 본다. 이것은 실제로 원양상선의 선장경력이 없는 사람들이 선장이라는 타이틀을 명함에 넣고 다니는 경우가 많다는 현실이 이를 반영한다. 자신들에게 도움이 되기 때문에 선장 타이틀을 넣는다. 실제로 선장을 하지 않았거나 선장면허를 소지하지 않은 사람들이 선장이라는 타이틀을 사용하는 것은 잘못이다. 이를 양성화 시켜주는 제도적인 장치가 필요하다.

1등 항해사 경력이 2년 이상이면 선장면허(1급항해사)를 취득할 수 있다. 선장을 실제로 하지 않아도 선장면허를 받을 수 있다. 영국등에서는 이런 사람을 마스터 마리너(master mariner)라고 부른다. 1급 항해사라는 명칭은 1등 항해사로 오인할 수 있기 때문에 선장(captain) 면허로 이름을 변경하여야 한다.

필자가 생각하는 요건은 아래와 같다.

첫째, 선박직원법에서 요구하는 1급 항해사 면허를 발급받고 소지해야 한다. 1급 항해사면허의 소지는 해상경력이 최소한 실제로 1

등 항해사 2년 경력은 있다는 입증이 되는 것이니 반드시 필요하다.

둘째, 1급 항해사 면허는 유효기간이 만료되면 갱신하여 갖추어야 한다. 1급 항해사면허는 유효기간이 5년이다. 이를 소지하고 있다는 것은 5년 이내에 실제 선장으로 승선을 했거나, 해기관련 교육기관 등에서 실제 해운산업에 종사했다는 의미이기 때문에 해운산업과 항상 같이 했다는 증명이 되는 것이다.

셋째, 육상근무에 필요한 해운경영학, 해사법학, 해상보험, 해상안전 등 한 과목에 대한 전문적 소양을 갖추어야 한다. 이 분야의 학사학위, 석사학위, 박사학위를 가진 자는 당연히 이 요건을 충족하게 된다. 반드시 2년 혹은 4년의 학위과정을 이수하지 않아도 6개월의 집중과정 등을 이수하여도 가능하도록 할 수 있을 것이다. 또한 이 분야의 육상실무경력이 5년 이상 등의 소지자도 이 요건을 갖추도록 할 수 있을 것이다.

넷째, 육상에서 필요한 인력에 대한 것이니 만큼 해운법에 "육상선장/기관장" 제도를 편입하여 제도화하면 될 것이다.

이런 자격을 갖춘 분들에게 가칭 "육상선장"의 자격을 부여하면 인적자원의 관리, 취업의 확대, 해상해기사직업의 확대와 매력화에 큰 도움이 될 것이다. 구인을 하는 입장에서는 육상근무에 필수적인 해운경영 등 전문분야에 대한 지식에 해상경험까지 갖추고 있으니 이 자격만 제시해도 크게 신뢰할 수 있게 될 것이다(기관장 부분은 필자가 모르는 분야라서 전문가와 협의하여 선장과 같이 출발하면 될 것이다).

《한국해운신문》, 2019년 5월 5일)

제3장
해양안전심판

1. 해양안전심판원의 법학교육

해양안전심판원(이하 해심)은 해양사고가 발생한 경우 사고의 원인을 조사하여 심판으로서 그 원인을 확정하는 기능을 하는 국가기관이다. 해심은 나아가 해양사고를 과실로 야기한 해기사면허 소지자를 징계하는 기능도 한다. 해심의 징계재결에 의하여 해기사와 도선사들은 업무의 정지를 당하게 된다. 해심에서 제공하는 선박충돌 사고 등에서 원인제공비율은 민사에서의 과실비율에 활용되기도 한다. 해양사고의 원인은 복잡하고 당사자들에게는 중대한 영향을 미치기 때문에 형사소송의 절차를 모방하여 조사관이 원고 해양사고 관련자가 피고가 되어 심판정에서 변론을 거쳐서 재결로서 사고원인을 확정하게 된다. 해심법은 해양사고관련자의 재판받을 권리를 보호하기 위하여 지방해심 → 중앙해심을 거친 다음, 다시 대전고등법원에서 취소소송을 제기하여 해심의 재결을 한번 더 다툴 기회를 해양사고관련자에게 부여하고 있다.

이러한 기능을 제대로 수행하기 위하여는 해심의 심판관과 조사관은 해기적 소양뿐만 아니라 법적 소양도 갖추는 것이 대단히 중요하다. 대부분의 심판관과 조사관은 선장 출신이거나 해기사로서 혹은 해양수산공무원으로 근무한 경력이 있기 때문에 해기경험은 충분하다고 인정되었다. 그렇지만, 법관의 자격을 가지지는 않았기 때문에 법적 소양을 갖추어야 한다는 목소리가 해심내부나 외부에서 있어왔다.

해심의 심판관 조사관 25명은 이번 고려대학교 로스쿨에서 30시간의 교육을 이수하게 되었다. 제1차 교육은 11월 9일과 13일사이에, 2차 교육은 11월 23일과 27일 사이에 고려대학교 CJ 법학관에서 있었다. 심판관 조사관 25명은 법학개론, 민법, 형사소송법, 행정법, 민사소송법, 해상법, 해상보험법, 해사법규와 해상교통법 과목에 대하여 우리나라 최고의 강사들로부터 수업을 받았다. 그동안 궁금하였던 일반법리에 대하여 많은 의문점을 해소하고 수료증을 받고 돌아가는 그들의 얼굴에서 만족감을 느낄 수 있었다.

이번 해심의 교육에 몇 가지 의미를 부여할 수 있다.

첫째, 준사법기관으로서의 해심원의 기능을 다하기 위한 기초적 법적소양을 해심의 심판관 조사관이 갖추게 되었다는 점이다. 법적 소양이 이번 7일간의 교육으로 모두 달성된 것은 아니다. 그렇지만, 해심이 예산을 마련하여 이런 체계적인 교육을 실시하게 된 것은 좋은 출발점이 되었다. 이러한 교육을 통하여 해심 재결의 신뢰도를 한층 더 높일 수 있게 되었다.

둘째, 해심이라는 특수한 분야의 법률전문교육이 가능한 체제가 드디어 갖추어졌다는 것이다. 해심의 심판관 조사관이 알아야 할 법적 소양은 단순한 법학내용이 아니다. 해심의 업무와 관련된 교육이 가능하여야 하는데, 이번 고려대 로스쿨은 실무의 변호사와 자체 재판연구관 출신 교수를 강사로 모셔와서 훌륭한 프로그램으로 소기의 목적을 달성하게 되었다.

셋째, 해심에서 결정된 사실관계는 손해배상을 위한 민사소송과 형벌을 위한 형사소송에서도 그대로 인용되는 경향을 보인다. 이번 교육을 통하여 해심의 심판관과 조사관들은 민사소송 및 형사소송과 해양안전심판과의 유기적인 관계를 더 깊이 이해할 기회를 가졌다.

넷째, 해심에서 필요한 법적 소양은 심판관과 조사관에게만 필요한 것은 아니다. 해심에서 변호사와 같은 역할을 하는 심판변론인들도 마찬가지로 법적 소양이 필요하다. 이러한 심판변론인 중에서 변호사가 아닌 일반 해기사 출신들에게 대하여도 동일한 정도의 교육이 필요할 것으로 보인다. 역으로 해심에서 초빙한 3명의 법조인 심판관에 대한 해기 및 승선 교육이 필요한 것으로 보인다.

해심원은, 그간 심판관과 조사관의 업무능력을 배양하기 위한 교육을 자체적으로 실시하고 있었지만 미흡함이 있었다. 금년 초 지희진 원장이 취임하면서 심판관 조사관의 업무능력배양이라는 목표를 설정하고 고려대와 산학협정을 체결하면서 해심 심판관과 조사관의 법학교육을 일반 법과대학에서 처음으로 실시하게 되었다. 이러한 교육이 법제화되고 정례화 된다면, 우리나라 해심의 전문성이 더 높아질 것이고 국민으로부터 신뢰받는 국가기관이 될 것이다. 우리 학계에서도 이러한 프로그램의 설치와 운영을 환영하면서 이의 지원에 최선을 다할 것이다.   〈〈한국해운신문〉, 2016년 12월 18일〉

2. 2019년 세계해양조사관 워크숍을 다녀와서

지난 2019년 6월 20일 부산 파라다이스 호텔에서 개최된 세계조사관 대회를 다녀왔다. 우리나라의 해양안전심판원(이하 해심원)이

초청국가가 되어 호주, 중국, 캐나다, 싱가포르, 한국 등의 전문가들을 초빙하여 해양사고조사에 대한 기술의 발전과 해양사고의 재발방지를 도모했다. 올해로 제7회째를 맞이하였다. 각국 전문가들의 6개 세션 발표가 있었고, 필자는 전체 토론의 사회를 맡았다.

국제회의인만큼 회의는 영어로 진행되었고(통역제공), 전문가 60여명이 참석했다. 점심과 저녁식사 등 음식도 맛있었고, 장소도 해운대 바다를 배경으로 한 호텔의 선정이 아주 좋아서 외국인들도 모두 좋아했다. 주최측의 세심한 준비와 배려가 돋보였다.

아래 국제회의 참석 후 느낀 몇 가지 소감을 남긴다.

첫째, 우리나라가 주도적으로 이러한 국제회의를 무리없이 깔끔하게 처리한다는 것이 감명 깊었다. 1박 2일의 깔끔한 회의진행에는 해심원 원장(박준권), 수석 조사관(홍종욱), 부산지방해심원장(장근호) 등 이하 여러 직원들의 노고가 숨어있었다. 찬사를 보낸다. 해양수산분야에서 다수의 외국인들과 함께 국제회의가 진행되는 것은 쉽지 않은 일이다. 이미 7년전부터 해심원에서 이런 행사를 진행해 온 점은 잘 된 일이다.

둘째, 외국에서는 해양사고 조사관들의 과학적 조사를 위해 다양한 교육 제도를 도입하고 있음을 알게 되었다. 호주와 같은 경우 호주의 유명대학에 위탁하여 교육을 공동으로 진행하고 있었고, 캐나다의 경우도 1년 이상의 장기에 걸친 교육과정이 있었다. 우리나라의 사정은 어떠한가? 우리나라는 해기사경험이 있는 공무원들을 조사관으로 보하는 것이 일반적이다. 이들이 선박의 항해와 기관에 대하여는 식견이 있을 것이지만, 사고조사를 위한 기법이나 적용 법률에 대하여는 경험이 부족하기 때문에 외국과 같이 체계적인 교육제도가 필요할 것이다. 현재 고려대 로스쿨과 해심원이 업무협약을 체결하여 2년에 한번씩 1주간 심판관과 조사관을 위한 보수교육을 시키고 있는바, 이를 확대하는 것도 좋은 방안이다. 물론 교육을 위한 예산 마련이 선행되어야 할 것이다.

셋째, 호주, 캐나다 및 싱가포르의 경우 해양사고 조사 기구는 단순히 조사만 하는 곳으로 기능하고, 이들은 육상, 해상, 항공을 포함하는 교통기관조사국의 일부를 이루고 있다는 점이 우리와 큰 차이가 났다. 우리나라에서 사고의 원인은 조사관의 조사보고서로 종료되는 것이 아니라 심판원의 심리를 거쳐서 심판관들이 내리는 원인재결과 징계재결에서 최종 결정된다. 그리고 해심원은 다른 교통사고조사기구와 독립되어 있다. 해양사고 조사의 독립성을 다시 한번 생각하게 했다. IMO에서는 조사기구는 독립되고 그 조사내용이 형사나 민사에 사용되지 않도록 하고 있다. 이렇게 되어야 조사를 받는 사람들이 제대로 진술을 할 것이기 때문에 이는 올바른 방향이다. 이에 대하여 우리 해심원은 중요사항은 특별조사부를 구성하여(해양사고의조사및심판에관한법률 제18조의3) 독자적인 조사보고서를 작성하여 IMO에 제출하고, 기존의 해양사고는 여전히 조사관의 조사 → 심판부의 심판으로 진행하고 있다. 약간 우회하기는 하지만, 우리 고유의 해심제도를 반영한 중도안으로 통용이 가능할 것으로 본다.

넷째, 세미나 중에 제기된 질문에 대한 것이다. 외국에서도 조사관의 조사보고서는 민사나 형사재판에 사용하지 못하게 하는데, 그러면 해양사고를 일으킨 자들이 해양사고의 민사 형사재판에서는 어떻게 되는가라는 점이다. 해양사고가 발생하면, 관련자들은 민사책임, 형사책임 그리고 행정법상의 책임을 부담한다. 양사고의 조사는 조사로 완결되어야 한다는 것은 책임과 무관해야 한다는 의미이다. 예컨대, 면허를 소지한 선장이 대형 해양사고를 일으킨 경우 그와 그의 선주는 손해배상책임을 부담하게 된다. 선장은 형사상 처벌을 받기도 한다. 이때 해심의 조사관이 작성한 보고서는 재판에 증거로 사용되지 못하고, 민사재판 혹은 형사재판에서 이와 별도로 진숨을 하여 이것이 증거로 사용되게 된다. 행정법상의 책임은 우리나라의 경우 해심원에서 묻기도 하고 이것이 고등법원과 대법원에서 행정소송으로 처리된다. 해심원이 내리는 징계재결이 이의 일부이다. 이 때에도 조사관의 조사보고는 증거로서 사용될 수 없기 때문에 분리되어 새롭게 증거를 만들어야 한다.

넷째, 중국에서는 해양사고 조사의 발전된 기법을 설명해주었다. 과학적인 조사를 위한 장비의 소개, 선박에 부착된 항해장비를 활용하여 사고를 재현하는 것도 인상깊었다. 호주에서는 충돌과 화재조사의 실례를 들어주었다. 이러한 선진된 조사기법은 단순히 조사관만으로 국한할 것이 아니라, 선박회사의 담당자, 해상로펌의 해기전문들도 필수적으로 알아야 할 사항으로 보였다.

다섯째, 우리나라도 외국과 같이 1년 과정의 해양사고조사 교육제도를 마련하여 해양안전심판원의 조사관, 심판관, 선박회사의 해무 담당자, 보험회사/법률사무소의 해기 전문가 혹은 변호사를 대상으로 하면 성과가 있을 것이다. 해양사고조사는 국제적으로 공통된 요소들이 많기 때문에 우리나라가 중국, 일본, 싱가포르, 대만을 아우르는 교육제도를 만들면 연간 10명의 수요는 충분할 것으로 판단된다. 교육과정에는 해양사고조사 기법, 현장 실습, 선박 항해학과 기관학의 요지, 해상교통법, 형사소송법, 조사보고서 작성, 재결서 작성, 인과관계의 법리, 해양사고 관련 형법 규정 등이 포함되면 될 것이다.

큰 규모의 국제행사를 잘 기획하고 깔끔하게 마무리한 해심원 관계자들에게 축하와 감사의 인사를 드린다.

《한국해운신문》, 2019년 6월 27일)

제4장
무인선박

1. 무인선박으로 해운산업 재도약을

이세돌과 바둑 대결을 벌인 인공지능 알파고는 우리를 놀라게 했다. 운송 수단에서도 인공지능은 우리 곁에 다가오고 있다. 무인자동차와 드론이 좋은 예다. 해상운송 수단인 무인선박에 대한 논의도 해외에서 활발하게 일어나고 있다.

무인선박은 말 그대로 선원이 필요 없는 선박이다. 롤스로이스는 2035년 완전 자동화된 무인선박을 원양 항해에 상용하는 것을 목표로 무인선박을 개발하고 있다. 바다를 운항하는 선박은 항상 큰 위험이 따른다. 그래서 모든 운항을 인공지능에 맡기지 않고 선박의 움직임을 육상에서 관제관이 지켜보며 원격 조정하도록 설계된다. 인공지능을 갖춘 각종 장비가 장착돼야 하므로 현재 선박과는 다른 설계와 건조가 필요하다.

2030년쯤부터는 현재 선박이 무인선박으로 교체되기 시작할 것이다. 15년 정도 남았다. 선박은 대체로 건조 후 20년 정도 지나면 폐선(廢船)하므로 현재 건조되는 선박은 15년 정도 지나면 경제성이 좋은 무인선박과 경쟁해야 할 것이다. 그러므로 올해부터 발주되는 선박은 무인선박과의 경쟁을 염두에 둬야 한다. 무인선박은 현재 선박보다 22% 운항 경비가 절감된다. 선원 거주 공간이 필요 없으므로 선박 무게가 가벼워지고 운송물을 더 실어 나를 수 있다. 연료도 적게 든다. 대부분의 대형 사고를 부르는 선원의 인적 과실도 방지할 수 있다.

컨테이너 선박과 같이 한 가지 화물만 계속하여 싣는 선박부터 무인선박으로 먼저 교체될 가능성이 크다. 무인선박을 가진 정기선사는 경쟁력을 갖추게 되고 그러지 못한 선사는 뒤처질 것이다. 현재 어려움에 부닥친 우리 조선소에도 큰 기회가 다시 찾아오게 될 것이다. 인공지능을 장착하는 선박 설계 분야와 원격 조정 장치를 갖춘 육상의 관제탑 설치 분야에서 많은 일거리와 부가가치가 창출될 것이다.

현재 국제조약이나 국내법에 의하면 무인선박은 운항하지 못한다. 선원이 승선하여 선박을 운항하는 것을 전제로 하기 때문이다. 무인선박 시대를 맞이하기 위하여는 해상법, 해사안전법, 해상보험법 등 국내법과 관련 국제조약의 개정이 이뤄져야 한다. 지금부터 10년 동안 무인선박 시대를 맞이할 준비를 잘하게 되면 우리나라 해운·조선산업은 다시 한 번 재도약할 것이다.

(《조선일보》, 2016년 11월 21일)

2. 무인선박 시대의 도래와 해운·조선산업

금년 봄 바둑천재 이세돌과 인공지능 알파고는 바둑대결을 벌여

승리하면서 우리는 인공지능이라는 것이 우리 곁에 와 있음을 실감하게 되었다. 인공지능은 운송수단에서도 인공지능은 점차 우리 곁에 다가오고 있다. 육상운송 수단에서 무인자동차에 대한 기사는 심심찮게 언론을 장악하고 있다. 다양한 목적으로 사용되는 드론도 근본적으로는 항공 수송의 목적으로 사용되고 있다. 이에 비하여 해상 운송수단인 무인선박에 대한 논의는 상대적으로 조용한 편이지만, 해외에서는 이에 대하 논의가 활발하게 일어나고 있다.

롤스로이스는 2035년에 완전 자동화된 무인선박을 원양항해에 상용할 것을 목표로 무인선박을 개발하고 있다. 바다를 운항하는 선박은 항상 큰 위험이 따른다. 그래서 모든 운항을 인공지능에 맡기지 않고 그 선박의 움직임을 육상에서 관제관이 지켜보면서 원격 조정하도록 설계되고 있다. 인공지능을 갖춘 각종 장비들이 장착되어야 하므로 현재의 선박과는 다른 설계와 건조가 필요하게 된다.

무인선박은 선원들의 거주공간이 필요 없으므로 선박의 무게가 가벼워지고 운송물을 더 실어 나를 수 있고 연료도 적게 드는 장점이 있다. 무인선박은 현재의 선박보다 22% 운항경비가 절감되어 경쟁력을 갖추게 된다. 대부분의 대형사고들이 선원들의 인적 과실에 의하는데 선원들이 선박을 운항하지 않으므로 이를 방지할 수 있고, 보험료의 절감도 가져올 수 있다. 해적으로부터의 피해도 방지할 수 있는 장점도 거론된다.

원격 조정되는 연안선박은 2025년부터 원양선박은 2030년부터 교체가 시작될 것으로 예상된다. 원양선박의 경우 15년 정도가 남은 셈이다. 선박은 대체로 건조 후 20년 정도에 폐선을 하므로 현재 건조되는 선박은 15년 정도가 지나면 경제성이 좋은 무인선박과 경쟁을 해야 할 것이다. 그러므로 금년부터 발주되는 선박은 무인선박과의 경쟁을 염두에 두어야 한다.

무인선박은 조선 및 해운산업에 큰 영향을 줄 것으로 예상된다.

첫째, 경쟁력 있는 무인선박으로의 교체가 활발하게 일어나게 될 것이다. 선박회사는 현재의 선박을 무인선박으로 교체하여 운항할 것이 요구되고, 조선소로서는 수주량이 대폭 확대되는 효과가 있을 것이다. 컨테이너 선박과 같이 한 가지 화물만 계속하여 싣는 선박부터 무인선박으로 먼저 교체될 가능성이 높다. 항내 예인선과 같은 경우가 가장 빨리 무인화 될 것으로 롤스로이스는 예상하고 있다. 무인선박을 가진 정기선사는 경쟁력을 갖추게 되고 그렇지 못한 선사는 뒤쳐질 것이다. 현재 어려움에 처한 우리 조선소에게도 큰 기회가 다시 찾아오게 될 것이다. 인공지능을 장착하는 선박설계분야와 원격 조정장치를 갖춘 육상의 관제탑설치 분야에서 많은 일거리와 부가가치가 창출될 것이다.

둘째, 무인선박의 승선인원에 대한 논의가 필요하게 될 것이다. 무인선박은 말 그대로 선원이 필요 없는 선박이다. 비상사태의 경우 바다에서 대처하기 위하여 최소한의 선원이 승선할 필요성이 여전히 상존하고, 육상에서는 여전히 승선경험자가 필요하므로, 해기전승을 위하여도 최소한의 선원을 선박에 근무하게 할 필요가 있다. 또한 세세한 선박의 조종이나 하역준비를 위한 선창청소작업이 필요한 항구에 근접한 항해의 경우에는 일정한 수의 선원이 승선할 필요성도 있다. 이러한 논의가 미리 이루어져야 무인선박 설계에 반영이 될 것이다. 선주측에서는 가능한 적은 선원으로 무인선박을 운항하려고 할 것이지만, 사회적으로는 대량실직을 막기 위해서라도 완전 무인보다는 최소한의 선원이 승선하는 쪽으로 무인선박 제도를 가져가려는 노력이 지속될 것이고, 일정한 합의점이 도출되어야 한다. 연안항해나 항구 내에서의 안전한 운항을 위하여는 무인선박의 도입시기 동안 도선사의 수는 오히려 늘어나야 하지 않을까 생각된다.

셋째, 현재의 국제조약이나 국내법에 의하면 무인선박은 운항하지 못한다. 이들은 모두 선원이 승선하여 선박을 운항하는 것을 전제로 하기 때문이다. 예를 들면 선박이 운항하기 위하여는 최소승무정원 요건을 충족해야 하는데, 무인선박은 벌써 이에 위반이다. 선박충돌예방규칙(COLREG)는 사람이 다른 선박의 움직임을 조기에 발견할 경계의무를 부과하고 있는데 무인선박에서는 이를 적용할 수 없다. 상법상 선장 이하 선원의 운송 중 과실에 대하여는 운송인이 책임을 부담하지만, 과연 무인선박 하에서 육상의 관제관의 과실로 인한 운송물 사고에 대하여 운송인이 책임을 부담하는지도 해결되어야 한다. 정기용선계약에서 가장 중요한 내용은 선주가 용선자에게 선장 이하 선원이 승선한 선박을 빌려주는 것이다. 무인선박 하에서는 선원이 승선한 선박이 아니므로 이 약정은 변경되어야 한다. 이와 같이 무인선박 시대를 맞이하기 위하여는 해상법, 해사안전법, 해상보험법 등 국내법과 관련 국제조약의 개정이 이루어져야 한다. 또한 현재 사용되는 해운관련 표준계약서와 보통거래약관의 개정작업도 필요하다.

우리 해운이나 조선산업은 21세기에 들어와 경기변동이나 새로운 시장에 대한 예상과 대처가 미흡하여 현재 큰 어려움을 겪고 있다. 일본의 대형선사들이 이미 2000년대부터 컨테이너 운송부분의 비중을 줄이고 포토폴리오를 잘 갖추어 해운불황의 위기를 잘 넘기고 있는 점, 조선사들이 계약의 내용이나 법적 검토가 부족한 가운데 무리한 수주경쟁에 뛰어들어 해양플랜트에서 큰 적자를 보고 있는 점 등이 그 비견한 예이다. 이제는 우리 해운 조선산업은 달라져야 한다. 무인선박은 수년 내에 우리 산업계를 강타할 큰 변혁이다. 지금부터 산업계, 학계 그리고 정부가 합심하여 10년 동안 무인선박 시대를 맞이할 준비를 잘 하게 되면 우리나라 해운·조선산업은 재도약할 기회를 갖게 될 것이다. 〈〈한국해운신문〉, 2016년 12월 13일)

제 5 장
숨어있는 분야에 대한 안전확보 방안

1. 선박설계도 및 건물구조도를 활용한 구조가 되어야

2017년 12월 들어 낚시배 사고에 이어서 제천 화재사고가 겹치면서 아까운 인명피해가 이어지고 있다. 해상안전을 연구하는 필자의 마음도 안타까울 따름이다. 최근 10년 전후 몇 가지 사고를 분류해보면 구조가 가능한 경우와 구조가 아예 불가능한 경우 두 가지로 나누어 볼 수 있다.

2007년 태안 유류오염사고는 닻을 놓고 있던 유조선이 지나가던 바지선의 쇠로 된 걸이에 부딪쳐 선박의 상부에 구멍이 두 개가 났고 이를 통하여 선박에 실렸던 기름이 흘러나왔다. 구멍을 막지 못해 몇 일간 시커먼 기름이 흘러나왔고 이것이 바다를 오염시킨 것으로 기억한다. 3년 전 세월호는 비록 전복되었지만 몇 시간 동안이나 물 위에 떠있었다. 선박 안에 여객이 있음을 알고서도 구조를 하지 못하였다. 금년 12월 초에 발생한 낚시어선 전복사고에서도 배 안에 사람이 있음을 알고 있었음에도 출동과 진입이 늦어서 구조를 하지 못하였다. 이번 제천 사고에서도 2층에 사람이 있었음에도 유리창문을 안에서 깨지 못하였고 밖에서 사람이 진입하여 통로를 확보해주지 못해 사망자가 크게 발생하였다.

이들 4가지 사고는 1995년 시프린스 유류오염사고나 1993년 서해훼리 및 홍콩의 2012년 람마IV 여객선 사고와 다르다. 시프린스 오염사고는 선박이 태풍에 밀려서 여수 앞바다의 바위에 좌초하였기 때문에 오염을 더 이상 방지할 수 있는 조치를 할 수 없었다. 서해훼리호 사고도 마찬가지이다. 정원보다 너무 많은 여객을 태운 과적이었기 때문에 선박이 출항 후 그대로 바다에 가라앉아 버린 경우이다. 홍콩의 람마IV의 경우에도 홍콩의 항내에서 충돌 후 수분 이내에 선박이 침몰하였기 때문에 구조를 할 시간적 여유가 없었다.

이미 사고가 발생하면 인명구조를 더 이상할 수 없는 어쩔 수 없는 즉, 골든타임이 지나간 경우가 있다. 3가지 후자의 경우이다. 그렇지만, 아직 골든타임이 남아있는 경우에는 우리가 어떻게 준비하는지에 따라 손해를 최소화하고 인명구조를 할 수 있다고 본다. 전자 4가지 경우가 그러하다.

태안 유류오염사고의 경우 폭발의 위험을 무릅쓰고 작은 구멍을 어떤 방식으로 막기만 하였어도, 혹은 큰 바지선을 끌고 선박의 곁에 붙여서 떨어지는 기름을 그 바지선에 담기만 하였어도 피해는 최소화하였을 것이다. 세월호 사고의 경우, 해양경찰이 세월호의 선내구조를 미리 숙지하고 바로 투입되었다면 상태는 달라졌을 것이다. 낚시어선 사고의 경우 해양경찰의 구조대가 야간에도 더 빨리 출동하는 준비가 미리 되어있고 현장에서 선내에 바로 진입했다면 상태는 또한 달라졌을 것이다. 제천사고에서도 소방대가 그 건물의 내부를 완전히 숙지하고 있었다면, 2층의 유리창을 깨트려 사람들이 구조될 수 있었을 것이다.

해상에서 인명구조를 담당하는 해양경찰이나 화재시 인명구조를 담당하는 소방대원들도 위험을 무릅쓰고 노력해 왔나. 가끔씩 발생하는 사고를 대비하여 24시간 비상사태를 유지하는 것도 쉽지 않다. 그렇지만, 이들은 가끔씩 발생하는 사고를 반드시 처리해야하는 책무를 부담한다.

각종 선박 특히 여객선이나 다중이용 건물에 사고가 발생했을 때 그 내부구조에 따라 즉각 진입과 구조가 가능한 준비를 해두어야 한다. 그럼에도 위 4가지 사고에서 우리는 과연 그러한 준비가 되었는지에 의문이 든다. 하나의 사고 처리를 위하여 수십번의 틀림없는 예행연습과 준비가 필요하다. A라는 방식이 통하지 않으면 B방식으로 하고, B방식이 되지 않으면 C방식을 이용하는 철저한 준비가 이루어져야 한다

태안 유류오염사고에도 왜 그 작은 구멍을 막지 못하고 있었는지, 화재 폭발의 위험 때문에 처리를 하지 못했다고 하지만, 그러면 바지선을 왜 끌고 오지 못했는지 안타깝기만 했다. 세월호의 경우에도 속수무책이었다. 적어도 닻을 놓는 구멍으로 와이어라도 걸어 두었으면 나중에 선체의 인양에도 도움이 되었을 터인데 하는 아쉬움도 남았다.

선박에는 설계도면이 있다. 특히 구조를 담당하는 해양경찰은 국내 여객선이나 어선의 설계도를 구조작업의 기초로 삼아야 한다. 조난 시 설계도를 바탕으로 진입하거나 구조물을 잘라내어 통로를 내야 한다. 가상의 사고를 상정하고 끊임없는 반복훈련을 해야 한다. 그럼에도 세월호 사고에서 이런 방식이 활용되었는지 듣지 못하였다. 육상의 다중이용 건물이나 아파트 등도 마찬가지로 소방관들은 건물에 대한 지도를 가지고 반복되는 실전훈련을 할 것으로 안다.

선박에는 My ship제도가 있다. 휴가를 마치고 와서 다시 그 선

박에 승선하여 마치 자신의 집과 같이 특정선박에 정을 붙이고 돌보게 되는 제도이다. 구조를 담당하는 분들도 이러한 My ship제도를 벤치마킹해서 각 구역별로 여러 척의 여객선이나 다중건물을 자신의 집처럼 생각하고 유사시 구조에 나서는 제도를 도입하면 어떨까 생각해 보았다. 자신의 집과 같으므로 구석구석 사정을 잘 알게 됨을 구조에 활용하는 것이다. 대중국 및 대일본 카훼리와 국내용 카훼리 약 25척에 대하여 이러한 My ship제도를 해양경찰이 도입하여 유사시 만반의 준비를 한다면 우리 국민들이 조금은 안심하지 않을까 생각해본다.

해양사고 자체가 혹은 화재가 발생하지 않도록 준비하는 것이 이들 사고를 방지하는 가장 중요한 대처방안이다. 그렇지만, 사고가 발생한 경우에도 우리가 각종 위험을 미리 파악하여 준비를 잘 하면 피해를 최소화할 수 있다. 이번 제천 화재사고를 계기로 구조를 담당하는 분들은 준비태세를 구체적으로 더 철저히 갖추기 바란다. 그리고 우리 국민이나 정부는 이들 위험직군에 종사하는 해양경찰이나 소방대원의 처우나 장비 등 지원을 아끼지 말아야한다.

어떤 사고가 있다면 교훈을 신속하게 받아들여 현장에 반영시켰으면 한다. 장비의 도입이나 예산의 반영은 시일이 걸리는 일이다. 그렇지만 내일이라도 당장 동일한 사고가 반복하여 발생할 수 있기 때문에 현장에서 수정될 것은 당장 수정하는 자세가 필요할 것이다. 우리는 이러한 교훈이 받아들여져 현장에 반영되는 것이 너무 늦다. 이것은 안전확보를 모두 국가의 일로 치부하고 일반국민들은 모두 남의 일로 생각하는 경향이 있기 때문인지도 모른다. 안전확보는 국가와 국민 모두가 함께 풀어나가야 할 일이다.

〈〈쉬핑가제트〉, 2018년 2월 13일〉

2. 한강에서의 안전대책

지난 6월 27일 한강에서 퇴역군함(서울함)이 좌초하여 1개월을 한강에서 기다려야하는 불상사가 발생하였다. 망원동 함상공원에 퇴역군함을 전시하기 위하여 한강을 통하여 군함을 이동시키는 도중 군함이 수심이 얕은 한강 하류구역에서 갇히게 된 것이다. 충분한 수심을 가지기 위하여 다음 썰물 시기인 1개월을 기다려야 한다는 기사를 보았다. 이 사건은 한강의 상업목적의 활용도를 높임과 동시에 운항상 안전확보조치를 시급히 취할 것을 동시에 우리에게 말해주고 있다.

한강이 상업목적으로 활용되는 사례

2012년 5월 경인 아라뱃길의 개통으로 내륙 뱃길을 이용한 물류 운송이 기대되었지만, 현재, 화물이나 여객을 실은 바닷길을 이용한 상선의 운항은 아라뱃길의 한계치인 김포한강 갑문에서 멈추게 된다. 그러면 이번 군함 좌초사건은 어떻게 하여 발생된 것인가? 이것은 아라뱃길을 따라 거슬러 올라오던 선박은 김포한강 갑문을 인위적으로 열고 이를 통과하면 행주대교를 거쳐서 마포대교 북단까지 올라올 수 있기 때문이다. 약간의 규모를 갖는 선박이 한강에서 항행하여 거슬러 올라오기 위하여는 두가지 요건이 갖추어져야 한다. 첫째는 선박이 항해할 수심과 항로의 폭이 충분해야 한다. 둘째는 교량의 높이가 충분하여 선박의 높은 곳과 접촉이 없어야 한다. 이러한 요건만 갖추어지면 선박은 마포대교 북단까지 올라올 수 있다.

본격적인 화물 수송을 위하여 한강이 사용되지는 않지만, 초중량 화물이나 부피가 많이 나가는 경우 혹은 전시의 목적으로 군함을 이동할 필요성이 있는 경우에는 한강이 물류의 흐름의 수단으로 위와 같이 사용되어오고 있다.

2012년 10월 26일 초중량화물인 열병합발전설비 2기(가스터빈 300톤 1기 및 발전기 257톤 1기)가 아라뱃길을 이용하여 운송되어 행주대교 물량장에서 하역 후 국도를 거쳐 포천발전소 건설현장으로 수송된 바가 있다. 한강이남에서 강북으로 가기 위하여는 한강의 교량들을 지나야 하는데 한강의 교량허용중량은 43톤이므로 그러한 교량을 거치지 않아도 되는 한강을 이용한 수송은 큰 의미를 갖는 것이다. 또한 2014년 서울 당인리 화력발전소 지하화 리모델링 공사로 인해 발생한 토사(土砂)화물 18만톤(25톤 트럭기준 7천200대 해당)을 경인 아라뱃길을 통해 수상 운반하여 교차로 정체, 소음 등 민원피해를 최소화하기도 했다. 이번 퇴역군함의 이동과 같은 경우도 한강을 거슬러 올라가 망원동 군함공원까지 끌고 가야 한다.

이외에도 한강은 이미 시민들에게 휴식과 즐거움을 주는 대상으로 적극적으로 활용되고 있다. 한강유람선을 통한 유람과 요트 및 제트 스키 등을 이용한 수상레저, 그리고 교통의 수단으로 사용되는 수상택시가 그러한 예이다. 한강에는 57개의 유선도선장 및 선착장이 있다. 한강에서의 활동이 가장 많은 것은 유람선이다. 한강 주변의 아름다움을 만끽하려는 사람들에게 한강유람을 시켜주는 영업을 유람선 회사들이 영위한다. 요트나 수상레져활동도 많아지고 있다. 개인적으로 레져를 즐길 뿐만 아니라 자신이 소유하는 요트 등 레져기구를 빌려주는 영업도 늘어나고 있다. 운항이 재개된 수상택시도 강남과 강북의 교통체증을 피할 수 있는 좋은 수단으로서 자리를 잡을 것이다. 또 하나 빼놓을 수 없는 것은 바지선이나 예인선의 운항이다. 각종 목적으로 한강변에는 동력이 없는 바지선이 정박해 있는 장면을 많이 보게 된다. 바지선은 동력이 없기 때문에 동력이 있는 예인선이 끌게 된다.

한강의 안전확보

한강이 비록 제한적이기는 하지만, 화물의 수송에도 사용되므로 선박이 사고없이 안전하게 항행이 가능하도록 만들어줄 책무는 관할 관청인 서울시에 있다고 할 것이다. 이번 퇴역군함의 좌초사고는 퇴역군함이 항해하기에 충분한 수심을 만들어주는 준설을 하였지만, 선박의 회전을 고려한 준설의 폭이 좁았기 때문에 군함이 회전을 하면서 좌초가 되었다는 것이다. 만약 군함이 물에 잠긴 깊이가 4미터인데 수심이 3미터라면 좌초하게 되고 마는 것이다.

서울시는 한강의 중앙을 준설하여 선박의 항행이 가능하도록 일정한 수심을 유지하고 지도에 그 수심을 표시하고 항상 그 수심은 유지하도록 해야 한다. 그리고 항행이 가능한 곳을 부위로 표시를 하여 수심이 깊은 선박은 반드시 그 항로를 따르도록 해야 한다. 필요하다면 강의 물길을 잘 아는 사람을 한강 도선사로 지명하여 운영할 필요도 있다.

유람선과 요트가 서로 횡단하여 만나는 경우 어떻게 서로 충돌을 피하도록 할 것인가? 바다에는 해상교통법이 확립되어 있지만, 한강에서 운항하는 선박에 적용되는 항법은 불비함이 있다. 유람선은 유선 및 도선법의 운항규칙에 따르고, 요트는 수상레저안전법의 운항규칙을 따른다. 이 법들은 유람선과 유람선이 만나는 경우, 요트와 요트가 만나는 경우에 충돌을 피하기 위하여 적용되는 규칙이다. 그렇지만 유람선과 요트가 만나는 경우, 군함을 끌던 예인선과 유람선이 만나는 경우 피항은 어떻게 하여야 하는지 정한 바가 없다. 청담대교 북단 뚝섬 선착장 부근에서 수상택시와 모터 요트가 충돌하는 사고가 2007년 10월 13일 발생한 적이 있다. 이러한 선박 혹은 기구들의 충돌을 피하기 위한 항법규정을 명확히 해줄 필요성이 있다.

불행히도 충돌 등 사고가 발생한 경우 피해자를 구제하기 위한 법적 조치의 확보에도 만전을 기하여야 한다. 유선 및 도선사업자들은 2016년부터 책임보험에 의무적으로 가입하게 되었다. 그렇지만, 그 책임의 한도액은 자동차손해배상보장법 시행령에 따른 금액이다. 여객이 사망한 경우 1억5천만원이 보험금액의 한도가 된다(유선및도선사업법 제33조 제1항 및 시행령 제27조)(수상레저기구의 경우도 동일함: 수상레저안전법 제34조 및 시행령 제25조). 이는 해상여객운송이 적용되는 경우보다 낮은 금액이기 때문에 이에 대한 수정도 필요하다(해운조합의 여객운송인을 위한 책임보험약관상 3억 5천 만원임).

편안한 휴식공간으로서 수동적인 것으로 시민들에게 존재하였던 한강은 이제 상업적인 목적으로 거듭나게 되었다. 이에 따라 각종 선박과 수상레져 기구들의 운항의 빈도도 더 높아질 것이다. 이번 퇴역군함의 좌초사고를 계기로 삼아 정부는 한강에서 운행하는 선박이나 각종 레저기구들은 안전 항행을 위한 각종 항행 보조장치를 갖추는 것은 물론 항해안전사고의 예방 및 피해자의 법적 보호에도 만전을 기하여야 한다.   (《쉬핑가제트》, 2017년 8월 2일)

3. 내항여객선 공영제 도입

오랫동안 기다리던 내항여객선 안전대책이 지난 2일 발표됐다. 세월호 사고 후 국회에 제출된 법안 70여 개는 대부분 규제강화 법안인 반면, 이번 안은 내항여객해운업의 열악한 체질을 강화하기 위한 지원책도 포함됐다는 점에서 다르다. 병역법에서 운영되는 승선근무예비역제도(3년간 선박에 근무하면 병역의무가 면제됨)를 내항여객선에 도입, 젊은 선원들을 유인하여 내항여객선 선원의 고령화를 방지하겠다는 입법은 대표적인 체질 강화 정책이다. 내항여객선 공영제도 도입도 그 일환이다.

발표에 따르면, 교통수단이 꼭 필요한 낙도보조항로 26개와 취약

항로 4개를 포함해 30개 항로에는 공영제를 도입해 국가가 직접 여객선을 소유하여 운항하도록 한다는 것이다. 현재 우리나라는 육상 도로교통에 버스공영제와 준공영제가 있다. 준공영제는 버스회사들이 버스를 자신이 그대로 소유하면서 운영하고, 영업적자 등을 국가가 보조해주는 것이다. 반면 공영제는 국가가 버스를 직접 소유해 운영한다. 영업수지가 맞지 않아도 국고에서 지원이 된다. 버스회사의 수지가 맞지 않아 영업이 어려운 지역에 버스 서비스를 국가가 공급해주는 공개념이 도입된 것이다.

공영제 방안과 변화

공영제를 하려면 우선 국가나 지방자치단체가 여객선을 소유하고 운항해야 한다. 현재 99개 항로에 운항하는 173척에 달하는 내항여객선을 모두 정부가 소유하고 운항하는 것은 불가능하다. 비용이 많이 들뿐더러 여객선사의 사유재산권도 보호돼야 하기 때문이다. 그래서 정부는 우선 30개 항로에서 공영제를 먼저 실시하겠다고 발표했다. 우리나라는 공영제와 유사한 제도를 해운법에 따라 낙도보조항로에 이미 실시하고 있다. 낙도보조항로 여객선을 국가가 소유하면서 입찰을 통해 여객선사에 운항을 맡기는 운항위탁 형태다. 낙도보조항로에는 수익이 발생하지 않기 때문에 국가가 여객선을 소유하면서 운항은 여객선사가 하고, 정부가 여객선사에 적자를 보전하는 정책을 1956년부터 실시하고 있다. 이러한 26개의 낙도보조항로(26척 운항)에는 연간 100억원 이상의 국고가 투입된다. 국가가 이미 일부 여객선에 대한 소유권을 가지고 있기 때문에 낙도보조항로에 대한 공영제는 쉽게 실시할 수 있을 것이다. 선박운항위탁계약을 해지하거나 계약기간이 종료될 때부터 선박을 회수해 국가가 직접 운항하면 된다. 국가는 직접 선원을 채용해 교육시키고 운항 준비작업을 하게 된다. 새로운 형태의 여객선운항공사 설립도 논의될 것이다. 선원들은 모두 국가 또는 공사 소속이기 때문에 더 나은 교육과 안전관리를 받게 돼 선박의 안전은 향상될 것이다. 공영제를 도입하게 되면 안전보다 수익을 우선시해 불법 운항을 하는 잘못된 행태는 없어질 것이다. 선원의 자질도 향상되고 선원의 봉급도 적정한 수준으로 인상돼 사기도 높아질 것으로 판단된다. 낙도보조항로에 취항하는 선종은 대부분 여객과 동시에 개방된 적재구역에 차량 등 화물을 수송할 수 있는 차도선이다. 이 선박은 차량 적재 때문에 상당한 위험성을 안고 있다. 공영제가 되면 선박 운항의 안전성이 확보돼 사고 예방 효과가 있을 것이다.

공영제의 과제와 한계

해양수산부가 발표한 공영제는 극복해야 할 과제도 가지고 있다. 공영제 대상 선박을 국가가 소유하면서, 운항도 하고 관리도 할 것인지 아니면 이 중 일부만 할 것인지의 문제가 있다. 현재는 국가가 소유하면서 운항은 사업자들이 하는 형태다. 공영제를 하면 운항도 국가가 맡겠다는 것이다. 그러면 관리도 국가가 할 것인지는 고민해봐야 할 문제다. 현재 낙도보조항로의 선박 소유권은 국가에 있다. 국가는 소유자로서의 책임만 부담하고, 운항과 관련한 책임은 여객선사들인 운항자가 부담한다. 그런데 운항도 국가가 맡게 되면 여객에 대한 손해배상책임과 같은 운항자로서의 책임을 국가가 고스란히 부담해야 한다. 금전적인 배상은 책임보험 가입으로 처리될 수 있지만 만약 대형사고가 발생하면 국가는 상당한 사회적 비난에 직면할 것이다.

공영제는 한계도 갖고 있다. 이는 당장 실시돼 효과를 볼 수 있는 제도가 아니라 중장기적인 전략이다. 또 적용 대상 선박이 173척 중 30척에 지나지 않는다. 안전운항상 문제가 많은 것으로 알려진 세월호와 같은 카페리는 적용 대상이 아니다. 따라서 정부는 내항여객선의 체질 강화를 위해 다양한 단기적 지원정책을 실시하면서 동시에 내항여객선에 대한 안전감독 등 규제를 강화해야 한다. 카페리에는 해사안전법을 개정해 외항상선에 적용되는 안전관리체제(ISM Code)를 실시함으로써 선박은 물론 여객선사의 선박에 대한 안전기준을 동시에 높여야 한다. 여객선사가 영세해 자체 안전관리가 어려운 경우 선박관리회사제도를 활용해 이들에게 안전관리를 위탁하면 될 것이다. 안전 강화 정책과 지원 정책을 조속히 실시하면서 중장기적인 공영제를 정착시키면, 내항여객해운도 우리나라 외항해운처럼 해상안전 수준이 높아질 것이다.

(〈중앙일보〉, 2014년 9월 12일)

4. 위험성 커지는 사회, 이에 걸맞는 안전대책 필요
- 영종대교의 100중 충돌사고를 보고 -

사람은 경험한 것 이상은 모른다고 한다. 우리는 경험을 통하여 많은 것을 배우게 된다. 그런데, 왜 유독 우리나라는 대형안전사고(교통분야)의 경험을 살려서 동일 혹은 유사 사고의 재발을 방지하지 못하는가? 1995년 시프린스호 유류오염사고, 2007년 태안 유류오염사고 그리고 2014년 우이산호 기름유출사고가 발생하였다. 1999년 서해 훼리사고 이후 또 2014년 세월호 참사라는 여객선사고가 발생하였다. 안개가 띤 상태에서 발생한 2015.2.11. 영종대교의 100중 충돌사고도 이미 2006년 서해대교에서 유사한 사고가 있었다.

정부와 전문가 등 교통분야에 관련된 당사자들이 동일유형의 사고재발을 위하여 노력하지 않는 것은 아닐 것이다. 그러나, 몇 년 주기로 유사한 사고가 반복된다는 것은 사고재발방지 노력이 완전하지 못함을 말해준다. 현장의 교통수단의 운전자들이 더 주의깊게 운전하지 않고서는 어쩌면 피할 수 없는 것이기도 하다. 그러나, 잘 마련된 제도적인 장치도 안전사고방지에 큰 역할을 할 수 있을 것이다.

서양과 일본이 100년 이상 걸린 산업화를 우리나라는 30년만에 이뤘다고 우리는 자부한다. 빠른 산업화는 많은 위험을 동반하게 되었다. 예컨대, 1994년에서 2014년까지 20년 동안 우리나라의 수출입화물의 물동량은 7배가 늘었다. 이것은 우리나라의 항구를 입출항하는 선박의 숫자가 7배 가까이 늘었다고 보아야 한다. 그렇다면 선박의 입출항에 따른 충돌, 오염, 좌초등 사고의 위험도 그만큼 늘어났다는 결론에 이른다. 따라서 남해와 서해에서 어선들이 상선과 충돌할 여지도 훨씬 높아지는 것이다. 우리나라의 조선산업이 세계1위가 된지도 20년이 넘었다. 조선기술의 발달 덕분으로 블록의 형태로 선박을 부분 부분 만들어 조선소로 이동시켜 완성되게 된다. 많은 예인선이 블록이 실린 바지를 끌고 이동한다. 남해에는 그만큼 충돌의 위험이 증대했다고 보아야 한다. 생활의 여유가 생기면서 레저를 즐기려는 사람들의 수요도 늘어나고 제주항로 등에 여객선의 운항 횟수도 많아질 수 밖에 없다. 여객선 사고의 여지도 더 많아지는 것은 자명하다. 육상도로교통의 수요를 충족시키기 위하여 긴 교량을 세웠다. 인천대교, 서해대교, 평택대교, 부산대교가 그러하다. 이 대교들은 모두 선박이 운항되는 곳이기도 하고, 바닷가이기 때문에 안개가 많이 끼게 되어 있다. 건설된 위치 때문에 이 교량들은 많은 위험에 노출되어 있다.

과연 우리는 이렇게 늘어난 교통수요 및 위험의 증대에 걸맞는 대책을 세우고 사고를 줄이려는 노력을 얼마나 하여왔는가? 정부의 담당부서의 인원은 이에 걸맞게 늘어났는가? 우리는 해마다 늘어나는 산업화에 따른 위험은 애써 무시한 채 예전과 동일한 정도의 노력만 한 것은 아닌지? 그 결과 위험도는 높지만 안전사고방지 시스템은 낮은 그런 사회구조가 되어있는 것은 아닌지? 교량을 설계할 때 이미 바다지역에 건설하는 교량이라면 누구나 안개다발지역임을 알았을 것이고 사고위험을 대비하여 사고방지장치가 설치되거나 대책이 마련되었어야 한다.

이제는 더 이상 피할 수 있는 대형 안전사고는 없도록 하는 것이 지상과제이다. 이제부터 우리는 신규산업에서 동반되는 위험원을 특별히 관리하여야 한다. 나아가 우리가 그동안 간과하여온 각 산업분야의 위험이 어디에 어떻게 도사리고 우리의 생명을 노리고 있는지 그 위험을 파악하여야 한다. 이미 알고 있는 위험이라도 방심하지 말고 재점검하고 철저히 관리가 되도록 하여야 한다. 그러한 미래에 닥쳐올 위험을 미리 예견하고 대책을 세운다는 것은 여간 어려운 일이 아닐 수 있다. 그러나 우리나라는 산업화에서 후발주자이기 때문에 앞서간 많은 선진제국들이 있다. 그들에게서 배우는 것이다. 1980년 5월 9일 0733 미국 플로리다의 탐파 만에서 항해하던 상선이 다리(Sunshine Skyway Bridge)의 교각을 들이받아 다리의 상판이 무너져 내렸다. 안개가 낀 상태에서 달리던 고속버스 1대와 자동차 7대가 속속 바다 속으로 떨어졌고 1명이 구조되고 35명이 사망하였다. 이번 영종대교 사고는 추돌사고라서 인명피해는 적었다. 만약 어떤 이유에서건 상판이 무너져 내렸을 때라면 어떻게 되었을 것인가? 이에 대한 대책은 무엇인가? 또 다른 유형의 사고도 있을 수 있다. 이런 경우들을 대비한 대책들이 하나씩 하나씩 빠른 시간 내에 갖추어져야한다. 우리는 안개시 추돌사고라면 바로 이 안개와 추돌사고에만 집중하는 경향을 보인다. 교량에서 발생할 수 있는 모든 위험요소를 포괄적으로 포섭하여 처리하는 안전사고예방조치가 필요한 것이다.

안전사회로 가는 길은 정부만의 힘으로는 되지 않는다. 국민들의 안전의식도 높아져야하는 것은 당연하다. 모든 국민들은 사회곳곳에 있는 위험원이 파악되고 예측되면 이를 관계기관에 자발적으로 제공하고 국가는 그 처리에 대하여 국민들에게 피드백해주는 제도를 만들어야 한다. 많은 위험원을 야기하게 되는 기업도 예외일 수는 없다. 기업 스스로 위험원을 잘 관리하여 사회에 위협이 되지 않도록 하여야 한다. 이제는 급하게 이룩한 산업화과정에서 우리가 미처 따라잡지 못한 사회에 산재한 위험원들을 잘 관리하여 안전선진국이 되도록 우리 모두는 노력하여야 한다.

(《중앙일보》, J플러스, 2015년 3월 11일)

5. 연안어선 충돌예방 교육 시급하다

3일 인천 영흥도 근처에서 내항 유조선과 낚시어선이 충돌해 10여 명의 인명 손상이 있었다. 이런 유형의 사고는 충돌을 피하기 위한 항법을 잘 모르거나 지키지 않아서 발생한다.

충돌예방 규칙의 항법은 이해하기가 쉽지 않다. 국제조약, 해사안전법, 선박입출항법이 중첩적으로 적용돼 있기 때문이다. 안타깝게도 우리 현실에서는 연안을 다니는 소형상선, 낚시어선, 어선에 근무하는 선장들에게 체계적인 교육을 해주는 곳이 없다. 면허교육을 하는 교육기관은 있다. 하지만 소형선박조종사 면허 등 소형선박에 적합한 면허는 교육이 수일로 너무 짧고, 항법을 완전히 숙지하고 체화할 정도는 아니다.

몇 개의 해양수산계 고등학교, 2개의 4년제 해양대학, 연수원이 있지만 이곳은 원양상선과 원양어선에 승선할 해기사를 교육하는 기관이다. 해양대학에서는 한 학기 동안의 이론교육과 1년간의 실습을 통하여 피항하는 방법을 가르친다. 이 또한 원양상선에 근무하는 항해사를 위한 것이다.

서해 페리호 침몰사고 이후 2014년 세월호 사고가 발생했고, 2015년에는 낚시어선 돌고래호 사고가 발생했다. 이 모든 사고의 주된 원인은 인적과실에 기인한 바가 크므로 예방대책도 교육제도에서 찾아야 한다.

우리나라는 경제규모 확대에 따라 물동량이 늘어났고, 선박 건조 시 블록공법을 취하면서 건조할 선박의 조각을 실어 나르는 예인선이 많아졌다. 또 레저 활동이 늘면서 여객선 및 낚시어선도 늘어났다. 따라서 해상안전에 대한 예산과 대책도 늘어났어야 하고, 교육제도의 사각지대에 있는 소형상선이나 어선에 대한 교육제도도 확충되었어야 한다. 선박 간 충돌 위험은 선박이 밀집된 연안이 더 높을 수밖에 없다. 하지만 국내 교육제도는 원양에 집중되어 있다.

소형선박에 승선하는 선원들에 대한 체계적인 교육이 선행돼야 이러한 유형의 사고를 예방할 수 있다. 수만 명이나 되는 연안어선이나 낚시어선 선원을 어떻게 교육할 수 있는지는 어려운 문제다. 생업에 종사하는 사람들을 장기간 교육하는 것도 쉬운 일은 아니다. 하지만 각 수협지부 및 해운조합지부를 중심으로 교육프로그램을 개발하여 1개월 정도 선박충돌예방규칙, 기타 항해관련 교육을 실시하고 시뮬레이션을 통해 현장성을 높이면 어느 정도 보완이 가능하다고 본다. 또 휴어기를 활용하고, 해양수산계 대학 교수와 현직 선장들을 강사로 초빙해 교육하는 것도 방법이다.

우리 연안에서는 선박 충돌로 연간 수십 명이 사망한다. 더 이상은 이러한 후진국형 사고가 없어야 한다. 당장 정부와 수협, 해운조합 등 관련단체와 학교 등 교육기관, 해기사협회 선장협회 같은 민간단체가 합심해 연근해 해상사고 근절 방안을 마련해야 한다.

(〈동아일보〉, 2017년 12월 7일)

제6장
나용선 등록제도

1. 나용선 등록제도 국내 도입의 필요성

나용선의 의의

나용선(裸傭船) 혹은 선체용선(船體傭船)이란 일정 기간 선박소유
자로부터 용선해 용선자가 자신의 선장을 고용하고, 관리하며 자신
의 영업에 활용하는 선박을 말한다. 이러한 내용을 가진 선박소유자
와 나용선자 사이의 계약을 나용선계약이라고 한다.

나용선계약에는 국취부 나용선(소유권 유보부 나용선, BBCHP)과
단순나용선이 있다. 국취부 나용선의 경우 나용선기간이 종료돼도
선박이 선박소유자에게 반환되지 않고 용선자가 소유권을 취득하는
점에서 특이하다. 용선기간의 만료에 비례해 한국 국적에 근접하는
특징이 있고 이는 한국 선박으로 간주되는 근거가 된다. 이에 비해
단순 나용선은 용선기간이 만료되면 선박은 선박소유자에게 반환되

게 된다.

나용선 등록의 의의

A국가에 원등록이 된 선박이 B국가로 나용선되는 경우 B국가가 나용선 등록을 허용하는 법제도를 가진다면, A국가 등록은 정지되고 B국가에 나용선 등록이 된다. 그 결과 그 선박은 나용선 기간 동안 B국가의 선박이 되고 B국가의 각종 안전규제(선박법, 선박안전법, 선원법 등)의 적용을 받게 된다. 다만 소유권 등의 목적으로 등기된 것 혹은 등록된 것은 A국가에서 그대로 유지된다. 현재 영국, 독일, 홍콩 등이 이와 같은 나용선 등록제도를 실시하고 있다. 우리나라는 자국민 소유권주의를 택하고 있기 때문에 나용선 등록은 허용되지 않고 있다. 다만 국취부 나용선에 대해서만 국제선박 등록이 가능하지만 이는 원등록국의 등록은 그대로 남아있기 때문에 나용선 등록과는 다르다.

나용선 등록의 장점

한국 선주들이 편의치적선제도를 이용해 선박을 사실상 지배하면서도 파나마 등지에 등록된 경우 선박안전에 대한 파나마 정부의 감독이 소홀할 수 있다. 이 경우 한국에 입항한 그 선박에 대해 한국 정부는 원칙적으로 그 선박을 검사할 권한이 없고 그 권한은 파나마 정부에 있게 된다. 선박에 나용선 등록이 허용되면 원등록국의 등록은 정지되기 때문에 파나마 정부의 검사를 받지 않고 나용선이 등록된 한국 정부의 검사를 받게 된다.

현행 선박안전법에 따르면 국취부 나용선은 한국 정부의 선박검사(KR의 정부대행검사)를 받아야 한다. 그럼에도 불구하고 등록국인 파나마 정부의 검사도 받아야한다. 이것은 파나마가 선적국이기 때문에 선적국법에 따른 검사를 받게 되는 것이고, 국취부 나용선은 국적선과 동일하게 취급하는 법률의 규정에 의거하여 한국정부의 검사를 받아야하기 때문에 발생하는 현상이다.

이는 선주들에게 상당한 경제적인 부담을 줄 뿐만 아니라 이중정부검사에 대해 불만이 가중되게 한다. 만약 동 선박에 대한 나용선 등록이 우리나라에서 이루어진다면 파나마 등록은 일시 정지되기 때문에 파나마정부의 검사를 받을 이유가 없어지게 돼 한국 정부만의 검사를 받게 된다.

나용선 등록이 되면 한국선적을 가진 선박의 숫자가 늘어나게 된다. 각국의 선박톤수를 나타내는 수치는 지배선박기준과 등록선박기준이 있다. 우리나라가 5위라는 것은 편의치적 등을 포함한 지배선박을 기준으로 말하는 것이다. 등록선박을 기준으로 하면 우리나라는 11위권이다. 나용선 등록을 허용하면서 우리나라 등록제도의 이점을 제공한다면 실질적으로 우리 선박인 많은 선박이 한국선적으로 돌아오게 될 것이고 등록선박 기준으로도 우리나라 선박이 증가하게 될 것이다.

이는 결국 우리나라 해사안전법이나 선원법의 적용을 받는 선박의 숫자가 늘어나는 것을 의미한다. 한국 정부의 검사를 받는 선박의 숫자도 늘어나고 한국선원이 승선해야 하는 숫자도 늘어날 것이므로 고용창출의 효과도 있을 것이다. 개방을 앞둔 한국선급의 정부대행검사 건수도 늘어나는 효과도 있을 것으로 예상된다.

한국 선주가 사실상 선주이면서도 편의치적된 선박에게 나용선 등록을 허용함으로써 한국정부가 이 선박들을 관리해 안전에 대한 신뢰도를 확보하게 될 것이다.

예상되는 단점

나용선 등록제도는 원등록을 전제로 하기 때문에 원등록국과 나용선 등록국이 동시에 존재한다. 이중국적은 국제법상 허용되지 않기 때문에 원등록국의 등록이 일시 정지돼야 한다. 등록이 정지되지 않은 상태라면 상당히 복잡한 법률관계가 형성된다.

외국적 요소가 개입된 경우에 국제사법이 적용되는데 선박우선특권이나 선박소유자 책임제한제도를 적용할 때 어느 나라의 법을 적용할지는 선적국법에 따른다. 이 경우 어느 나라 법을 선적국법으로 해야 할지 오랫동안 논란이 있었다.

최근 우리 법원은 소유와 관련되는 것은 원등록국의 선적국을 따른다고 해 우리나라에서는 이러한 문제는 해결됐다고 생각된다(대법원 2014.11.27. 선고 12014마1099결정). 대법원은 소유권, 선박우선특권, 저당권 등 사법적인 관계는 원등록국을 따르고, 행정규제는 나용선 등록국을 따른다고 한 것이다.

나용선 등록이 돼 한국선원법의 적용을 받게 되면, 선원비의 상승이 예상된다. 이것은 국제등록선박법을 개정해 국취부 나용선 뿐만 아니라 단순 나용선에 대해도 일정숫자의 외국선원의 승선도 가능하게 하면 될 것이다.

실행방법 및 남은 과제

현행 선박법에 따르면 원칙적으로 우리나라 국민이나 법인이 소유하는 선박만이 한국에 등록하는 것이 가능하다. 선박법의 개정이 필요하다. 모든 나용선에 대해 강제적으로 등록을 하도록 하는 것보다는 임의적으로 선택할 수 있도록 하는 것이 좋을 것이다. 선박법상 허용되는 한국인이거나 한국인이 소유하는 선박회사가 나용선자인 경우에만 나용선 등록을 허용하는 것도 방법이다.

더 많은 선박을 유치하기 위해서는 한국에 대표자만 둔 경우에도 나용선 등록을 허용하면 될 것이다. 그러나 이 경우는 편의치적선으로 간주될 것이기 때문에 신중한 접근이 필요하다. 안전에 방점을 두는 제도이므로 선령에 상한선을 두거나, 단일격벽의 유조선(single hull tanker), 카페리(Ro-Ro Ferry) 등에는 등록 제한을 두는 것도 고려할 요소이다.

나용선 제도를 도입하고 있는 국가들의 사례와 도입시의 장단점을 더 깊이 연구해 정책에 반영할 필요가 있다. 국제선박등록법, 톤세제도 등의 도입이 상당한 긍정적 파급효과를 우리나라 해운에 주었듯이 나용선 등록제도의 도입도 침체된 해운산업의 분위기를 일신할 수 있는 기회를 제공할지도 모를 일이다. 등록톤수기준 세계 1위국가가 대한민국이 될 수 있다면… 이는 국격(國格)의 상승 및 해운에 대한 대국민적 홍보효과도 있을 것이다.

(《한국해운신문》, 2016년 2월 9일)

2. 나용선 등록제도로 선박 안전확보 가능

(이국만리 남대서양에서 2017년 3월 31일 발생한 스텔라 데이지호 사고에서 실종된 선원들이 생환하기를 모든 선원가족들과 함께 빌어본다.)

세월호 사고는 내항해운의 문제였다면 스텔라 데이지호 사고는 외항해운의 문제라는 점에서 차이가 있다. 그러나, 모두 우리나라 선박의 해사 안전확보에 이상이 있고 재점검이 필요하다는 점을 확인시켜준다는 점에서 동일하다.

선박소유자의 안전확보 의무

선박을 안전하게 유지할 의무를 부담하는 것은 선박소유자이다. 또한 안전에 대한 각종 규정을 만들고 집행할 권한과 책무를 부담하는 것은 유엔해양법에 의하면 선박에 국적을 부여한 국가이다. 스텔라 데이지호를 자신의 운송이라는 영업에 활용한 자는 국내 중견 선박회사였지만 선적(船籍)은 마샬 아일랜드였고 등기부와 선박등록부상 소유자는 마샬 아일랜드에 설치된 회사였다. 그렇기 때문에 안전에 대한 종국적인 의무와 책임은 마샬 아일랜드와 선박소유자가 부담한다.

선박의 선적은 소유자의 국적과 같이 가는 것이 원칙이다. 선박은 움직이는 영토라는 법언은 이를 설명하는 것이다. 그런데, 현재 전 세계적으로 이와 달리, 소유자의 국적과 선박의 국적(선적)이 다른 선박 즉, 편의치적선이 50% 이상을 차지한다. 이는 유엔해양법에서 말하는 선박의 국적과 선적이 진정한 연계를 가져야 한다는 규정에 위반하는 것이다. 편의치적선(便宜置籍船)을 제공하는 대표적인 국가는 파나마, 라이베리아, 마샬 아일랜드, 세인트 빈센트 등이다. 일본과 미국과 같은 선진국에 선박을 등록하게 되면 그 나라의 선원법과 해사안전법의 적용을 받게 되어 비용이 추가되기 때문에 선박소유자들은 이를 피하기 위하여 자신과 무관한 국가에 등록을 하게 되면서 편의치적선이 나타났다. 최근에는 금융을 제공하는 은행이 저당권의 실행에 용이한 해외에 선적을 두고자 희망하여 실제 소유자의 국적과 선박이 등록된 국가가 다른 편의치적선이 많이 나타난다.

편의치적선

이러한 편의치적선은 해운선진국에 등록된 경우에 비하여 해사안전에 대한 법규정이나 안전확보의 수준이 낮다는 점이 지적되어 이를 퇴치하는 운동이 한 때 벌어졌지만, 이제 국제사회는 편의치적선 자체를 부인하지 않고, 다른 수단을 통하여 선박의 안전을 확보하려는 노력을 경주하고 있다. 선박은 움직이는 영토이기 때문에 선적국의 법률의 적용을 받는 것이 원칙이지만, 항만국의 영해에 입항하면 그 항만국의 안전검사를 받도록 하는 항만국 통제(PSC)제도를 국제사회가 적용하고 있는 것이 좋은 예이다.

우리나라가 취하고 있는 제도로는 국적취득조건부나용선(國籍取得

條件附裸傭船)(이하 국취부 나용선)에 우리나라의 선박안전법이나 해사안전법을 적용하는 것이 있다. 이는 실질 소유자인 우리나라 용선자가 10년 혹은 20년 정도 장기간 소유자로부터 선박을 빌려 자신의 영업에 사용하면서 용선기간이 종료되면 그가 선박의 소유권을 취득하는 제도를 말한다. 비록 파나마 등에 등록되어 있지만, 본선은 우리나라에 곧 등록하게 될 선박이고 현재에도 한국의 선원이 승선하는 등 실제소유자인 우리 선박회사가 영업을 위하여 선박이 우리 항구를 많이 찾기 때문에, 우리나라의 안전관련 규정도 적용하도록 하고 있다. 선박안전법에 의하면 국취부 나용선을 한 선박은 선박안전성에 대하여 우리 정부의 건조검사, 정기검사 등을 받게 되어있다. 육상과 선박의 유기적인 안전확인제도인 선박안전관리체제(ISM Code)도 국취부 나용선에는 해사안전법에 의하여 적용된다. 그러므로, 비록 스텔라데이지호가 편의치적선이기는 하였어도 우리나라 국적의 선박과 동일하게 선박안전검사를 받았기 때문에 한국 선적의 선박보다 안전에 취약하였다고 단정적으로 말할 수 없다.

그러나, 편의치적선은 그 등록국의 법률의 적용을 받는 것이 원칙이다. 예컨대, 그러한 선박에 승선하는 선원들은 그 국가의 해기사면허를 가지고 승선을 하게 된다. 해양사고의조사및심판에관한법률도 직접 적용할 수 없는 점도 지적할 사항이다. 비록 우리나라 선원들이 승선하여 해양사고가 발생하였지만, 해양사고조사권을 우리나라가 직접 가지는 것이 아니라 선적국가가 행사하는 것이다. 그 선박이 공해상에서 난파물이 된 경우에도 최종적으로 처리할 의무를 부담하는 국가는 선적국이 되는 것이지 연안국이 되는 것도 아니다.

이와 같이 특별한 규정을 우리나라가 둔 경우에만 우리 법이 적용될 뿐인데도 불구하고, 우리나라는 오랫동안 국취부 나용선은 우리나라 선박이라는 관념이 강했기 때문에 많은 혼란이 일어난다. 사법적인 측면에서는 소유권은 여전히 편의치적국가에 등기된 소유자에게 있음에도 나용선자의 소유라고 생각하는 것이 좋은 예이다. 이는 2016년 한진해운이 법정관리에 들어갔을 때 한진 샤먼호 사고에서 크게 다루어졌다. 우리 법원은 그렇지 않다고 보았다. 또한 국취부 나용선의 경우에 사고보고를 어느 국가에 할 것인지가 문제되고 있다. 특별한 규정이 없는 한 사고보고는 선적국에 하면 되는 것이다. 자신의 국가에 등록된 선박이 조난당한 경우 구조할 의무와 권한을 가지는 국가는 선적국이지 용선한 자가 속한 국가가 아니다. 필자의 견해로는 해사안전법이나 선원법에서 선박소유자에게 보고의무를 부과하고 있는데 이는 우리나라 국적선에 적용되는 규정이고, 명확하게 국취부 나용선자에게 그러한 의무를 부과하지 않고 있다. 우리나라 선원들이 승선한 경우에 선원들의 국적 국가도 이해관계를 가지므로 우리나라 정부에 대하여도 보고의무가 부과되어야함에도 불구하고 그렇지 못한 점은 법률의 개정작업이 있어야한다.

　이제 우리는 다양한 용선계약의 이점을 살리면서도 더 철저하게 안전을 확보하는 방안을 생각해 보아야한다. 국취부 나용선이나 단순나용선은 우리나라의 국익에도 상당한 이해관계를 가진다. 국취부 나용선은 우리나라 해상기업이 사실상 소유자이면서도 여러 가지 경영의 이점이 있어서 편의치적을 한 경우이고, 우리나라를 중심으로 운항하고 있고 우리나라 선원들이 다수 승선하고 있다. 단순나용선의 경우도 정도는 국취부 나용선에 비하여 떨어지지만 그와 유사하다. 그렇기 때문에 나용선 선박에 우리나라 해사안전 관련 법을 전면적으로 적용하여 우리나라 국익을 보호할 필요성이 강하게 대두된다. 현재 단행법으로 국취부 나용선에 대하여 군데 군데 우리 법을 적용하는 제도는 잘 운영되어왔지만, 관련자들에게 많은 혼란을 가져오는 측면이 있다는 것이 이번 스텔라 데이지호 사고에서 노정되었다.

나용선 등록의 안전확보 장점

필자는 싱가포르, 홍콩, 독일, 영국 등이 취하고 있는 나용선 등록제도를 도입하여 선박을 빌려온 용선자의 국가인 우리나라에 선박등록을 허용하여 용선기간 동안 한국 선적을 부여하자는 것이다. 우리나라에 나용선 등록이 된 동안은 원등록국의 등록은 정지가 되고 반선이 되면 다시 부활되게 된다. 다만, 소유권과 관련하여서는 여전히 원등록국의 법의 적용을 받는다(즉, 소유권관련은 원등록국이 관할을 가지고 해사안전관련 사항은 나용선 등록국이 관할을 가진다). 이제는 나용선된 선박은 우리나라에 등록된 선박이라서 해사안전과 관련하여서는 우리나라가 전면적인 관할권을 행사할 수 있기 때문에 모든 안전관련 규정은 그 선박에 적용 가능하게 된다. 그리하여 용선기간 동안은 우리 국적선과 동일한 법률의 적용을 받게 되는 것이다. 그렇게 되면 나용선을 한 선박에 대한 안전도 우리 국적선과 동일한 수준으로 향상되게 될 것이다. 이렇게 되면 해양사고의 조사 및 심판도 우리나라 해양안전심판원이 직접 행하게 될 것이고, 사고 후 보고도 나용선자가 우리 정부에 직접해야 할 것이므로 이번 스텔라 데이지호 사고에서 발생한 문제점의 상당부분을 해결할 수 있게 될 것이다. 스텔라 데이지호의 사고의 원인으로 지목되는 선박의 노령화, 선적시의 육상과 선박에서의 주의사항, 안전기준의 강화와 철광석선의 설계기준 등에 대한 재점검과 확충을 선박안전 관련 법에 담아내고 이를 나용선에도 적용하면 될 것이다. 무엇보다 편의치적국가인 등록국과 용선자의 국가인 우리나라 법률 중 어느 법이 적용되는지 어느 국가가 관할을 갖는지에 대한 개념적 혼란에서 벗어날 수 있다는 장점이 있다. 나용선 등록제도는 나용선자에게 우리나라 나용선 등록에 대한 선택권을 주는 제도이지만, 나용선 중에서도 국취부 나용선의 경우는 나용선 등록을 의무화하는 것도 고려해볼 필요가 있다고 생각한다(이 제도를 도입하면서도 국제선박등록법, 도선법등 국취부 나용선자가 가지던 이점은 그대로 유지할 수 있다).

우리나라는 지배선단이라는 개념을 중요시하여 지배톤수가 세계 5위 혹은 6위라는 점을 크게 자랑하여 왔다. 그렇지만 홍콩이나 싱가포르에서는 등록톤수를 중요하게 여기고 최근 자신들의 등록톤수가 대폭 늘어난 것을 자랑한다. 이들 국가의 등록톤수에는 나용선 등록톤수도 물론 포함된다. 이들 국가는 자신들이 안전관리를 잘 하기 때문에 세계 각국의 선사들이 등록을 위하여 자신들의 국가를 찾고 있다고 설명한다. 영업적인 측면의 톤수개념도 나름대로 의미가 있지만 편의치적선을 포함하고 안전의 측면에서 한계도 있다. 이제 스텔라 데이지호 사고를 계기로 안전측면의 톤수 개념인 나용선 등록제도를 우리나라에도 도입하여 선박안전제도를 획기적으로 개편 발전시킬 것을 제안한다. 　　　　　　　(《한국해운신문》, 2017년 6월 8일)

제3부

해 상 법

제1장 해상법의 기능과 이념
제2장 국취부선체용선과 편의치적선
제3장 유류오염사고와 책임보험
제4장 종합물류업
제5장 한진해운과 동아탱커의 회생관련

제 1 장
해상법의 기능과 이념

1. 해운조선산업에서 해상법의 다양한 기능

해상법은 사법의 일종으로서 선박을 이용한 영리활동을 하는 해상기업과 관련된 법률관계를 다룬다. 여기에는 해상기업이 운송인으로서 화주와 체결하는 운송계약상의 법률관계, 해상기업상호간의 선박을 빌려주는 용선에 관련된 법률관계, 선박과 관련된 담보제도, 공동해손 해난구조, 선박충돌 및 유류오염과 같은 특수한 제도 및 선박건조계약과 선박금융도 다룬다. 해상보험은 연혁적으로 해상법의 고유의 영역의 하나이다.

2008년 후반부터 찾아온 장기적인 해운불황을 경험하면서 해상법이 이러한 장기불황에 어떠한 기능도 하지 못하는 것 같은 느낌이 들어 해상법 학자로서 필자는 몸에 맞지 않는 옷을 입고 있는 것과 같은 거북함이 오랫동안 있어왔다. 해상기업관련자의 손해배상

의 문제를 공평하게 처리하는 것을 주된 연구의 대상으로 하는 해
상법의 본질상 경영에 활기를 불어넣는 자금의 조달 등은 모르는
것이 된다.

해상법이 해운기업에 어떠한 긍정적인 효과를 미칠 수 있을지 의
문을 가지게 되었다. 전통적인 분쟁해결 수단으로서의 해상법은 사
후적인 수단이기 때문에 해운기업의 흥망성쇠에 절대적인 영향을
미치지는 않을지 모른다. 그러나, 해상법의 기능은 반드시 분쟁해결
수단으로서만 존재하는 것은 아니다. 소위 말하는 예방법학으로서의
기능도 있다. 분쟁의 발생을 사전에 방지함으로써 비용의 절감을 가
져오는 것이다. 이 두 가지 기능은 해상법의 전통적인 기능이라고
할 수 있다.

분쟁해결 수단

첫째, 분쟁해결 수단으로서의 해상법의 기능을 본다. 선박충돌사
고가 발생한 경우에 선주로서는 보험금도 받아야 하고, 압류된 선박
도 풀어서 운항에 다시 넣어야 한다. 하루빨리 해방이 되지 않으면
다음 항차의 용선에 나가지 못하여 큰 손해가 발생한다. 받을 것이
있으면 받아야 하고 줄 것이 있으면 주어야 한다. 이러한 기능은 분
쟁해결수단으로서 해상법을 활용하여 해상변호사나 해상기업의 보
험법무팀에서 처리하는 것이다. 고의 면책 혹은 담보위반으로 인한
보험자면책이 되어 해상기업이 보험금을 받지 못하면 큰 낭패를 보
게 된다. 1선박 1회사인 경우에는 회사의 흥망이 달려있는 법적 분
쟁이 될 것이다. 해상법의 분쟁해결 수단으로서의 기능이 결코 작다
고 할 수 없을 것이다.

예방수단

둘째, 예방법학으로서의 해상법의 기능을 본다. 해상법은 분쟁이

발생하지 않도록 혹은 사고가 일어나지 않도록 하는 기능을 하여야 한다. 해상법은 반드시 분쟁이 일어나기를 기다려 이를 해결하기 위한 하나의 잣대로서 법률규정을 두는 것은 아니다. 오히려 명확한 잣대를 제시하여 해운분야에서 법률관계를 맺는 자들 사이에서 분쟁이 일어나지 않고 화해하면서 영업을 순조롭게 하도록 조력하는 사전적인 기능을 한다. 실무에서 재판관할을 영업소가 있는 한국의 법원이 가진다는 약정을 선하증권에 넣는 것이라든지, 중재를 런던에서 하고 준거법을 영국법으로 하기로 약정하고 이를 유효하게 인정하여 주는 것이 대표적인 예라고 할 수 있다. 그렇지 않다면 사고 후에 서로 자신에게 유리한 곳에서 소송을 하려고 할 것이다. 2008년까지는 복합운송에서 사고가 발생한 경우에 해상법을 적용할 것인지 아니면 육상법을 적용할 것인지 법률의 규정이 없었다. 사고가 발생하면 서로 유리한 법의 적용을 주장하게 된다. 해상운송인으로서는 책임제한이 있는 해상법을 적용하려고 하는 것은 당연하다. 화주는 반대할 것이다. 법을 제정 혹은 개정하여 이러한 경우에 적용할 법을 상법에 넣으면 분쟁은 더 이상 발생하지 않을 것이다. 당사자들은 이를 미리 알고 계약을 체결하게 된다. 이러한 것은 눈에 보이지는 않지만 해상법의 예방법학으로서의 기능이라고 할 수 있다. 예방법학으로서의 해상법은 그렇지 않은 경우에 비하여 해상기업에게 많은 비용을 절감하게 한다. 예방법학으로서의 해상법은 비단 비용만 절감시켜주는 것이 아니다. 우수한 두뇌들로 하여금 불필요한 분쟁에 시간을 낭비하지 않게 한다. 분쟁해결을 위하여 사용되는 많은 시간들을 다른 건설적인 일에 투입한다면 전체적으로 도움이 될 것이다.

그러면, 호황의 절정이나 불경기에 해상법은 예방법학으로서의 기능을 충분히 하였는가? 호황의 절정에서 우리는 용선체인이 10번도 넘게 일어나면서 과도한 프리미엄이 붙고 있었다. 우리는 즐거워

했다. 지나고 보니 그것은 곧 파국이었음을 우리는 몰랐다. 자유경
제체제 하에서 그리고 용선이란 계약자유의 원칙이 지배되는 분야
인데 국가 혹은 법이 어떻게 용선의 숫자를 제한할 수 있겠는가? 하
는 지극히 원론적인 생각만 하였다. 투기적인 목적으로 행하여지는
브로커들의 용선계약에의 진입을 막는 방안은 없었을까 생각해본다.
해운법을 통하여 가능하지 않았을까? 해상법에서는 용선계약을 통하
여 그 횟수를 제한할 의무를 선박소유자가 제1용선자에게 부과하고
이를 어기게 되면 불이익이 부과되도록 할 수 있을 것이다. 그리고
법은 이를 유효하게 인정하도록 하면 집행이 될 것이다.

조장기능

불경기에서 경기를 회복하는 데에는 조장법학으로서의 해상법의
기능이 새롭게 부각되어야 한다. 이것은 경기회복에 도움이 되는 법
제도를 만드는 데에 해상법이 기능을 하는 것이다. 적극적인 방법이
있고 소극적인 방법이 있다. 선박우선특권제도가 있다. 이것은 공시
되지 않으면서도 저당권자보다 우선하는 효력을 가진다. 그러므로
저당권자로서 은행은 선박을 담보로 저당을 잡으면서도 선박이 경
매될 때에 우선특권자가 먼저 대금을 가져가기 때문에 자신은 선박
가액의 일정부분만 담보가치를 인정받게 된다. 말하자면 선박소유자
는 선박가액의 전액에 대한 대출을 받지 못하게 된다. 우리나라 대
형 선박회사가 컨테이너 박스를 매도하여 운항자금을 마련하였다는
기사를 본다. 저당권처럼 선박소유자가 여전히 점유·사용하면서 담
보제공이 가능하도록 하면 반드시 매도하지 않아도 대금을 마련할
수 있다. 자동차와 같이 컨테이너박스에 대한 등록제를 만들고 위치
추적이 가능하게 하면 선박과 같이 담보가치를 높일 수 있다. 이러
한 법제도를 만들어서 선박소유자가 운항자금을 마련할 수 있도록
하는 것이 대표적인 조장법학의 예라고 할 수 있다. 이것은 사후적

인 것이 아니라 사전적이고 선제적인 점에서 전통적인 분쟁해결 수단으로서의 해상법의 기능과 다르다. 필자가 오랫동안 주장한 것이지만 선박법을 개정하여 우리나라에서 건조된 선박에 대하여 한국 국적을 부여하는 것이다. 외국 선주들은 선택에 의하여 한국 국적을 취할 수 있고 자신의 국가의 선적을 취할 수도 있을 것이다. 선박건조지는 국제법상으로 유효한 연결점으로 인정받는다. 이 제도로 인하여 한국 국적의 선박이 많아지면 무엇보다 선복량 세계 1~2위 등으로 인한 국격의 향상이 있게 되는 것이다.

통합, 조절기능

다음으로 통합하고 조절하는 기능으로서의 해상법의 역할이다. 해상법은 국제적인 학문이다. 선박과 해운산업은 국제성이 있다는 점을 반영하여 많은 국제조약들이 만들어지고 있다. 국제적인 통일성과 공조의 필요성 때문에 그러하다. 해상법은 많은 국제조약의 틀 속에서 운용되고 있다. 불황 속에서는 이러한 국제적인 공조와 통합기능이 더욱 강조되었어야 한다. 장기적인 불황의 끝이 언제인지 모른 채 해가 바뀌었다. 장기불황에 대한 여러 가지 이유를 들 수 있을 것이다. 근본적인 원인은 수요보다 공급이 많기 때문이다. 운송되어야 할 화물보다 실어나를 수 있는 선박이 더 많기 때문이다. 그럼에도 불구하고 오늘도 신문에서는 우리나라 조선소의 작년 신조발주는 아주 좋은 상태라고 한다. 선박건조의 기간이 단축되어 6개월이면 진수되어 나온다고 하는데, 공급이 더 많아지면, 스크랩이 이와 같은 양이 되지 않는다면 경기는 회복되지 않을 것이라는 것은 쉽게 알 수 있다. 10년 주기로 겪는 해운불황에 해상법은 어떤 기능을 할 수 있을까? 선박의 건조량을 해운의 물동량과 적절하게 일치시키는 시스템이 필요할 것이다. 이것은 대단히 어려운 작업일 수 있다. 각국의 선주들의 발주량을 어떻게 규제할 수 있겠는가? 더

구나 자유경제체제 하에서는 더욱 그러하다. 한국에서만 조절을 한다고 해도 중국에서 조절이 되지 않으면 결과는 마찬가지이다. 그렇다면 국제적인 공조제도가 필요할 것이다. 국제적인 조약의 형태가 되어야 할 것인가? 사적인 분야에 국가가 개입할 수 있는가? 과거 해운동맹에 대한 조약형태의 국제적인 공조가 있었다. 정기선조약 (Liner Code)에서는 적취율을 분배한 적이 있다. 해운물동량과 선박건조량을 조절하는 국제적인 제도를 만들 필요성이 있고 이는 해상법의 통합적인 기능에 속한다고 할 수 있다.

해운산업 조선산업의 발전은 눈부신 것이고 그 중요성은 아무리 강조하여도 지나치지 않다. 그러나, 이러한 산업을 튼튼히 뒷받침하기 위한 법제도도 중요하다. 해상법은 이러한 점에서 해운의 하나의 인프라이다. 해상법이 발달하지 않고서는 우리나라 해운산업과 조선산업은 경쟁력에서 다른 경쟁자들에게 밀리게 되고 더 이상 발전하지 못하거나 퇴보하게 될 것이다. 해상법은 기본적으로 사후적인 분쟁해결의 잣대로서의 기능을 가지고 있기 때문에 크게 눈에 띄지 못한다. 해상법은 앞으로 예방법학, 조장법학 그리고 통합조정 법학으로서의 기능을 충실히 하고 선제적으로 해운산업과 조선산업의 발전에 이바지하도록 하여야 한다.

이러한 목적을 달성하기 위하여는 해운과 조선의 현상을 예의주시하고 미래도 내다보는 적극적인 태도가 해상법 전문가들에게 요구된다. 또한 업계도 끊임없이 이러한 기능을 해상법 전문가들에게 요구하여야 한다. 이렇게 될 때 대한민국의 해상법은 한국해운과 조선산업과 함께 세계를 제패하게 될 것이다.

(《한국해운신문》, 2014년 1월 3일)

2. 계약자유의 원칙과 해운조선산업

자유경제체제의 대원칙은 계약자유의 원칙(사적 자치(私的 自治) 원칙이라고도 한다)를 허용하는 것이다. 계약을 체결함에 있어서 당사자들이 원하는 것은 국가나 법이 개입하지 않고 당사자들의 뜻대로 효력을 인정하여 준다.

이러한 원칙은 운송계약에서도 지켜진다. 강행규정에 위반하지 않는 한 당사자의 약정은 그대로 그 효력을 국가가 인정한다. 당사자들이 어떤 법 규정과 다른 약정을 체결해도 국가가 다른 약정을 인정하지 않게 되는 바로 그 규정을 강행규정이라고 한다. 강행규정은 경제적인 약자인 소비자를 보호하거나 공서양속을 지키기 위하여 필요하다(상법 제663조 및 제799조).

운송인이나 선박소유자가 선박에 대하여 감항능력을 갖추어야할 의무를 부담하는 것은 강행규정에 속하는 것으로 선박소유자가 약정으로 이를 면할 수 없다. 계약자유의 원칙에 놓여있는 대표적인 업종이 용선계약이다. 용선계약의 당사자인 선박소유자와 용선자는 모두 전문해운회사와 전문화주들(혹은 선박회사)이기 때문에 법이 개입하지 않고 당사자들이 약정한 대로 효력을 인정한다.

최근 해운 조선산업에서 이러한 계약자유의 원칙이 산업 전체와 국가적으로 보아서 오히려 해악을 낳는 결과가 나타나 기존의 원칙에 대한 조정을 위한 법적 제도적 장치가 필요하다는 생각을 여러 차례 하게 되었다.

〈계약자유의 원칙이 제약되어야 할 세 가지 사례〉

긴 용선체인

첫째, 2~3년 전에 문제가 된 긴 용선체인의 문제이다. 선박소유자에서 최종 화주에 이르기까지 용선계약이 10여 차례에까지 체결되어 용선료가 거품을 형성하였다가 세계경제의 급락에 완전히 붕괴된 아픈 경험을 우리는 가지고 있다.

선박소유자가 제1정기용선자에게 용선료를 받고 용선을 하여 준다. 제1용선자는 다시 제2용선자에게 조금 더 비싼 용선료를 주고 선박을 정기용선하여 준다. 제2용선자는 다시 제3용선자에게 웃돈을 붙여서 선박을 재재용선하여 준다. 이렇게 하면서 최종단계에서의 용선료는 처음 용선료보다 몇 배가 더 비싸게 되었다. 세계경기의 폭락으로 최종단계의 운송계약이 체결되지 않던가 운임이 내려가게 되면 용선료가 지불되지 않는다. 결국 선박소유자는 용선료를 받지 못하면서 큰 문제가 발생하게 된 것이다. 용선료차액의 취득을 목적으로 하여 여러 차례 용선계약이 체결된 것이 문제였다. 이러한 긴 용선계약의 체결을 계약자유의 영역으로 그대로 둘 것인가? 최근에는 선박소유자가 정기용선을 주면서 하방의 용선계약을 3회 이상 맺지 말 것이라는 등의 약정을 체결하는 경우가 있다.

1980년대 초 용선계약을 주영업으로 하였던 소위 3S해운회사들이 도산되면서 우리 해운업계는 해운산업합리화조치를 당한 아픈 기억이 있었다. 비슷한 상황을 해운업계가 또 다시 경험하면서 현재의 어려움 하에 놓이게 된 것이다.

언젠가는 해운호황이 또 찾아올 것이다. 우리 업계는 10년 뒤에 이와 같은 쓰라린 경험을 또 반복할 것인가? 용선체인이 지나치게 길어지지 않도록 하는 법적 제도적 장치를 마련하여야 하지 않는가 하는 것이 필자의 생각이다.

장기운송계약

둘째, 최근에 우리나라 대량화주가 일본의 선박회사에게 장기운송권을 주었다고 비난여론이 거세다. 그런데 필자는 그 대량화주를 비난하기에 앞서 왜 또 같은 일이 반복되는가 하는 의구심이 먼저 든다. 이는 이미 수년전에도 있었던 일이고 작년에는 이를 해결하기 위하여 선화주 공생발전을 위한 토론회가 국회에서 개최된 바도 있다.

장기운송계약은 기본적으로 항해용선계약이다. 위에서 본 바와 같이 계약자유의 원칙에 따라서 경쟁법의 문제가 없는 한 우리나라 대량화주는 자유롭게 공개입찰을 통하여 자신이 제시한 조건에 맞는 자와 장기운송계약을 체결하는 것이다. 외국선박회사와 운송계약을 체결하여서는 안 된다는 법도 없고 해운의 국제성 때문에 외국선박회사를 입찰 자체에서 배제하는 것도 쉬운 일이 아니다.

우리나라 국적해운회사들이 중국, 브라질 등 외국의 대량화주와 장기운송계약을 체결하여 화물을 운송하는데, 우리 화물은 외국의 선사들이 운송하면 안 된다고 하는 것은 설득력이 떨어진다. 우리나라 해운산업이 어려운 현재 상황에서 10년간의 장기운송계약을 체결하게 되면 얼마나 안정적인 경영이 될 것인가? 결과적으로는 너무나 안타까운 일이다.

모든 계약이 체결된 다음 우리는 그 대량 화주를 비난하고 있을 것인가? 왜 동일한 일이 반복되는가? 계약자유의 원칙의 영역에 일임하여서는 국익에 지대한 악영향이 있다면 이를 해결하기 위한 법적 제도적인 장치를 마련하여야 하는 것이 아닌가? 법적인 영역까지 가기 어렵다면 선주단체와 대량화주단체들이 양해각서를 체결하여 서로 원원하는 내용을 약정하면서 서로를 구속하는 방법은 없는가? 하는 생각을 해보게 된다.

선박공급량 조절

셋째, 해운업에 종사하는 사람은 누구나 짧은 호황에 긴 불황이 반복되는 것이 해운산업의 특징이라는 것을 잘 알고 있다. 물동량에 맞추어 선복이 쉽게 조절되지 않는 것도 그 이유의 하나일 것이다. 이미 10년전, 5년전 우리나라 남해안과 서해안에 집중적으로 만들어지고 늘어나는 중소 조선소에 전문가들은 많은 우려를 표시한 바 있다. 그리고 선복이 2~3년 내에 과잉되어 큰 문제가 된다고 하여도 선주들의 신조발주는 계속하여 늘어나는 것을 보아왔다. 그리고 그 결과는 지금의 불황이다.

5년 뒤에 해운불황기가 온다는 것이 명확한 것임에도 불구하고 왜 신조발주를 계속하게 되는가? 적절한 수급을 위하여 신조발주를 억제하고 경우에 따라서는 장려하는 그런 제도적인 장치를 가질 수는 없는가? 국제조약의 형태로 조절이 불가하다면, 은행이 선주들에게 건조자금을 제공할 때 수급을 조절하는 형태의 국제적인 규모의 협정을 체결할 수 없는가?

선박의 수급을 완전한 사적 자치의 영역으로 남겨두는 현재 제도의 결과는 해운 조선산업의 불안정성을 배가하고 있다. 경쟁력이 없는 해운기업이나 조선소가 도산되고 선박이 해체되면서 수급을 맞추어가는 현재의 자유방임 체제는 너무나 힘든 결과를 낳고 있는 것이다. 법제도는 경제생활을 하는 우리 인간들에게 예측가능성을 부여하기 위하여 많은 규정을 만든다. 법률관계의 효과나 결과가 예측 가능하다면 인간은 더 영리하게 미래에 대비하면서 안정된 생활을 할 수 있다. 그런데 우리 해운 조선산업은 불황이 온다는 것을 예측하면서도 왜 그 불황을 피하지 못하는가? 해운조선산업이 다른 경제와 밀접히 연결되어 있기 때문에 불황은 불가피한 측면도 있다고 말할 수 있을 것이다. 우리가 불황을 피하거나 이겨낼 수 있는 법적 제도적인 장치를 가지고 있다면 얼마나 좋을 것인가.

해운산업과 조선산업은 국제무역과 밀접한 관련이 있기 때문에 국가적인 문제이면서도 동시에 전 지구적인 문제이기도 하다. 해운업에 종사하는 사람들은 국제적인 규모의 제도적인 장치를 만들어 안정적인 해운업을 위하여 노력하여 왔다. 이러한 제도적인 장치는 국제조약의 형태로, 혹은 양해각서의 형태도 있다. 바다에서의 충돌을 피하기 위한 국제해상충돌예방규칙(COLREG), 선주의 손해배상책임을 경감하여 주기 위한 선주책임제한제도(LLMC), 공동해손정산을 위한 요크안티워프규칙, NYPE 표준정기용선계약, 안정적인 정기선 운항을 위한 해운동맹 그리고 선박의 안전성을 확보하기 위한 목적의 항만국통제를 위한 도쿄 양해각서(MOU) 등과 같은 것들이다.

우리는 이러한 법적 제도적인 장치를 마련함에 있어서 우리나라 혼자서 혹은 해운산업 조선산업만으로는 처리할 수 없다고 스스로 포기하여서는 아니 된다. 지금 우리 조선산업은 세계1위이고 해운은 선박보유량으로 세계 6위라고 우리가 자랑하고 있지 않은가? 국제무대에 나가면 다른 국가들은 한국의 입장이 무엇인지 항상 궁금해한다. 그만큼 우리나라 산업이 세계적인 지위에 있기 때문에 다른 국가들이 우리가 어떠한 해결책을 가지고 있을 것으로 기대하는 것이다.

이제 우리는 그간 이룩한 위대한 업적을 자랑하는 것은 잠시 접어두고 우리가 놓친 것은 없는지 주위를 둘러보면서 성찰을 하고 도약을 위한 조치를 취하여야 하는 시점에 와있다. 외형적인 하드웨어(해운 조선산업의 외형)에 걸맞게 모든 소프트웨어(법적 제도적인 장치 포함)가 갖추어져야 그 외형적인 하드웨어도 유지되는 것이다. 그 소프트웨어는 해운기업에게 장기운송 계약권을 확보하게 하여 안정적인 영업활동을 가능하게 할 것이며 대량화주들에게도 낮은 운임 등 인센티브를 제공할 것이다. 또한 지나친 용선경쟁 및 신조투자를 억제하여 해운기업과 조선기업의 도산을 방지하게 할 것이며 결과적으로 안정된 경영이 되게 할 것이다.

위에서 예시한 세 가지 문제들을 근본적으로 풀기 위하여는 관련자들의 진지한 대화를 통하여 도출된 법적 제도적 장치가 필요하다.

위 세가지 영역에서 사적자치의 원칙은 최적의 결과를 가져오지 않았기 때문에 우리는 이를 제한하는 법적 제도적인 장치를 찾아야만 한다. 그 장치는 양해각서일 수도 있고, 세제상의 혜택부여도 될 수 있고, 국제조약의 형태도 있을 것이다.

현재까지 우리 해운 조선산업은 정말 잘 하여 왔다. 우리는 무에서 유를 창조하였다. 그런데, 몸은 커서 대학생이 되었는데 아직도 중학생의 교복을 입고 있어서는 아니 된다. 우리는 우리가 이룩한 해운산업 세계 6위, 조선산업 1위라는 외형을 뒷받침할 수 있는 법적 제도적인 장치를 만들어 나가야 한다. 그렇게 될 때 비로소 우리는 우리가 이룩한 이 해운조선산업을 그대로 지켜나갈 수 있고 세계를 향하여 더 발전하면서 나갈 수 있을 것이다.

(〈한국해운신문〉, 2012년 4월 9일)

제 2 장
국취부선체용선과 편의치적선

1. 국취부선체용선의 장점과 단점

국취부선체용선이란?

해상기업이란 선박을 이용하여 운송업에 종사하는 상인을 말한다. 해상기업이 운송에 이용하는 선박은 다양한 형태로 활용된다. 자신이 직접 소유하는 선박을 운송에 이용하는 경우, 타인 소유의 선박을 빌려서 그 선박을 운송에 이용하는 경우(용선)로 크게 나누어 볼 수 있다. 용선에는 선체용선(나용선), 정기용선이 대표적이다. 선체용선은 선박만을 용선자가 소유자로부터 빌려서 5~10년 이상 사용하고 선박을 소유자에게 되돌려주는 것이다. 용선자가 자신이 스스로 선원을 고용하고 관리·감독한다. 정기용선은 선원까지 승선한 채로 선박을 빌려서 사용하고 선박을 소유자에게 되돌려준다. 모두 임대차의 성격을 가진다.

이 서체용선 중에서 국적취득조건부 선체용선(BBCHP)이라는 우리나라 특유의 제도가 있다. 이는 임대차의 성격을 갖는 선체용선이지만, 용선기간의 만료시에 용선자가 소유권을 취득하게 되는 점에서 단순 선체용선과 다르다. 용선자는 용선을 할 때부터 소유권을 취득할 의사를 가지고 용선계약을 체결하게 되는데, 선가를 수십등분하여 용선료 대신 할부금을 납부하게 된다. 그래서 마지막 할부금을 납부하면 선가의 지급이 완료되고 소유권을 취득한다. 그렇기 때문에 처음부터 용선자는 자신의 선박이라는 관념하에 선박을 운항하게 된다. 그렇지만, 형식적으로 등기부에는 여전히 해외의 특수목적회사(SPC)가 소유자로 되어있기 때문에 우리 상법상 국취부선체용선도 엄연한 선체용선으로 본다. 그러므로 용선기간 동안에도 소유권은 해외의 SPC가 가진다(모든 국취부선체용선이 해외의 SPC인 것은 아니지만 거의 예외없이 그러하다).

장 점

해외의 SPC와 결부된 국취부선체용선은 해상기업에게 아래와 같은 장점을 부여한다.

첫째, 한국의 용선자는 선박을 당장 자신의 소유로 하기에는 자금이 부족하지만 선박을 연불로 구입하는 효과를 누리게 된다. 과거에는 중고선을 도입하는 경우에 이러한 방식이 많이 활용되었고, 우리 해상기업의 선박소유에 큰 도움이 되었다. 최근에는 선박금융을 일으켜 선박을 건조하고 보유하는 방법으로 국취부선체용선은 각광을 받고 있다. 은행이 자신이 선박을 소유하고 있기를 원하지 않으므로 언젠가는 소유권을 넘겨받는 형식이 선호된다. 선가가 급등하면 선사는 선가차액에 대한 이익을 보게 된다.

둘째, 선적을 해외에 둠으로써 용선기간 동안 한국법의 적용을 받지 않고 편의치적국의 법의 적용을 받는 효과가 있다. 한국 선적이 되면 한국법의 적용을 받아서 불리한 경우에 이를 피할 수 있는 수단이 될 수 있다. 각종 선박안전법도 원칙적으로 기국법의 적용을 받게 되므로 조금 느슨한 편의치적의 선박안전행정의 적용을 받는 효과도 있다. 세금이나 외환관리에서 또한 유리하다. 금융권이 선박 건조자금을 대여하면서 선박에 대한 저당권자가 되는데 저당권의 실행이나 선박우선특권에서 우리나라보다 파나마 등이 유리하다.

셋째, 운송계약에서 용선자가 채무자가 되어도 국취부선체용선 선박은 가압류의 대상이 되지 않는다. 우리나라의 경우 채무자의 재산에 대하여만 가압류가 가능하고 강제집행도 가능하다. 그러므로, 실제로는 채무자의 재산이지만 등기부상 타인의 재산이므로 국취부선체용선된 선박은 가압류나 강제집행의 대상이 아니되므로 유리하다(그러나, 중국에서는 그 대상이 된다).

넷째, 국취부선체용선 선박은 우리나라 단행법에 의하여 마치 국적선과 동일하게 취급되어 혜택을 보는 경우도 있다. 국취부선체용선이라도 국제선박등록을 하면 세금, 선원의 고용 등에서 다양한 혜택을 누릴 수 있다. 도선법에 의하면 국취부선체용선도 도선면제조항의 적용을 받는다. 국내간 화물운송의 경우(소위 카보타지) 한국적 선만 운항이 허용되지만, 국취부선체용선 선박에게도 이것이 허용된다.

다섯째, 금융을 제공하는 자들이 쉽게 금융을 해주는 장치로서 기능한다. 신조선을 건조하고자 하는 경우 자기자본은 10%이고 나머지는 금융을 일으켜야 한다. 60%는 선박 자체를 담보로 선순위 금융이 제공된다. 이 경우 금융회사는 자신이 대여한 금액의 회수를 위하여 다양한 방안을 강구하는데, 실소유자에게 소유권을 넘겨주지 않고, 제3국에 SPC를 설치하도록 하여 자신이 SPC의 소유선박에 저당권자가 되거나 SPC의 각종 권리를 양도받는다. 이렇게 실제소유자의 운항상 리스크로부터 선박을 분리하여 자신의 채권의 확보에

만전을 기하다. 이렇게 해외의 SPC와 결부된 국취부선체용선은 우리 해상기업으로 하여금 선박의 신조가 가능하게 하는 기능을 한다.

단 점

국취부선체용선에 대한 해상기업의 관점에서의 단점과 그 대책을 보도록 한다.

첫째, 회생절차에서 자신이 소유권을 가지는 경우보다 국취부선체용선된 선박은 채무자가 되는 해상기업에게 불리하게 작용한다. 회생절차에 들어가면 채무자인 해상기업이 소유하는 선박은 채권자로부터 강제집행을 당하지 않고 영업에 지속적으로 활용이 가능하다(채무자회생법 제58조). 현재 법원의 입장에 따르면 국취부선체용선된 선박은 해상기업의 소유로 보지 않으므로 논란이 된다.

해상법에서는 국취부선체용선계약의 법적 성질을 임대차로 본다. 소유권은 여전히 해외의 SPC가 가진다. 한편, 국취부선체용선계약을 금융리스로 볼 수 있다. 용선자는 은행으로부터 선박의 건조자금을 대출받아서 자신의 선박을 건조하는데 대출대금 회수를 위한 담보로서 건조 중인 선박을 은행에게 제공하게 된다. 해외에 SPC를 세워서 SPC가 은행과 대출계약을 체결하고 조선소와 선박건조계약을 체결하고 나아가 선체용선자와 SPC가 선체용선계약을 체결하고 용선료로서 대출금을 변제한다. 실질은 결국 용선자가 은행으로부터 대금을 빌려 자신의 선박을 건조하는 것이다. 따라서 선박에 대한 소유권을 용선자가 가지는 것으로 볼 수 있다. 회생절차가 개시되면 국취부선체용선된 선박은 채무자인 용선자의 소유로 인정되어 모두 회생에 활용될 수 있는 자산이 될 것이다. 또한 조사인이 계속기업가치와 청산가치를 비교하여 회생여부를 결정할 때에도 긍정적으로 작용할 것이다.

그런데, 한진 샤먼호의 경우 창원지방법원은 채권자와 금융제공자 보호의 관점에서 여전히 소유권은 해외의 SPC에 있다고 보았고, 동 선박은 한진해운의 소유가 아니므로 압류의 대상이 되었다. 따라서 한진해운이 사선이라고 본 61척 중에서 국취부선체용선이 54척이었는데 모두 채권자로부터의 가압류나 강제집행의 대상이 된 것이다(실제로 한진해운의 관리인이 용선계약의 해지를 선택하였지만, 이행선택을 했어도 그러한 위험은 상존하였다). 이런 법원의 입장이 석연치 않은 것은 용선기간 동안 상당한 선가를 지급하여 사실상 1/3, 1/2 혹은 심지어 9/10까지 선가가 납입되었음에도 지분만큼의 소유권도 주장하지 못하여 회생절차에 도움이 되지 못한 점이다. 채무자회생법에 국취부선체용선도 채무자의 재산으로 간주하고, 채권자들도 달리 보호하는 규정을 두어야할 것이다.

둘째, 국취부선체용선은 부채비율을 상승시킨다. 회계법상 국취부선체용선계약은 금융리스로 보기 때문에 자산의 항목에 잡히면서도 부채의 항목에 또 잡히게 된다. 부채비율은 부채에 자본을 나누는 것이므로, 부채비율의 상승을 가져온다. NYK와 같은 일본의 대형선사들은 선체용선의 비중은 아주 낮고 장기 정기용선이 주를 이루고 있다. 적정한 수의 선박을 자신이 직접소유하고, 나머지는 소위 owner사로부터 장기 정기용선(operator)을 하고 있다. 정기용선은 운임수입으로 용선료를 지불하면 되므로 부채비율과 무관하게 된다. 정기용선을 하는 것이 부채비율을 낮추는 데에 유리하고 일본의 선사들은 이러한 장점을 잘 살리고 있는 것이라고 볼 수 있다. 일본의 예와 같이 국취부선체용선의 비중을 줄이고 직접 소유하는 선박과 장기 정기용선 선박의 비중을 늘려가는 것이 필요하다.

셋째, 우리나라 법정에서 선박관련 소가 제기되면 국제사법에 의하여 선적국법이 적용되므로 우리 해상기업에 불리한 경우도 많다. 국취부선체용선된 선박은 한국의 용선자가 선박을 운항하므로 한국에 기항하는 경우가 많다. 한국에 기항 시 채권자들이 선박우선특권에 기하여 선박에 대한 임의경매를 시도할 수 있다. 파나마법은 우리나라보다 더 광범위하게 선박우선특권을 인정한다. 대표적인 것이 선박유류를 공급한 자들은 유류공급채권에 대하여 파나마법상 선박우선특권을 가지므로, 국취부선체용선된 선박에 대하여도 임의경매가 가능하다. 우리 법은 그렇지 않다. 한국국적이라면 임의경매가 불가하다. 우리 국제사법을 법정지법주의로 수정해서 한국법이 항상 적용되도록 할 필요가 있다.　　　　　　　　　　(《해양한국》, 2018년 7월호)

2. 편의치적선과 법인격 부인론

　편의치적선(Flag of Convenience)은 선적을 부여하는 국가가 그 선박과 진정한 연계가 없음에도 불구하고 선적을 부여하는 경우에 그 국가에 등록된 선박을 말한다. 편의치적은 국제경쟁에 놓여있는 선주들이 경쟁력을 갖추기 위한 노력의 일환에서 비롯되었다. 예컨대, 일본 선적이 되면 일본법에 의하여 일본 선원을 모두 승선시켜야 한다. 일본 선원들의 임금은 높기 때문에 파나마에 치적한다. 파나마에는 이러한 제약이 없기 때문에 선원임금이 싼 국가의 선원을 승선시켜 경쟁력을 가지게 된다.

　유엔해양법 제91조는 선박과 선적과의 사이에는 진정한 연계(genuine link)가 있어야 한다고 규정하고 있다. 진정한 연계가 없는 선박은 유엔해양법에 위반이다. 편의치적국가의 해사안전행정이 미비된 상태이기 때문에 선박의 사고 등에서 많은 문제점이 노출되었다. 또한 선원들의 싼 임금을 활용한다는 면에서 유럽 선원들의 일자리 확보가 문제되기도 했다. 이러한 이유로 선박 편의치적선 퇴치운동이 한창 일어날 때도 있었지만, 현재 세계상선대의 50% 이상이 편의치적될 정도가 되어 IMO에서도 편의치적 자체를 부인하기보다는 안전등의 규정과 집행을 강화하는 방향으로 선회하여 편의치적의 문제를 해결하려고 한다.

국내 선주가 선박을 외국에 편의치적시킨 다음 운항 중 손해배상 사건 등에 연루되게 되어 선박소유자가 책임을 부담하게 되는 경우에 책임의 주체가 실체 없는 종이에 지나지 않게 되면 법원은 배후에 있는 국내선사에게 책임을 부가하려고 한다. 판례로 인정되는 법인격부인론이다. 보통 나용선된 경우 선박 충돌사고시 손해배상의 문제에서는 나용선자가 책임의 주체가 되기 때문에 이런 현상은 나타나지 않는다. 그러나, 등록 선박소유자가 책임의 주체로 되어있는 유류오염손해배상(CLC)의 경우나 난파물제거 등의 경우에는 이러한 일이 일어날 수 있다. 재산이 없는 편의치적된 법인으로 책임을 한정하게 되면 채권자보호에 미흡하게 된다. 각국의 법원은 이러한 경우 배후에 있는 실질 소유자에게 책임을 부과하는 방안을 찾아내고 있다. 법인격부인론에 따르면, 편의치적을 하였다고 하여 편의치적된 선박회사가 모든 책임을 부담하고 실제적인 선주는 책임이 없다고 하는 것은 인정되지 않는다. 물론 법인격부인론은 일정한 요건을 갖춘 경우에 예외적으로 인정된다. 선박소유자들은 편의치적으로서 이익을 누리면서도 손해배상 등 책임의 문제에서는 법인격부인이 되어 자신이 책임을 부담하게 된다는 점을 염두에 두면서 선박을 소유하고 운항하여야 한다.

전통적인 편의치적의 목적인 해사안전행정, 선원, 세금에서 이익을 누리기 위한 편의치적선과 금융의 목적으로 이루어지는 편의치적은 결과가 위와 다를 것인가? 최근 선박금융이 중요하게 되면서 특수목적법인(SPC)을 해외에 새워서 금융을 일으키는 경우가 많다. 선박건조를 위하여 은행들은 자금을 대여하면서 선박소유자에게 해외에 SPC를 만들 것을 종용하게 된다. 그 선박에 대한 담보취득과 실행이 국내보다 해외에서 유리하기 때문이다. 금융제공자, 실질선박소유자 및 SPC 사이에서 이러한 치적의 효력을 부인할 수 없을

것이다. 금융제공자가 SPC가 소유하고 있는 선박에 대한 임의경매
를 편의치적국법에 의하여 하는 경우에 SPC가 이것이 편의치적이
기 때문에 무효라고 주장할 수 없다. 이러한 점에서 SPC의 법률관
계는 유효하다.

그러나, SPC는 해상법의 관점에서 보면 편의치적선이다. 선적을
부여하는 국가와 선박과는 진정한 연계가 없기 때문이다. SPC는 편
의치적이기 때문에 이 선박의 등록국을 중심으로 한 법률관계는 위
전통적인 경우와 다르지 않다. SPC가 선박소유자로서 책임을 부담
하여야 하는 경우 유류오염손해 및 난파물 제거와 같은 문제는 여
전히 존재한다. 이러한 경우 법원은 법인격을 부인하여 실제 선박소
유자로서 나용선자나 관리인(manager) 등에게 책임을 부과할 것이
다. 선박투자회사법 제52조의 선박등록의 특례에 의하여 SPC가 외
국에 치적을 하고 한국에 등록을 하지 않아도 되는 것은 이러한 등
록위반 사항에 대한 것이지 이러한 규정이 민사책임의 문제까지 해
결하여 법리를 변경시키는 것은 아니라는 것이 필자의 생각이다. 그
렇기 때문에 우리나라 선박회사들이 금융의 목적으로 SPC를 활용하
여 선박을 보유하고 영업에 이익이 되는 것은 그대로 하더라도, 민
사의 책임문제에서는 여전히 SPC 자체로서 모든 법적 책임이 해결
된 것은 아니므로 대비책을 가지는 것이 좋다.

(《한국해운신문》, 2013년 12월 13일)

제3장
유류오염사고와 책임보험

1. 원유부두시설에서 유출된 유류오염사고 손해배상의 쟁점

아직 2007년 12월 발생한 태안 유류오염사고의 처리도 완료되지 않은 터에 여수지역에서 다시 유류오염사고가 발생하여 1995년 시프린스호 사고의 악몽이 떠오르고 있다. 위 사고들은 유조선에서 기름이 흘러나온 경우이다. 그런데 이번 2014년 1월 31일 여수시 낙포동 원유2부두에서 발생한 우이산호 사고는 육상의 부두시설(송유관)에서 기름이 흘러나왔다. 따라서, 손해배상의 문제에 대하여 점검이 필요하다.

유조선에 의한 유류오염 사고

유조선에서 기름이 흘러나온 경우에 민사책임협약이라는 조약의 적용을 받게 된다. 그러나, 유조선이 아닌 경우의 유류오염은 1976

년 선주책임제한조약의 적용을 받게 된다. 유류오염손해배상보장법 (유배법)은 전자를 국내법화한 것이고, 상법의 선주책임제한제도는 후자를 국내법화한 것이다(본 사안에서 사고선박의 선적국법에 따라 책임제한이 되고, 선적국인 싱가포르법도 1976년 조약을 따르고 있으므로 우리 상법과 유사하다). 이들 법에 따라서 선주는 책임을 일정한 액수로 제한할 수 있다. 선주가 책임을 제한하는 경우에도 일정한 한도로 추가적인 보상이 가능한 국제기금제도가 전자의 경우에는 적용되지만 후자의 경우에는 없기 때문에 후자가 적용되면 유류오염피해자는 불리하게 된다.

우이산호 사고

언론의 보도에 따르면 이번 사고는 유조선(우이산호, 싱가포르 선적, 총톤수 약 16만 4천톤)이 정상보다 빠른 속도로 부두에 접근한 것이 원인이라고 한다. 기름이 유출된 원유부두의 시설들은 고정된 상태였기 때문에 움직임이 있었던 유조선측이 더 많은 과실이 있음은 분명해 보인다. 조금이라도 원유 부두시설측의 과실을 밝힐 수 있다면 유조선측과 부두시설측은 유류오염으로 인한 피해자들에게 공동불법행위(민법 제760조)를 저지른 것이 된다. 공동불법행위의 경우에 불법행위자들은 모두 연대하여 손해배상책임을 부담하고 피해자들은 자신들의 손해의 전액을 공동불법행위자중 누구에게나 청구할 수 있다. 그러므로, 손해에 대한 기여도가 낮은 부두시설측에게 전액에 대한 청구도 가능하다. 물론 과실이 더 많은 유조선측에도 전액청구가 가능하다. 이들이 자신들이 부담하게 될 이와 같은 손해배상책임을 보상받기 위하여 책임보험에 가입하고 있다면, 우리 상법상 피해자에게 책임보험자에 대한 직접청구권(상법 제724조 제2항)이 주어지기 때문에 이들 책임보험자들에게도 또 전액에 대한 청구가 가능하다. 그러니까, 피해자들에게는 4곳의 청구의 상대방이 있는 셈이다. 다만, 유조선측에 청구하게 되면 유조선측은 책임제한의 이익(약 300억으로 책임이 제한됨)을 누리게 된다. 전체 피해액이 예컨대 1,000억이라고 하면 700억원을 받지 못하게 될 뿐만 아니라, 책임제한절차라는 시간이 걸리는 절차를 통하여 배상을 받아야 하는 불리함이 있다. 그렇기 때문에 책임제한제도가 없는 육상 부두시설측에 먼저 청구하는 것이 피해자들에게 유리하다. 먼저 배상을 하게 된 육상시설측은 유조선측에게 과실비율만큼 구상청구를 하게 될 것이고 이 때 유조선의 책임은 제한되게 된다. 책임제한액과 전체 손해배상액과의 차액부분만큼은 육상 부두시설측이 감수하여야 하는 결과가 된다. 이런 경우에 대비하여 육상 부두시설측도 책임보험에 가입되어 있을 것이고, 그 차액은 결국 보험료로 이미 계상이 되었다고 보아야 한다.

유류오염의 피해자들이나 육상 부두시설측은 손해배상을 받기 위하여 과실이 더 많은 유조선측에 대한 채권확보의 수단으로서 그 선박을 가압류하거나 선박우선특권을 이용하여 선박을 압류하여 임의경매를 신청할 수 있다. 현장에 있는 선박에 대한 강제집행절차보다 더 확실한 채권확보수단은 없을 것이다. 유조선측은 선박의 운항에 지장이 있는 가압류 혹은 압류를 피하기 위하여 상대방 변호사측과 사전 협의하여 책임보험자인 P&I 클럽의 보증장(장차 정당한 손해배상을 모두 하겠다는 약속을 담음)을 제출하고 출항하였을 것이다.

환경정책기본법 제44조 제1항에 따르면, 환경오염의 원인자가 피해를 배상하여야 한다. 이 규정이 적용되면 무과실 책임제도이므로 피해자들이 원인제공자인 육상 부두시설측이나 유조선의 과실을 입증하지 않아도 되는 장점이 있다. 그러나, 육상 부두시설이 오염의 원인을 제공한 자인지는 밝혀내야 하므로 결국 육상 부두시설의 과실이 1%라도 있는지 피해자들은 입증하여야 할 것으로 보인다. 유

조서과의 구상관계의 문제도 그렇고 육상 부두시설의 과실이 몇 %
나 되는지가 본 사건에서 가장 큰 쟁점이 될 것으로 생각된다.

세 가지 사례 예시

세 가지 경우를 나누어서 살펴보자. 만약, 첫째, 유조선이 육상부
두시설과 접촉하여 선체에 구멍 나서 기름이 흘러나온 경우(1995년
호남사파이어의 경우), 둘째, 이번 사고와 같이 선박과의 접촉으로 육
상시설에서 오염물질이 배출된 경우, 셋째, 선박과는 전혀 무관하게
부두시설에서 기름이 유출된 경우로 나누어 보자.

첫 번째의 경우는 우리에게 익숙한 사안으로서 유배법이 적용되
게 된다. 이 경우는 유조선측은 무과실책임을 부담하고, 책임제한이
가능하지만 선주는 강제적으로 피해를 보상하는 보험에 가입하여야
한다. 또한 피해자는 책임보험자에게 직접청구가 가능하다. 책임제
한을 넘어서는 일정액까지는 정유선사들이 갹출한 국제기금에서 추
가보상이 가능하다. 그리고 책임제한기금은 유류오염손해에 대한 채
권자자들끼리만 나누어서 가진다. 그러나, 두번째와 세 번째의 경우
는 유배법의 적용밖이다. 이 경우 과실이 있는 유조선측에 청구를
하게 되면 유배법이 적용되는 것(약 1,600억원)보다 훨씬 낮은 정도
(약 300억)로 책임제한이 되고, 그나마 다른 채권자들과 유류오염 피
해자들은 경합하여 배상을 받게 된다(이번의 경우 유조선측에 대한 청
구채권은 육상부두시설 피해에 대한 청구액과 유류오염 피해자들의 손해배
상청구액이 포함되고, 피해자들은 이들과 경합하여 책임제한기금을 나누어
서 가지게 됨). 만약, 다른 공동불법행위자가 충분한 배상능력을 갖
지 못하게 되면 피해자들은 결국 충분한 배상을 받지 못하는 결과
가 된다(공동불법행위자에 해당하는 육상시설측이 충분한 배상능력을 갖
는 경우에는 선주의 책임제한으로 생기는 차액은, 과실이 적음에도 불구하
고 다른 공동불법행위자가 부담하는 형국이 됨).

세 번째의 육상 부두시설 자체만의 과실로 유류오염사고가 발생한 경우와 달리 두 번째와 같이 유조선의 과실로 육상 부두시설에서 유류가 배출된 경우에는 유배법이 적용되도록 입법개정작업을 하여야 한다고 생각한다(민사책임협약등 조약의 개정도 필요함). 유배법이 적용되는 사안이 되면 위에서 본 바와 같이 강제적으로 책임보험에 가입되어 있는 등 피해자의 충분한 보상이 거의 완벽한 수준으로 법제가 잘 갖추어져 있기 때문에 피해자들은 보호되고, 사고초기에 이번 사고와 같은 사회적인 혼란이 일어나지 않는다. 또한 국제기금에 분담금을 납부하는 정유회사도 분담금 납부에 대한 혜택을 받게 된다.

이번과 같이 육상의 송유관에서 흘러나온 유류로 인한 사고가 발생한 것은 우리나라에서 처음이기 때문에 우리는 사고초기의 배상문제의 혼란에 그럴 수도 있다고 자위할 수 있을지 모른다. 그러나, 우리는 이웃국가에서 발생한 사고들에서 교훈을 얻고 선제적인 조치들을 취하였어야 한다. 3년 전인 2010년 7월 16일 중국의 대련에서도 육상의 송유관 폭발사고로 유류오염사고가 발생하여 어민들이 큰 피해를 입고 우리나라 언론에도 크게 보도된 바 있다. 이번 사고는 육상의 설비에서도 대형유류오염사고가 발생할 수 있음을 보여주는 중요한 사고라고 할 수 있다. 하루에 한 척씩 대형유조선이 원유를 수입하지 않으면 우리나라 경제가 돌아가지 않을 정도로 우리 경제는 성장하였다. 선박의 운항도 소중한 것이고 육상유류저장시설도 또한 소중한 것이고 인근지역의 어민 또한 소중한 우리 국민들이다. 오염사고가 발생하지 않도록 관련자들 및 정부는 최선을 다하여야 한다. 만에 하나 오염사고가 발생하는 경우 피해자들이 충분히 그리고 신속하게 배상 및 보상을 받는 법적 장치를 갖추도록 하여야 한다. 육상시설로부터의 오염사고의 경우 기존에 잘 갖추어진 해상의 유배법제도를 벤치마킹하여 신속하고 충분하게 피해에 대한 보상이 이루어지도록 할 필요가 있다고 하겠다.

(《한국해운신문》, 2014년 2월 13일)

2. 태안 유류오염사고 10주년, 유류오염손해보상 국내기금을 만들자

2007.12.7. 태안유류오염사고가 발생한 지 만 10년이 지났다. 참으로 참담한 사고였다. 닻을 놓고 있던 유조선이 바지선에 부딪쳐 파공된 부분으로 며칠 동안 기름이 유출되었다. 수면보다 높은 부분의 파공을 막지 못하여 기름이 며칠 간 흘렀지만 당시의 방제기술로는 막지 못하였다. 수많은 우리 국민들이 오염된 자연환경을 복구하기 위하여 자원봉사활동을 하였다. 오염처리가 어느 정도되자 보상 및 배상의 문제가 큰 사회문제로 떠올랐다. 국회는 특별법을 제정하여 어민들의 피해는 대부분 보상이 되도록 노력하였다. 올해에 들어서야 어민들의 피해배상 및 보상이 거의 완료되었다. 장장 10년이 걸린 것이다.

사고 초기에 배상 및 보상과 관련하여 두가지 큰 쟁점이 문제가 되었다. 하나는 충분한 배상 및 보상을 피해자들이 받을 수 있는가였다. 선박소유자는 책임제한제도에 따라 일정한 부분(약 1,868억원)만 책임을 부담하고, 국제유류오염기금(이하 국제기금)에서 추가적인 보상을 하게 된다. 그런데, 사고당시 피해액은 1조원을 넘는 것으로 알려졌고 우리가 가입한 국제기금의 최고 보상액은 3,210억원(선주책임제한액포함) 정도였다. 이에 7,000억원 정도는 보상을 받지 못하게 될 사정에 이르자 특별법으로 처리하게 된 것이다. 그 후 국내법원의 판결에 의하여 인정된 보상가능한 주민 피해액은 약 3,808억원(총 4,324억원)으로 확정이 되었다. 국제기금의 보상한도를 넘어서는 손해는 특별법으로 처리된다. 사고 후 우리나라는 2010년 추가기금에 가입하여 1조 2천억원까지 보상받게 되었기 때문에 이제는 대형오염사고가 발생하더라도 피해자는 특별법에 의하지 않더라도 충분한 보상을 받을 수 있는 상태가 되었다.

다른 하나는 신속한 보상의 문제였다. 선박소유자의 책임제한제도가 있고, 책임제한액을 초과하는 일정부분을 국제기금에서 보상하고, 손해에 대한 사정 및 피해자의 손해의 입증의 문제가 있으므로 보상절차가 길어지게 된다. 무엇보다 손해의 사정이 쉽지 않다. 손해의 사정이 문제되면 런던에 있는 국제기금의 집행이사회에서 결정이 나거나 국내법원에서 소송을 통하여 가려진다. 유류오염사고시 손해사정에 분쟁이 생기면 종결까지 통상 5~10년씩 걸리는 지리한 절차가 진행된다. 나아지기는 하였지만, 더 개선되어야 할 부분은 바로 "신속한 보상"부분이다.

전문가와 각 단체들은 캐나다의 예를 따른 국내기금의 설치를 제안하고 있다. 우리나라에도 "국내유류오염손해보상 기금제도"를 마련하는 것이다. 이 제도하에서 피해자는 우리나라 기금에 직접청구권을 가지게 된다. 국내기금은 피해에 대한 사정을 신속하게 처리하여 보상하고 난 다음 어민들의 선박소유자나 국제기금에 대한 청구권을 대위하여 그들에게 구상청구를 하게 된다. 피해자의 피해보상은 선박소유자의 책임제한제도나 국제기금을 거치지 않기 때문에 한결 단순하고 신속하게 이루어질 것이다.

수차례 연속되는 오염사고시 마다 문제된 것은 손해의 입증부분이었다. 우리나라 어민들은 어획물의 판매 등 수입에 대한 기록을 남기지 않거나 남길 수 없는 사정이 있었기 때문에 손해사정시 국제기금과 마찰의 대상이 되었다. 우리나라는 청구액의 10~20% 정도만 보상가능한 손해로 인정되는 불명예를 가지고 있다. 국내기금은 자신의 업무의 하나로서 해안가의 마을 몇개를 선정하여 손해사정인이 1년간 그 마을에 기거하면서 실제 어민들의 수입원을 파악하고 기록하여 장차의 입증자료로 남기도록 해야 한다. 이웃에서 발생한 사고에도 표본이 된 마을의 수입액을 유추 적용하여 피해액을 입증하면 될 것이다.

2007년 유류오염사고 이후 우리가 충분한 보상체제를 갖춘 것은 높이 평가할 만하다. 그러나, 아직 신속한 보상체제는 완비되지 않았다. 정부는 피해보상지원단의 10년에 걸친 노하우를 살려 하루속히 국내기금을 만들어 유류오염사고시 완벽한 배상 및 보상체제를 구축하도록 해야겠다.　　　　　　　　　(《한국경제》, 2017년 12월 30일)

3. 세월호 유족들의 책임보험자에 대한 직접청구권 행사

〈들어가며〉

세월호 사고에서 촉발된 해상보험에서의 직접청구권에 대한 논의는 우리 해운 및 해상보험업계에 큰 시사점을 제공한다. 논의의 발단은 세월호 사고에서 유족들의 총 클레임인 약 1,100억원을 책임보험자가 지급하여야 하는지에 대한 의문에서 출발한다. 보험자의 피보험자에 대한 면책사유는 피해자의 책임보험자에 대한 청구에서도 적용되어 피해자들은 보험금을 받지 못하게 되는지가 지대한 관심사가 되었다. 우리나라법이 준거법이고 법령에 의하여 의무적으로 책임보험에 가입하도록 된 경우(혹은 이와 유사하게 해석되는 경우) 보험사고가 피보험자의 고의로 인한 사고가 아닌 한 사고원인과 관계없이 보험자는 피해자에게 보험금을 지급하도록 상법의 규정이 해석되어야 한다는 것이 필자의 생각이다. 이 점은 준거법을 영국법으로 하는 우리나라 대부분의 해상보험계약과 다르다.

〈직접청구권의 한국법과 영국법 하에서의 효력의 차이〉

영국법 하에서는 직접계약당사자의 원칙(privity of contract)이 있기 때문에 계약관계가 없는 제3자가 채무자에게 계약상의 권리를 주장할 수 없다. 이러한 원칙의 예외로서 제3자 권리법을 만들어 직접청구권을 아주 제한적으로 인정하고 있는 것이 영국법의 입장이다. 잘 알려진 선지급(先支給)약정(피보험자가 피해자에게 먼저 지급한 경우에 비로서 보험자의 보험금지급의무가 발생한다는 내용)의 항변도 유효하다는 것이 영국 대법원의 입장이기 때문에 영국법을 준거법으로 한다면 세월호 사고와 같은 경우에 피해자는 아예 보험계약관계에 있지 않는 책임보험자에게 청구할 수 없다.

그런데, 이번 세월호 사고에서 청해진과 책임보험자인 해운조합 사이의 선주배상책임공제(책임보험)의 준거법은 한국법으로 되어있다. 그러므로 영국법이 적용되는 아니라 한국법이 적용된다. 그러면, 한국법 하의 책임보험의 직접청구권은 어떻게 되는가? 영국법 하에서와는 확연히 다르다는 점을 유념하여야 한다. 1991년 상법개정시 우리나라는 직접청구권을 전폭적으로 도입하였다. 어떠한 조건 즉, 피보험자의 도산 시 혹은 재판에서 채무가 피보험자에게 있다는 확정판결이 있을 것 등의 조건은 전혀 없이, 책임보험이기만 하면 직접청구권이 인정되도록 되었다(상법 제724조 제2항). 피해자를 보호하기 위한 목적을 가진 획기적인 입법이었고, 전 세계에서 유래를 찾을 수 없는 강한 입법이 되었다.

피해자의 가해자(피보험자) 및 책임보험자에 대한 청구

한국법 하에서 피해자는 피보험자에게 불법행위에 기한 손해배상청구를 할 수 있으면서도 다시 책임보험자에게 청구를 할 수 있다. 어느 쪽이든지 자신에게 유리한 쪽에 청구를 하여 손해를 배상 혹은 보상받으면 되는 것이다. 영국법 하에서는 피보험자가 도산이 되지 않는 한은 피보험자에게 먼저 청구하여야 한다. 피보험자가 도산이 되더라도 선지급항변이 있어서 사실상 피해자는 보험사에게 청구하지 못한다는 결과가 된다. 이러한 영국법의 입장에 비하면 한국법 하에서 피해자는 크게 보호되는 것이다. 다시 말하면, 영국법 하에서라면 피보험자인 청해진이 도산이 된 경우에만 책임보험자에게 청구할 수 있는 것이 한국법 하에서는 가해자인 청해진에게도 청구할 수 있고 책임보험자에게도 청구할 수 있다는 점에서 큰 차이가 난다.

책임보험자의 항변

피보험자가 보험료를 지급하지 않았다든지, 담보위반이었다든지, 감항능력결여 등을 이유로 면책사유가 있기 때문에 책임보험자가 피보험자에게 면책이 되는 경우에 이것을 피해자에게도 주장하여 보험자는 면책이 될 수 있는가? 이에 대하여도 한국법과 영국법은 차이가 난다. 영국법 하에서는 책임보험자는 피보험자의 지위를 대위한다는 것이므로 보험자는 피보험자에 대한 항변을 가지고 피해자에게 대항이 가능하다. 면책이 된다는 것이다. 그런데, 한국법 하에서는 이와 다르다.

피보험자가 제3자에 대하여 가지는 항변은 보험자가 주장할 수 있도록 명문의 규정이 상법 제724조 제2항에 있다. 예를 들면 선주(피보험자)가 책임제한이 되어 손해액 100억 중에서 10억만 지급하여도 된다면, 이를 책임보험자도 주장할 수 있다는 것이다. 그런데, 상법 제724조 제2항은 보험자가 피보험자에 대하여 가지는 항변에 대한 언급은 없다. 이를 어떻게 해석할지는 학설이 나뉜다. 제724조 제2항을 피해자를 보호하기 위한 강행규정으로 해석하거나, 직접청구권을 손해배상청구권에 기초한 것이라고 보면, 보험자는 항변을 할 수 없다. 보험금청구권설의 입장에 서거나, 보험자가 피보험자에 대하여서 보다 제3자에 대하여 더 불리하게 되는 것은 인정할 수 없다는 입장에 선다면 항변이 가능하다. 즉, 보험자는 면책된다.

이에 대하여 필자는 종래 의무책임보험이라면 항변을 하지 못하도록 하고 그렇지 않은 임의책임보험(예컨대 적하<화물>손해)의 경우는 각종 항변이 가능하도록 하자는 입장을 취하여 왔다. 이것은 해상국제조약의 입장을 반영한 것이다. 유류오염손해배상조약(CLC)를 반영한 유류오염손해배상보장법, 난파물제거협약, HNS협약, 선박연료유협약, 아테네협약 2002년 의정서 등에서 이러한 입장을 취하고 있기 때문이다. 우리나라 유배법은 상법의 특별법으로서 기능한다. 유배법은 피해자를 보호하기 위하여 선박소유자에게 책임보험에 가입하도록 하고 있다(제14조). 그런 다음 피해자를 더 보호하기 위하여 CLC를 받아들여 고의가 아닌 한 피보험자에 대한 보험자의 항변사유를 가지고 피해자에게 대항할 수 없도록 되어있다(제16조). 난파물제거협약, 선박연료유협약도 마찬가지이다.

세월호 경우의 해석

그러면, 세월호와 같은 여객운송의 경우는 어떻게 되는지? 우리 상법이나 단행법이 내항여객운송인에게 피해자를 보호하기 위한 책임보험에 가입하도록 강제화한 것은 없다. 그러나, 적하의 소유자인 화주가 책임보험자에게 직접청구권을 행사하는 경우와 여객의 유족들이 청구하는 경우를 비교하면 피해자를 보호할 필요성은 후자의 경우가 더 높음은 쉽게 할 수 있다. 여객의 유족은 유류오염 피해자와 유사한 지위에 있다. 더구나, 해운법 제4조 및 시행규칙 제3조의 2에 따라 면허요건으로서 정부는 세월호의 운송인에게 책임보험에 가입하도록 하였다. 정부는 피해자를 보호하기 위하여 보험에 가입하라고 한 것이다. 아직 우리나라가 비준하지는 않았지만 아테네협

약 2002년 의정서도 여객운송인을 의무책임보험에 가입하도록 하고
항변을 하지 못하도록 하고 있다. 이를 합쳐보면, 손해가 피보험자
의 고의로 인한 사고가 아닌 한 보험자는 피보험자에 내하어 가지
는 항변을 가지고 피해자에게 대항하지 못한다고 하는 해석을 이끌
어낼 수 있다(피해를 입은 화물의 소유자들이 책임보험자에게 청구하는
경우에는 면책항변을 보험자는 주장할 수 있다고 생각한다. 이것은 화물에
대한 책임보험은 임의책임보험으로 해석되기 때문이다).

사고원인과 무관한 법리해석에 따르는 직접청구권

이러한 설명에 따르면, 직접청구권의 문제는 고의를 제외하고는
보험사고의 원인과 관계없는 순전히 보험법상 해석의 문제인 것이
다. 사고가 불감항에 의한 것이던 아니던, 담보위반이던 아니던 관
계없이, 보험자의 보험금 지급의무가 발생하는 것이다. 요컨대, 두
가지는 분명하게 구별하여야 한다. 첫째, 선박보험자의 피보험자에
대한 보험금지급의무의 문제 그리고 책임보험자의 피보험자에 대한
보험금지급의 문제는 보험사고의 원인과 관련이 있기 때문에 최종
적인 원인이 발표된 다음에서야 결론을 낼 수 있는 문제이다. 둘째,
그러나, 피해자의 책임보험자에 대한 청구는 법률에 의하여 피해자
에게 주어진 권리이고 이는 법해석에 따른 문제이기 때문에 고의가
아닌 한 사고원인과 무관한 논의가 된다. 피보험자인 청해진이 고의
로 여객을 사망에 이르게 하였다는 점은 상상하기 어렵기 때문에
고의면책은 없다고 보아야 하고 그렇다면 이 문제는 순전히 법리해
석의 문제라는 것이다. 책임보험자가 피해자에게 보험금을 지급하여
야 하는지의 문제는 이미 보험계약의 체결 시 보험계약의 당사자가
그 결과를 알고 있어야 할 내용이다.

〈요약 및 시사점〉

한국법은 책임보험계약이 체결된 경우 광범위한 직접청구권이 피해자에게 인정되기 때문에 영국법을 준거법으로 하는 경우와 달리 한국법을 준거법으로 하면 책임보험자가 보험금을 지급할 경우가 많아진다. 그러므로 이러한 사정은 계약체결시 보험료산정에 반영되어야 한다. 또한 피해자가 책임보험자에 대하여 가지는 직접청구권은 사고원인이 고의가 아닌 한 사고원인과 무관한 법규정 해석의 문제가 된다.

위와 같은 문제는 영국법만을 준거법으로 하여오던 우리나라의 해상보험업계가 한국해운조합 및 Korea P&I가 등장하면서 한국 준거법을 사용하게 되어 우리법의 효용이 살아나면서 생기게 된 것이다. 담보특약에 대하여도 우리 대법원은 피보험자를 보호하는 입장을 취하기 시작하였기 때문에 이 점도 영국 법과 다르다.

우리 상법이 준거법이 되는 여러 경우에 영국법과 그 내용이 다름으로 인하여 나타나는 혼란은 가중될 것으로 예상된다. 학계와 업계는 이러한 혼란을 줄일 수 있도록 해상법 해상보험법 강좌를 더 개설하여 많은 관련자들이 체계적인 공부를 할 수 있도록 하여야 하고, 관련 전문가들은 특강이나 기고를 통하여 지식이나 정보를 공유할 수 있도록 노력할 필요가 있다. (〈한국해운신문〉, 2014년 7월 25일)

제4장

종합물류업

1. 종합물류업과 대법원의 삼다수 판결

상법상 운송의 의미

고유의 의미의 상(商)이란 싼 물건을 사서 비싸게 파는 과정에서 나타나는 법률관계를 처리하는 것이다. 매매라고 할 수 있다. 아라비아 상인이 중국에서 비단을 싸게 사서 중동이나 유럽에서 이문을 붙여 비싸게 파는 것에서 고유의 의미의 상법이 탄생하게 되었다고 한다. 이 흔적은 지금도 우리 상법에 남아있다. 기본적 상행위에 관한 상법 제46조의 제1호가 매매이다.

상인은 장소적인 이동이 있다면 더 큰 이문이 남는 것을 알게 되었을 것이다. 물건의 장소적 이동, 이것은 운송이다. 자신이 직접 낙타를 이용해 운송하던 것을 전문운송인에게 그 운송을 맡기게 되었고, 이것이 오늘날 운송인이 되었을 것이다. 선박을 이용한 해상운송도 이와 같은 경유를 거쳤을 것이다. 낙타에 싣고 가는 물건과 선박에 싣고 가는 물건의 양은 비교가 되지 않는다. 그리고 바람을 잘 이용하면 뱃길이 육로보다 더 빠르게 갈 수도 있었다. 이런 연유로 해상운송이 발달하게 되었다.

운송 중에서 선박을 이용해서 바다를 통해 물건을 운송하는 운송을 해상운송이라고 하고 이와 관련된 법률관계를 다루는 법이 바로 해상법이다. 선박을 소유하지 못하는 운송인은 남으로부터 선박을 빌려서 운송업을 영위하게 되었고 이를 용선이라고 부른다. 이는 임대차의 일종이다. 거친 바다를 항해하면 위험이 많이 따른다. 선박 충돌 사고로 인한 선박과 화물의 멸실이 대표적인 위험이다. 이런 위험을 회피하기 위하여 보험에 가입하게 된다.

이런 매매, 임대차, 운송, 보험은 상법 제46조의 기본적 상행위에 모두 포함되어 있는 중요한 상행위인 것이다. 상법 제46조의 기본적 상행위를 자기 이름으로 영리행위를 하는 자를 당연상인이라고 부른다. 이러한 상행위를 하는 상인과 그 상대방인 상인, 그리고 상인과 비상인 사이에는 상법이 적용된다. 상법은 민법과 달리 상인들을 보호하고, 상거래를 촉진하기 위한 다양한 제도를 두고 있다. 상인인 해상운송인이 누리는 포장당 책임제한이 대표적인 예라고 할 수 있다.

복합운송

큰 시간의 흐름으로 볼 때, 해상운송은 개품운송계약에서 복합운송 그리고 종합물류계약으로 나아가고 있다.

수출자는 해상운송인에게 부산에서 LA까지의 운송을 부탁한다. 상법 해상편(해상법)이 적용을 예정하고 있는 운송이다. 이 경우 운송인은 어떤 의무를 부담하고 책임을 져야하는 식으로 상법이 규정되어있다. 무역거래의 담보로서, 운송물 수령증으로서 기능하는 선하증권이 발행되는 데 상법은 선하증권의 효력과 운송인의 의무를 정하고 있다.

다음 단계로서 복합운송이 나타났다. 서울에서 부산을 거쳐서 LA 까지 이동하여야 하는 경우 과거에는 서울에서 부산까지 철도를 이용한 운송을 했다. 수출자는 서울의 철도회사에 찾아가서 운송물의 운송을 위탁한 후 부산에서 그 운송물을 회수하여 다시 해상운송인에게 해상운송을 위탁했다. 이것을 이제는 한 사람의 운송인이 육상운송과 해상운송을 동시에 하겠다고 나선 것이다.

이를 복합운송이라고 한다. 반드시 한사람의 운송인이 서로 다른 두 가지 이상의 운송수단을 이용하는 운송이어야 복합운송이라고 부를 수 있다. 복합운송은 수출자에게는 편리를 제공한다. 두 번 체결할 운송계약이 한 번으로 충분하기 때문이다.

복합운송에서 법률적으로 가장 문제가 되는 것은 손해배상책임을 어떻게 처리할지에 있다. 소위 이종책임제도라는 network 책임제도가 대세가 되었다. 손해가 발생한 운송구간에 적용되는 법률에 따라 책임을 지도록 한 것이다. 해상에서 손해가 발생한 것이 명확하면 해상법의 책임제한제도가 적용되게 된다(포장당 100만원으로 책임을 제한함). 반면 육상에서의 손해로 확인되면 상법 육상운송편(상행위)의 규정이 적용된다. 그런데, 우리 상법과 일본상법 등에는 육상운송에는 운송인 보호제도가 없다. 책임제한을 할 수 없다. 해상운송에서 손해가 발생한 것이 되어야 운송인에게 유리하고, 화주의 입장은 반대가 된다. 어디에서 손해가 발생했는지 모르는 경우인 소위 concealed damage의 경우 법률로 그 해결책을 내어놓았다. 우리법은 운송거리가 가장 긴 구간의 법을 정하도록 했다. 이것이 바로 2007년 개정 상법 제816조의 내용이다.

말하자면 우리 상법은 2007년 복합운송의 책임을 위한 실체적인 통일된 법을 만든 것이 아니라 어떤 법을 적용할지를 정하는 절차적인 규정을 두었다고 할 수 있다. 그러므로 아직도 복합운송관련 법적 쟁점을 모두 풀어나가기에는 역부족이라고 할 수 있다.

종합물류계약

그런 사이에 종합물류라는 큰 흐름이 전 운송의 상위개념으로 자리잡기 시작했다. 종합물류란 수출자의 공장에서 수입자의 공장에 이르기까지 모든 물류의 흐름을 말한다. 여기에는 라벨링(상표부착), 포장, 창고에의 보관, 육상운송, 통관, 하역작업, 해상운송 그리고 수입지에서의 하역작업, 창고에의 보관, 통관, 철도운송, 택배 등의 개별절차들이 따로 이행되게 된다. 이런 여러 개의 작업 모두를 한 사람이 수행하는 것이 종합물류계약이다.

수출자는 과거에는 모든 것을 따로 계약을 체결하다 보니, 하나의 상품의 수출에도 10여개의 개별 계약이 필요했다. 이제는 한사람에게 모든 흐름을 일임하게 되니 훨씬 편하고 효율이 오른다.

종합물류회사는 자신이 인수한 계약을 자신이 할 수 있는 것은 직접행하고 나머지는 전문 업체에게 하청을 주게 된다. 10여개의 하부계약이 체결되게 된다. NYK와 같은 해상운송회사도 자회사를 두어 이런 종합물류계약의 당사자가 된다. 해상운송은 NYK가 직접행하지만, 하역작업은 A 전문업체가, 통관은 B업체가 하도록 한다.

종합물류계약에는 해상운송을 포함하여 종합물류회사가 해야 할 개별 업무가 모두 망라된다. 대량화주와 종합물류회사 사이에 맺어진 계약에는 해상운송이 포함되어있다. 이런 점에서 종합물류회사는 계약운송인(contractual carrier)이 된다. 그는 다시 현대상선(HMM)과 같은 해상운송인과 제2의 운송계약을 체결하게 된다. HMM은 실제운송인(actual carrier)이 된다. 계약운송인인 종합물류회사가 발행하는 선하증권은 House 선하증권이고, 실제운송인인 해상운송인이 발행하는 선하증권은 Master 선하증권이다. 신용장거래가 개입된 경우

은행에 네고용으로 사용되는 것은 종합물류회사가 발생하는 선하증권이다.

종합물류업은 다양한 성격의 상인들이 행한다. 상법상 운송주선인이면서 물류정책기본법상 국제물류주선인(상법상 운송주선인이라고 불림)이 종합물류계약의 당사자가 된다. 그는 물적 수단이 없기 때문에 운송의 경우에는 운송수단을 보유한 해상운송인에게 하청을 주게 된다. 대량화주의 자회사의 형태로 만들어진 2자물류회사도 종합물류계약의 주체가 된다. 이들은 모회사인 대량화주(수출자)와 종합물류계약을 체결하게 된다. 운송주선인 등 경쟁사들과 비교하면 모회사가 있기 때문에 계약 물량의 확보에 유리하다. 다른 형태로는 개별의 운송관련 업무를 이미 행하던 운송인, 하역회사, 창고업자들이 종합물류계약의 당사자로 진출하는 경우이다. 우리나라에는 현대글로비스, CJ 대한통운이 대표적이다. 자신들이 직접 행할 수 있는 개별업무인 해상운송, 하역작업은 직접행하고 나머지는 다른 전문업체에 하청을 주게 된다.

하청을 준 상태에서 손해가 발생한 경우에도 하청업자는 종합물류회사의 이행보조자이기 때문에 종합물류계약상 채무불이행책임을 종합물류회사가 부담하게 된다. 손해를 야기한 하청업자(해상운송인, 창고업자)는 불법행위책임을 부담한다. 해상운송인은 상법상 포장당 책임제한이 가능하지만, 창고업자, 하역업자. 통관업무를 수행하는 운송주선인 등은 포장당 책임제한이 불가하다. 동일한 종합물류계약을 이행하는 중에 개별 이행작업의 성격에 따라서 이행보조자중 누구는 책임제한이 가능하고 다른 자는 그렇지 않은 문제가 발생한다. 달리보면, 종합물류회사가 운송의 구간에서 손해가 발생하면 책임제한이 가능하지만, 다른 구간(포장, 하역등)에서 발생하면 책임제한이 불가한 차별의 문제가 발생한다.

현재 우리 상법은 이렇게 위와 같이 이론 구성을 해도 될 것이다. 종합물류계약이 대세를 이루고 있어도 우리 상법의 규정으로도 해상운송의 문제는 처리가 가능하다.

삼다수 판결의 시사점

우리에게 익숙한 삼다수 생수의 운송과 관련 대법원은 2019.7.10. 의미있는 판결(대법원 2019. 7. 10. 선고 2019다213009 판결)(이하 삼다수 판결)을 남겼다.

제주도 삼다수 생수회사는 제주도에서 생산한 삼다수 생수를 서울 등에 판매하기 위하여 이동을 시켜야했다. 그래서, A종합물류회사와 계약을 체결하여 삼다수 공장에서부터 서울과 강원 등의 공장까지 이동을 시켜주면서 그 과정에 여러 부수적인 작업도 A가 하기로 했다. 계약의 내용을 보면, 삼다수 공장에서부터 운송, 하역, 보관 등을 포함하는 종합물류를 A가 모두 인수하는 종합물류계약이다. 그런데, A는 중간에 그 일을 그만 두었고, B, C회사가 대신 들어와서 일을 잘 마쳤다. 삼다수는 A에게 일을 그만둠으로써 발생한 추가비용을 구하는 손해배상청구소송을 제기했다.

하급심과 대법원은 모두 이를 복합운송으로 보았다. 대법원은 우리 역사상 처음으로 이 계약은 종합물류계약이라고 인정하면서도 이 계약의 핵심은 복합운송에 있다고 보았다. 따라서 상법 제816조를 적용할 사안이므로 위에서 설명한 바와 같이 어느 구간의 법을 적용할지를 살펴보았다. 이 사항을 제2항에서 말하는 손해구간이 불명한 경우로 보았다. B는 제주도에서 평택항까지 이동했고 다음 평택에서 경기지방으로 왔기 때문에 해상운송구간이 길어서 상법 해상편을 적용했고, C의 경우 삼다수가 전남 녹동항으로 이동하여 서울로 이동되었기 때문에 육상구간이 길어서 육상 운송법인 상법 상행위편을 적용하게 되었다. 소송의 핵심쟁점은 소멸시효 혹은 제척기간이 도과되어 삼다수는 손해배상청구를 더 이상 할 수 없었는지 여부에 있었다.

그런데, 상법은 운송 중에 발생하는 손해의 문제를 다룬다. 이 사건은 운송을 시작하기 전에 종합물류계약 자체의 이행을 하지 않는 경우의 문제이다. 즉, 상법 해상편의 적용 이전(以前)의 문제이다. 그렇다면, 민법의 일반론에 따라야할 것이다. 대법원으로서는 종합물류계약에 적용할 특단의 법규정이 없고, 마침 복합운송이라는 규정이 있기 때문에 여기에 의탁하여 쟁점을 해결하였다. 상법 해상편에 적용할 규정이 없기 때문에 부득이 했다고 볼 수도 있다.

또한 종합물류계약의 이행 중 어느 개별 이행의 단계에서 손해가 발생했는지 모르는 경우, 즉, 라벨링 단계인지, 통관의 단계인지 어디에서 손해가 발생했는지 모르는 경우도 발생할 수 있다. 이 경우에는 적용할 법률이 없다. 한 사람의 상인이 하나의 물류비를 수령하여 이행을 하는데, 해상운송에서는 책임이 제한되고 다른 구간에서는 전액 책임을 부담하는 형평의 문제도 발생한다. 따라서 종합물류업자가 어느 구간에서 발생했던지 간에 포장당 책임제한이 가능하게 할 필요가 있다.

종합물류계약을 별개의 하나의 상행위로 보아서 상법 제2편 상행위 제9장 운송에 뒤이어서 제10장에 규율할 필요가 있다.

당사자들은 약정을 통하여 종합물류계약의 법률관계를 처리할 수도 있다. 계약자유의 원칙에 의하여 당사자의 약정이 우선하여 인정된다. 당사자가 모든 경우를 약정에 담을 수는 없다. 경우에 따라서는 어느 일방에 불리한 약정이 체결되는 경우도 있다. 예컨대, 종합물류업자는 포장당 책임제한이나 총체적 책임제한의 이익을 포기한다는 약정이다. 항해과실면책은 누릴 수 없다는 약정도 많다. 우리 대법원은 이 모든 약정을 유효하다고 해주었다. 종합물류계약은 대등한 당사자 사이의 계약으로 볼 수 있지만, 운송주선인이 종합물류업자인 경우에는 협상력에서 오히려 운송인측이 더 불리한 지위에

놓이게 된다. 이러한 경우는 법률로서 정하여 최소한의 보호를 해줄
필요도 있다.

중간단계로 표준계약서를 만들어 시행하는 것도 한 가지 방법이
다. 상법의 임의규정은 당사자 사이에 약정이 없는 경우에 보충적으
로 적용된다. 그러므로 실무계에서 사용하는 약정과 동일한 것을 많
이 상법이 가지면, 당사자들이 체결하는 약정이 줄어들게 되어 경제
적이다. 상법 임의규정의 효용이다.

종합물류계약의 당사자들은 장차 표준화된 표준계약서를 만들고
정부와 학계는 종합물류업이라는 별도의 장을 상법에 마련하여 상
거래에 예측가능성을 부여해야할 것이다. 예측가능성이 있어야 상거
래는 더 원활하게 이루어지고 부가가치는 더 발생하게 된다. 상법은
상인을 위한 법이면서 동시에 거래의 상대방도 보호한다. 무엇보다
중요한 것은 상거래의 원활화에 있다. 일상화된 종합물류계약의 법
적 뒷받침을 탄탄하게 하는 큰 계기가 된 것이 삼다수 판결이라고
할 수 있다.

2. 물류자회사를 진정한 운송인으로 대우하자

해방 후 약 30년간 필자의 선대(先代)의 가업은 수산업이었다. 출
항한 어선이 바다 밑의 고기를 잡아올지는 아무도 몰랐다. 출항한
어선이 고기를 잡지 못하고 빈 배로 입항하기를 거듭하면서 적자가
늘어나기 시작했다. 이렇게 불확실성이 높은 수산업에 100% 의존한
선대의 가업은 결국 실패로 끝이 났다.

이런 수산업과 비교할 때 해운업은 실패할 수 없는 사업으로 보
인다. 왜냐하면 무역이 있는 한 화물이 있고 화물이 있는 한 선주는
운송계약을 체결하여 운송인이 되어 운임을 받을 수 있기 때문이다.
더구나 우리나라는 수출입화물이 충분히 있는 국가이다. 바다 물 속

에 고기가 얼마나 있는지 어디에 있는지 모르는 상태에서 수산업을 하는 것과 비교할 때 해운업은 안정성이 상당히 높은 것으로 판단된다. 다만, 해운은 국제시장에 오픈된 시장이기 때문에 우리 정기선사가 외국의 유수한 정기선사와 경쟁을 해서 화주로부터 화물을 받아와야 하는 경쟁 하에 있다는 점에서 차이가 난다.

전체 국가 경쟁력차원에서 볼 때 우리 화물은 외국정기선사에게 가장 적게 내어주고, 우리 선사들이 외국화물을 가장 많이 가져오는 구도가 되어야 함은 자명한 것이다. 그럼에도 불구하고 우리 외항정기선사는 현재 아주 어려운 상황이다.

국내 화주가 국적선사에 화물을 맡기는 비율이 국적선적취율이다. 철광석이나 석탄과 같은 드라이 벌크의 경우 72.8%로 높은 반면 정기선사가 실어나르는 컨테이너 화물 중 미국향 원양항로의 경우는 19.1%로 낮은 수준이다. 국제경쟁에서 우리 정기선사가 뒤쳐져서 국내 화주로부터 선호되고 있지 않기 때문이다. 일본의 경우자국 외항정기선사에 일본 화물이 운송되는 비율이 50% 이상이 되어서 안정적인 영업이 가능하다.

지난 10월 말 여의도 글래드 호텔에서는 컨테이너 화물의 국적선 적취율을 제고하기 위해 주요 선화주가 처음으로 손을 맞잡고 상생협약을 체결했다. 대형 컨테이너 화주라고 할 수 있는 현대기아자동차그룹의 현대글로비스, LG그룹의 판토스, 삼성그룹의 삼성SDS 등 물류자회사들이 상생협약에 동참한 점은 고무적인 일이다. 여러 다양한 내용에 대한 협약이 체결되었다. 국적선 적취율을 높이기 위한 일환임은 물론이다. 보다 근본적인 상생방안을 제시해보고자 한다.

물류자회사란?

물류자회사들은 이들의 모회사와 운송계약을 체결한 계약운송인이지만 선박을 보유하지 않아서 직접운송을 해줄 수 없는 입장이다. 운송을 완성하기 위하여 이들에게는 반드시 외항정기선사인 실제운송인이 필요하다. 그래서 미국에서는 이들을 NVOCC(무선박운항개품운송인)이라고 부른다.

물류자회사가 개입된 운송에는 제1운송인(계약운송인)으로서 물류자회사 그리고 제2운송인(실제운송인)으로서 외항정기선사가 존재하게 된다. 제1운송계약에서 물류자회사는 운송인이 되지만 제2운송계약에서는 자신이 화주가 된다. 모기업으로부터 운송을 인수한 물류자회사는 자신이 받은 운임의 일부를 운송에 대한 하청을 해준 외항정기선사에게 건내주게 된다.

20년 전만 하더라도 모기업은 모두 실제운송인과 운송계약을 체결하였지만, 이제는 자신의 물류자회사와 먼저 계약을 체결하고 이들이 원청으로서 실제운송인에게 운송에 대한 하청을 주는 것이다. 물류자회사는 모회사의 물량을 수의계약형태로 대량으로 가지기 때문에 화주로서 큰 힘을 가지고 있다. 심지어 모회사 이외의 중소화주들의 화물을 집화하는 경우도 있다.

이들이 더 경쟁력을 가진 머스크 등 외국정기선사와 운송계약을 선호하면 우리 정기선사들의 운송물량이 적어지고, 경쟁력이 처지는 우리 정기선사에게 운임을 낮출 것을 지시하면 우리 정기선사의 수입이 적어지므로 적자가 나게 된다. 우리 국적 외항정기선사의 적취율이 낮고 운임수준이 낮은 이유도 일부 여기에 있다고 판단된다.

물류자회사는 비록 선박을 보유하지 않은 채로 운송사업을 하지만 우리 상법상 이들도 엄연한 운송인으로서 인정되어 포장당책임제한 등의 혜택을 누리고 있다(상법 제797조). 자신의 출발점이 되는 운송주선인(포워드)들은 책임제한의 이익을 누리지 못한다. 물류자회사는 모기업으로부터 안정된 화물을 받아서 안정되게 높은 영업이익률을 실현하면서 수익을 창출하고 있다. 외항정기선사들이 존재하지 않는다면 자신들은 운송을 완성할 수 없는 처지에 있다. 만약 그렇게 된다면, 자신들이 선박을 소유하거나 용선하여 선주가 되어야 한다. 이는 많은 투자와 리스크를 수반하게 된다. 물류자회사들이 쉽게 선주가 되지 못하는 이유일 것이다. 따라서 외항정기선사의 안정적인 경영이 자신들의 경영의 밑바탕이 되므로 상생하는 것은 필수적이라고 본다. 현재 우리 정기선사의 낮은 우리 화물 적취율은 이런 인식의 부족에서 오는 것이 아닌가 생각된다.

물류자회사와 외항정기선사는 애초부터 같은 운송인으로서 동반자였음에도 불구하고 이에 대한 법적 지위에 대한 인식이 부족하여 서로 남과 같은 존재로 인식되었다고 생각된다(해상법 교과서에서 물류자회사를 계약운송인으로 설명하게 된 것은 불과 10여년에 지나지 않는다). 애초부터 이들은 운송주선인(포워드)으로 출발하면서 곧 계약운송인이 되었음에도(1991년 상법개정시선박소유자만 운송인이 될 수 있던 것을 누구가 운송인이 될 수 있도록 했다) 해운업계에서는 이들을 진정한 운송인으로 인정하지 않았고, 또 이들도 대한민국의 운송인으로서 책임을 다하여야 한다는 자각이 부족하였다. 이제부터라도 제대로 나아가야 한다.

물류자회사는 해운법적용 운송사업자가 되어야

그 방안으로서 필자는 이들 물류자회사들을 완전한 운송인으로 인정하여 보호하자는 제안을 하고자 한다. 이들은 운송주선업자(포워드)와 운송인의 지위를 동시에 갖는다. 그렇지만, 이들의 영업의 대부분은 계약운송인이 되는 것이다. 이들이 모회사와 운송계약을 체결하면 계약운송인이 되어 상법상 운송인으로서 의무를 부담하고 상법상 인정된 각종 혜택을 인정받게 된다. 운송인임에 틀림없다.

그럼에도 불구하고 이들은 해운법상의 외항정기화물운송사업자가 아니다. 해운법은 선박을 보유하는 운송인만 운송사업자로 보기 때문이다. 그러나, 이들도 선박을 소유하거나 용선해 있지는 않지만 해상운송사업자임에 틀림없다. 해운법에 이들이 운송업자로 등록할 길을 열어주어야 한다. 해운법에 무선박 외항정기화물운송사업자의 개념을 정립하고, 운송인으로 등록하게 한다. 그리하여 해운법의 각종혜택(공정거래법보다 완화된 경쟁법상 각종제도) 의무(운임의 공표 및 준수등)가 적용되도록 하면 좋을 것이다. 나아가 선주협회도 이름을 가칭 한국선주운송인협회 혹은 한국해운산업협회로 개칭하여 이들을 회원으로 받아들여 생사고락을 같이 해야 한다.

톤세 제도의 허용

톤세 제도는 해운법상 해상운송사업자들에게 주어지는 것이다. 물류자회사들이 해운법상 운송사업자로 등록하게 되면 톤세 제도의 수혜대상이 될 수 있을 것이다. 톤세 제도는 당해 운송업자가 운항하는 우리 선박을 기준으로 법인세 대신 선박 보유톤으로 세금을 부과하는 것으로 경기가 좋을 때에는 상당한 절세의 혜택을 보게된다. 물류자회사는 선박을 보유하고 있지 않지만, 이들이 제2운송계약으로 실제로 화물운송에 투입된 우리 외항정기선사들의 선박의 톤수 혹은 컨테이너 박스의 수량을 기준으로 법인세 대신 선박톤세를 계산하면 될 것이다. 이들이 외국정기선사와 운송계약을 체결한 경우는 톤세 제도의 대상이 될 수 없는 것이니만큼 이 제도는 우리 외항정기선사를 선호하게 되는 자연스러운 인센티브가 될 것이다. 우리 대한민국의 세법에 따라 톤세제도로서 이익을 보는 만큼 우리 외항정기선사들을 운송인으로 선택하는 비율도 높아질 것이다(만약, 물류자회사가 국적 정기선사에 운송계약을 체결하는 비율이 올라가지 않는 경우에는 취급물량의 일정 % 이상을 반드시 국적 정기선사와 체결할 것을 조건으로 할 수 있다). 무엇보다 물류자회사들은 같은 선주운송인협회의 회원으로 한솥밥을 먹는 입장이 되면 국적 정기외항선사와 서로 위해주는 관계가 되어 진정한 상생이 될 것이다.

이들이 모회사로부터 받는 운임 중 외항정기선사로 나가지 않는 부분은 해운산업의 매출로 잡히게 되어 현재 연간 해운매출액 30조 원도 상당한 액수만큼(약 5조원) 증액되는 효과가 나타날 것이다. 해운산업의 파이가 그만큼 커지게 되는 것이다.

이렇게 되면 물류자회사도 경쟁력을 갖추어 DHL과 같은 세계적인 물류회사로 성장할 계기가 마련될 것이고, 우리 외항정기선사도 안정적인 화물물량과 적정한 운임의 보장으로 예측 가능한 영업을 하면서 안정되어갈 것이다. 이렇게 하는 것이 진정한 선화주상생의 길이 아닌가 생각된다. 이 길이 수산업과 다른 해운업의 장점을 살려가는 길이기도 하다. 〈한국해운신문〉, 2018년 11월 16일)

제5장
한진해운과 동아탱커의 회생관련

1. 국취부 나용선된 한진 샤먼호의 압류사태에 대하여

한진해운 법정관리행과 관련하여 많은 해상법적 쟁점이 다투어진다. 그 중의 하나는 과연 국적취득조건부(이하 국취부) 나용선(BBCHP)(일명 소유권유보부 나용선)을 채무자회생 및 파산에 관한 법률(이하 "채무자회생법")상 한진해운의 재산으로 볼 수 있는가에 있다.

채무자회생법 제58조는 회생절차에 들어간 채무자의 재산에 대하여는 회생채권자나 회생담보권자가 강제집행이나 가압류를 할 수 없다고 정하고 있다. 문제가 된 한진 샤먼호가 한진해운의 재산으로 인정된다면 채권자의 압류는 인정되지 않지만, 그렇지 않다면 압류가 가능하게 된다.

한진 샤먼호 판결

지난 2016년 10월 7일 창원지방법원은 선박연료유공급비용 채권을 가진 채권자에게 선박에 대한 임의경매신청을 인정하였고 한진해운의 이의신청에 대하여 10월 17일 다시 이를 기각하는 결정을 내렸다. 이 결정에 의하면 한진 샤먼호는 파나마에 등록된 국취부 나용선으로서 아직 한진해운이 소유하는 선박이 아니므로 채무자회생법의 압류금지대상에 속하지 않는다.

동 선박은 외국에 등기 및 등록된 선박으로 한진해운이 국취부 나용선을 한 특수목적회사(SPC) 소유선박이다. 일반 단순나용선과 달리 용선기간이 지나면 한진해운이 우리나라 국적을 취득하도록 약정이 되어 있다. 지급하는 용선료도 사용의 대가가 아니라 선가를 분할하여 지급하는 것이다. 용선기간이 지나갈수록 한국 국적에 가까워진다. 용선자는 한국 국적선이 된다는 일종의 기대권을 가지고 있다. 한편, 세법에서는 용선자가 선박을 연불구매한 것으로 보아 용선개시시 용선자에게 취득세를 부과한다(대법원 2011.4.14. 선고 2008두10591 판결). 뿐만 아니라, 선박안전법, 선원법, 선박직원법, 도선법 등에서는 국취부 나용선은 국적선으로 간주하여 우리 법을 적용한다. 또한 소유권을 취득하기 전이라도 국제선박등록법에 의한 등록이 가능하다. 국제선박등록제도는 한국 국적을 대상으로 하기 때문에 국취부 나용선은 한국 국적선으로 본다는 취지이다. 국취부 나용선은 톤세제도의 적용도 받는다. 이렇게 본다면 해운업계가 국취부 나용선을 사선이라고 주장하는 것도 실무상 틀린 말은 아니다.

그러나, 해상법에서 선박우선특권과 선박소유자책임제한의 준거법을 결정할 때에 선적국법에 의하는데, 이 때는 국취부 나용선자의 국적을 따르는 것이 아니라 등록이 된 국가가 선적국이 된다(국제사법 제60조). 국취부 나용선자가 운송인이 되어 화주에게 손해를 야기한 경우에 화물을 실은 그 선박을 가압류하려고 하면 원칙적으로 기각되는바, 이는 채무자인 국취부 나용선자의 소유가 아니기 때문에 그러하다. 무엇보다 가압류나 압류를 신청할 때에는 선박의 등기부를 제출할 터인데, 등기부에는 현재 등기나 등록된 선박소유자가 소유하는 선박으로 나타난다. 소유권과 담보권과 관련하여서는 등기된 선박소유자의 소유로 보는 것이 우리나라 법원의 입장이고 법률의 해석도 그러하다(다만, 법인격 부인론이 인정되는 경우는 예외이다).

그러므로, 특별히 법률로서 국취부 나용선을 국적선과 동일하게 취급하지 않는 한 국취부 나용선자는 여전히 그 선박을 법률적으로 소유하고 있지는 않다고 해석되어진다. 결국, 법원이 채무자회생법에서도 채무자의 재산에 국취부 나용선이 포함된다는 해석을 하거나 아니면 법률로서 특별히 그러한 규정을 두지 않으면 국취부 나용선은 SPC의 소유인 것이지 채무자인 용선자의 선박이 아닌 것이 된다.

이번 창원지방법원의 결정도 이러한 국취부 나용선에 대한 법적 해석에 바탕을 둔 것으로 보인다. 그러므로, 창원지방법원의 결정이 업계의 이해와 관행에 맞지 않다고 하여 법원을 비난할 수는 없다. 다만, 채무자회생법이 추구하는 바가 채무자인 한진해운의 회생을 도모하는 것이기 때문에 채무자의 재산의 범위를 넓게 해석하여도 될 수 있는 상황임에도 법원이 이를 충분히 고려하지 않고 채권자의 입장을 더 고려한 것은 아쉬운 점이다.

판결의 영향

한진해운은 사선 5척에 국취부 나용선 54척을 가지고 있었다. 국취부 나용선이 한진해운의 소유가 아니라고 하면 채무자회생법이 강제집행을 금지한 그 대상이 아니므로, 대부분의 선박은 채권자들의 실력행사의 대상이 되게 된다. 그 결과 한진해운이 일반 채무자인 경우에는 국취부 나용선은 우리 법상 가압류나 압류의 대상이 되지 않는다. 그렇지만, 선박우선특권은 나용선자가 발생시킨 채무에 의하여도 압류가 가능하므로 압류되어 임의경매의 대상이 된다 (상법 제777조). 이렇게 되면 한진해운은 더 이상 영업을 할 수 없으므로 회생 여부의 논의가 불가능하게 된다.

　이번 판결의 파장은 우리나라에만 국한되는 것은 아니다. 국제조약을 채택한 중국은 물론 영연방 계통인 싱가포르, 말레이시아, 홍콩 등에서는 나용선된 선박에 대하여도 가압류가 가능하고, 또한 선박우선특권에 의한 압류도 가능하기 때문에 한진해운이 국취부 나용선을 한 선박이 이들 국가에 기항하게 되면 가압류나 압류가 될 가능성이 아주 높다. 다행히 수혜선주(beneficial owner)의 선박으로 표현되는 국취부 나용선박에 대하여도 압류금지명령이 내려진 미국과 싱라포르와 같은 국가에서는 이러한 위험이 적다. 그렇지만, 싱가포르와 같은 국가는 그 명령이 임시적인 것이기 때문에 채권자들은 압류금지명령의 기초가 되는 한국에서의 국취부 나용선 압류가능 결정을 근거로 그 변경을 요구할 것으로 보인다.

　따라서, 채무자회생법 하에서 채무자인 해상기업의 재산에는 국취부 나용선을 포함시키는 것이 합목적적이라고 생각한다. 소유권과 저당권 등이 문제되는 경우에는 법원의 입장처럼 SPC의 소유임을 인정하지만, 단행법이 있거나 법률의 목적이 그러한 경우 해석상 용선자 소유로 간주하여야 한다는 것이다.

　이 문제는 단순히 한진해운의 문제에 국한되는 것이 아니라 우리나라 선박회사들이 많이 가지고 있는 국취부 나용선에 대한 올바른 법적용의 문제이기 때문에 항고심에서 재검토될 것으로 기대된다. 보다 근본적인 해결책으로는 채무자회생법 제58조 제1항에서 회생채권자 등의 강제집행이 금지되는 대상인 채무자의 재산에 채무자가 소유하는 선박 및 "국취부 나용선"이 포함됨을 명기하는 입법개정 작업을 신속히 행하는 것이다. 파산법원이 지난 9월 1일 내린 회생절차개시결정서에 채무자의 재산에는 국취부 나용선도 포함됨을 지금이라도 추가 혹은 수정할 수 있다면 더 빠른 해결책이 될 것이다. 싱가포르와 미국법원의 압류금지명령에는 구체적인 보호대상의 선박으로 나용선 선박을 추가하고 있기 때문에 우리 법원도 가능할지 확인할 필요가 있다.　　　　　(《한국해운신문》, 2016년 10월 19일)

2. 한진해운 회생절차에서의 해상법 및 도산법상 쟁점

우리나라 최대의 선사였고 연간 매출 8조원의 규모를 가졌던 한진해운은 2016년 8월 31일 회생절차개시 신청을 하였다. 정기선 영업은 수출입화물을 적기에 규칙적으로 실어 나르기 때문에 마치 고속도로와 같은 공익적 성격을 갖는 국가 인프라임에도 불구하고 더 이상 정부와 채권단의 지원을 받지 못한 한진해운은 회생에 실패하였다. 2009년부터 10여개 해운회사가 회생절차에 들어갔고 한 회사를 제외하고는 모두 회생이 되었다. 왜 이와 같이 서로 다른 결과가 나타났는가? 그것은 관련자들이 정기선 영업의 복잡함을 이해하지 못하여 장차 발생할 물류대란에 대한 법제도적 장치의 마련을 소홀히 한 점에도 기인한다.

〈회생 실패의 이유〉

한진해운이 회생에 실패한 이유는 세 가지로 요약된다. 첫째, 회생절차에 들어가면서 사전준비가 되지 않아, 회생절차 신청 전 6조원이었던 채무가 회생절차를 거치면서 불과 몇 달 사이에 30조원으로 늘어났다. 국내외 선사들이 인수를 하려고 나서지 않았다. 둘째, 정기선사들이 효율적으로 영업을 가능하게 하는 얼라이언스에서 회생절차개시 직후 퇴출당하였기 때문에 수익창출의 기대가능성이 급격히 낮아졌다. 셋째, 마지막 항차에 실린 화물을 제대로 화주들에게 배달해주지 못하여 급격하게 기업신용도가 낮아져버렸다.

이러한 세 가지는 부정기선 영업과 비교할 때 정기선 영업에서 특유한 것들이다. 부정기선은 운송인 한 명에 화주도 한 명이다. 그렇지만, 정기선의 경우 운송인 한명에 수천명의 화주가 있다. 부정기선에서는 부두에서 수입자에게 화물을 인도하여 주면 운송인의 의무는 종료되지만, 정기선에서는 내륙에까지 화물을 운송인이 배달해야 하므로 운송인은 철도 등 내륙운송수단을 잘 갖추고 있어야 한다. 결국 정기선사가 회생절차에 들어가면 이해당사자들이 많고 복잡한 조직망이 필요하므로 잘 준비되지 않으면 회생이 쉽지 않게 된다.

〈회생절차상 법적 쟁점〉

선박소유자와 용선자의 관계

해운기업은 소유한 선박뿐만 아니라 용선한 선박으로도 화물을 실어 나른다. 현재의 시장가격보다 몇 배 높은 선박을 많이 빌려서 운항하던 한진해운은 불경기를 맞아 낮은 운임 때문에 수년간 적자가 대규모로 발생하게 되었다. 회생절차에서 관리인은 쌍방 미이행 쌍무계약인 용선계약을 해지할 수 있다. 관리인이 용선계약을 해지하면 남은 용선기간동안 손해를 용선자가 선박소유자에게 배상하여야 한다. 이 손해액은 회생채권이 된다(채무자 회생법 제121조 제1항). 해지 후 낮은 용선료의 선박을 빌려서 영업을 하게 되면 채무자는 적자규모가 대폭 줄어들기 때문에 회생에 유리하게 된다. 팬오션이나 대한해운은 이러한 도산법상의 제도의 도움으로 성공적으로 회생이 되었다.

얼라이언스 관계

2개의 선사가 동일한 항로에 선박을 한 척씩 투입하는 데 선복의 2분의 1씩만 화물을 싣고 다니는 경우보다 두 척을 한 척으로 줄여서 한 척에 100% 화물을 싣고 수입을 2분의 1로 나누면 두 선사 모두에게 이익이 된다. 비용이 절감되기 때문이다. 이렇게 서로 선복을 빌려주는 계약을 슬로트 용선계약이라고 한다. 여러 정기선사들이 협력하여 비용을 줄이고 공동 운항하는 관계를 얼라이언스라고 부른다. 얼라이언스 하에서 A정기선사가 운송인으로 인수한 화물이 한진해운 선박에 실려서 운송된다. 한진해운이 회생절차 신청으로 항만에서 하역작업이 거부되면서 한진해운 선박에 실려 있던 A정기선사의 화물도 마찬가지로 화주에게 인도되지 못하여 피해를 보게 되었다.

국적취득조건부(이하 국취부) 선체용선

선체용선(나용선)은 선박에 대한 일종의 임대차이다(상법 제847조). 그런데 국취부 선체용선은 용선기간 종료 시 용선자가 소유권을 취득한다는 점에서 특이하다. 과거 우리나라 선주들은 당장 현금으로 선박을 구입할 수 없었기 때문에 10년 이상의 장기간 연불로 선박을 매입하면서 영업을 통하여 얻는 용선료로 선박의 가액을 분할하여 지급하여 용선기간 만료 시 잔금을 마지막으로 치르고 소유권(한국국적)을 취득하는 방식을 취하여 왔다. 선원법, 선박안전법, 도선법 등 여러 단행법에서 국취부 선체용선도 우리나라 선박으로 보아왔다. 그러나 해상법에서는 이를 선박임대차의 일종으로 보므로(제848조) 용선기간 중 소유권은 여전히 소유자에게 남아있다.

채무자회생 및 파산에 관한 법률(이하 채무자회생법) 제58조는 회생절차가 개시되면 채무자의 재산에 대하여 강제집행이 불가하다고 한다. 이는 채무자회생을 위하여 채무자의 영업의 지속을 도모하는 것이다. 그런데 국취부 선체용선된 한진해운의 선박은 제58조의 범주에 속하지 않고 채권자보호를 위하여 임의경매가 가능하다는 법원의 결정이 나오자, 그렇게 되면 해운회사의 영업이 되지 않으므로 문제가 있다는 지적이 강하게 대두되었다. 우리나라 선사 운항선박의 70% 정도는 국취부 선체용선된 선박이라는 점을 근거로 한다. 여기에 미국과 싱가포르의 압류금지 명령에는 한진해운에게 단순선체용선 및 정기용선된 선박조차도 압류금지명령의 대상으로 보자 동법 제58조는 개정되어야 한다는 주장이 나오고 있다.

선박우선특권

우리 상법에는 선박관련 채권자들에게 저당권자보다 우선하는 효력을 부여하는 선박우선특권 제도가 있다(제777조). 그 채권자는 회생절차에서 회생담보권자로 보호받는다. 그런데, 외국적 요소가 있을 때에는 국제사법 제60조에 의해 그 대상선박의 선적국법에 의하여 우선특권자 여부가 결정된다. 파나마 선적의 경우 선박연료유공급자는 우선특권을 가지지만, 한국 선박의 경우 그렇지 않다. 이와 같이 회생절차에서도 공급된 선박의 선적에 따라 채권자의 보호의 정도가 달라지는 점이 부각되었다.

도선사의 도선료 채권은 우선특권이 발생되는 채권이다. 선체용선된 선박에 도선서비스를 제공한 도선사는 우선특권을 가진다. 이 특권은 추급권이 있어서 소유자가 변경되어도 청구가 가능하여, 한진해운이 회생절차에 들어간 다음 매각된 다음에도 임의경매의 대상이 되어 신 소유자가 실제로 그 채권을 변제하여야 하는 일들이 많이 발생하였다. 도선법에 의하면 도선료 지급의무는 선박소유자와 선장에게 있다(제21조). 한진해운이 선체용선자로서 발생시킨 채권은 회생절차에서 처리되어야 할 것이지만, 그 당시의 선박소유자는 회생절차와 무관하게 도선법에 의한 책임을 지게 되었다. 결국, 도선사는 회생절차에 들어간 채무자가 발생시킨 도선료를 아무런 제약 없이 수령할 수 있어서 다른 채권자보다 특히 보호되는 결과가 되었다.

지연손해에 대한 배상 및 보상

한진해운 사태로 화주들이 입은 손해는 대부분이 지연손해이다. 화물에 대한 인도가 늦어졌기 때문에 수입자에게 지연손해가 발생한 것이다. 이러한 손해는 한진해운의 선하증권상 지급배제약정, 상법의 정액배상주의, 영미법에 따르면 배상이 어려운 특별손해에 해당한다는 것이 다수 견해이다. 이러한 손해가 배상이 가능하다고 하더라도 한진해운에 대한 청구 시 회생채권이 되어 회수의 가능성은 희박하다. 계약운송인으로 기능한 운송주선인에게 청구가 가능하지만, 이들도 재정적으로 튼튼하지 않은 것이 현실이다. 우리나라 적하보험 약관에는 도산 등으로 인한 손해나 지연손해는 배상이 안 되는 것으로 되어있다. 이런 문제 때문에 화주들은 큰 피해를 보았다.

〈개선방향과 결론〉

법률 개정사항

상법상 화주보호 수단으로 고려해볼 수 있는 것은 운송계약관련 손해배상청구권에 대하여도 선박우선특권을 인정하는 것이다. 그렇게 되면 화주들은 회생담보권을 가지는 것이 되어 회생절차에서 조금이라도 유리하게 된다. 2016년 개정 채무자회생법에 의하면 회생절차 개시 2~3개월 전에 공급된 물품대금은 공익채권으로 분류되게 되었다. 해운기업의 경우 항해기간이 길고 외상거래가 많다는 점을 고려하여 특별히 그 기간을 3개월로 연장하면 상거래 채권자들이 더 균형 있게 보호될 것이다. 채무자회생법상 국취부서체용선 선박도 강제집행의 금지대상으로 하여 채무자의 회생을 도와주는 입법이 필요할 것으로 보인다.

마지막 항차의 하역작업 장치의 마련

한진해운 사태에서 하역회사는 우월한 지위에서 하역비에 대한 현금지급을 요구하면서 하역 거부를 시작하여 엄청난 물류대란이 일어나기 시작하였다. 정기선 운항의 공익적인 성격을 고려하여, 우리나라 정기선사끼리 보장기금을 만들어 회원사가 회생절차에 들어가면 기금에서 먼저 하역회사들에게 하역비를 지급하고 회생절차에서 차후에 회수를 하는 것이다. 그리고 해운법 등에 하역회사에게 직접청구권을 부여하여야 한다. 이 제도를 더 확대하여 일본의 '기업재생지원기구'제도와 같은 기구를 둘 필요도 있다. 2010년 일본항공은 회생절차 시 동 기구와 사전 조율을 통하여 한편의 항공기 결항도 없이 회생절차에 들어갔고 회생에 성공하였다.

〈결〉

한진해운 사태에서 국취부 선체용선의 법적성질과 법원에서의 처리방향, 지연손해가 배상불가한지 여부, 국가마다 다른 압류금지명령 등은 채무자회생과 관련한 우리 법제도가 예측가능성이 낮음을 의미한다. 상법, 채무자회생법 등을 개정하여 우리 법제도가 예측가능성을 부여하여 채무자회생도 돕고 관련 당사자의 이익을 보호하도록 해야 한다(상사법연구 제36권 제2호 참조).

〈법률신문〉, 2017년 9월 28일)

3. 동아탱커의 회생절차신청의 의의

2019년 4월 18척의 선박을 소유 혹은 운항하던 부산에 기반을 둔 동아탱커가 법정관리에 들어갔다는 소식이 나왔다. 한동안 잠잠하던 해운산업계가 다시 부정적인 기류에 휩싸이게 되었다.

회생절차가 받아들여져 개시되게 되면, 여러 가지 법적 효과가 발생하게 된다. 채권자들의 피해가 예상된다. 벌크 선박회사이기 때문에 한진해운사태와 같은 물류대란은 발생하지 않을 것이다.

동아탱커는 18척의 선박 중 2척은 직접 소유하고, 12척의 선박은 국적취득조건부 선체용선(BBCHP)으로 보유해왔다. 동아탱커는 선주사로서 대선사업을 많이 해온 것으로 알려져 있다. 그러므로, 자신의 채권자는 대부분이 금융회사와 해외에 치적된 SPC일 것이다. 선박건조시 대출은 거의 모두 국내의 금융권으로부터 SPC가 빌린 것이지만, 실질적으로는 동아탱커가 대출자가 되고 금융권이 동아탱커의 채권자인 상태이다. 또한 금융권은 저당권자로서의 지위에 있다.

일반적으로 해운선사는 BBCHP선박으로 선박을 보유하고 있다. 회생절차에 들어가면 관리인이 이 선박에 대한 계약을 해지할 수도 있고 이행을 선택할 수도 있다. 계약을 해지하면 선박은 소유자에게 반선된다. 해운선사는 용선계약을 위반한 것이 된다. 잔존기간에 대한 용선료채권에 대한 손해배상청구권이 소유자에게 주어진다. 이 채권은 회생채권이기 때문에 회생절차에서 과거의 예를 보면 약 1/10로 줄어든다. 회생절차의 장점은 바로 여기에 있다. 채무자인 해운선사의 채무는 대폭 삭감되어 회생의 여지가 생기는 것이다(이행을 선택하면, 그 이후에 발생하는 용선료는 모두 공익채권이 된다). 한진해운 등 최근의 해운선사들의 회생절차의 신청은 비싼 용선료를 줄이기 위한 것이었다. 즉 용선자인 채무자와 선박소유자의 대립구도가 주를 이루었다.

그런데, 해운전문지 등에 따르면, 동아탱커의 사정은 조금 다른 것 같다. 동아탱커는 통상의 BBCHP계약이 장기간임에도 비교적 단기간에 원리금을 변제하여야 하는 계약을 체결하였기 때문에 원리금상환금액이 상당히 높았다. 현금흐름이 원활하지 않자, 동아탱커는 금융권과 이를 장기로 늘려서 부담을 줄이려는 시도를 하였다는 것이다. 이 과정에서 협상이 잘 되지 않자, 동아탱커는 회생절차에 들어갔고, 금융권은 회생절차 신청 이전에 BBCHP 원리금상환액 미지급을 이유로 계약해지를 통보하였다는 것이다. BBCHP의 소유자는 여전히 SPC라는 것이 한진해운 사태에서의 법원의 입장이기 때문에 금융권은 계약상 그러한 권리를 가지는 것으로 보인다. 그렇다면, 그 결과는 어떻게 될 것인가가 문제된다.

형식상 소유자인 SPC 및 금융권이 선박 12척 중 대부분을 회수해가면, 회생절차에서 동아탱커가 운항할 수 있는 선박은 없어진다. 결국, 회생절차가 개시된다고 하여도 동아탱커는 파산의 길로 갈 수밖에 없는 것으로 보인다.

많은 장점을 가진 BBCHP 구조가 해운선사들이 회생절차에 들어갈 시 아주 불리하다는 점이 다시 한번 부각되고 있다. 용선자인 해운선사가 1척의 선박에 대하여 95%의 선박원리금을 변제한 상태라고 하여도 선박은 여전히 SPC의 소유이므로 SPC와 금융권은 금융계약을 해지할 수 있다. 물론, 변제한 금액 95%는 선박을 매각한 다음 용선자가 환급받을 수 있을 것이다. 그렇지만, 해운선사로서는 선박을 회생절차에 활용할 수 없기 때문에 파산이 되고 말 것이다. 그런 다음, 95%의 현금을 수령하여도 소용이 없게 된다. 예컨대, 10척의 선박에 대하여 용선자인 해운선사들이 선가의 1/2을 모두 변제한 상태라고 하여도 모든 선박들은 SPC와 금융권에 의하여 해지되어 채무자인 용선자의 수중에서 떠나갈 것이다. 필자는 이러한 경우 5척에 대한 선가는 이미 채무자인 해운선사가 지급한 것이니, 5

척에 대하여는 회생법원이 채무자의 소유로 인정하여 회생절차 하에서 지속적인 영업활동이 이루어지도록 해야 한다고 생각한다. 선박을 몇 등분으로 나누어 분리할 수 없으니 불가하고, 각각의 선박에 대한 채권자(특히, 선박우선특권자)들이 있으므로 현실적으로 불가능하다는 답이 나올 수는 있다. 그렇지만, 현실적으로 BBCHP를 사선으로 인정해주는 단행법도 있고, 실무에서도 그런 인식이 강하다는 점을 고려해야 한다. 무엇보다, 채무자회생법은 채무자를 살릴 목적으로 존재한다는 것이다.

한편, 금융권의 입장에서 본다면, 회생절차가 개시되어도 BBCHP 하에서 운항하는 선박은 관리인이 이행을 선택하면 용선료는 공익채권이기 때문에 금융권이 손해를 보지 않는 것으로 보이는데 이러한 조치를 취한 것은 동아탱커 측이 신뢰를 주지 못하였거나 이렇게 하는 것이 금융권에 유리하기 때문일 것으로 추측된다. 그렇지만, 금융계약 해지가 연 매출 2,000억원에 해당하는 건실했던 벌커선사를 파산에 이르게 할 수 있다는 점을 필자는 우려한다. 매출 8조~10조원의 한진해운이 자금경색으로 더 이상의 대출이 되지 않자 회생절차에 들어가 파산된 지가 얼마 지나지 않았다. 그동안 해운선사들이 자금경색시 도산을 막기 위하여 만들어 둔 안전장치의 기능이 무엇인지, 과연 우리는 그러한 안전장치를 만들어 두었는지 의문이 든다. 동아탱크가 파산되고 2,000억원에 이르던 매출이 사라져서 우리 해운의 규모가 또 축소되어야 하는가? 해운산업 매출 100조원을 10년 내에 달성하자는 필자의 주장은 다시 한 번 공염불이 되는가 싶어서 안타깝다.   (〈쉬핑가제트〉, 2019년 4월 13일)

4. 동아탱커 SPC선박에 대한 포괄직금지명령의 의의

부산에 기반을 둔 중형 선사인 동아탱커(이하 동아)가 회생절차를 4.2. 신청하여 해운계는 다시 한번 불안에 싸이게 되었다(4.16. 회생절차 개시됨). 리먼 브라더스 사건 이후에 10여건의 해운선사들의 회생절차 사건이 있었다. 주로 고액의 용선료의 부담을 이기지 못한 선박회사가 회생절차를 활용해 고액의 용선료를 삭감하여 회생을 시도하였고 대부분 회생되었다.

이번 동아의 회생절차 신청은 이러한 기존의 해운선사의 회생과 태양이 다른 양상이다. 국취부 나용선(BBCHP) 선박을 많이 가진 동아가 회생절차를 신청하자 채권자인 금융권이 선박들을 회수해 가려는 시도를 하여 동아탱커는 파산 일보직전까지 몰렸었다. 그렇지만, 회생법원이 동 선박들을 소유한 SPC들에 대한 포괄적 금지명령을 4.17. 내림으로써 협상의 여지가 생겨 동아탱커로서는 회생의 실마리를 찾았다. 이 결정이 금융권을 압박하는 수단으로 읽히면서 불만의 목소리도 나온다. 일각에서는 BBCHP 선박에 대하여 법원이 한진해운사태와 달리 용선자인 해운선사가 소유권을 가지는 것으로 취급하여, 금융권은 선박에 대하여 담보권자가 된다는 회생담보권이론을 취한 것으로 보는 시각도 있다.

〈동아탱커 관련 회생절차 사건〉

채무자로서 동아탱커의 회생절차 개시신청

동아는 17척의 선박을 보유하는 연 매출액 약 2,000억원에 달하는 중견 벌크 선사로 부산에 기반을 두고 있다.

동아는 재정이 건실한 선사로 알려졌으나, 최근 악화된 벌크 시황으로 인하여 수입이 감소하고 현금흐름이 좋지 않자, 자신들이 보유하던 BBCHP선박의 원리금 상환 구조를 변경하려고 한 것으로 알려졌다. 선박들에 대한 재용선계약의 기간을 15년 등으로 늘리는 것으로 수정하게 되었다. 이에 국내금융권에 갚아야 할 금원은 많은데 용선자로부터 들어오는 금원은 적었기 때문에 동아는 금융권에게 대출약정상 원리금상환의 기간을 연장해 주길 원했다. 이러한 가운데에 국내금융권과 동아는 분쟁이 생겼고, 동아는 회생절차에 들어가게 되었다고 한다.

회생절차를 개시하기 3~4일 이전 원리금상환을 하지 못한 동아에 대하여 금융권은 채무불이행(EOD: Event of Default)을 선언하면서 대출약정계약을 해지하고 BBCHP 계약도 해지하였다. 아직 회생절차 신청 이전의 계약해지이고 또한 회생절차개시결정이 난 것도 아니라는 점에서 금융권의 이러한 조치가 적법하다. 이 경우 금융권은 BBCHP선박 12척에 대한 반선을 해 갈 권리를 가진다.

이와 같은 연유로 12척의 선박이 모두 회수되어 간다면, 채무자인 동아는 영업이 불가하므로 회생 또한 불가하게 될 것은 명확하였다. 금융권의 이러한 조치에 의하여 동아는 사실상 파산의 위기에 몰리게 되었다. 며칠 뒤 4.16. 회생법원은 동아탱커에 대하여 회생절차 개시결정을 내려주었다.

채권자로서 동아탱커의 회생절차 활용

동아는 12척의 BBCHP선박을 보유하고 있었다. 이를 보유하게 된 경과는 아래와 같다.

(i) 동아는 국내 금융단에게 선박의 건조를 위하여 대출을 해줄 것을 의뢰하게 된다.

(ii) 국내 금융단은 동아에게 직접대출을 실행하지 않고 해외에 가공의 SPC를 세워서 대출을 해준다. 이는 여러 가지 절연효과를 누리기 위해서이다. 국내 금융단은 해외에 치적된 SPC에게 대출을

하게 된다. 대출금 회수를 위한 담보로 선박을 취하여 금융단은 저당권자의 지위에 있게 된다. 금융단과 SPC사이에 이와 같은 내용의 대출계약이 체결된다.

(iii) SPC는 소유자로서 선박을 동아에게 나용선 형태로 빌려준다. 동아는 장기간 원리금을 상환하고 용선기간이 종료됨과 동시에 잔금을 치르고 선박의 소유권을 취득하게 되는 구조이다. 이와 같은 내용의 국적취득조건부 나용선계약(BBCHP)이 맺어진다. 대출계약과 BBCHP계약은 서로 맞물려 있는 구조로 만든다. 대출계약에서 원리금을 상환하지 못하면 대출계약이 해지되면서 BBCHP계약도 해지되는 형식으로 서로 연동되어 있다.

(iv) SPC는 자신이 소유자로서 동아에 대하여 가지는 용선료채권을 금융단에게 담보로 제공한다. 금융단은 자신의 대출금을 용선계약상 용선료로 담보 받고 있는 셈이다. 여기에 더하여 금융단은 동아로 하여금 SPC에 지급되는 대출금 지급보증을 받는다. 동아는 SPC의 금융단에 대한 채무의 보증인적 지위에 있다.

동아는 국내금융권이 SPC에게 대출을 해 준 것에 대하여 지급보증을 금융권에게 하여주었다. 만약 SPC가 대출금을 갚지 못하면 자신이 대금을 갚고 SPC에 대하여는 구상을 해야 한다. 즉, 동아는 SPC에 대하여 장래 구상채권을 가지는 채권자의 지위에 있다.

동아는 채권자의 한 사람으로서 회생법원에 SPC에 대한 회생절차의 개시 및 포괄적 금지명령을 신청하였다. 채무자 회생법 제34조 제2항은 채권자도 회생절차를 신청할 수 있도록 하고 있다. 회생법원은 2019.4.17. 이를 받아들여 주었다. 그 결과 금융단이나 다른 채권자들이 SPC에 대한 강제집행을 할 수 없게 되었다. 즉, 용선계약은 해지되었지만, 선박에 대한 회수를 할 수 없게 된 것이다.

〈쟁 점〉

한진 샤먼호 판결과의 차이점

이러한 회생법원의 결정은 2016년 한진 샤먼호 결정과 아주 다른 결과를 가져왔다. 한진해운이 BBCHP를 한 선박인 한진 샤먼호 사건에서 동 선박은 회생절차가 개시된 다음임에도 불구하고 채무자인 한진해운의 소유가 아니라고 창원지방법원이 판단, 선박은 파나마법에 의거하여 선박우선특권의 대상이 되었다. 그 결과 선박은 임의경매가 되었다. 업계에서는 BBCHP선박은 사선이므로 한진해운의 소유권이 인정되어 채권자들의 강제집행의 대상이 되면 안 된다는 여론이 당시 강했다.

통상 용선계약이 있는 선박에 대하여 관리인이 이행을 선택하면 금융권은 자신들이 보유하는 채권은 공익채권이기 때문에 전액을 회수 받을 수 있었다. 관리인이 용선계약을 해지하면 선박을 반선받아 올 수 있었다. BBCHP선박도 이러한 미이행쌍무계약론의 입장에 선다는 것이 최근의 법원의 입장이었다. 그러므로, 동 선박은 회생절차상 강제집행금지의 범위 밖이므로 SPC를 활용하여 금융권자는 저당권자로서 언제나 그 선박을 반선받아올 가능성이 남아 있었다.

반면 이번 사건에서는 포괄적 금지명령에 따라 금융권을 포함한 채권자들이 동 선박들에 대하여 강제집행, 반선이나 매각을 할 수 없게 되었다는 점이 큰 차이점이다.

동 법원의 결정이 BBCHP를 회생담보권으로 본 것인가?

동산의 금융리스에 대하여 법원은, 동산의 소유권은 리스이용자에 있는 것으로 간주하여 리스회사는 리스대금채권에 대한 담보로서 동산을 보유하는 것으로 보아 금융권의 채권을 회생담보권으로 보아왔다. 그러나, 한진 샤먼호의 경우 법원은 이러한 입장을 취하지 않고 이를 미이행쌍무계약으로 보았다. 즉, 소유권은 여전히 해외의 SPC에 있다고 본 것이다.

그러면, 이번 판결이 BBCHP선박은 동아의 소유이고 금융권은 회생담보권자로 본 것인가 하는 의문이 남는다. 이런 의문은 금융권이 BBCHP선박을 회수해 갈 수 없다는 점에서 회생담보권설을 취할 경우와 결과가 동일하게 되었기 때문이다.

그렇지는 않다는 것이 필자의 생각이다. 이번 조치는 동아의 2번째 회생절차관련 신청에 대하여 회생법원이 결정을 내린 것이다. 동아측은 자신들이 보증인이므로 원리금 상환에 대한 보증채무를 금융권에 이행하고 나면, SPC에 대하여 장차 구상채권을 가지므로 자신들의 권리를 보호하기 위하여 채무자인 SPC의 재산을 일단 동결시킨 것일 뿐이다. 채무자가 보유하는 BBCHP선박의 법적 성질을 어떻게 볼 것인가와는 무관한 논리전개이다. 그러므로, 이를 두고 회생절차에 들어가면 회생법원이 BBCHP선박에 대하여 회생담보권설을 취하였기 때문에 회생절차가 개시되면 선박은 채무자회생법 제58조의 채무자의 재산으로 간주되어 더 이상 강제집행을 할 수 없기 때문에 금융권이 상당히 불리해졌고, 따라서 금융권이 더 이상 해운선사에게 대출을 하지 않게 될 것이라는 우려는 시기상조이다.

해외 치적 SPC를 상대한 신청이 한국 회생법원에서 가능한가?

BBCHP선박은 해외에 치적이 되어있다. 그럼에도 불구하고 우리나라 법원에 회생절차를 신청할 수 있는가? SPC인 선박이 모든 요소가 한국과 연결되어 있고, 서류상으로만 등록이 해외에 있는 경우에는 마치 법인격부인론과 같이 우리나라와의 관련성을 인정해 우리 법원에서 회생에 대한 관할을 가진다고 볼 수 있을 것이다. 국제사법 제2조 제1항은 "법원은 당사자 또는 분쟁이 된 사안이 대한

민국과 실질적 관련이 있는 경우에 국제재판관할권을 가진다."고
한다.

또한 BBCHP의 법적 성질을 사선으로 보는 실무의 입장, 실제로
는 원리금을 95% 이상 납입한 상태에서도 회생에 선박을 활용하지
못하는 채무자의 입장을 고려하면 이런 조치도 가능하다고 해석된
다. 무엇보다 채무자회생법이 채무자인 해운선사의 회생을 목적으로
하기 때문이다.

추가조치

동아에 대하여는 회생절차개시결정이 이미 내려진 상태이다. 동
아가 채무자회생법 제34조 제2항의 채권자의 지위에서 12개의 SPC
에 대하여 포괄적 금지명령과 함께 회생절차개시 신청을 한 상태이
기 때문에 법원이 12개의 SPC에 대한 회생절차 개시를 허가해줄 것
인지 이목이 집중된다.

동아관련 제2의 회생절차개시가 성공한다면, 금융단은 SPC에게
대출을 하고 저당권을 가지는 자이므로, SPC에 대하여 회생담보권
자가 될 것이다. 동아가 이행을 선택하여 공익채권으로 원리금을 받
아도 이는 SPC의 소유가 되므로 회생절차에 따라서 변제되므로 금
융권은 원리금을 받지 못하는 사태가 벌어질 것이다. 또한 금융권은
저당권자라고 하더라도 BBCHP선박에 대한 강제집행을 하지 못한
다. 선박은 금융대출계약/용선계약이 해지된 상태이기 때문에, 관리
인이 이행의 선택을 할 수도 없다. 어정쩡한 상태이다. 금융권은 동
아와 협상을 하여 선박을 어떻게 할 것인지 협의하는 단계를 거칠
것으로 보인다.

⟨향후 전망⟩

본 회생법원의 4.17. 결정으로서 해외의 SPC도 함께 국내회생법원에 회생절차개시 신청을 한 결과가 되었다. 채권자인 동아탱커가 선박에 대한 포괄적 금지명령을 요청하여 SPC 선박들은 포괄적 금지명령의 대상이 되어 선박이 채권자로부터 회수되는 길은 막게 되었다.

만약, 회생절차 개시까지 허용이 된다면, 각각의 선박은 채권자의 강제집행의 대상이 되지 않으므로 채무자는 BBCHP 선박을 활용하여 영업을 계속할 수 있는 길이 열리게 된다. 다만, 해외에서 동 금지명령의 효력이 미치지 않는다면 저당권자인 금융단은 선박에 대한 강제집행에 들어갈 수 있다.

다음 단계로 생각할 수 있는 것으로는, 채무자인 해운선사가 회생절차에 들어갈 때에 해외의 SPC도 각각 우리 회생법원에 회생절차개시를 신청하는 것이다. 법원이 이번 판결과 같은 태도를 취하면 SPC에 대하여도 회생절차가 개시되어 채무자는 BBCHP선박을 회생절차 하에서도 영업에 계속하여 사용할 수 있게 된다.

이러한 조치는 해외에 SPC를 설치한 목적과 달리 금융권에게 불리한 것이므로, 실제로 BBCHP에 대하여 원리금을 변제한 %에 따라서 SPC에 대한 회생절차개시를 결정해주는 재량을 법원이 발휘할 수도 있을 것이다. 예를 들면, 10척의 선박 중 전체로 보아서 50%만큼 변제가 되었다면, 5척의 SPC에 대해서만 회생절차개시를 받아들여주는 것이다. 이러한 내용을 대출계약과 BBCHP계약에 명기할 수도 있을 것이다.

선박회수권을 갖지 못하는 채권자인 금융단은 불안한 지위에 놓일 수 있다. 그렇지만, 회생절차가 개시되어도 공익채권이 되기 때문에 관리인의 처분에 선박을 맡겨두어도 손해가 없기 때문에 굳이 계약해지를 통하여 선박을 환취할 절대적 필요성이 보이지 않는다. 한진해운 사태의 경우 미국이나 싱가포르의 경우 회생절차 개시 시 BBCHP 선박 및 정기용선 선박에 대하여도 압류금지명령(stay order)의 대상으로 한 예도 있다. 위의 제안과 같이 원리금 상환된 선박의 비율에 따라 일부 만에 대하여 회생절차를 개시하게 하고 나머지는 채권자인 금융단이 환수할 수 있도록 하는 방안도 있을 것이다.

　미국 연방파산법 1110조의 경우와 같이, 기본적으로 담보권자인 금융권이 담보권을 실행할 수 있지만, 30일 혹은 60일 이내에 연체된 용선료 등을 납부하면 용선자가 선박을 계속 자신의 영업에 활용할 수 있도록 하는 규정을 두면 금융권과 용선자의 이익도 함께 보호될 것으로 본다.　　　　　　　(《한국해운신문》, 2019년 4월 19일)

제4부

한국해운의 재건과
국제경쟁력 확보방안

제1장 한진해운을 살리자
제2장 정기선 해운을 살리자
제3장 선주사를 육성하자
제4장 해양진흥공사
제5장 해운업 살리는 법제도 구축
제6장 한국 해운산업 발전방안

제 1 장
한진해운을 살리자

1. 불황 겪는 우리 船社, 살아남게 해야

고양시에서 재배한 꽃을 미국 LA백화점에 매주 월요일에 배송하려면 1주일에 한 척씩 우리나라에서 출항하는 정기(定期) 선사(船社)의 선박에 꽃을 실어 보내야 한다. 도착 즉시 하역이 가능한 정기선사의 부두가 LA에 있어야 한다. 정기선 운항을 위해서는 화물을 모으기 위한 조직망이 필요하고, 정시성을 맞추기 위한 충분한 선박과 터미널이 세계 각지에 있어야 한다. 화주(貨主)의 다양한 수요에 맞추기 위해 세계적인 망을 갖춘 해운동맹의 일부(회원)가 되어 다른 정기선사와 협업을 해야 한다.

2008년부터 시작된 해운 불황이 8년간 지속되면서 부정기(不定期) 선사 10곳이 기업회생절차를 밟고 사라지거나 구조 조정됐다. 우리나라 대형 정기선사도 아주 힘들다는 기사를 자주 보게 된다.

정기선사가 기업회생절차에 들어가게 되면, 그 회사가 살아남는다고 해도 동맹선사들 사이에서 신뢰가 깨지기 때문에 해운동맹의 회원사로 다시 들어갈 수 없다. 결국 우리나라 자체의 세계일주 운송서비스망을 잃어버린다는 말이 된다. 그렇게 되면 북미나 유럽으로 오가는 우리 상품은 모두 외국 정기선사에 맡겨야 한다. 세계적인 망을 갖춘 정기선사를 다시 만드는 것은 수십년의 시간이 걸리는 일이다.

오늘의 우리 해운시장이 어려운 큰 이유 중 하나는 감당하기 어려운 불황기로 인해 우리 스스로는 어쩔 수 없는 상황, 즉 외생변수 때문이다. 통상 불황이란 영업 수입이 호황기의 2분의 1, 3분의 1이 되는 것이다. 그런데 해운의 수입지수가 호황기인 2007년에 비하여 현재 20분의 1이다. 상품을 실어 나른 대가로 해운회사가 수령하는 운임이 2007년 100만원에서 현재 5만원이 됐다는 뜻이다. 이러한 상황에서 어떻게 해운회사가 정상적인 영업을 할 수 있겠는가. 어려움을 겪고 있는 정기선사는 최후 수단으로 선박을 빌려준 선주들에게 용선료 인하를 요청하고 있다. 선주, 화주, 용선자, 은행 등은 긴 안목으로 어려울 때 서로 도와가야 한다.

해운은 국제경쟁 아래에 있다. 역사상 초유의 불황을 우리 정기선사들이 견디고 살아남아 우리 수출품을 실어 날라야 한다. 물론 선사 자체의 노력이 일차적으로 중요하지만, 정부와 다른 경제 주체 및 국민의 지원과 관심이 절대적으로 필요하다.

〈〈조선일보〉, 2016년 4월 21일〉

2. 해운 구조조정, 기초체력 훼손은 안 돼

한진해운과 현대상선, 양대 국적 원양 정기선사가 한국 경제에서 차지하는 비중은 결코 작지 않다.

첫째, 두 원양 정기선사는 제3국 간 화물운송을 통해 연간 100억 달러 이상의 외화를 벌어들였다. 2000년대 중반까지 해운산업은 자동차·조선·반도체산업과 함께 4대 외화가득 산업의 하나였다.

둘째, 항만 물류 등 해운과 연계된 산업을 통해 국부를 창출하는 기능도 매우 컸다. 부산항 등에서 처리되는 수출입용 화물은 항만부대사업을 일으키고 많은 일자리를 창출했다. 이들 정기선사는 세계 각국에 부두를 운영하며 수입을 올리고 있기도 하다.

셋째, 이들 원양 정기선사는 한국의 상품 수출입 화주들에게도 유익하다. 국내 화주들이 원하는 날짜와 장소에 상품을 수출입하는 기능은 국적 선사가 외국 선사보다 더 확실하고 편리하게 제공한다. 정기선 운송계약은 '서비스계약'이라는 장기계약을 체결하는데, 대량 화물을 가진 우리 화주는 국적 원양 정기선사와 운임 조건 등에서 유리하게 계약을 체결해 왔다.

넷째, 이들은 운송계약 관련 분쟁에서 우리 화주에게 유리한 점을 제공한다. 원양 정기선사들은 세계 각국에 선박이 기항하므로 여기저기에서 소송을 제기당할 수 있다. 따라서 선사의 주된 사무소를 관할하는 법원에서만 소송을 제기하도록 약정하고 있다. 일본 선사인 NYK는 도쿄, 덴마크 선사인 머스크는 런던, 독일 선사인 하파그로이드는 함부르크의 지방법원에서만 소를 제기할 수 있다. 우리 선사와 관련해서는 서울에서 소를 제기할 수 있도록 돼 있다.

다섯째, 이들은 한국의 해상법(海商法)이 존재하도록 도와준다. 용선 및 선박건조 계약과 관련한 분쟁은 거의 모두 영국법을 준거법으로 하고 런던의 해사중재원에서 다루도록 약정하고 있다. 그렇기 때문에 우리 해운 관련 분쟁은 대부분 영국에서 처리돼 왔다. 다행히 국적 원양 정기선사의 분쟁 해결은 한국 준거법에 우리 법원을 관할법원으로 한 소송을 진행하도록 약정돼 있기 때문에 한국에서 해상법 관련 사건이 존재하도록 해 줬다.

이런 여러 긍정적인 기능을 하는 국내 양대 원양 정기선사가 지금 큰 위기를 맞았다. 1990년대까지만 해도 양대 원양 정기선사는 다양한 선종(船種) 운영으로 위험을 분산시키며 성공적으로 영업해 왔다. 그러나 외환위기 이후 2000년대부터 부채비율을 맞추기 위해 자동차운반선 등을 매각하고, 다시 매각한 선박을 높은 용선료를 내고 빌려와 운항하기 시작했다. 해외에서 운영하던 부두도 매각했다. 그 결과 2010년대 전체 영업비 중에서 정기선이 차지하는 비중이 잔뜩 높아졌다. 반면 이 기간 일본의 NYK는 정기선 영업 비중을 오히려 낮추고 자동차운반선 및 육상물류업 비중을 높였다. 그리고 해외에 부두를 운영하면서 수입도 올렸다. 지금도 NYK가 글로벌 불황국면을 안정적으로 이겨내고 있는 비결이다. 이런 형태로 일본의 3대 정기선사는 동일 해운동맹 안에서 안정적으로 수입을 올리고 있다. NYK는 1998년 해운동맹이 폐지돼 정기선 운임이 자율화되자 극심한 경기변동을 견디기 어렵다고 보고 그 비중을 줄인 것이다.

이번 해운 구조조정은 NYK의 예에서 배워야 한다. 하나의 선종만을 운영하는 데서 오는 경영상의 위험을 줄이기 위해 사업의 다각화를 재추진토록 하고, 선가가 낮은 지금 오히려 선박을 건조 또는 매입할 수 있도록 유도해 선사의 기초체력을 튼튼히 다지도록 하는 구조조정에 초점을 맞춰야 한다. 선사들의 뼈를 깎는 자구노력이 선행돼야 함은 물론이다. 용선료 인하협상을 서둘러 매듭짓고 자구노력을 신속히 이행해 글로벌 해운업계의 '치킨게임' 속에서 자생할 수 있는 길을 찾아야 한다.   (《한국경제》, 2016년 6월 5일)

3. 한진해운 영업망·노하우 살리는 구조조정을

회생절차에 들어간 국내 최대선사인 한진해운은 연간 7조원의 매출을 올리는 정기선사이다. 비록 현재 부채가 많은 점은 부인할 수 없지만, 2015년의 경우 영업에서는 흑자가 났다. 한진해운은 하역료, 도선료, 예선료, 선박연료대금, 선원의 임금, 용선료, 금융이자 등으로 7조원을 쓰거나 지급한다.

한진해운이 없어진다면 이곳에서 수입을 의존하던 많은 경제주체들의 생계가 위험에 처한다. 한진해운은 1949년 설립된 대한해운공사의 후신으로서 그 영업망과 노하우를 이어받았다. 지난 70년간 선원, 해운행정가, 육상의 영업담당자 등 관련자들의 피와 땀이 쌓여 한진해운이 존재하는 것이므로, 회사의 생사 결정에는 해운 및 무역 종사자들의 의사도 반영되어야 한다.

무역입국을 하기 위해서는 건실한 해운업체의 존재가 필수적이다. 우리 상품을 실어 나르는 역할도 해운에 있어 중요하지만, 외국 상품 운송에서 얻는 운임수입의 비중도 크다는 점을 잊지 말자. 한국해운은 2000년대 초반 반도체, 자동차, 선박수출과 함께 4대 외화가득 산업이었다. 우리 해운사가 없다면 제3국간 운송에서 운임수입을 얻지 못하게 된다.

부채가 많은 해운기업에 대한 구조조정의 필요성에는 공감한다. 그러나, 한진해운이 흔적도 없이 사라져 7조원의 매출이 모두 없어지는 구조조정이 무슨 소용이 있겠는가. 매출 규모 7조원의 한진해운이 가진 영업망과 노하우를 그대로 이어가는 구조조정이어야 한다. 현재 벌어지고 있는 물류대란이란 하역작업이 되지 않아 화물이 수입자의 수중에 들어가지 못하는 상태를 말한다. 이로 인해 한진해운의 신뢰가 추락하고 있으며 영업망도 깨어지고 있다. 이런 상태가 지속하면 회생계획안이 나올 수 없고 한진해운은 청산으로 가게 될 것이다. 다른 해운회사와의 인수·합병(M&A) 등 모든 시나리오는 현재의 한진해운의 건실한 영업망과 인력, 노하우가 그대로 존재한다는 전제에서만 가능하다. 그렇지 않다면, 정기선사 하나가 없어지는 큰 손해를 입게 된다. 전 세계적인 물동량이 줄어든 상황에서 선박의 수가 많기 때문에 그 수를 줄여야 하는 상황이다. 이 때문에 어느 정기선사가 먼저 도산되는지 국제적인 경쟁이 이어지고 있다. 한진해운의 허무한 도산은 외국의 정기선사만 이롭게 하는 것이다.

　채무자인 한진해운과 한진그룹, 채권단 그리고 정부와 법원은 거시적인 관점에서 모든 역량을 결집해 현재의 물류대란을 조속히 마무리하고 한진해운이 영업망을 그대로 가진 채로 회생의 길로 들어가도록 노력하자. 지난 30년간 누적된 한진해운의 총매출이 국민경제에 미친 긍정적인 효과도 생각해야 한다. 또 2002년에서 2007년까지의 5년간 이어진 한국해운의 최대 호황기도 생각해보자. 지금은 10년 불황의 끝자락이고 곧 기다리던 호황기가 우리를 찾아올 것이라는 희망을 가져야 한다.　　　　　　　　　(《중앙일보》, 2016년 9월 19일)

4. 정기선사 하역보험 도입해야

　이번 한진해운 물류대란은 한진해운 선박이 부두에 접안해도 하역회사들이 하역비를 받지 못할 것을 우려해 작업을 하지 않았기 때문에 발생한 것이다. 운송인은 수출자의 상품을 도착지에서 하역해 수입자에게 인도해줘야 할 의무가 있다. 운송인은 하역작업을 하역회사에 의뢰하는데, 하역회사는 하역비를 받기가 어렵게 되자 지급 보증을 요구한 것이다.

　정기선 운항에서 정시성(定時性) 확보는 생명과도 같다. 운송인으로서 정기선사는 수출자에게 어느 장소에 언제까지 자신이 인수한 상품을 수입자에게 배달하겠다고 공표하고 약속을 한 것이다. 이런 신뢰를 바탕으로 모든 상품의 수출입과 매매가 상인 사이에서 국제적으로 이뤄진다. 한진해운 사태를 경험하면서 정시성이 담보되는 제도적 장치가 마련되지 않았음을 깨닫게 된다.

수출자로부터 받은 운임 대가로 운송인은 하역작업을 완수해야 할 지엄한 의무가 있다. 재정상태가 좋지 않게 되면 하역비 지급이 어려운 상황도 닥칠 수 있다. 이런 위험은 보험제도를 활용해 회피할 수 있다. 법정관리에 들어간 항해에 실은 상품에 대한 하역비 지급을 보장하는 보험계약을 정기선사가 사전에 마련해두는 방법이 있다. 채무자인 정기선사가 하역비를 지급하지 못하게 되면 보험금 형식으로 하역비를 하역회사가 보험자로부터 수령하도록 정기선사가 보험자와 약정을 체결하는 것이다. 하역회사를 피보험자로 하면 이행보증보험이 될 것이고, 정기선사를 피보험자로 하면 책임보험이 될 것이다. 두 가지 경우 모두 하역회사는 보험자에게 하역비에 상당하는 보험금을 직접 청구할 권리를 가지므로 하역비 지급은 보장된다. 이런 보장계약은 영리보험 또는 정기선사들이 자체적으로 만드는 공제나 상호보험을 통해 운영될 수도 있고, 정책적인 판단에 따라서는 보험계약의 체결을 정기선사 등록조건의 하나로 할 수도 있을 것이다.

정기선사가 보장계약을 체결해 하역작업을 제도적으로 보장하게 되면 비록 정기선사가 법정관리에 들어가도 이미 실린 상품에 대한 하역작업은 보장된다. 다시는 한진사태와 같은 물류대란이 발생하지 않을 것이다. 하역비 지급을 제도적으로 보장해 우리 정기선사의 신뢰도를 회복시켜 우리 무역과 해운업을 다시 살려 나가자.

《한국경제》, 2016년 10월 19일)

5. 국적선 적취율 높여야 '해운한국' 되찾는다

세계 5위였던 한국 해운산업의 한 축이 무너지고 있다. 한국 외항정기선사의 대표주자 한진해운은 아마추어적인 법정관리 결정으로 청산을 앞두고 있고, 하나 남은 현대상선마저 완전한 얼라이언스(해운동맹)에 가입도 못한 채 세계적인 무한경쟁의 바다에 내던져졌다.

1980년대까지만 해도 정기선해운은 선사들이 모여 운임을 정하는 해운동맹을 이용해 안정적인 수입을 올릴 수 있었다. 그 후 해운동맹이 와해돼 선사 간 경쟁이 심해지면서 운임은 하락했다. 컨테이너 선박이 대형화하면서 상품을 실어나를 수 있는 선복량은 크게 늘었지만 물동량은 오히려 감소해 선박의 빈 공간은 더 많은 상태(최대 30%)가 지속되고 있다. 대폭적인 폐선 조치가 없으면 운임은 더 떨어질 수밖에 없는 구조다. 얼라이언스을 통해 경비를 절약하면서 수지를 맞추려 하지만 역부족이다. 선복량을 조절하는 공조체제가 없다 보니 다른 선사들이 도산해 선복량이 줄어들기를 선사들은 기다리고 있다. 하필이면 우리 한진해운이 이런 수급불균형의 직격탄을 맞았다. 한국 선사를 보호할 특단의 조치가 필요하다.

첫째, 해운시황에 대한 인식전환이 필요하다. 운임은 자율화됐고 수요보다 공급이 초과하는 상황에서 한국 선사는 어떻게 살아남을 것인가. 한진해운이 제3국의 화물을 운송해 벌어오던 5조원의 외화, 한진해운의 총 매출 8조원(대한항공 수준)이 없어져도 외국의 선사를 이용하고 다른 산업으로 그만큼의 매출을 올릴 수 있으니까 더 이상 국적 선사는 없어도 된다고 자신 있게 말할 수 있는가. 매출 8조원의 후방산업 효과는 대단히 큰 것이 아닌가. 국적 선사가 필요하다는 결론에 이르렀다면 정부는 선사에 대한 지원 및 육성에 강한 의지를 보여줘야 한다. 선복수급의 조절이 깨진 상태에서 각국 정부와 선사들은 치킨게임을 하고 있기 때문이다.

둘째, 다시 사업다각화를 해야 한다. 외항 컨테이너선 이외의 다른 부정기선 시황은 좋기 때문에 부정기선 운항에서 번 수익으로 컨테이너선 운항의 적자를 메우는 시스템을 가지고 불황을 버텨야 한다. 이것은 과거 우리나라 선사들이 해왔던 방식이고, 일본 NYK

(육상물류 분야)와 머스크(에너지산업 분야)가 취하고 있는 전략이기도 하다. 최근 현대상선이 대형 컨테이너 선박을 더 발주하겠다던 당초 계획을 변경해 유조선 등의 건조를 하겠다고 한 결정은 적절한 선택이다. 적재할 화물을 구하기도 힘들고 운임이 낮기 때문에 적자가 날 가능성이 더 높기 때문이다. 1980~1990년대에 황금비율로 가지고 있던 포트폴리오를 현대상선이 회복하도록 정부가 지원해야 이 불황의 파고를 넘을 수 있다.

셋째, 우리 화물 적취율(해상 수출입 화물량 중 국적선 수송 비중)을 높이고 금융이자 부담을 낮춰줘 손실을 줄이도록 해야 한다. 선사들은 대량 화주와 장기운송계약을 체결해야 한다. 현재 우리 화물의 적취율은 20%에 지나지 않는다. 이를 50% 수준으로 올려주면 안정적으로 영업할 수 있다. 경기변동에 따라 5~10% 운임을 증액 혹은 감액해 선사와 화주가 불황 시 그 어려움을 도와주는 상생 운임약정을 체결하자. 일본은 자국 선박의 이용률이 70%에 이른다. 1990년대 중반 우리 화물 적취율이 50%에 이른 적이 있으므로 이는 다시 달성할 수 있는 목표다. 이런 상생의 약정은 선사(선주)와 금융단과도 체결이 가능할 것이다. 해운경기가 나쁘면 금융단은 대출이자를 시장금리보다 낮춰주고 해운경기가 좋아진 뒤 높게 받으면 선사 경영에 도움이 된다. 우리 외항정기선 해운이 깊은 장기불황의 파고를 넘고 부활하도록 선사, 정부, 화주 및 금융권 모두 힘을 모아야 한다.   (《한국경제》, 2017년 1월 3일)

제 2 장
정기선 해운을 살리자

1. 정기선사 운항의 중요성

해운업은 크게 정기선과 부정기선으로 나눌 수 있다. 정기선 운항은 자본집약적이고 국제적 망이 필요하다는 점에서 그렇지 않은 부정기선 운항과 큰 차이가 난다. 우리나라의 수출자가 고양시에서 재배한 꽃을 미국 LA의 어떤 백화점에 수출하는 계약을 체결하고, 매주 월요일에 이를 배송하자면 1주일에 한 척씩 우리나라에서 출항하는 선박에 꽃을 실어 보내야 한다. 정시에 LA에 도착하여도 선박이 접안할 부두가 없으면 월요일 시간에 맞추지 못하므로 도착 즉시 하역이 가능한 정기선사 자신의 부두가 LA에 있어야 한다. 이와 같이 정기선 운항을 위하여는 화물을 모으기 위한 조직망이 필요하고, 정시성을 맞추기 위한 충분한 선박과 터미널이 세계 각지에 있어야 한다. 또한 화주의 다양한 수요에 맞추기 위하여 세계적인 망을 갖추어야한다. 그러기 위하여는 세계적인 망을 갖춘 해운동맹의 일부(회원)가 되어서 다른 정기선사들과 협업을 하여야 한다.

해운산업은 부존자원이 없는 신생 대한민국이 행할 수 있는 좋은 산업이었다. 해방 후 정부는 대한해운공사를 설립하여 해운산업이 이 땅에 태동되었다. 수출드라이브 정책을 지원하기 위하여도 우리 화물을 실어 나르는 상선대가 필요하자, 정부와 업계는 1970년대부터 세계일주가 가능한 정기선 운항을 하기 위하여 큰 노력을 기울여 왔고, 그 결과 1980년대부터 대한해운공사의 후신인 대한선주(한진해운), 현대상선 그리고 조양상선의 3개선사 체제가 구축이 되었다. 이들은 세계적 정기선사들과 함께 어깨를 나란히 하면서 우리나라 상품을 많이도 실어 날랐고 제3국간의 운송에도 투입되어 국제경쟁력을 쌓아 가기 시작했다. 안타깝게도 1998년 외환위기 이후 2001년 조양상선을 잃어버린 다음, 그 후 한진해운과 현대상선의 양사 체제가 지속되어왔고 2000년대에는 운임수입도 많이 올려 효자산업으로 칭송이 자자하였다.

그런데, 2008년 글로벌 불경기와 함께 시작된 해운 불경기가 이미 8년째 지속되면서 위 두 회사도 무척 어렵다는 소식에 접하게 된다. 자유시장경제 체제하에서 경영이 힘든 회사는 기업회생절차를 밟는 것이 순서이다. 8년 불경기하에서 10개 정도의 부정기선사들이 기업회생절차를 밟고 사라지거나 구조조정 되었다. 굴지의 정기선사가 기업회생절차에 들어가게 되면, 그 회사가 살아남는다고 하여도 다시 현재 속한 해운동맹에 들어가는 것은 불가능할 것이다. 동맹선사들 사이에서 신뢰가 깨트려졌기 때문에 회원사로 다시 넣어주지도 않을 것이기 때문이다. 이것은 우리나라가 세계일주 운송서비스 망을 하나 더 잃어버린다는 말이 된다. 그렇게 되면 북미나 유럽으로 오고 가는 우리 상품은 모두 외국 정기선사에 맡겨야 하는 결코 바람직하지 않은 결과에 이르게 된다. 새로운 정기선사를 만들어 세계일주가 가능한 망을 만들어 가는 것은 지난한 일이 될 것이다. 15년 전 세계서비스를 제공하던 조양상선을 잃은 다음 또 다시 정기선사 하나를 우리는 잃어야 하는가?

오늘의 우리나라 해운시장이 어려운 것은 우리 선사들이 감당하기 어려운 외생변수 때문이다. 물론 경영진이 불황에 대비하여 해운경영을 잘하였다면 더 좋았을 것이다. 해운경기는 10년 불황에 1년 호황이라고 학교에서 배웠다. 일반인의 상상이 가능한 불황이란 영업 수입이 호황기의 1/2, 1/3이 되는 것이다. 그런데, 해운의 수입지수가 호황기인 2007년에 비하여 현재 1/20이 되어있다. 상품을 실어 나른 대가로 해운회사가 수령하는 운임이 2007년 100만원에서 현재 5만원이 되었다는 것이다. 이러한 상황에서 어떻게 해운회사가 정상적인 영업을 할 수 있을 것인가? 거의 예측불허인 상황이 전개되고 있다고 볼 수 밖에 없다.

우리나라가 1960년대부터 취하여 온 해운입국은 무역이 존재하는 한 영원히 가져가야 할 가치이다. 우리나라처럼 부존자원이 부족한 나라에서 해운처럼 좋은 산업도 없다. 3차 서비스 산업으로 외국의 화물을 운송하여 얼마든지 많은 운임수입을 올릴 수 있다. 우리나라 경제를 지탱하기 위한 원유 등 원자재의 수입, 전자제품 등 우리나라 주력 수출상품의 안정적 수출을 위한 최소한의 우리나라 선박과 해운회사가 국가적으로 필요함은 더 말할 나위가 없다.

최근 우리나라 외항 정기선사가 어려움을 겪는 것은 전 세계적인 물동량 감소와 신조선으로 인한 공급과잉으로 인한 바닥권인 운임폭락이라는 예측이 불가한 외생변수의 문제이므로 정부와 관련 경제주체들이 이들 정기선사를 도와주는 것이 바람직하다고 생각한다. 이렇게 함으로써 우리나라에도 국제적인 경쟁력을 갖춘 정기선사가 존속하도록 하여야 한다. 어려움을 겪고 있는 정기선사는 최후의 수단으로 자신들에게 선박을 빌려준 선주들에게 용선료인하를 요청하고 있다고 한다. 선주, 화주, 용선자, 은행 등은 긴 호흡으로 어려울 때 서로 도와가면서 무역과 해운영업을 바라보아야 할 것으로 본다. 해운경기가 좋아지면 해운기업들도 자발적으로 은행에게 차입금 이자도 높여주고 화주들에게 운임도 내려주고 국가에게 세금도 많이 내고 공익적인 사업에 기부도 많이 하는 상생하는 전통을 만들어야 할 것이다. 이러한 상생정책은 해운관련 당사자들에게 안정적이고 예측 가능한 경제활동이 가능하도록 하는 장점이 있다. 해운이라는 것은 결국 국제경쟁인 것인데, 외국의 대표 정기선사는 호경기가 올 때까지 버티는 작전을 펴고 있다. 해운경기의 역사 속에서 10년의 불황 뒤에 찾아온 1년 동안 살아남은 해운회사는 큰 부자가 되었다는 것은 너무나 잘 알려진 것이다. 강자가 살아남는 것이 아니라 살아남는 자가 강자라고 한다. 해운의 역사상 초유의 불경기속에서 우리 정기선사들이 살아남아서 강한 자가 되어야 한다. 이를 위하여는 선사 자체의 노력이 일차적으로 중요하지만, 정부와 국민들도 관심을 갖고 도와줄 것을 기대한다. 〈〈쉬핑가제트〉, 2016년 4월 6일)

2. 현대상선이 완전한 해운동맹을 맺으려면

국가마다 부정기선사는 수백 개가 있지만, 세계 일주를 하는 원양정기선사는 한 국가에 1~2개로 제한된다. 그렇지만 상품은 세계 각국으로 이동되어야 한다. 정기선사는 세계 각국의 모든 항구에 방문할 수 없다는 한계가 있다. 자신의 현재 수송능력보다 더 많은 상품을 운송하려는 정기선사로서는 다양한 방법을 고려하게 된다.

첫째, 다른 정기선사의 선박공간의 일부를 빌리는 계약을 체결하는 방안이다. 이를 슬로트(slot) 용선이라고 한다. 정기선사들끼리 자신의 선박 공간의 일부를 서로 빌려주는 약정을 체결하게 되면 이를 선복교환(slot exchange)라고 부른다. 이런 약정이 체결되면 국내

A사가 운송계약을 체결한 화물이 국외 B사의 선박에 일부 실려서 운송되게 된다.

둘째, 더 나아가 여러 정기선사가 한 노선에 선박을 나누어 배치하여 같이 활용하는 방안도 있다. 6척 컨테이너 선박을 가진 국내 A사가 특정 미주 노선의 일주(一週) 단위의 서비스를 위하여 6척의 선박을 모두 투입해야 하는데, 새로이 유럽 노선을 개발한다고 가정하자. 이때 국외 B사와 제휴를 하여 미주 노선에는 자신의 선박 3척만을 넣고 B사의 선박 3척을 추가 투입하는 한편, 유럽 노선에 남은 3척을 넣게 되는 약정을 체결하는 방안이다. 이를 공동운항(선복 공유, vessel sharing)이라고 한다. 이제 국내 A사는 미주의 화물만 운송하다가 그 영업의 범위가 유럽행 화물로까지 확장되어 더 많은 운임수입을 올리게 되는 것이다. 공동운항 하에서도 하부 계약으로 선복교환이 이루어진다.

몇 개의 정기선사들이 세계적인 운송망을 갖추면서도 안정적이고 경제적인 영업을 위하여 배타적으로 선복교환 협정 혹은 선박공동운항 협정을 체결하는 것을 얼라이언스라고 부른다. 이번에 현대상선은 2M과 선복교환 협정을 배타적으로 체결하였다. 배타적이라는 의미는 자신들 이외의 다른 선사들에게는 선복을 빌려주지 않는다는 약정을 체결하였다는 것이다. 2M의 수송능력은 총 600만TEU이지만 현대상선은 50만TEU 정도이다. 수송능력에서 10배 이상 차이가 나므로 동등한 입장에서 선박을 공동 운항하는 수준의 협정까지는 체결이 어려웠을 것이다. 현대상선은 몇 년간 힘을 키워 2M과 완전한 형태의 얼라이언스를 체결하여 더 큰 매출을 올릴 수 있도록 해야 한다.

현대상선이 법정관리에 들어간 한진해운의 운송능력을 그대로 이어받았다면 더 좋았을 터인데 그렇지 못해 아쉬움이 남는다. 한진해운의 법정관리가 최악의 상태로 처리되어 현재 한국 정기선사에 대한 신뢰가 바닥에 떨어진 상태이다. 수출자들이 자신의 화물의 안전한 수송에 의문을 가지지 않도록 정부는 해운정책 및 금융정책을 펼쳐야 할 것이다. 우리나라 대량 화주들로 하여금 우리 정기선사에 가능한 많은 화물 운송을 의뢰하게 하는 유인책도 제공되어야 한다. 하나 남은 국적 정기선사는 너무 소중해서 오히려 그 존속과 성장이 절박하게 느껴진다.　　　　　　　　(《중앙일보》, 2016년 12월 15일)

3. 현대상선의 2M 가입에 대하여

부정기선 운항과 달리 정기선 운항은 다양한 영업방식을 가진다. 뉴올리언즈에서 옥수수 1만톤을 싣고 인천항으로 오는 운송은 부정기선 운항이 된다. 이 운송을 위하여 수입자는 한 척의 선박을 빌리면서 한곳의 선적항에 한곳의 양륙항을 지정하면 된다. 운송인의 선박은 이 두 곳 이상을 들리지 못하고 그럴 이유도 없다. 한 척의 공간은 모두 차버렸기 때문이다. 이에 반하여 정기선 운항에서는 여러 곳에 선박이 기항하게 된다. 여러 수출자의 화물을 한 척의 선박에 가득 채워야 채산이 맞기 때문에 화물을 찾아 여러 항구에 기항하게 된다. 부정기선 운항에서는 한 명의 수입자가 한 선박 전체를 빌리는 것이므로 한 명의 송하인이 존재하지만, 정기선 운항의 경우에는 한 척의 선박에는 천 여 명의 송하인이 존재하는 점에서 큰 차이가 난다.

각국의 부정기선사는 수백개가 있지만, 세계일주를 하는 원양정기선사는 각국에 1~2개에 지나지 않는다. 그렇지만, 수 천명 수출자의 수출품은 세계 각국으로 이동되어야 한다. 정기선사는 세계 각국의 모든 항구에 방문을 할 수 없고, 현재 자신이 가진 선박의 공간보다 더 많은 수출상품을 의뢰받는 경우도 있다. 이런 수요를 자신의 현재능력으로는 처리할 수 없는 정기선사로서는 다양한 방법을 고려할 수 있다.

첫째, 다른 정기선사로부터 선박 자체를 빌리는 방안이 있다. 소위 항해용선이나 정기용선을 하는 것이다. 이 방법은 한 척의 선박 전부를 빌리기에는 운송해야 할 화물이 너무 적기 때문에 용선료가 낭비되는 어려움이 있다.

둘째, 다른 정기선사의 공간의 일부를 빌리는 계약을 체결하는 방안이다. 이를 space charter(스페이스 용선) 혹은 slot charter(슬로트 용선)라고 한다. 정기선사들끼리 자신의 선박 공간의 일부를 서로 빌려주는 약정을 체결하게 되면 이를 space exchange(선복교환)라고 부른다. 이런 약정이 체결되면 국내 A 정기선사가 운송계약을 체결한 화물이 국외 B선사의 선박에 일부 실려서 운송되게 되기도 하고, 또한 국외 B선사가 운송을 의뢰받은 화물이 국내 A 정기선사의 선박에 일부 실려 운송된다. 한 척의 선박을 빌리지 않고도 탄력적으로 자신의 운송능력을 늘릴 수 있다.

세번째, 여러 정기선사가 한 노선에 선박을 나누어서 넣어서 같이 활용하는 방안이다. 6척만의 컨테이너 선박을 가진 정기선사가 특정 미주노선에 weekly service를 하기 위하여는 6척의 선박이 모두 투입되어야 하는데, 유럽 노선을 개발하고자 한다고 가정한다. 다른 정기선사와 제휴를 하여 미주 노선에는 3척만 자신의 선박을 넣고 다른 정기선사의 선박 3척을 추가로 투입하고, 유럽노선에 그 남은 3척을 넣게 되는 약정을 체결하게 된다. 이렇게 하면 6척의 선박을 건조하거나 용선하지 않으면서도 이미 노선이 개발된 다른 정기선사의 노하우를 공유하게 되는 유리한 운항을 하게 된다. 이를 선박공유(vessel sharing, 혹은 공동운항)라고 한다. 이로써 손쉽게 유럽노선이 개척되게 된다. 이 정기선사는 이제 미주의 화물만 운송하다가 그 영업의 범위가 유럽행 화물로까지 확장되어 더 많은 운임수입을 올리게 되는 것이다. 공동운항에서도 하부계약으로 선복교환협정이 체결된다.

　몇개의 정기선사들이 전세계적인 운송망을 갖추면서도 안정적이고 경제적인 영업을 위하여 배타적으로 선복교환협정 혹은 선박공동운항 약정을 체결하는 것을 얼라이언스라고 부른다. 1990년대까지 존재하였던 해운동맹(conference)은 동맹선사 내에서는 운임을 동일하게 정할 수 있었지만, 얼라이언스 하에서 운임은 정기선사가 자율로 정해진다는 점에서 차이가 있다. 해운동맹하의 동일운임의 적용은 미국 등 각국의 경쟁법 위반이 된다는 입장에 따라 2008년 완전히 와해되었고, 운임이 자율화되었기 때문에 그 이후 세계정기선사는 치열한 운임경쟁 속에서 살아남아야 하는 어려움을 겪고 있다. 더군다나 전세계 물동량은 줄어들었는데 컨테이너 선박의 수 및 대형화로 인한 선복량은 오히려 늘어나서 해상운임은 낮을 수 밖에 없는 구조이다. 정기선사들은 얼라이언스를 통하여 조금이라도 유리한 영업환경을 갖기를 원한다. 그렇지만 얼라이언스 체제에 속하였다고 하여 현재의 어려운 해운환경을 이겨 내기는 쉽지 않다.

　이번에 현대상선은 2M과 선복교환협정을 배타적으로 체결하였다. 배타적이라는 의미는 자신들 이외의 다른 선사들에게는 선복을 빌려주지 않는다는 약정을 체결하였다는 것이다. 2M의 수송능력은 580만 TEU이지만 현대상선은 40만TEU이다. 수송능력에서 너무 큰 차이가 나므로 동등한 입장에서 선박을 공동 운항하는 수준의 협정까지는 체결이 어려웠을 것으로 본다. 한진해운과 현대상선이 합병을 하여 한진해운의 운송능력을 현대상선이 그대로 이어받았다면 더 좋았을 터인데 하는 만시지탄이 있다. 한진해운의 법정관리가 최악의 상태로 처리되어 국제시장에서 한국 정기선사에 대한 신뢰가 바닥에 떨어진 상태이다. 당사자인 현대상선과 정부와 화주(수출입자)는 머리를 맞대고 작금의 어려움을 타개해 나가야 한다.

　수출자들이 자신의 화물이 안전하게 목적지에 도착하여 수입자의 수중에 들어갈 수 있을지 의문을 가지지 않도록 정부는 해운정책 및 금융정책을 펼쳐야 할 것이다. 우리나라 대량 화주들도 우리 정기선사에게 가능한 한 많은 화물 운송을 의뢰하도록 결정할 유인책이 제공되어야 한다. 이번 한진해운물류대란을 통하여 안정된 국적 정기선사의 존재가 무역국가인 우리나라에 얼마나 중요한지 실감했기 때문에 하나 남은 국적 정기선사는 너무 소중해서 오히려 그 존속과 성장이 절박하게 느껴진다. (《쉬핑가제트》, 2016년 12월 16일)

4. 한국 외항 정기선해운 위기의 원인과 부활을 위하여

2016년 12월 현대 상선의 2M 정회원 가입 실패와 한진해운의 청산소식은 40년간 해운인으로 살아온 필자의 가슴을 답답하게 한다. 해방 이후 우리나라는 무역입국을 국가의 중요한 시책으로 정하면서 무역입국과 해운입국을 일관되게 유지해왔다. 바다의 고속도로 역할을 하는 정기선사인 한진해운에 대한 채권단 및 금융당국의 의사결정을 볼 때 대한민국이 해운입국을 국가의 시책으로 삼고 있는지 의심이 드는 상황에 이르렀다.

해운은 부정기선영업과 정기선영업이 있다. 한진해운과 현대상선과 같은 외항정기선사가 어려움에 처했지만, 아시아권을 운항하는 정기선사와 부정기선사들은 그런대로 적자를 보지 않고 잘 하고 있다. 그러면 왜 유독 외항정기선은 이렇게 어려운지 많은 사람들은 의문을 가진다. 한마디로 말하면, 이것은 전세계적인 현상이다. 우리나라 정기선사만 어려운 것이 아니라 전세계의 정기선사가 어렵다.

〈정기선사 위기의 본질〉

정기선영업에 대하여는 100년도 넘은 오랜 논쟁이 있어왔다. 석탄, 옥수수 등과 같은 대량으로 운송되는 부정기적인 성격을 가지는 상품과 달리 정기적으로 운송되어야 하는 생활 필수품적인 성격의 작은 화물들을 어떻게 안정적으로 수송할 것인지에 대하여 관련 당자사들은 오랫동안 그 방법을 두고 다투어 왔다. 여러 정기선사들이 각각의 노선을 가지고 일정한 주기로 출항을 하여야 할 것인데, 경쟁이 격해져서 운임이 떨어져 한 선사가 도산이 된다면 수요자인 소비자들은 오히려 정시에 서비스를 받지 못하게 된다. 이를 피하기 위하여는 일정한 고정된 수익을 정기선사들에게 확보하도록 해주어야 한다는 보호주의적인 주장이 있다. 이러한 논리는 정기선사들의 동맹(conference)체제를 만들었다. 동맹선사들은 운임을 자신들이 결정하는 정도에까지 이르렀다. 이에 동맹에 속하지 못하는 선사들은 오히려 시장진입이 어렵게 되었고, 소비자들도 이제는 높은 운임에 불만을 품고 정기선해운에서도 자유경쟁체제를 원하게 되었다.

1980년대까지만 하여도 정기선 해운에 대하여만은 독점금지법(경쟁법)의 적용이 배제되어 해운동맹은 공동행위가 허용되어 운임을 일정하게 유지할 수 있어 정기선사들은 안정적인 수입 하에서 운항을 하여 왔던 것이다. 그러던 것이 1998년 미국의 해운법 개정과 2008년 EU에 의하여 해운동맹은 완전히 와해되게 된 것이다. 이제 각 정기선사는 운임을 단체로 정하지 못하고 각자 경쟁하게 되어 운임은 하락되게 되었다. 정기선사들은 동맹을 대신하는 얼라이언스(alliance, 운항동맹) 체제라는 것을 만들어 과점화 시키면서 유리한 지위를 가지려고 노력하고 있다. 2010년대에 들어와서 컨테이너 선박이 대형화되면서 상품을 나를 수 있는 공간(선복량)이 많이 늘어남과는 반대 방향으로 세계경제의 후퇴로 인하여 물동량이 오히려 줄어들었다. 실어나를 상품은 적고 선박 공간은 많은 선박에 대한 수요와 공급이 불균형인 상태가 지속되고 있다. 현재 적정 공간보다 30% 선복량이 많다는 비관적인 보고도 있다. 운임은 더 떨어질 수밖에 없는 구조이다.

세계최고를 자랑하는 일본의 NYK는 정기선 영업에서 운임의 자율화를 견디기가 어렵다고 보고, 사업업종의 다변화를 1990년대 후반부터 시도하였다. 1990년대 정기선 선복 세계 점유율 1위였던 NYK가 현재 11위라는 사실에서도 이를 알 수 있다. NYK는 자동차운반선, 유조선, LNG선박을 늘리고 컨테이너 선박의 수를 줄였다. 시대의 흐름을 앞서 읽어 나가면서 육상물류에도 진출하고 부두운영도 하게 되었다. 이렇게 하여 컨테이너 정기선 영업에서의 손실을 다른 영업부분에서의 수익으로 보전하면서 오늘의 위기를 잘 넘기고 있다.

해운업은 선박을 이용하는 운송사업인데, 1,000억원씩 하는 선박을 모두 자기 자본으로 살 수가 없으니까 남의 자본을 끌어다가 선박을 건조하거나 매입할 수 밖에 없는 것이 해운의 특성이고, 무에서 유를 창조한 한국해운의 한계이기도 하다. 그럼에도 불구하고, IMF경제 위기를 맞아 부채비율을 200%로 맞추라는 금융권과 정부의 정책에 따라 같은 시기에 우리나라 정기선사들은 잘 갖추었던 포토폴리오인 자동차운반선, 부두운영권 등을 내다 팔지 않을 수 없었다. 해운업은 등락이 심한 시황산업으로서 10년 불황에 1년 호황이기 때문에 영업업종을 다양화하라는 교과서적인 기본을 버린 것이다. 이런 선택의 결과는 큰 차이를 낳았다. 일본의 정기선사는 이 초유의 불황을 잘 견디어 내는데 우리는 그렇지 못한 본질적인 이유가 바로 여기에 있다.

〈외항정기선사의 부활방안〉

포토폴리오(사업다각화)

하나 남은 현대상선에 컨테이너 선박을 더 발주하여 대형화를 시켜야 한다는 것은 현대상선의 운임경쟁력을 갖추기 위한 관점에서는 올바른 정책이라고 볼 수도 있다. 그렇지만 포토폴리오(사업다각화)를 갖추지 않는 대형화는 큰 위험을 내포하고 있다고 생각한다. 이것은 앞에서 본 정상운임의 설정이 깨어진 상태의 정기선시장 때문에 그러한 것이다. 컨테이너 시장이외에 다른 부정기 시황은 좋기 때문에 부정기선 운항에서 번 수익으로 컨테이너 운항의 적자를 메워 가는 시스템을 갖추지 않으면 버티기 어렵다고 생각한다.

그러므로, 정기선사는 컨테이너 영업의 경쟁력강화에 동반하여 다른 수입을 올릴 수 있는 사업분야를 확충하여야 한다. 경험이 있는 부정기선 영업의 부활과 육상물류에로의 진출이 필요하다고 본다. 부정기선사 및 대그룹의 물류회사들과의 제휴와 합병을 통하여 포토폴리오를 강화하는 방안도 고려하여야 한다. 일본 NYK는 육상물류 사업에서도 큰 수익을 올리고 있고, 머스크도 에너지 사업에도 뛰어들어 사업을 다각화하고 있다.

대량화주나 계약운송인과의 장기계약

적정 운임의 결정이 깨어진 상태에서 적자를 줄이는 방법으로는 우리나라 화주들이 우리 정기선사들과 가능한 한 많은 물량의 상품 운송에 대한 장기계약을 체결하여 주는 것이다. 현재 우리 화물의 적취율은 20%에 지나지 않는다고 한다. 이를 50% 수준으로 올려주자. 장기계약을 체결하여 안정적인 운송이 되도록 하자. 계약을 체결함에 있어서는 경기의 변동에 따라 5%~10% 운임을 증액 혹은 감액하여 정기선사와 화주의 불황시의 어려움을 도와주는 상생의 운임약정을 체결하자. 중국 정기선사들의 선전도 자국화물을 자국선박에 실어주는 정책 때문이고, 일본의 경우는 자국선박의 이용율이 70%에 이르는 것으로 알려져 있다. 우리 정기선사의 컨테이너가 한 배에 가득 수출품을 실어 야할 터인데, 1/2밖에 싣고 가지 못하면 비용만 발생하고 손실이 나는 것이다. 우리 정기선사의 컨테이너에 가득 가득 수출품이 실리도록 하자. 정부도 이러한 경우에 혜택을 줄 수 있는 유인책을 마련하여 주어야 한다.

이런 상생의 운임 약정은 선주와 금융단과도 체결이 가능할 것이다. 해운경기가 나쁘면 금융단은 대출이자를 시장금리보다 낮추어 주고 해운경기가 좋아지면 그것보다 높게 받는 것이다. 선박의 운용자금의 대출이나 선박건조자금의 대출에서도 활용되면 정기선사의 안정된 경영에 도움이 될 것이다.

선박공급 조절을 위한 국제적 공조체제 구축

정부와 산학이 해운산업의 안정적인 운용이라는 관점에서 큰 그림을 그려보자. 우리는 10년 20년 주기로 해운산업의 어려움을 경험하고 있다. 그 근본에는 수요와 공급의 불균형이 도사리고 있다. 물동량(수요)보다 선복(공급)이 많기 때문에 운임이 떨어지고 용선료가 떨어지면서 불황이 찾아온다. 이대로라면 우리는 10년 뒤 혹은 20년 뒤 똑같은 해운불황에 허덕일 것이다. 원인은 이미 본 바와 같이 간단하다. 원인을 알았으니까 어쩌면 해결책도 간단할 수 있다. 물동량에 맞추어 선복이 제공되도록 하면 된다는 것이다. 물동량이 줄어들 것으로 예측되면 선박건조를 줄이고 폐선을 많이 시켜야 한다. 선박건조에는 3년이 걸리던 것이 이제는 6개월이면 가능하다. 그러므로, 더 수급조절이 쉬워졌다. 그렇지만, 어떻게 이런 수급을 현실적으로 줄이거나 늘릴 수 있을까는 쉽지 않은 일이다. 이는 우리나라만의 문제도 아니다. 우리나라가 건조척수를 줄인다고 하여도 중국에서 건조를 하게 되면 선박의 이동은 국제적으로 자유롭기 때문에 선복과잉이 되어버린다.

불경기인 경우에 선박의 가액은 한참 떨어져 있고 신조가격도 낮기 때문에 선주들은 오히려 선박을 발주하게 된다. 요즘은 금방 선박이 인도되므로 신조된 선박은 공급과잉을 더 불러와서 경기는 더 나빠지게 된다. 이런 측면에서 보면 컨테이너 신조선을 더 건조하는 정책은 전 세계적인 관점에서 본다면 해운경기의 회복에 역행하는 판단이라고 볼 수 있다(신조량만큼 폐선을 한다면 설득력이 있다).

이러한 필자의 제안에 대하여 자유경제체제 하에서 과연 가능한 설명인가 의문을 제기하는 사람들이 많다. 그렇지만, 파멸적인 결과를 알면서 계속 그대로 둘 것인가? 시장의 논리가 실패한 경우에는 정부가 개입하여야 하는 것이 더 바람직한 결과를 낳고 이것이 인류의 복지에 더 기여하는 것이 아닌가? 선박건조량 1위, 선박보유량 6위, 무역규모 10위인 우리나라가 선도적으로 국제회의를 소집하는 것이다. 만성적인 해운조선 불황을 해소하기 위하여 선박의 수급을 조절하는 기구나 제도를 만들어가는 것이다. 자유경제체제 하에서 이를 법으로 규제하지는 못할 것이다. 그렇지만, 선박건조는 금융을 통하여 이루어지므로 통화당국의 금융제공 조절은 가능할 것이다. 선복이 과잉여지가 있다면 신조선 건조를 억제하기 위하여 선박금융을 줄이는 형태라든가, 각국의 선복량에 따른 폐선 선박의 수를 할당하여 선복과잉을 해소하는 형태의 국제적인 공조는 가능할 것으로 본다. 시장의 자율성이 실패하는 경우 정부나 국제사회가 개입하는 예는 해운분야에서도 찾아볼 수 있다. UNCTAD에서 만든 유엔정기선 헌장(1974년 Liner Code)과 유류오염손해배상 국제기금(IOPC FUND)이 그 예이다. 전자는 선진해운국이 후진해운국 정기선사에게도 화물 수송량을 법적으로 보장해주라는 것이 골자이다. 후자는 유류오염 피해자에게 정유선사들이 수입량의 크기에 따라 기금을 갹출하여 보상하는 제도로서 현재에도 잘 운영되고 있다.

정책당국의 인식전환

해운정책당국이나 금융당국의 정기선영업에 대한 인식의 대폭적인 전환도 필요하다. 위에서 설명한 바와 같이 정기선 해운은 무한 경쟁 하에 놓여있다. 운임은 자율화되었고 수요보다 공급이 만성적으로 초과인 이 상황에서 우리나라 정기선사가 어떻게 살아남을 것인가? 정부는 결정을 하여야 한다. 무역입국을 위하여 우리 상품을 실어나를 우리 태극기를 단 정기선사가 필요한가? 아니면 도저히 경쟁이 되지 않으니 포기하고 외국 정기선사를 이용할 것인가? 그렇다면 한진해운이 벌어오던 5조원의 외화가득, 한진해운의 8조원 매출 이것이 없어지는 것인데, 대한민국 경제에는 이것 정도는 없어도 다른 산업으로 충분한가? 8조원의 매출이 창출하는 고용 등 후방효과는 대단히 큰 것이 아닌가? 대한항공과 같은 매출이니까.

최소한의 국적 정기선사가 필요하다는 결론을 얻었다면, 정부는 정기선사에 대한 대폭적인 지원책을 강구하여야 한다. 해방 이후처럼 국영 정기선사를 두어도 된다고 생각한다. 다시 한번 강조하고 싶은 것은 정부에서는 민간의 영역이므로 해운업자들이 자신들이 알아서 할 일이라는 생각을 버려야 한다. 지금은 위에서 설명한 바와 같이 시장의 논리가 깨어진 상태에서 각국의 정부와 정기선사들은 치킨게임을 하면서 곧 있을 승리의 순간을 노리고 있기 때문에 정부의 개입이 필요한 시점이라는 사실을 이제라도 깨달아야 한다는 것이다. 각국 정부와 정기선사들은 불황 뒤에 찾아올 호황을 바라보면서 어려움을 참고 있는 것이다. 긴 장기불황 다음에 찾아올 호황기의 크기와 강도는 깊었던 불황의 그것과 같은 정도일 것이고 불황기에 잃었던 모든 것을 다 찾아올 수 있다.

1920년대 이래로 해운 선각자들은 모두가 두려워했던 바다에 개척자정신으로 나아갔고, 무에서 유를 창조하여 오늘의 한국해운을 세웠다. 이렇게 쌓아왔던 한국해운의 정기선분야는 한진해운사태를 통하여 국제적인 신뢰를 잃고 미래가 불투명한 상태가 되었다.

이제는 다시 시작한다는 마음으로 정기선 영업을 키워나가야 한다. 해운인들은 선배님들의 개척자 정신을 본받아 정기선 해운 부활에 앞장서야 한다. 아무리 주위를 둘러보아도 대한민국은 무역입국을 할 수밖에 없다. 그렇다면 무역에 필수적인 해운입국도 또 필요함은 이론이 있을 수 없다. 조선, 금융, 물류 등 다른 분야와 협조하고 상생하면서 해운입국, 무역입국을 이룩하도록 하자. 언젠가 이불황은 끝이 나고 호황은 찾아올 것이다. 그 때까지 조심스럽게 버티면서 체력을 길러 나가자. 《《한국해운신문》, 2016년 12월 26일》

5. 외항정기선사의 공동운항 논의의 필요성

일정한 항구를 일정한 요일에 기항하는 운송서비스를 제공하는 해운업을 정기선운항이라고 한다. 컨테이너선박을 이용한 운송이 대표적이다. 국적 정기선사는 우리나라 화주들을 위한 고속도로의 역할을 한다. 그런데, 작년 한진해운의 파산이후 우리나라 외항정기선사는 치열한 국제경쟁 속에서 어려움을 겪고 있다.

금년 들어 우리 외항정기선사를 살리기 위하여는 대형컨테이너선박 10여척을 건조해야 한다거나 우리 정기선사에 싣는 우리나라 화물의 적취율을 50%로 올려야 한다는 등 주장들이 대두되고 있다. 전자는 외국의 외항정기선사들과 경쟁하기 위하여는 규모의 경제가 필요하다는 점을 근거로 한다. 현재 우리나라는 약 40만 TEU밖에는 되지 않는다. 해운동맹유사체제인 얼라이언스(Alliance)에 가입하기 위하여는 최소한 70만TEU는 되어야 한다는 점을 그 근거로 한다. 후자는 아무리 우리 국적 선대가 많아도 실어 나를 화물이 없어 빈배로 다녀야 한다면 소용이 없기 때문에 우리 화주들이 외국선사에 짐을 싣지 말고 우리 선사에 싣도록 하자는 주장이다. 이러한 제안들은 모두 이상적이지만 선사 자신들의 노력이나 힘만으로는 되지 않는다. 외부로부터의 도움이 있어야 한다.

우리 선사끼리 마음만 먹으면 경쟁력을 높여 적자폭을 줄일 수 있는 방안이 있다. 우리나라 선사끼리 공동운항 등으로 비효율을 최대한 줄여서 경비를 절감하고 경쟁력을 가지는 것이다.

우리나라에서 미국 서부에 A선사가 한 척, B선사가 한 척 등 총 두 척이 동일한 요일에 정기선운항을 실시하고 있다고 가정하자. 그런데, 화물이 많지 않아서 선복의 50%만 싣고 항해를 한다. 아무리 해도 화물이 늘어나지 않는다. 이제 두 선사가 힘을 합쳐서 한척만을 미국 서부에 투입하기로 한다. 이제 A 선사의 선박에는 과거 두 척의 선박에 50%씩 실렸던 화물이 가득 실린다. 그런 다음 양회사는 미국동부로 가는 항로를 개척하여 B선사의 선박을 여기에 투입한다. 다른 외국 정기선사를 이용하던 우리 화주들과 접촉하여 이들은 자신들의 화물을 B선사의 선박에 싣게 된다.

이렇게 공동운항을 하면 선박의 활용도가 극대화되어 수입은 극대화되고 비용발생은 최소화되게 된다. 미국서부항로에서 운항을 하지 않게 된 한 척의 선박의 운항비―선원비, 항비, 선박연료유비용 등이 들지 않게 되었다. A선사의 선박에는 A선사의 화물은 물론이고 B선사의 종래의 화물이 동일하게 실린다. 수익은 A선사와 B선사가 나누어서 가진다. 미국 동부로 남은 B선사의 선박을 투입하면 없던 수입이 더 생기게 되고 양 회사가 수입을 나누어가진다. 이것이 바로 공동운항의 장점이다.

이와 같은 제도는 얼라이언스 소속 정기선사들이 슬로트 용선계약을 체결해 영위해온 전략이다. 그렇지만 반드시 얼라이언스 소속 정기선사들만이 할 수 있는 일은 아니다. 최근 아시아항로를 운항하는 15개의 정기선사(인트라 아시아선사)들이 모여서 결성한 한국해운연합(KSP)는 이러한 항로구조조정 및 공동운항을 시도하여 중복되거나 비합리적인 항로에서 선박을 조절하여 효율성을 높이고 있다. 살아남기 위한 필사의 선제적 자구책이다. 외부의 힘에 의존하는 것이 아니라 선사 스스로 경영합리화를 위한 최선의 노력을 다하는 모습을 보여주는 것이기에 외부에서도 안심이 된다. 2000년대 초반, 해운호황기에 불황에 대비한 아무런 대책도 세우지 못했다는 점에 질타를 받아왔던 해운업계로서는 교훈적인 조치라고 할 수 있다.

현재 현대상선은 여전히 높은 용선료의 부담으로 어려움을 겪고 있는 것으로 알려져 있다. 한진해운의 미주항로를 인수한 SM상선은 신생 정기선사이므로 대형 외국 정기선사와의 경쟁에는 힘에 부치는 상태로 알려져있다. 미주항로를 기반으로 하는 원양정기선사인 현대상선과 SM상선이 오늘의 어려움을 극복하기 위하여 수익을 극대화하고 비용을 최소화하는 공동운항실현을 위한 논의를 시작해야 할 시점이라고 생각한다.

이러한 공동운항조치는 경쟁력을 갖추어가는 이점 뿐만아니라 이들 선사들이 내부적으로도 최선을 다하고 있음을 외부에 보여주는 것이 된다. 특히 외국 경쟁 정기선사들은 물론 화주들에게도 대한민국의 외항정기선사가 이제는 안정되어가고 있다는 신뢰를 심어주어 긍정적인 기능도 할 것이다.　　　　　　(《한국경제》, 2018년 3월 3일)

6. 글로벌 얼라이언스 가입과 해운업 재도약

우리나라 원양정기선사인 현대상선이 세계 3대 공동운항체제(얼라이언스)의 하나인 디 얼라이언스(the alliance)에 정식 가입된 것은 실로 반가운 소식이다. 2016년 당시 세계 7위 원양 정기선사였던 한진해운을 잃어버린 해운물류업계는 다시 한번 세계로 도약할 수 있는 발판을 마련하게 됐다.

수출입 화물은 대부분 컨테이너 박스에 담겨 운송된다. 이 박스들은 입출항 시간이 미리 정해지고 공표된 선박에 실려 운반된다.

이러한 영업을 정기선 영업이라고 한다. 각국은 정기선 영업을 통해 자국의 수출입화물을 안정되게 수송하고, 이를 통해 높은 운임수입을 얻으려고 경쟁하고 있다. 정기선 영업을 위해서는 화물을 적재할 컨테이너 박스와 컨테이너 선박이 다량 필요하기 때문에 정기선사들은 비용을 줄이고 이익을 높이기 위해 얼라이언스를 구축하고 있다. 현재 세계는 3개의 얼라이언스 체제로 재편되었는데, 그 가운데 더 원(일본), 양밍(대만), 하파크로이드(독일) 등 3개 선사가 포함된 디 얼라이언스에 현대상선이 내년부터 정식 회원으로 가입하게 됐다. 그 의의는 다음과 같다.

첫째, 현대상선은 전 세계로 노선을 확장하고 더 많은 수출입 화물을 운송하게 돼 경쟁력을 확보하고 매출 규모도 늘리게 됐다. 현대상선이 일주일에 2척씩 부산항에서 미국까지 화물을 운송하는 경우, 만약 운송을 마치고 부산항까지 다시 돌아오는 기간이 1개월이라고 한다면 노선 운항을 위해서는 8척의 선박이 필요하다. 하지만 얼라이언스에 가입하면 다른 선사와 선박의 공간을 이용할 수 있는데, 동일 노선을 운항하는 대만 양밍의 선박 4척을 이용할 수도 있다. 이제 현대상선은 선박 4척의 여유를 얻게 되고 이를 현재 노선이 없는 남미 노선에 신설해 수출입 물량을 늘릴 수도 있다.

둘째, 현대상선은 디 얼라이언스 가입으로 가격경쟁력을 가지게 됐다. 선박의 공간 50%를 채운 선박은 100%를 채운 선박보다 컨테이너당 연료비용이 높을 수밖에 없는데, 얼라이언스에 가입하게 되면 같은 고민을 하는 다른 선사에 남는 공간을 빌려주고, 그 대가를 받을 수 있다. 다른 협력사의 화물을 받아 선박 공간을 100% 채우게 되면 컨테이너 박스 한 개당 연료비용이 낮아져 경쟁력이 생긴다.

셋째, 현대상선은 국제적인 명성을 가진 얼라이언스의 회원이 되었기 때문에 국제적으로 화주나 금융사들로부터 신용도를 높이게 됐다. 한국은 한진해운 파산으로 마지막 항차의 화물을 제대로 화주들에게 배달해주지 못하는 등 세계 물류 흐름에 큰 지장을 안겨 신용도가 떨어져 있는 상태였다. 한진해운 사태 이후 디 얼라이언스는 회원사가 회생절차에 들어가면 마지막 항차의 화물은 자신들이 책임지고 배달해줄 수 있는 비상 기금을 마련했고, 미국과 같은 경우는 법률로써 그러한 의무를 회원사에 부과하고 있다. 현대상선이 디얼라이언스에 가입하게 돼 이러한 장치들을 활용할 수 있게 되었으니 한진해운과 같은 물류대란은 원칙적으로 일어나지 않게 됐고, 화주들에 대한 신용은 크게 확보됐다고 보아야 한다.

그렇지만, 얼라이언스 가입 자체가 현대상선 및 대한민국 정기선 영업의 재건을 보장하는 것은 아니다.

전 세계적으로 정기선 운항은 선복 과잉상태이고, 운임을 일정 수준 이상으로 올려 받을 수 없는 완전경쟁 상태로 최저운임이 고착된 지 오래됐다. 그래서 글로벌 정기선사들은 종합물류회사로 변신하거나 부정기선 운항과 조합을 이루는 포트폴리오 전략을 통해 정기선 영업에서의 적자를 메우면서 위기를 넘기고 있다. 현대상선은 얼라이언스 가입에 안주하지 말고, 이러한 세계적인 경영전략에 맞추어 국제 경쟁력 확보와 동시에 경영 다각화도 이루도록 노력해야 한다.

우리나라 화주들도 지속적으로 국적 정기선사에 화물의 운송을 의뢰해 한국 해운의 재건에 동참해주시길 부탁드린다.

(〈매일경제〉, 2019년 7월 16일)

제3장
선주사를 육성하자

1. 선박소유와 운항의 적절한 조화

한국해운이 2008년부터 어려운 환경에 놓인 지가 몇 년은 되었다. 이 장기불황이 얼마나 더 갈지 아무도 모른다. 더구나 우리는 우리 세대에서 이미 여러 차례 불황을 경험한 바 있다. 어떻게든 한국해운은 다시금 일어날 것이다. 큰 경제의 흐름에 따라서 해운에도 불경기가 찾아오는 것을 막을 수는 없을 것이지만, 우리가 대책을 잘 세우면 그 불경기의 골을 깊지 않게 하고 그리고 짧게 하고 지나갈 수 있을 것이다. 그러기 위해서 우리는 불경기의 원인은 어디에 있는지를 잘 살펴볼 필요가 있다. 그 원인을 조금이라도 제거하게 된다면 우리의 장래는 그만큼 밝은 것이 될 것이다.

해운이 가장 경기가 좋던 시기에 우리나라 선주들이 너무 많은 선박을 신조발주하였기 때문에, 현재 소유하며 운항하는 선박의 금융비용이 너무 높다는 점을 불황의 근본적인 원인의 하나라고 지적하는 전문가들이 많다. 완전한 국제경쟁 하에 놓여있는 해운에서의 운임경쟁은 치열한데, 운송에 투입되는 도구인 선박 자체가 비싸고 그 결과 금융비용을 많이 지출하게 되면 운송원가는 올라가서 운임을 많이 받아야 할 것이고, 용선료도 많이 받아야 할 터인데, 경쟁사들의 원가는 더 낮게 되어 있다면 우리는 경쟁에서 뒤 떨어지게 될 것은 자명하다.

해운경영기법을 보면 해운회사들이 선박을 소유하는 경우도 있고 나용선 등 용선을 하여 운항자의 지위에 있는 경우도 있다. 그간 우리 해운인들은 너무 소유에만 치중한 것은 아닌지, 정부도 소유의 개념에만 너무 익숙해 있었던 것은 아닌가 하는 의문을 제기하게 된다. 선박에 대한 소유권을 가지면 소유자는 선박에 대한 사용, 수익, 처분을 할 수 있기 때문에 선가가 올라갔을 때 그 선박을 매각하여 큰 차액을 얻을 수 있다. 그렇지만 선가가 내려가면 금융비용을 많이 지불하여야 하는 큰 어려움을 겪게 된다. 이럴 때에는 오히려 소유하지 않고 용선을 하여 운항을 하는 것이 더 좋을 수 있다. 물론, 선박을 소유하지 않고 있기 때문에 비싸게 장기 용선을 하게 되면 또 어려움을 겪게 되는 것도 사실이다. 그렇다면, 소유와 운항을 분리하여 각각 적당한 비율로 가져가는 것이 중요하다. 중요한 사실은 모든 선대를 소유자로서 운항하는 것은 많은 위험이 따른다는 것이다. 우리나라 국가 전체로 보아 적당한 비율로 소유자도 있고 운항자도 있어야 한다는 것이다.

소유와 운항

우리 정부나 업계가 자랑하는 한국의 선박보유량이 세계 5위 혹은 6위라는 수치도 선박의 소유개념을 기초로 하고 있다. 이 수치는 편의치적선으로 파나마, 마샬 아일랜드에 등록된 선박으로서 한국회사가 사실상 지배하고 있는 경우를 포함한 수치이다. 이러한 선박은 한국 회사가 국취부 나용선이나 단순나용선의 형태로 운항을 하게 된다. 그런데, 이 수치는 어떤 국가에 등록된 선박이 얼마인지의 개념과는 다르다. 등록선박기준으로 보면 우리나라는 12위 정도이다. 우리나라는 한국 국민이나 한국 법인이 소유한 선박만 한국에 등록하도록 하고 있지만, 싱가포르, 홍콩, 독일 등은 나용선도 등록이 가능하도록 하고 있다. 즉, 이들 국가들은 이들 국민이나 법인이 소유하지 않아도 운항을 중심으로 보아 나용선한 선박도 등록을 하도록 하고 있다. 물론 이 등록제도는 소유권의 목적이 아니라 운항과 해사행정의 목적으로 운영되는 것이다. 안정되게 해운을 영위하는 이들 해운선진국은 나용선 등록을 허용하고 있기 때문에 소유의 관념보다는 운항중심의 관념이 일상화 되어있음을 알 수 있다.

현재 많은 경우 선박이 건조되는 것을 보면, 우리나라 선주의 선박이라고 하여도 해외에 SPC를 세워서 건조하게 되므로 형식상 선주는 해외에 있고 우리나라 선사는 나용선자의 지위에 선다. 그러므로, 법적으로는 나용선자이지만 실질적인 선주인 우리나라 회사가 금융비용을 지급하여야 한다. 이 선박들은 지배선대라는 개념하에 모두 한국 선박으로 집계된다. 이러한 유의 선박은 모두 우리나라 선주가 소유하는 선박으로 보아야한다.

학계에서도 몇 년 전부터 일본의 에히메(이마바리) 선주들의 선박경영방식과 같이 선박을 소유하는 자들과 운항자들을 분리하는 해운경영비법을 배워야 한다는 주장이 나온 바 있다. 한종길 교수(전 해운물류학회 회장)는 "건전한 선주업을 육성하고 이를 통해 대형운항사는 자기부담을 최소화하면서 선복을 확보하고 안정적 재무구조를 만들자"고 주장한 바 있다(<해양한국> 2015.3.). 자본가들이 선박을 소유하면서 선박건조 등에 드는 금융비용을 최소화하면서 대형운항선사들이 이를 장기용선하여 불경기가 와도 금융비용 때문에 외국 선사들과 경쟁에서 뒤 떨어지는 일은 없도록 하는 해운경영의 구조가 갖추어져야 한다는 취지일 것이다.

변화의 모색

현재 우리나라 해운회사들의 경영기법은 (i) 소유 중심, (ii) 소유와 운항 중심, (iii) 운항 중심으로 나누어 볼 수 있다. (i)은 소유만 하고 모두 용선을 준 경우이다. 은행 등이 소유자가 된 경우와 일반 해운회사가 소유 중심인 경우가 있다. 후자의 경우는 원가가 높은 선박을 보유하고있으면 불경기에서는 큰 어려움을 겪게 되고, 반대의 경우는 도움이 된다. (ii)는 대게는 소유하는 선박도 있고 용선한 선박도 있는 구조이다. (iii)은 전혀 소유는 하지 않고 용선만 하고 있는 경우이다. 필자의 견해에 따르면, (i)에서 자본가들이 소유만 하고 그 소유선박을 모두 용선을 내어 보내는 비율이 우리나라 해운 경영에서 높아져야 한다는 것이 된다. (ii)의 경우에는 소유하는 비중을 줄여 나가야 하고 (iii)의 경우는 소유와 동시에 직접 운항하는 선박이 없으므로 경기변동에 따른 용선료의 증감에 너무 취약하므로 얼마간의 소유선박 비중을 늘리는 것이 좋다는 결론에 이른다. 실무적으로 대형선박회사는 소유선박(사선)과 용선선박의 비율을 6:4 혹은 7:3으로 하는 구조를 가진다.

운항개념의 도입과 확산에 대응하는 법적제도의 변화

선박의 안전에 책임을 부담하는 자는 나용선자들이다. 전문선박 투자자들은 선박을 소유만 하고 운항과 안전은 나용선자인 전문선박운항회사가 책임을 지게 된다. 이러한 선박경영개념이 확대되게 되면 국취부 나용선의 숫자는 줄어들게 될 것이다. 왜냐하면 소유와 운항은 분리되기 때문에 해운회사들이 굳이 국취부 나용선을 하면서 까지 특정 선박을 자신의 소유로 만들고자 하지 않기 때문이다.

이러한 경우에는 국취부 나용선을 한국 선박으로 취급해온 우리나라 특유의 법제도는 변경되어야 할 것이다. 해운회사들은 국취부 나용선이 아니라 단순나용선을 할 것이기 때문에 법제도도 변경되어야 한다.

전문선박투자회사(선주업)가 직접 선박의 안전에 대한 관리를 하는 것은 효율적이지 않다. 선원을 고용하고 관리하는 나용선자가 이러한 관리를 하는 것이 더 효율적이다. 전문선박투자회사는 선박을 해외에 SPC를 만들어 소유하게 될 것이다. 한국의 나용선자가 그 선박을 10년 장기용선한 경우에 한국과의 관련성이 높기 때문에 한국의 나용선자가 선박안전관리를 하도록 하는 것이 더 효율적이다. 현행 법제도에서는 단순 나용선자가 비록 한국 법인이라고 하여도 선박안전검사를 강제화할 법적 근거가 없다. 여기에서 나용선 등록을 허용할 필요성이 생기게 된다. 소유의 개념으로서의 등기 혹은 등록은 해외의 국가에 둔다고 하더라도, 운항이나 행정의 목적상 등록은 우리나라에서 가능하도록 하는 것이다. 나용선자는 여전히 영업, 선박관리, 선원, 안전, 보험 등에 책임을 부담하게 된다. 전문선박소유회사는 소유자로서의 책임을 여전히 부담한다. 선박의 제거비용, 유류오염손해배상보장법상 책임의 주체가 된다.

전문선박투자회사의 등장은 해상법에서의 변화도 요구한다. 채권자의 보호의 문제이다. 선박소유자가 직접 선박을 운항하는 경우에는 채무자가 선박소유자이고 운송물을 실어 나른 그 선박은 채무자인 소유자의 재산이므로 가압류와 압류 경매가 가능하다. 그러나, 소유와 운항이 분리되어 선박운항회사가 용선자의 지위에만 있는 경우에는 해당 선박은 채무자인 선박운항회사의 소유가 아니므로 가압류와 압류, 경매를 할 수 없게 된다. 우리 법제도와 달리 영국을 포함한 영연방 국가, 미국, 캐나다 그리고 심지어 중국의 경우에도 채권자를 보호하기 위한 좋은 제도인 대물소송(action in rem)을 가지고 있다. 우리 법상 유사한 제도는 선박우선특권제도이다. 채무를 발생시킨 선박 자체가 채무자라는 관념이다. 따라서 소유자가 누구이던 무관하게 선박을 상대로 책임을 물을 수 있다는 것이다. 중국법은 완전한 대물소송제도는 없지만 국제조약의 입장을 받아들여 나용선자가 채무자인 경우에도 그 채무를 발생시킨 선박에 대하여 가압류가 가능하도록 하고 있다. 우리도 이와 같은 제도를 도입하여 입법의 공백을 막아야할 것이다.

실현방안

이러한 전문선박운항개념으로의 전환을 위하여 (i) 선박투자회사의 활성화, (ii) 채권자 보호제도의 도입, (iii) 나용선 등록제도의 도입, (iv) 국취부 나용선 뿐만 아니라 단순나용선에도 국제선박등록법의 적용을 허용하는 제도의 도입 혹은 전환이 필요할 것으로 본다.

현재 국취부 나용선에만 국제선박등록이 가능하다. 단순나용선의 경우에도 국제선박등록이 가능하도록 하여 전문선박운항회사가 외국선원의 승선이 가능하게 하고, 세제혜택을 볼 수 있도록 하여야 한다.

그러면 어떻게 전문선박투자회사를 양산할 것인가의 문제가 남는다. 이들이 기꺼이 경기변동에 따른 금융비용의 위험을 부담하게 할 동기를 부여하는 것이 중요할 것이다. 해운은 투자의 매력이 있는 것이므로 안정적인 투자처임을 보여주는 제도의 도입이 필요하다. 이 모든 것은 해운업은 밝고 긍정적이고, 국가적으로도 꼭 필요한 기간산업이고, 내가 여기에 투자하면 참 보람을 느낄 수 있도록 투자자들의 마음을 사로잡아야 한다. Tonnage Bank 개념도 이러한 목적을 달성할 수 있는 구상이다.

자본가들이 선박을 소유하고 운항은 전문선박운항회사가 영위하자는 아이디어는 선박투자회사법에 의하여 실현되고 있다. 다수의 소액투자자들이 선박투자펀드를 만들어 소유자가 되는 것이다. 이 제도는 어느 정도 성과를 내고 있다. 앞으로는 일반대중의 소액투자 자들 이외에도 진정한 자본가들이 선박을 소유하면서 운항은 전문 선박운항회사에 위탁하는 형태로 혹은 단순 나용선을 주는 형태로 더 나아가야 할 것이다. 이러한 유의 선박이 지금보다는 많은 비중 을 차지하게 되면 우리나라 선박운항회사들의 선박금융비용에 대한 압박은 완화될 것이고 국제경쟁력을 갖추게 될 것이다.

(〈한국해운신문〉, 2015년 12월 31일)

2. 선주사 육성으로 해사크러스트 완성해야

일본의 이마바리를 금년 초 다녀왔다. 인구 10만 남짓의 이마바 리의 시청에는 세계 최대의 해사도시 이마바리라는 플랭카드가 걸 려있었다. 이마바리의 중심에는 500여척의 선박을 소유하고 있는 선주(船主)사들이 있다. 운항사가 선박 한 척을 10년간 빌려달라고 부탁하면 선주사는 5분 거리에 있는 이요은행에 가서 건조자금을 빌려서 10분 거리의 이마바리 조선소에서 선박건조 계약을 체결한 다. 선박등록사무소, 선박검사기관, 법률자문을 받을 변호사, 보험사 등이 시내에 밀집해 있다. 선주사는 이들을 차례로 찾아 원 스톱으 로 선박건조와 운항에 필요한 일을 간단히 처리한다. 이래서 이마바 리시는 세계 최대의 해사크러스트라고 불린다. 이마바리시에서 부울 경 해사크러스트를 떠올렸다. 위에서 말한 모든 것은 부울경에도 있 다. 그렇지만, 바로 그 출발점이 되어야 하는 선주사가 없다. 이제 부터라도 선주사들을 육성할 수 있다면 부울경 해사크러스트도 이 마바리에 필적할 수 있다.

선박은 최종적으로 운송서비스로 제공된다. 화주에 대하여 운송 서비스를 제공하는 자를 운항사라고 한다. 우리나라 운항사는 곧 선주사로서 자신이 소유한 선박을 이용하여 운송서비스를 제공하는 것이 대부분이다. 자신이 소유하는 선박은 90%까지 은행으로부터 대출을 받은 상태이므로 원리금 상환의 부담이 크다. 그래서 불경기가 닥치면 대출금 상환에 큰 어려움을 겪게 된다. 그런데, 일본에서는 선주사와 운항사는 분리되어 있다. 선주사는 선박을 소유만 하고 운항하지 않는다. 운항사는 선주사로부터 선박을 빌려온다. 그렇기 때문에 불경기가 와도 은행에 대출금을 갚을 이유가 없고 단지 용선료만 지급하면 되므로 한층 가볍게 불경기를 넘길 수 있다. 2000년대 후반 우리 선사들이 회생절차에 10여개가 들어간 반면 일본은 그렇지 않았던 근본적 이유도 바로 이런 차이점에 있다.

일본에서 운항되는 선박의 1/3인 1,000척은 이런 선주사의 선박이다. NYK와 같은 대형 선사가 정기용선을 하여 용선료를 꼬박꼬박 낼 것이 확실하다. 이것이 은행대출금의 담보로서 작용하니까 대출이 쉽다. 선주사는 건조가의 30%를 자부담, 70%만 대출받는다. 우리는 척당 90%를 6~7%의 이자로 빌리지만, 일본은 70%만을 1~2%의 이자로 빌린다. 금융비용에서 이미 우리 선주들은 경쟁력에서 크게 뒤떨어짐을 알 수 있다.

우리나라에는 규모가 작은 선사들이 많다. 이들을 포함, 선주사로 전환하기를 원하면 대출이자 등에 혜택을 주면서 선주사로 유도하자. HMM, 팬오션 등과 같이 규모의 경제를 누릴 수 있는 대형 선사들은 운항선사로 존속, 선주사들의 선박을 빌려서 사용하게 된다. 현재 1,100척인 우리 운항선박의 10%인 110척을 가지는 선주사들을 부울경에 육성해보자.

5만 총톤수의 선박의 용선료를 일당 5만 달러라고 보면, 1년에 약 1,800만 달러(180억원)의 용선료 수입이 있게 된다. 110척이면 180억 달러(약 2조원)의 용선료 매출이 발생한다. 110척의 선박당 선원 20명이 승선하면 2,200명의 고용효과도 있게 된다. 이들의 임금수입만 해도 2,000억원이 될 것이다. 우리 조선업에도 긍정적 효과가 나타난다. 우리나라 조선소는 연간 400척 정도의 선박을 건조한다. 그런데, 내수는 10% 내외로서 40척이다. 우리 선사들의 선박을 30% 정도는 건조해야 안정화될 수 있다. 3년 계획으로 35척을 해마다 선주사가 지어준다면 우리 조선소는 년간 75척을 건조할 수 있게 된다. 선주사의 육성은 우리 조선소의 내수비중을 약 20%까지 높일 수 있게 된다. 35척의 건조가를 척당 1,000억으로 보면 연간 3조 5천억원의 매출증대도 기대된다.

선주사의 육성은 선화주, 조선의 상생으로 달성되어야 효과가 크다. 30%를 선주사가 자부담을 하는데, 10%는 선주사 자신이, 10%는 화주와 조선소, 나머지 10%는 해진공, 항만공사등 공적 기관이 제공하면 선화주 상생을 달성할 수 있게 된다. 우리나라 선사들의 대출금 비중 90%를 70%로 낮추어주고 후순위 선박금융에서 해진공의 담보를 통해 이자율을 낮게 해주면 경쟁력을 가지게 된다. 선가의 20%는 화주, 조선소, 공적기관이 참여하여 소유자가 되는 것이다. 이들은 선박에 대한 소유자로서 대출금상환의무를 가지면서도 수익배당을 받을 수 있고 선가가 오르면 시세차액을 얻게 된다.

이와 같이 부울경 소재의 선주사들이 110척의 선박을 3년 내에, 전체 운항선박의 30%인 500척을 10년 내에 소유하게 되면, 부울경 해사크러스트는 명실상부 세계최고의 해사크러스트가 될 것이다. 이는 그간 불안했던 우리 해운과 조선업을 안정시키는 초석이 될 것이다.

《부산일보》, 오션뷰, 2020년 9월 7일)

제 4 장
해양진흥공사

1. 공사설립의 의의와 업계의 유념사항

〈들어가며〉

부산에 본사를 둔 한국해양진흥공사가 2018년 7월 5일 정식으로 출범했다. 실로 반가운 소식이 아닐 수 없다. 한국선주협회가 2010년 "선박금융전문기관 설립 필요성 연구"에 대한 연구용역을 대외경제정책연구원에 발주한지 8년만에 해운·조선업계는 선박금융전문기관을 가지게 됐다.

한국해운은 해방 후 불모지에서 출발해야 했다. 바다를 이용해 상품을 실어 나르는 운송업에 종사하는 해상기업이 되기 위해서는 선박이 필요했다. 선박의 소유에는 많은 자금이 필요했기 때문에 은행으로부터 차입이 불가피했다. 우리나라의 금리는 외국보다 높기 때문에 우리 선사는 높은 이자를 갚아야 했으므로 원가면에서 외국의 경쟁사에 비해 불리했다. 이를 만회하려면 싼 값에 선박을 보유해야 한다. 해운이 불경기일 때 선가는 떨어지기 때문에 이때가 선사로서는 절호의 기회가 된다. 그러나 이때 선사의 경영은 악화돼 있고 담보로 제공될 선박의 가격은 하락해 있으므로 은행은 선사에 대한 대출을 꺼리게 되고 그 결과 선사는 선박을 확보할 수 없게 됐다.

선박도입가격이 낮은 선박 보유에 실패한 우리 선사들은 외국 선주들의 선박을 빌려서 운항해야 했는데, 마침 용선료가 최고점에 이르렀을 때 장기간의 용선을 하게 됐다. 2008년부터 해운불황이 닥치자 용선료는 급격하게 하락했고 미리 약정된 높은 용선료를 갚지 못한 우리 선사들은 큰 어려움에 봉착했다. 대한해운, STX팬오션과 같은 우리나라 대표선사들이 회생절차에 들어갔고 급기야 2016년 세계 7위의 정기선사였던 한진해운이 파산선고를 받고 역사 속으로 사라지게 됐다.

〈해양진흥공사의 기능〉

보 증

2008년도 리먼브라더스 사태 이후 해운업계와 전문가들은 경기 역행적인 선박금융을 원했다. 경기가 하강했을 때 선박을 매입하거나 건조할 수 있도록 은행이 금융을 지원해주기를 바랐다. 시중은행은 경기가 하강하면 자신을 보호하기 위해 대출을 꺼리게 된다. 선박 건조시 건조중인 선박을 담보로 60%는 대출이 가능하지만, 후순위금융 30%가 추가로 필요한데 금융을 일으키기가 쉽지 않다. 이때 후순위 금융제공자에게 대출금 변제에 대한 보증을 해주는 은행이 있다면 후순위 금융도 제공돼 선박건조가 가능해진다.

이번에 설립된 해양진흥공사는 시중은행이 하지 못하는 경기역행적인 선박금융을 제공하게 된다. 후순위 금융제공자에게 대출금 환수를 위한 보증을 해주는 것이 공사의 주기능이다. 해양진흥공사와 시중은행은 후순위 대출 30%를 해준 시중은행 등에게 선사가 그 대출금을 갚지 못할 때 대신 지급을 하겠다는 내용의 보증계약을 체결하게 된다.

투자 및 선박은행(tonnage bank)으로서의 기능

경기가 하강하여 대출이 어려운 경우 운영자금 마련을 위해 선사들이 사용하는 방법은 소유선박을 매도한 다음 다시 매수인으로부터 빌려서 사용하는 것이다. 소위 sale & lease back 기법이다. 그런데 불경기이므로 선가는 평균보다 아주 낮은 상태이다. 선박을 싸게 외국 선주들에게 매도하면 우리 선사는 손실을 보았으므로 부채비율은 높아지고 경쟁력은 낮아진다. 싼 선박을 보유하게 된 외국선사의 경쟁력은 오히려 높아지게 된다. 해양진흥공사는 이럴 때 투자기능을 수행하여 우리 선사들의 선박을 매입하여 그 선사에게 다시 빌려준다. 매입금액은 시장가로 하지만, 장부가와 시장가의 차액은 공사가 유상증자의 형식으로 들어가므로 선사는 운영자금도 확보하면서 자본을 증가시켜 부채비율도 낮출 수 있다. 또한 우리 선박이 외국으로 빠져나가지 않도록 하는 장점도 있다.

선박이외의 물적 설비에 대한 지원

선사가 매출을 올리는 전통적인 방법은 운송계약을 통한 운임수입과 용선계약을 통한 용선료 수입이다. 정기선사는 이외에도 컨테이너 터미널을 운영하면서도 수입을 올린다. 우리 정기선사가 해외에 이러한 터미널을 운영하면서 안정적인 수입을 올릴 수 있다면 경영의 안정에 도움이 될 것이다. 머스크라인이 대표적이다. 해양진흥공사는 선사의 컨테이너 터미널 확보를 위한 투자와 보증도 하게 된다.

해상기업은 영리활동을 위해 물적 설비가 필요하다. 특히 정기선사의 경우 선박에 추가해 컨테이너 박스도 필요하다. 컨테이너 한 척이 100단위 만큼의 자본이 필요하다면 컨테이너 박스는 60단위가 필요할 정도로 자본집약적이다. 정기선사는 컨테이너 박스를 소유하거나 임대해 사용해야 하는데, 은행은 대출을 꺼린다. 컨테이너 박스는 담보로서의 가치가 낮기 때문이다. 이러한 경우 해양진흥공사는 정기선사가 컨테이너 박스를 리스할 경우 대출 혹은 보증을 제공할 수도 있고 자신이 컨테이너 박스를 소유하거나 임차한 리스회사가 돼 안정적으로 컨테이너 박스를 정기선사에게 빌려주는 기능도 할 수 있을 것이다.

〈민간이 유념해야 할 사항〉

해양진흥공사의 출범에 즈음해 해운·선박금융업계가 유념해야 할 사항도 있다.

민간의 몫인 인적설비와 영업망 확충

우리 선사가 약육강식의 국제해운시장에서 경쟁력을 갖추기 위해서는 물적 설비뿐만 아니라 인적 설비는 물론 영업을 위한 소프트웨어도 잘 갖추어야한다. 공사가 지원해주는 것은 선박, 컨테이너 터미널, 컨테이너 박스 등 물적 설비에 국한된다.

우수한 선장과 선원들을 확보해 안전하고 신속하게 운송서비스를 제공하는 것, 경쟁력 있는 피더선을 이용하는 것, 해외에 탄탄한 영업망과 육상 물류 체제를 갖추는 것은 공사가 해줄 수 없다. 이러한 것은 모두 선사 자신의 몫이라는 점을 유념해야 한다.

일본 NYK는 1990년대 말부터 포토폴리오를 다양하게 구성해 육상물류회사(Yusen Logistics)를 운용하게 됐고 연 매출 5조원의 수입을 올리고 있다. 이에 비해 우리는 같은 시기에 부채비율을 맞추기 위해 자동차 운반선, 유조선과 같은 포토폴리오를 매각해버렸고, 2000년대 초반 호경기 때 불황에 대처할 다른 수단이나 비상계획도 마련해두지 못해 불황에 속수무책이었다. 다시는 그러한 일이 반복되지 않도록 해운업계는 백년대계를 위한 자구책을 마련해야 한다.

공사의 기존 금융권과의 상생관계

해양진흥공사도 대출과 보증이 주된 기능이기 때문에 지금까지 이런 기능을 하고 있는 국책은행 및 시중은행과의 관계가 문제된다. 선순위 대출은 시중은행이 하고, 신용이 좋은 공사는 후순위 보증을 제공해 시중은행이나 국책은행의 후순위 대출을 유도하는 역할을 하면 상생관계가 될 것이다. 현재 여객선의 건조 등과 같이 선박금융 제공에 애로가 있는 부분을 해소하거나 엄격한 부채비율 기준을 해운의 특성에 맞추어 조금 완화해 중견 선사에도 금융을 제공하는 기능을 공사가 할 필요가 있다.

부채비율 낮추는 방안의 확보

해운재건 5개년 계획에 의하면 향후 5년간 200척의 선박 건조를 해양진흥공사가 지원하게 된다. 선사가 해양진흥공사를 활용해 선박의 건조대금에 대한 지원을 받을 것인데, 국적취득조건부 선체용선(나용선)으로 선박을 보유할 가능성이 높다. 이러한 선박에 대한 보유형태는 자본의 변화없이 자산과 부채가 증대하게 되므로 부채비율을 높이게 된다. 높은 부채비율은 여러 가지 면에서 선사에 부정적인 영향을 주므로 부채비율을 낮출 다양한 조치의 강구가 필요하다.

국취부 선체용선된 선박을 실제로 인도받아 영업하면서 당기순이익이 나게 되면 자본이 증대되게 된다. 유상증자를 통한 자본의 증대도 좋은 수단이 된다. 해양진흥공사, 화주, 조선소 등이 직접 선사에 주주로 참여하는 것이 바람직하다. 기존에 보유하는 선박을 매도하고 용선하는 방식을 사용해도 부채비율은 줄어든다.

특수목적회사의 해외설치 지양

금융권이 개입돼 선박을 건조할 때에는 파나마, 마샬 아일랜드 등 해외에 특수목적회사(SPC)를 설치하는 것이 통상이다. 이는 편의치적제도를 활용해 선원비의 절감, 행정규제의 완화, 세금의 절감 등 효과와 함께 도산절연과 저당권 실행의 용이 등 장점을 누리기 위함이다. 편의치적제도는 우리나라 및 세계적인 관행인 점은 인정된다.

특수목적회사가 해외편의치적국에 등록되면 편의치적국의 관할 하에 놓이게 된다. 해사안전관련법은 모두 그 기국의 법률을 적용받는 것이 원칙이다. 우리나라 선사나 금융사가 실질적인 소유자라고 하더라도 유사시 그러한 선박은 타국의 관할 하에 있으므로 우리 정부가 징집할 수도 없을 것이다.

우리 국민의 세금이 투입된 해양진흥공사의 지원을 받아 건조하는 선박을 외국에 등록하고 외국의 깃발을 달고 그 외국법의 적용을 받도록 하는 것은 자연스럽지 못하다. 특수목적회사의 장점을 살리도록 하면서 우리나라에 등록하는 방안을 강구해야 겠다.

해운부대산업의 발전 도모

우리 선사들의 선박확보에 대한 공사의 지원은 다양한 해운부대산업에도 긍정적인 영향을 줄 수 있다. 신조되는 선박은 해상위험을 담보하기 위해 보험에도 가입돼야 하고 선박의 안전을 위해 선급검사도 받아야한다. 그리고 분쟁이 발생하면 분쟁해결도 해야 한다.

이러한 분야에서 우리나라는 전통적으로 영국 등 외국에 지나치게 의존하는 경향을 보여 왔다.

국민의 세금으로 금융을 일으켜 건조되는 것인 만큼 이들 선박들이 가능한 많이 우리 조선소에서 건조되고 우리 선원들이 승선하고 우리 선급(KR)에 가입하고 우리 보험사(Korea P&I)에 가입하고 우리 법을 준거법으로 하고 우리나라 법원 혹은 해사중재(서울해사중재협회가 2018년 2월 설립됨)에서 더 많은 분쟁해결이 이루어지도록 해야 한다. 그리하여 우리 해운연관산업이 매출증대를 통해 더 많은 국부창출을 하고 일자리를 창출하도록 해야 한다.

우리 조선소, KR, Korea P&I 등 관련 산업계도 우리 선사가 외국경쟁사보다 자신들을 선택할 수 있도록 스스로 경쟁력을 키우고 수요자를 설득하는 노력을 경주해야 할 것이다. 막연한 애국심에만 호소해서는 안 된다. 선사들도 치열한 국제경쟁력 하에 놓여있기 때문이다.

정부는 위기에 처한 해운·조선산업에 활기를 불어넣고 국제경쟁력을 갖추도록 하기 위해 해양진흥공사를 설립했다. 이제는 민간업계가 정부의 노력에 화답할 차례이다.

(《한국해운신문》, 2018년 7월 18일)

2. 해양진흥공사 설립, 해운업발전 계기로

우리 해운선사가 경쟁력있는 선박을 보유할 수 있도록 금융지원 및 선박투자를 할 목적으로 지난 7월 5일 한국해양진흥공사(이하 공사)가 출범하였다.

첫째, 공사는 투자의 기능을 한다. 해운불황기에 선사(船社)들은 운영자금에 목말라한다. 선사들은 소유선박을 매도하여 일단 운영자금을 마련한 다음 다시 매수인으로부터 그 선박을 빌려서 영업에 사용한다. 그런데 불경기이므로 선가는 엄청 낮은 상태이다. 그 선박으로 영업은 계속할 수 있지만 선사는 매각대금에서 손실을 크게 보게 된다. 공사도 이런 매수인의 기능을 한다. 그러나, 공사는 선박의 매입은 낮은 시장가격으로 하지만, 매도하는 선박의 장부가격과 시장가격와의 차액만큼 공사는 유상증자에 참여하여 선사가 손실을 보지 않도록 한다.

둘째, 보증의 기능을 한다. 경기가 하강했을 때는 선가가 낮으므로 선사들은 은행으로부터 차금을 하여 낮은 가격으로 선박을 매입하거나 건조길 바란다. 그러나 불황이 되면 은행은 해운업을 비관적으로 보아 대출을 꺼린다. 선사는 자기부담 10%, 건조중인 선박을 담보로 60%는 은행으로부터 대출을 받을 수 있지만, 나머지 30%에 대하여는 담보가 없으므로 대출이 쉽지 않다. 공사는 30% 대출에 대한 지급을 보증하여 시중은행이 30% 대출에 참여하도록 유도한다.

공사는 그간 선박금융의 애로사항을 상당부분 해소할 수 있다는 점에서 업계는 고무되어있다. 공사의 출범에 즈음하여 유념해야 할 사항도 있다.

첫째, 국제경쟁력있는 선사가 되기 위하여는 선박도 중요하지만 선원 및 영업을 위한 소프트웨어도 잘 갖추어져야 한다. 공사의 지원은 선박, 컨테이너 박스 등 물적 설비에 한정된다. 우수한 선장을 확보하여 안전·신속하게 운송서비스를 화주에게 제공하는 것, 해외에 탄탄한 영업망과 육상 물류 체제를 갖추는 것은 공사가 해줄 수 없다. 이러한 것은 모두 선사 자신의 몫이라는 점을 유념해야 한다.

둘째, 공사는 선박에 대한 투자와 보증을 하므로 유사기능을 행하는 기존 은행들과 관계가 문제된다. 선박 자체를 담보로 하는 선(先)순위 대출은 시중은행이 하고, 은행들이 꺼리는 후(後)순위 대출에 대한 보증을 공사가 제공하여 은행들의 후순위 대출을 유도하는 역할을 하면 상생관계가 될 것이다. 여객선의 건조 등과 같이 기존의 선박금융제공이 되지않는 부분에 대한 선박금융을 공사가 담당하면 역할분담이 될 것이다.

셋째, 우리 선사들의 선박 확보에 대한 공사의 재정적 지원은 다양한 연관 산업에도 마중물 역할을 하도록 배려되어야한다. 정부 계획에 따르면 향후 5년간 선박 200척 건조에 대한 재정지원이 공사를 통하여 이루어진다. 공사의 지원을 받아 건조되는 선박은 국민의 세금이 투입되는 만큼 가능한 많이 우리 조선소에 의하여 건조되어야 한다. 또한 그 선박은 우리 선급기관 및 우리 선주책임보험사에 가입하고, 우리 법을 준거법으로 하고 우리나라에서 분쟁해결을 하도록 해야 한다. 우리 조선소 및 해운관련업체들은 외국 경쟁자들보다 우선하여 자신들이 선택될 수 있도록 자체 경쟁력을 갖추어야 한다. 그리하면 현재 어려움에 처한 조선업 및 해운관련 산업의 매출도 증대되고 일자리도 창출될 것이다.

위기에 처한 해운·조선산업에 활기를 불어넣고 국제경쟁력을 갖추도록 정부는 해양진흥공사를 설립했다. 이제는 민간 업계가 정부의 노력에 화답할 차례이다. (《동아일보》, 2018년 7월 24일)

제5장
해운업 살리는 법제도 구축

1. 해운업 살리려면 제도 정비부터

국내 해운산업 분야는 어느 시기를 두고 반복적으로 비슷한 어려움이 닥치는 경향을 보여 왔다. 1993년 서해훼리호 사고 후 21년 만인 2014년에 세월호 사고를 겪었고, 2001년 조양상선의 파산 15년 만인 2016년에는 정기선사 한진해운이 파산했다.

인류는 유사 이래로 미래의 예측 불가능성을 예측 가능성으로 만들기 위해 많은 시간과 노력을 기울여왔다. 이때 예측 가능성은 법제도의 확립으로 달성된다. 한진해운 사태에서도 기존의 법 제도를 잘 활용하였다면 회사가 회생할 수 있었거나 아니면 국내 다른 회사들이 인수를 해 전 세계 7위 해운사의 공중분해 만큼은 막을 수 있었을 것이다.

한진해운이 파산에 이른 가장 근본적인 원인은 비싼 용선료에 있었다. 2016년 당시 이미 시장가보다 몇 배 비싼 용선계약을 수십 개 가지고 있었기 때문에 한진해운은 영업부문에서 적자가 수년간 누적될 수밖에 없었다.

도산법에 따르면 회생절차에서 관리인이 비싼 용선계약을 모두 해지하면 미이행된 용선료 채권은 모두 회생 채권으로 환치돼 회사는 10분의 1 정도만 배상하면 된다. 이렇게 조치해 놓고 회사가 현재 시가로 선박을 다시 빌려서 운항하면 회생이 가능한 것이다. 이를 제대로 활용했다면 결과는 달라졌을 것이다.

나아가 정기선 해운의 공익성이 인정되어 하역비를 국가나 공적 기금이 대납하는 제도를 미리 정비하고 있었더라면 어땠을까. 한진 해운이 회생절차에 들어갔을 때 하역 작업은 제대로 이루어졌을 것이고, 수조 원에 이르는 화주의 손해가 발생하지 않았을 것이다. 한진해운의 빚도 눈덩이처럼 불어나진 않았을 것이다. 그랬다면 국내의 다른 회사들이 한진해운을 회생절차 내에서 인수할 가능성도 높아졌을 것이다.

현재 해양수산부, 선주협회, 한국해양수산개발원(KMI), 학계를 중심으로 한국 정기선 해운의 부활을 위한 다양한 제도들이 거론되고 현실화되고 있는 것은 고무적이다. 그렇지만 정작 우리는 정기선 운항 관련 당사자들에게 예측 가능성과 법적 안정성을 부여하는 법제도의 창설이나 보완에는 큰 관심을 보이지 않고 있다.

마지막 항해에 실린 화물에 대해 하역비 지급을 보장하는 제도 등 화주들이 안심하고 우리 선사들을 선택할 수 있는 보호 장치를 제대로 만든다면 현재 약 20% 수준인 국적선 수송 비중을 50%대로 끌어올리는 데 기여할 수 있을 것이다.

한진해운 사태에서 배웠듯 준비 없이 즉흥적으로 회생절차에 들어간 기업이라 하더라도 장기적으로 국민 경제에 미치는 영향이 크다면 정부 차원에서 회생 지원을 중히 고려해야 한다. 민간과 정부가 힘을 합친 '기업회생지원기구'를 두어 자금을 긴급히 활용하도록 함으로써 급한 대로 초기 불을 끌 수 있는 제도를 미리 만들어 두는 것도 한 방법이다.

법과 제도를 몰라도 영업은 잘되고 수입은 올릴 수 있다. 그러나 비상 상황에서는 법을 얼마나 미리 잘 준비해두고, 얼마나 잘 활용하느냐에 따라 회사가 살기도 하고 죽기도 한다. 2010년 일본항공(JAL)은 미리 잘 마련된 회생절차 제도에 의해 항공기 결항 같은 물류대란 없이 성공적으로 회생한 바 있다. 한진해운 회생절차 신청 1주년에 즈음하여 이제라도 우리는 법 제도에 더 많은 관심을 기울여 유사 사태를 반복하지 않도록 반면교사로 삼아야 한다.

《〈동아일보〉, 2017년 9월 11일)

2. 하역비지급보장 기금제도라도 조속히 만들자

2016년 9월 한진해운 물류대란에서 하역회사가 하역작업을 거부함으로써 하역작업이 지연돼 화주들이 큰 피해를 보았다. 이는 한진해운의 채무를 증대시켜 한진해운 파산의 한 원인이 됐을 뿐만 아니라 한국 정기선운항에서 정시성 확보에 대한 화주들의 신뢰도 하락을 초래했다.

필자는 이러한 문제점을 해결하기 위해 이미 지난 9월부터 하역비 지급을 보장하는 보험이나 기금제도를 만들자고 주장해 왔다. 그렇지만 진척은 아주 느리다. 그간 일간지에 두 차례, 전문지에 두 차례, 각종 학회(3월 10일 제2회 항만물류법세미나에서 다시 발표함) 등에서 이의 필요성을 강조해왔지만 관련 당사자들은 선뜻 나서지 않고 있다.

우리가 머뭇거리는 사이에 THE Alliance도 자체에서 회원사가 법정관리시 얼라이언스 자체에서 화물의 인도가 지연되지 않도록 하는 보장제도를 마련했다고 발표했다. 우리나라 정기선사는 얼라이 언스에 가입하지 못하고 있다. 그렇다면 우리는 한진해운 사태로 정 기선 운항 시 정시성 확보에 대한 신용이 떨어진 것에 더해 얼라이 언스 내부의 자체보장체제도 갖고 있지 못하므로 화주로부터 우리 정기선사는 더 선호되지 못하는 결과가 된다. 이런 낮은 신용을 만 회하기 위해는 운임을 낮추어 줄 수밖에 없을 것이다. 이는 결국 우 리가 경쟁력을 잃는다는 의미가 된다.

정기선은 부정기선과 다르다. 정기선사는 선박의 출발·도착일을 미리 공표한다. 즉, 정기선사는 운송물이 정시에 출항하고 정시에 도착하는 것을 화주들에게 미리 약속하는 것이다. 운송인은 운송계 약상 약정된 의무를 이행해야 한다. 하역작업도 운송인의 의무 중의 일부이다. 운송인은 불가항력적인 사항을 제외하고는 인수한 운송물 은 안전하게 약속된 장소에 수하인(수입자)에게 인도해주어야 할 의 무를 부담한다.

한진해운 사태에서 불행히도 이러한 정시성은 깨어졌고 한진해운 은 운송계약불이행으로 인한 손해배상책임을 부담하게 됐고 한국 정기선사의 신용은 훼손되게 됐다. 그렇다면 이제 한국의 정기선사 들은 이러한 사태가 다시는 일어나지 않는다는 보장을 화주들에게 해주어야 한다. 화주들은 한진해운 사태 이후 정기선사들의 재정 상 태를 운송인 선택의 중요한 요소로 본다고 한다. 이러한 화주들의 우려를 불식시키는 보장장치를 만들자는 것이 필자의 주장이다.

마지막 항차의 운송물 하역이 제대로 되지 않으면 수출자, 수입 자는 물론 무역 및 제조업 관련자들에게 불측의 큰 피해를 야기하 므로 이는 공익적인 성격을 갖는다. 회생절차개시 이후의 하역비는 공익채권이 돼 회생절차에서 처리가 된다. 그럼에도 불구하고 하역 회사가 현금으로 지급하지 않으면 하역작업을 하지 않겠다고 하면 운송인으로서는 현금을 내는 수밖에 없음을 우리는 경험했다.

다른 정기선사가 회생절차에 들어갈 때 마지막 항차의 하역비는 우리 정기선사들이 마련한 기금제도를 통해 그 지급을 보장해주자는 것이 필자의 아이디어이다. 법률에 의해 하역회사는 기금운영자에게 직접 하역비를 청구할 권리를 가진다. 기금으로 하역비를 대신 지급한 기금운영자는 회생절차에 하역회사를 대신해 공익채권을 가지게 된다(지급금액을 상당부분 회생절차에서 회수할 것임).

기금을 얼마나 미리 모아 두어야하는지가 관건이 된다. 앞으로 정기선사의 회생절차는 발생하지 않을 것으로 생각되지만 5,000TEU 선박 50척을 운항하는 경우에 하역비는 한 항차에 200억원이 필요하다고 추산된다. 200억원 모두 적립시켜 두어야 하는가? 그렇지 않다. 법률로서 기금을 갹출해 운용할 의무를 정기선사들이 부담하도록 하면, 먼저 기금운영자가 하역비를 차입해 지급하고 사후적으로 회원사인 정기선사들에게 배당되는 몫만큼만 갹출하면 되는 것이다. 이러한 방식은 유류오염손해배상보장기금(IOPC FUND)의 추가기금제도에서 잘 알 수 있다.

우리나라도 추가기금에 가입했지만 아직 추가기금이 적용되는 사고는 없었기 때문에 기금을 갹출당한 적은 아직 없다. 기금의 운용방식은 대통령령에 근거를 두어 회원사들이 규약을 만들고 기금갹출에 대한 의무를 부담하는 형식이어야 할 것이다.

필자가 생각하는 법안은 아래와 같다.

해운법 제27조의 2

① 외항정기화물운송사업자는 회생절차개시 마지막 항차의 하역비 지급을 보장하는 보험, 공제 혹은 기금제도에 가입해야 한다.

② 하역회사는 제1항의 하역비에 대해 보험자, 공제업자 혹은 기금운영자에게 직접 청구할 수 있다.

③ 하역회사는 제1항의 제도에 가입한 자가 하역작업을 요구한

경우 이전의 미지급 하역비에도 불구하고 지체없이 하역작업을 해야 한다.

④ 제3항에 따라 하역업자에게 체불임금을 대신 지급한 보험업자, 공제업자 또는 기금운영자는 그 지급한 금액의 한도에서 해당 운송인에 대한 하역회사의 하역비청구권을 대위(代位)한다.

⑤ 제1항의 운영에 대해서는 대통령령으로 정한다.

이 제도의 도입에는 몇 가지 쟁점이 있다.

첫째, 마지막 항차 이전의 항차에서도 밀린 하역비가 있을 터인데 이것도 보장의 대상이 돼야 하는가? 공익적인 성격을 찾기가 어렵고 정기선사들의 도덕적 해이를 불러올 수도 있기 때문에 이는 포함시키기가 어려울 것이다. 마지막 항차를 제외한 밀린 하역비는 정기선사들이 회생절차에 들어가기 전에 현금으로 확보하는 방안을 스스로 마련해야 할 것이고, 그렇지 않다면 회생이 어렵기 때문에 자발적으로 이런 조치는 취할 수 있을 것으로 생각한다.

둘째, 보험제도로 하면 되는 것은 아닌지? 책임보험이나 이행보증보험으로도 이론 구성이 가능하다. 그렇지만 기금에 비해 보험자의 면책이 가능할 수 있고 보험사고가 없음에도 보험료가 매년 지급돼야 하는 점이 불리하다. 기금제도는 사고가 없으면 기금이 갹출될 일이 없기 때문에 정기선사들에게 현실적인 손실이 발생하지 않을 것이다.

셋째, 외국의 하역회사들에게 마지막 항차의 운송물은 반드시 하역하라는 의무를 부과시킬 수가 없다는 점이다. 이것이 가능하려면 이 제도를 국제조약으로 만들어야 한다. 그렇지만 이 제도를 국제조약으로 하기에는 시간이 많이 필요하다. 마지막 항차의 하역비가 보장이 된다면 그 선박을 이웃의 부두에 접안시켜 하역을 할 수도 있을 것이다. 제도가 없는 것 보다는 화주들에게 우리나라 정기선사들의 신용을 회복시켜주는 하나의 수단이 될 것이다.

현 단계에서 완벽하지 않다고 하더라도 우리 정기선사들의 신용 회복에 도움이 된다고 판단되면, 이 제도의 도입에 대한 공식적인 논의를 업계에서 하루속히 시작할 것을 촉구한다. 이는 공익적인 성격을 가지는 것이므로 한국해법학회가 이 작업을 주도하는 것도 한 방법이라고 생각한다.   (《한국해운신문》, 2017년 3월 21일)

3. 제2의 한진해운 사태 차단하려면

'한진해운 사태'가 발생한 지 1년이 지났다. 한진해운의 연간 매출 8조원은 사라졌고, 우리 수출입화물의 '고속도로' 역할을 하던 국적 정기상선대는 더 이상 유럽과 미국 동부에는 다니지 않게 됐다.

아이러니컬하게도 2011년과 2013년 법정관리에 들어갔던 대한해운과 팬오션은 모두 회생절차에서 살아나 순항하고 있다. 재정상태가 나빠 법정관리에 들어간 점에서는 동일하지만, 대한해운과 팬오션은 살아남았고 한진해운은 파산한 이유는 무엇인가. 이들 두 회사는 부정기선사이고 한진해운은 정기선사란 점에서 다르다. 정기선사는 복잡한 물류네트워크를 가지기 때문에 영업구조가 단순한 부정기선사와는 달리 회생절차가 개시되면 아주 큰 손해가 발생한다. 이에 대한 이해와 대비가 부족했던 것이 이런 큰 차이를 낳았다.

한진해운이 지난해 8월31일 회생절차를 신청하자 하역회사들이 밀린 하역비, 터미널 운영비, 컨테이너 박스 처리비 등의 현금지급을 요구하면서 한진해운 화물의 하역작업이 이뤄지지 않았다. 또 선박이 가압류되지 않도록 다른 항구로 선박을 이동시켜 화물을 내려둠으로써 원래 장소로 이동해야 하는 비용도 발생하게 됐다. 이로 인해 수조원의 클레임이 발생하게 됐다. 지연손해는 배상받기가 쉽지 않지만 시장에서는 한진해운의 부채가 회생절차 신청 시보다 몇 배가 늘어난 것으로 이해됐다. 이런 인식은 한진해운을 인수할 회사가 나타나지 못하도록 만들었다.

한진해운은 2016년 6월 말 부채가 6조원 정도로 보고됐는데 회생절차를 거치면서 30조원으로 불어난 채로 채권신고가 됐다. 회생절차 개시 결정 이후에 빚이 4~5배 늘어나는 기이한 현상이 발생한 것이다. 정기선해운은 사전에 잘 준비하지 않으면 회생절차에서 이런 어처구니없는 사태가 발생한다는 교훈을 던져준 것이다. 우리는 또 다른 정기선사였던 조양상선이 2001년 파산한 사건에서 아무런 교훈도 얻지 못한 채, 세계 7위의 한진해운을 잃고 말았다.

한진해운 사태에서 어떤 교훈을 얻을 수 있는가. 먼저, 개별 정기선사들은 법원의 회생절차개시 결정 이후 외국항만에 입항한 자사 선박이 가압류되지 않도록 압류금지명령(스테이 오더)을 신청할 준비를 해야 한다. 둘째, 화물이 제대로 화주의 손에 들어가도록 하역비, 항만사용료 등 현금을 준비해두고 있어야 한다. 셋째, 다른 항구에 화물을 하역하는 경우 안전한 이동을 위한 방안을 마련해야 한다.

정부와 업계는 최악의 상황에 대비하고 있어야 한다. 먼저, 정기선해운은 우리나라 수출입을 위한 바다의 고속도로이기 때문에 공익적인 성격을 띠므로 엄중한 보호조치가 필요하다는 점에 인식을 같이해야 한다.

정기선해운사가 회생절차를 신청하는 등의 경우에 대비해 '정기선 정상화 민간비상기금'을 마련하고, 물류 지연 등으로 인한 불필요한 채무가 발생하는 것을 막아야 한다. 이렇게 선제적으로 대응했더라면 한진해운의 채무는 회생절차 기간에 그렇게 크게 늘어나지 않았을 것이고 한진해운의 물류망, 즉 대한민국의 수출입 고속도로가 망가지지도 않았을 것이다. (《한국경제》, 2017년 9월 16일)

4. 한진해운사태 이후 화주보호관점에서의 법제도보완

한진해운 사태에서 가장 큰 피해자는 화주였다. 한진해운은 두가지 형태로 화주와 관련을 맺게 되었다. 첫째, 직접운송인이 되는 것이었다. 이 경우 송하인은 한진해운과 직접 운송계약을 체결하였기 때문에 한진해운이 계약운송인이면서 실제운송인이 된다. 둘째, 간접적으로 운송인이 되는 것이다. 즉, 송하인은 복합운송주선인(NVOCC, 계약운송인)과 운송계약을 체결하였지만 복합운송주선인이 한진해운과 다시 운송계약을 체결한 경우이다. 이 경우 한진해운은 실제운송인으로서 송하인과 관련을 맺게 된다.

한진해운이 운항하는 선박에 운송물이 실려 있다는 점에서 첫 번째와 두 번째는 동일하다. 불법행위에 기한 손해배상은 어느 경우에나 한진해운이 부담하지만, 운송계약불이행에 따른 책임을 부담하는 자는 첫째의 경우는 한진해운임에 반하여 두 번째의 경우는 복합운송주선인이 되는 점에서 차이가 난다.

한진해운은 법정관리에 들어가면서 부두에 접안한 경우에도 하역작업을 제대로 하지 못하였고, 선박의 압류/가압류를 피하기 위하여 외국 항구에 입항을 하지 못하였다. 그 결과 화주들은 지연으로 인하여 많은 피해를 입었다. 뿐만 아니라 복합운송주선인들도 화주들에게 손해를 배상하게 되었고, 한진해운에 전액을 구상하지 못하게 되어 큰 피해를 입은 것은 화주와 마찬가지이다. 한진해운이 무엇보다 정기선운항에서 가장 중요한 정시성을 지키지 못하여 화주 등이 큰 피해를 본 것이다.

이러한 피해를 입은 화주들은 당장 현대상선의 2M 가입에 제동을 걸고 나섰다. 공동운항을 하게 되면 2M과 운송계약을 체결한 화주의 운송물이 현대상선의 선박에 실려서 운송되므로 현대상선이 법정관리를 신청하게 되면 또 다시 한진해운 때와 같이 화주들이 큰 손해를 입을 우려가 있기 때문이다. 이러한 화주들의 요구는 받아들여져 현대상선의 2M의 완전한 가입에 영향을 미쳤다. 이러한 정기선 운항에서 화주들의 의사결정형태는 앞으로 해상운송법에서도 상당한 변화를 요구한다.

　과거 화주들의 운송인 선택에서 법적 효과에 대한 요소는 크게 중요하지 않았다. 그렇지만, 앞으로는 정기선사의 재무구조와 도산 가능성 같은 요소도 운송인 선택에 큰 요소가 될 것임이 예고되었다. 이에 따른 법적 제도의 수정이 불가피할 것으로 보인다. 몇 가지 요소를 본다.

화주가 고려하게 될 요소들

　첫째, 운송물 손해 시 적재선박에 대한 가압류 가능성이다. 선박은 다양한 형태로 운송이 된다. 운송인이 소유하는 경우도 있고 나용선(선체용선)을 한 경우도 있고 정기용선을 한 경우도 있다. 그리고 슬로트 용선을 한 경우도 있다. 채권자가 되는 화주들에게 가장 유리한 형태는 운송인이 운송물을 실은 선박을 직접 소유하고 있는 경우이다. 우리나라와 일본의 경우에 채무자 소유의 선박(채무자의 재산)에 대하여만 가압류가 가능하다. 만약 선체용선자, 정기용선자 혹은 슬로트 용선인 경우에는 운송물을 적재한 선박을 가압류할 수 없기 때문에 채권자는 불리하다. 운송인이 외국회사인 경우 그렇지 않다면 외국에서 소송을 해야 하는데, 이것보다는 현지에 정박 중인 그 선박을 가압류하면 운송인(선박소유자)은 손해배상지급에 대한 보증을 하므로 바로 해결이 된다는 점에서 이 점은 대단히 중요하다. 지금까지는 복합운송주선인을 이용하여 운송을 의뢰한 송하인들은 누가 실제운송인인지에 대하여 무관심하였고, 이러한 법적 효과에 대하여는 초점을 맞추지 않아왔다. 그렇지만, 앞으로는 이러한 점을 운송주선인에게 강조할 것이고, 용선의 비중이 높은 선박을 이용하여 운송계약을 이행하는 정기선사는 덜 선호될 가능성이 많다. 용선의 비중이 높은 회사들은 이러한 낮은 신뢰도를 만회하는 법제도가 필요하게 될 것이다.

둘째, 회생절차에서 채권회수의 가능성이다. 정기선사의 운송계약과 관련된 기존의 채무불이행 책임은 단순한 회생채권이 된다. 마지막 항차에 실린 운송물의 손해는 경우에 따라서 회생채권으로 혹은 공익채권이 된다. 이러한 채권자들의 채권은 채무자인 정기선사의 지속적인 영업이 가능한 경우에 따라 회수액수가 정하여진다. 운항할 수 있는 선박이 많으면 많을수록 영업을 계속해서 채무를 갚아나갈 수 있다. 그런데, 회생절차가 개시되면서 용선된 선박이 모두 회수되어 버리면 신청인인 정기선사는 영업을 할 수 없게 되고, 이에 따라 바로 청산절차로 들어갈 가능성이 높아진다. 이렇게 되면 화주들은 비록 자신의 채권이 공익채권이라고 할지라도 회수받을 금액은 얼마되지 않아서 큰 피해를 보게 된다. 그렇기 때문에 화주들은 정기선사의 선박의 보유형태를 세밀하게 관찰하게 될 것이다. 그리하여 용선한 선박이 많은 경우 운송계약의 체결을 기피하게 될 것이다. 그러므로, 적정한 수준의 자기소유 선박을 갖출 것이 중요한 요소가 된다. 그렇지 않다면, 도산법제도에서 이를 보완하여 주는 입법적인 조치가 필요할 것이다. 한진해운 사태에서 국적취득조건부 나용선이 된 선박은 해외의 SPC 소유이므로 채무자회생법(채무자회생 및 파산에 관한 법률)상의 강제집행대상금지 선박이 아니라는 판결이 난 바 있고, 이에 따르면 나용선된 선박은 채무자인 정기선사의 채무로 인하여 선박우선특권 경매의 대상(선적이 파나마등인 경우)이 되므로 정기선사는 더 이상 영업을 하지 못하게 하는 결과를 낳는다. 한편, 채무자인 정기선사가 소유하고 있는 선박은 우리나라 채무자회생법에 따라 강제집행이나 가압류의 대상이 아니므로 채무자의 영업은 지속되게 된다.

세번째, 정기선사의 얼라이언스 가입 여부이다. 얼라이언스에서 슬로트 용선계약을 통하여 공동운항(선복공유) 혹은 선복교환(space exchange)의 협정이 체결된 경우 A 정기선사가 운송인인 운송물이 B 정기선사에 실려 운송될 기회가 많아진다. 만약 B 정기선사가 재무적으로 튼튼한 신용이 높은 경우라면 이 회사는 회생절차에 들어갈 가능성이 낮아지므로 그와 같은 얼라이언스에 가입한 정기선사들은 화주들에 의하여 선호되게 된다. 이런 측면에서 본다면 현대상선이 2M과 선복교환을 하였다는 것은 그만큼 현대상선의 화주들은 안정된 운송에 대한 신뢰를 더 가지게 되는 것이다. 그렇지만, 한편으로는 A 정기선사의 채권자(화주)들이 자신들의 운송물이 운송되는 B 정기선사의 선박에 대하여는 A 정기선사의 채무에 대하여는 가압류를 할 수 없어서 불리한 측면이 있지만, B 정기선사는 불법행위 책임을 부담하므로 적재 선박에 대한 가압류는 가능하다.

네 번째, 보험가입 여부이다. 운송물이 양륙항에 정시에 도착하지 못하면 수출자는 수입자로부터의 신뢰를 잃게 된다. 복합운송주선인도 마찬가지이다. 잃어버린 신용을 회복시켜주는 하나의 방법은 손해배상이다. 그러한 손해는 보험제도를 통하여 가능하게 된다. 통상운송 중 적하의 손해는 운송인에 의하여 발생하고 운송인은 이러한 위험을 책임보험에 가입함으로써 해결한다. 책임보험의 가입은 임의보험 형태로도 잘 운영되고 있다. 그렇지만, 복합운송주선인의 경우는 책임보험에 가입하는 경우는 드물고 현재 1억원을 손해배상액의 한도로 한다. 화주로서는 책임보험제도가 잘 갖추어진 정기선사나 복합운송주선인을 더 선호하게 될 것이다. 특히, 책임보험에서 부보사항이 아닌 하역작업비나 도산시의 손해배상을 보험부보사항으로 하고 있는 정기선사는 더 선호될 가능성이 높다. 이는 민간차원에서 정기선사, 책임보험자로서 선주상호보험조합(P&I Club), 복합운송주선인들이 해결해야 할 사항이다. 이는 정기선사나 복합운송주선인들이 공제를 만들어서 처리할 수도 있다. 정부는 이러한 보험의 가입을 영업등록의 요건으로 하여서 이를 강제화할 수 있을 것이다.

다섯번째, 선적국 및 선박우선특권의 발생 여부이다. 회생절차에 들어가면 담보권을 가지는 채권자는 회생절차에서 일반 회생채권자보다 더 많이 변제받아 유리하게 된다. 한국법에 의하면 화주들의 운송물 손해배상채권은 선박우선특권을 발생시키지 못한다(상법 제777조). 그렇지만 파나마나 일본법과 중국법에 의하면 운송물에 대한 손해를 입은 피해자들이 우선특권을 가진다. 그렇기 때문에 화주들은 파나마에 등록된 선박을 더 선호하게 될 것이다. 외국적 요소를 가지는 경우 국제사법에 의하면 선적국법에 의하여 선박우선특권의 발생 여부가 결정된다. 그렇기 때문에 우리나라 법원에 회생절차가 개시된 경우 파나마 선적, 일본 선적, 중국 선적에 운송물이 적재되는 경우가 한국선적에 적재되는 경우보다 선호되게 된다. 얼라이언스에 가입된 선박의 선적이 어느 나라인지가 화주가 운송인을 선택하는 중요한 요소가 될 것이다. 한국 선적인 경우는 화주들이 오히려 꺼려하는 결과가 되기 때문에 상법 해상편의 개정이 필요하게 된다.

이러한 점을 곰곰이 두고 보면, 현재 우리나라 정기선사를 위한 보호정책에서 보완되어야 할 점도 자연스레 나타난다.

톤네지 뱅크를 통하여 선사들의 선박을 은행이 구매하고 리스백을 선사들에게 하여 준다는 것은 선사들이 직접 소유하는 선박이 적어지기 때문에 위에서 본 바와 같은 화주의 관점에서는 그들의 수요에 역행하는 것이 된다. 톤네지 뱅크 설립은 선사가 경쟁력을 갖추도록 하는 제도로서 한편으로는 올바른 정책이지만, 이에 대한 보완책이 필요하다는 취지이다. 회생절차에 들어가는 경우 선박금융을 받은 선박은 소유자인 은행에게 회수될 것이기 때문에 채권자들은 또 큰 피해를 보는 구조가 된다. 화주들은 이러한 선박을 운항하는 정기선사와 운송계약을 체결하게 되기를 꺼리게 될 것이다.

이를 보완하는 방법을 생각해보자.

보완하는 방법

첫째, 가압류의 문제는 법제도의 변경으로 가능하다. 우리 상법 제809조는 선체용선자가 선박소유자와 용선자 사이에 끼거나 선체용선자가 운송인인 경우에는 적용이 없다. 이를 보완하기 위하여는 함부르크 규칙과 같이 실제운송인과 계약운송인이 연대책임을 부담하도록 하는 것도 한가지 방법이다. 그러나, 여기서 말하는 실제운송인은 운항자를 의미하므로 선체용선자 혹은 정기용선자가 운송인인 경우에는 마찬가지로 선박소유자는 채무자가 아니되므로 효과가 없다. 중국과 같이 선체용선자가 발생시킨 채무에 기하여 그 선체용선된 선박의 가압류가 가능하도록 하는 입법이 대안이 될 수 있고 검토를 요한다. 이러한 경우 선박소유자를 보호하기 위한 피담보채권의 축소 등의 조치가 필요할 것이다.

둘째, 회생절차에서는 우리나라 도산법원의 판결의 안정화가 필요하다. 리스의 경우에 도산법원은 비록 리스물건의 소유권이 리스회사에 유보되어있어도, 리스물건을 리스이용자의 소유로 보아서 리스회사가 물건을 찾아가지 못하게 하여(환취권행사 불인정), 채무자는 영업을 계속할 수 있게 한다. 그러나, 금융리스를 한 선박에 대하여는 이와 달리 금융회사의 소유권을 인정하여 회생절차 개시시 환취를 인정하고, 채무자가 운항하던 국취부 나용선에 대한 강제집행도 가능하게 하여 채무자는 지속적인 영업을 하지 못하게 된다. 금융권의 보호와 채권자의 보호가 충돌하는 문제로서 우리나라는 금융권을 보호하는 법원의 입장이다.

셋째, 법률제도의 변경 이외에 정기선사의 신용도를 높이는 방법으로는 보험제도의 활용이 있다. 우선 송하인 등 화주는 적하보험에

가입하여야 한다. 먼저 손해가 발생하면 손해를 본 화주는 적하보험
자로부터 보험금을 신속히 수령하여야 한다. 그렇게 한 다음 그의
채권은 보험자가 대위하여 운송인에게 청구하는 형식이 되어야 한
다. 이번 한진해운 사태에서 채권신고자들이 수천명이 되었다는 것
은 보험자들이 구상권을 행사하지 않은 경우가 많다는 것을 의미하
고 그만큼 화주들이 보험에 가입하지 않았거나 가입한 경우라고 하
여도 그 적하보험은 이를 보험부보사항으로 하지 않고 있었음을 의
미한다. 도산의 경우에도 보험금이 지급되도록 적하보험약관의 개정
작업이 있어야 한다. 상법 해상보험편에 회생절차에 들어간 경우를
적하 보험금지급사유로 하는 임의규정을 둘 필요도 있다.

적하보험에 가입하지 않은 화주는 계약운송인인 복합운송주선인
에게 책임을 묻게 될 것인데, 이들의 책임보험가입도 필수불가결하
다. 이들은 영세하기 때문에 책임보험에 가입하지 않고, 영업허가에
필요한 1억원의 이행보증보험에 가입하고 있다. 그렇기 때문에 그
금액을 상향조정할 필요가 있다.

또한 운송인인 정기선사의 책임보험의 강제가입을 고려할 수 있
다. 운송인의 화주에 대한 손해배상책임은 선주상호책임보험(P&I
Club)의 부보사항이다. 이는 책임보험의 일종인데, 운송인이 책임을
질 사항에 대하여만 보험금을 지급한다. 지연손해에 대하여도 보상
이 가능하도록 정비가 필요하다.

이러한 법제도의 완비는 우리나라 정기선사의 신뢰도를 높이는
기능을 하게 될 것이다. 한국의 정기선사의 경쟁력을 높이는 방법은
화주가 안정적인 운송인을 찾는 것임에 다름아니다. 민간이 해야하
는 부분도 있고 정부가 법제도를 갖추어주는 부분도 있다. 우리 정
부와 업계와 학계는 하루빨리 변화하는 해운시장의 사정에 맞추어
제도변화를 가져옴으로써 우리 정기선사의 신뢰도 회복을 도와야한

다. 정기선사의 신뢰도 회복은 안정된 운송서비스의 제공으로 이어
져서 화주들의 경쟁력도 강화시키는 상생의 길이 될 것이다.

(〈한국해운신문〉, 2016년 12월 30일)

5. 원양정기선 시장 회복을 위한 국제공조체제

(주: 필자는 2012.4.9. 해운신문에 "해운·조선산업에서 계약자유의 원칙의 한계와
대책"이라는 칼럼(〈http://www.maritimepress.co.kr/news/articleView.html?idxno=
86831〉에서 당시 계약자유의 원칙의 수정이 불가피함을 역설하면서 국제적인 공조체
제를 통하여 선복의 공급량을 조절하여 해운조선의 불경기를 헤쳐 나가야 한다고 주
장한 바 있다. 한진해운의 파산 후 그런 필요성이 더 증대되어 중앙일보에 아래와 같
은 내용의 칼럼을 기고하게 되었다.)

지난 몇 년 동안 세계 정기선 시장에서 컨테이너 선박의 공급량
(선복)이 실어나를 물동량에 비해 넘쳐나고 있다. 이는 호황기에 비
해 운임을 반 토막 이상으로 떨어뜨려 세계 원양 정기선사들의 적
자 폭을 키웠고 결국 한진해운의 파산을 몰고 온 중요한 원인이 되
었다.

운임은 화주들이 제공하는 물동량과 선주들이 제공하는 선복에 의
해 결정된다. 현재 세계 정기선 선복은 대략 2,000만TEU이다. 그런
데, 2016년 전체 선복의 8%에 해당하는 150만TEU의 선복(5,000TEU
선박이라면 300척에 해당)이 운항을 중단했다. 그런데도 선주들은 컨
테이너 발주를 계속해 2016~2018년 3년간 477척, 360만TEU가 시
장에 나오게 된다. 이는 현재 선복의 18%에 해당한다. 적정 수준보
다 약 15% 정도는 선복초과라는 분석이 가능하다.

바다의 고속도로 기능을 하는 정기선 해운을 살리기 위해서는 운
임이 회복돼야 하고 이를 위해서는 초과 선복을 줄여 나가야 한다.
한 국가가 아닌 국제적인 공조 체제가 필요하다. 우리나라가 신조하
지 않아도 중국에서 신조하게 되면 선복은 증가하게 되고 이것이

세계 해운시장에 들어오게 되기 때문이다.

선박의 수급을 조절하는 국제공조 체제를 우리나라가 주도적으로 창설할 것을 제안한다. 한국이 가장 절박하면서도 한편 역량이 있기 때문이다. 한국은 2001년 조양상선에 이어 2017년 한진해운을 다시 잃어버리게 됐다. 연간 수조 원의 외화를 벌어오는 우리 원양 정기선사를 더는 잃어서는 안 된다. 또한 한국은 선박건조 세계 1위, 선박보유량 세계 6위, 물동량 세계 10위에 더해 활발한 선박금융을 제공한 국가라 국제사회에서 영향력을 행사할 수 있기 때문이기도 하다.

자유경제 체제하에서 선복량을 인위적으로 조절하는 것이 가능한 것인가? 컨테이너 선박을 이용한 정기선 해운은 수출입화물의 정시(定時)도착을 보장한다는 공익성을 가지고 있다. 정기선 운항이 제대로 되지 않으면 세계 무역이 멈추게 된다. 정기선사들이 도산되지 않고 안정적으로 운송업에 종사하도록 산업구조조정을 하는 것이 화주를 비롯한 무역종사자들에게도 바람직하다. 경쟁법에서도 이와 같은 공동행위는 일정한 조건하에서 허용하고 있다.

각국의 선주·화주·조선소·금융권·학계 및 정부 당국자들로 구성된 국제공조 체제가 가이드라인을 제공하는 정도로 운용돼도 소기의 목적은 달성될 것이다. 신조선에 필요한 선박금융제공을 금융당국이 조절하거나 현존하는 선박의 조기폐선 숫자를 더 크게 늘리면서 신조를 하는 방안 등의 논의를 각국의 대표자들이 시작할 수 있을 것이다. 이는 만성적인 적자에 허덕이는 원양정기선시장 기능회복을 위한 긍정적 신호탄이 될 것이다.

〈〈중앙일보〉, 2017년 9월 18일〉

제6장
한국 해운산업 발전방안

1. 실천적 방안

〈해운산업의 특징과 현황〉

치열한 국제경쟁 하에 있음

해운산업의 주종을 이루는 선박의 용선과 운송은 국적에 무관하게 이루어진다. 그렇기 때문에 화주로부터 선택받기 위해 운송인들은 원가를 내리려는 노력을 치열하게 전개하고 있다. 특히 정기선의 경우 해운동맹이 깨지면서 선사들은 완전 경쟁 하에 놓이게 됐다.

3차산업으로 부존자원 없는 우리나라에 적당한 산업

선박을 보유하고 선원이 있고 실어 나를 화물이 있는 한 매출을 창출해낼 수 있다는 점에서 해운산업은 우리나라와 같이 부존자원이 없는 국가에게는 적당한 산업이다. 우리나라는 무역 대국으로서 화물이 충분하다는 점이 중요하다.

한국 해운산업의 경과

한국 해운산업은 해방 이후 해운공사 설립과 운영, 정부의 계획 조선제도에 의한 지원 그리고 화물 웨이버 제도로 해상기업들은 보호받으면서 성장했다. 1980~1990년대 안정적으로 성장했지만 2000년 중반 유래 없는 호황기에 이은 갑작스러운 경기후퇴를 대비하지 못했다.

장기적인 관점에서 볼 때 한국 해운산업은 두 가지 문제가 있다고 본다. 첫째 시가보다 비싼 선박을 많이 용선해 적자가 누적돼 견디지 못하는 경우가 많았다. 1980년대 삼미해운, 삼익상선, 2016년 한진해운도 용선에서 문제가 발생해 회사가 파산에 이르렀다. 현재 현대상선의 어려움도 여기에 있다.

둘째, 해운산업이 확장성과 지향성을 잃어버린 점이다. 1960년대는 해운입국을 목표로 세우고 민간과 정부가 하나가 됐다. 그렇지만, 2000년대에는 그렇지 못했다.

현재 상황인식

우리 해운산업은 최대 매출 약 50조원(2008년)에서 약 30조원(2017년)으로 추락한 상태이다. 정기선이 특히 어려운데 2개의 원양 정기선사는 어려움이 가중되고 있고, 12개 인트라선사는 캐스캐이딩 효과로 경쟁이 치열해져 어려움에 봉착해 있다. 다만 부정기선사는 장기운송계약을 바탕으로 선전하고 있다.

〈현재 위치 수성하며 해운재건 5개년 계획 잘 이행해야〉

현재 상황 잘 지켜야

한진해운의 파산으로 매출 8조원이 사라진 상태지만 현대상선(연간 매출 약 5조원)과 SM상선(매출 약 2천억원) 등 2개 원양정기선사를 비롯해 고려해운 등 12개 인트라 선사는 현 영업 수준이라도 잘 지키는 것이 무엇보다 중요하다. 부정기선사는 대량 화주와 COA(장기운송계약)을 중심으로 착실하게 성장해야 한다.

해운재건 5개년 계획 활용과 실천

2018년 해운업계가 오랫동안 희망하던 해양진흥공사가 출범했다. 공사는 국적선사들이 경쟁력 있는 선박을 보유하게 하면서, 지원의 범위를 넓혀서 컨테이너 박스와 스크러버 설치에도 도움을 주고 있다.

정부가 세운 해운재건 5개년 계획은 3대 추진방향이 있는데 경쟁력 있는 선박확충, 안정적 화물확보, 선사의 경영안정이 있다. 선사의 경영안정은 국적선사들이 자체적으로 해야 할 일이다.

민간이 할 수 있는 것에 합심해 최선 다해야

현재 우리 해운산업은 유치(幼稚)산업과 같아 보인다. IMF 사태와 2008년 이후 10년 동안 지속된 이후 해운산업은 어려워졌고 해운산업은 완전히 새롭게 시작하는 것과 같아 보인다. 부채비율 200%를 맞추느라 선사들은 보유하던 선박을 매각하면서 용선을 했어야 하는데 비싼 선박을 용선해 경영이 어려워진 것이다. 정기선의 경우 운임이 10년전보다 1/2로 줄었는데 수입이 줄어드니 정기선사의 경영은 더 어려워졌다.

유치산업이 성공하기 위해서는 산업 전반에 걸치 도움이 필요하다. 무엇보다 해운산업 자체의 단결과 헌신이 필요하다. 먼저 해운산업의 단결과 헌신이 있은 다음 다른 산업에 도움을 청해야 한다.

〈해운산업의 외형 늘려야〉

제자리 걸음인 매출액

현재 한국선주협회나 정부가 제시하는 해운 매출은 30조원대다. 이는 국민총생산(GDP)의 2~3%에 지나지 않는다. 너무 작은 매출 규모이고 10년 정도 변화가 없고, 2008년 50조원대에 비해 오히려 감소됐다. 150조원 정도는 돼야 해운산업의 매출이 GDP의 10%가 되고 이 정도가 돼야 대국민이나 정부에 대해 영향력을 행사할 수 있을 것이다.

용선·운송 등 고유 업종의 매출규모 확대해야

첫째, 해운기업은 운임 및 용선료의 규모를 늘려 나가야 한다. 해운산업의 매출 기초는 운송계약과 용선계약인 것은 부인할 수 없다. 최근 논의가 많이 되는 선주사를 만들어서 용선료 수입을 획득해야 한다. 현재 운항선사들이 선복을 늘리고 운송계약을 많이 가져오고 운임이 적정 수준으로 인상되면 총매출이 늘어나게 된다.

둘째, 현재 선주협회 회원사의 매출만 잡지 말고 부대산업의 매출도 포함시켜야 한다. 한국해운조합 회원사, 한국선급협회, Korea P&I, 해운중개업, 예인선사, 도선업, 해사중재 및 해상변호사업계의 매출 등이 그 예다. 이들 산업의 적용법규가 해운법이 아니라고 하더라도 이들 산업을 해운산업의 매출에 포함시킬 근거는 충분하다. 하역업 등 항만사업도 비록 항만운송사업법의 적용을 받지만 선박의 운항과 관련해 발생하는 매출인만큼 해운산업의 매출에 포함시켜야 한다.

셋째, 새로운 업종으로의 진출도 모색해야 한다. 현재 우리나라 크루즈산업의 정책은 외국 유수의 크루즈선이 손쉽게 입항하도록 해 입항료, 승객이 사용하는 지출의 확대로 국부를 창출하는 전략이라고 볼 수 있다. 이제는 우리도 크루즈선을 직접 소유하고 운항해 매출을 올리고 고용도 늘여야 한다. 크루즈를 운항하면 수천명에 달하는 승객의 운임으로 매출을 올릴 수 있다.

또한 세계적인 컨테이너 터미널 운영자와 같이 터미널을 소유하고 임대하는 사업도 하면서 매출을 올려야 한다(머스크의 경우 APM 터미널의 연간 매출액이 5조원에 이른다). 우리 선사들도 머스크와 같이 전 세계 항만에 진출해 상당한 매출을 올려야 한다. 국적선사의 국내 예선업 진출 제한은 현재와 같이 그대로 두더라도, 진출 가능한 외국 예선업에 진출해 매출을 올릴 수 있을 것이다. 우리 예선업계도 국적선사와 공동으로 외국에 진출하는 방안을 강구해보는 것도 필요하다.

물류회사로 변신, 2자 물류회사도 선주협회 회원사로

우리 정기선사들은 종합물류회사로 성장해야 한다. 일본의 NYK, 머스크 등은 종합물류회사로 성장해 해상 운송뿐만 아니라 육상 화물 운송, 주선행위, 통관 같은 업무에서도 수익을 내고 있다. 머스크는 DAMCO를 통해 연간 3조원, NYK는 Yusen Logistics를 통해 약 5조원의 매출을 올리고 있다. 이제는 해상운송은 경쟁이 치열해 더 이상 이익을 남기기 어렵기 때문에 종합 물류업을 하면서 해상 운송이외의 분야에서 경쟁력을 갖추어야 한다는 주장이 설득력을 얻고 있다.

2자 물류회사를 해운법의 외항정기화물운송사업자에 포함시키고 선주협회 명칭을 선주운송인협회 혹은 해운협회로 개칭하고 2자 물

류회사를 운송인으로서 인정하고 회원으로 가입시켜야 다. 2자 물류
회사는 모회사의 물량을 운송하는 약정을 모회사와 체결하면서 계
약운송인이 된다. 이들은 운송인으로서 포장당 책임제한 등 상법상
각종 혜택을 본다. 그럼에도 불구하고 해운법 적용 대상은 아니다.
이들은 국제물류정책기본법상 국제물류 운송주선인으로서 등록하여
운송인의 일까지 행하고 있다. 그러나 이들은 엄연히 계약운송인이
다. 다만 자신이 위탁받은 운송물을 운송해야 하는 바, 해상기업과
운송계약을 체결하는 경우 자신은 화주의 지위에 놓이게 된다.

　　미국 해운법(Shipping Act)이 말하는 NVOCC(무선박 외항정기운송
업자)가 되는 것이 맞다고 본다. 해운법을 개정하여 무선박 외항정
기화물운송업자라는 개념을 넣고, 이들도 해운법상의 의무를 부담하
고, 또한 혜택을 누려야 한다. 이들은 운임을 사전에 공표해야 하는
등 해운법의 규제 대상이 된다. 그리고 톤세 제도를 적용해 세제 혜
택을 주면서 이에 대한 반대급부로서 제2운송계약을 체결할 시 일
정 % 이상을 우리 정기선사에게 주도록 해운법에 규정할 수 있을
것이다. 무엇보다 2자 물류회사는 해상기업들과 같은 식구가 되기
때문에 더 많은 화물이 안정적으로 우리 국적정기선사에 의해 운송
될 기회가 제공된다.

　　7대 2자 물류회사들의 연간 해상운송매출이 10조원이 된다. 이중
에서 해상기업에게 운송의 대가로 70%인 7조원이 지급되는 것으로
보인다. 나머지 계약운송인으로서 매출인 3조원 정도가 남는데 이는
해운산업의 매출로 잡히지 않은 것이다. 만약 필자와 같은 관점이라
면 2자 물류회사가 계약운송인이 돼 올린 매출 3조원은 우리 해운
산업의 총 매출에 추가돼야 할 금액이 된다.

해상보험회사

　　해상보험은 선박의 건조 및 운항과정에 발생하는 위험을 분산시

키는 수단이다. 일본, 중국과 같은 국가는 해상보험을 해상법의 일부로 하고 있다. 그렇기 때문에 선박보험과 선주책임보험(P&I)은 해상법의 일부이고 Korea P&I, 해운조합의 선박보험·선주책임보험의 매출은 당연히 해운산업의 매출이 돼야 한다. Korea P&I의 연간매출은 350억원, 해운조합의 매출은 연간 700억원(선박 350억, 선주책임 180억, 선원 150억, 여객 30억)이다. 약 1,000억원이 해운산업의 매출로 잡혀야 한다.

시중 해상보험사의 선박보험 매출도 해운산업의 매출로 잡아야 한다. 우리나라 선박보험의 매출은 2,500억원 정도로 생각보다 작다. 이에 반해 일본의 동경해상화재의 선박보험 매출은 6,000억원이다. 이 회사는 선박보험매출의 40%를 해외에서 올린다. 우리 해상보험사도 전 세계로 뻗어 나가도록 해야 한다. 선박운항관련 피해자 보호를 위한 의무책임보험에 관한 법률을 제정해 해수부가 관장하게 되면 자연스럽게 해상보험사의 매출을 해운산업의 매출로 잡을 수 있을 것이다. 좀 더 확대시키면 선박에 운송중인 화물을 위한 적하보험, 선박건조시 필요한 선박건조보험계약도 해운산업의 일부로 볼 수 있을 것이다.

조선해양플랜트협회, 물류회사, 해상보험회사들과 협업

해상법은 선박이 건조돼 인도된 다음부터 폐선까지의 영리활동에 적용된다. 이는 해운산업의 전통적인 영업을 바탕으로 하는 것이다. 선박금융을 일으키고 건조하는 과정을 포함한 시각의 변화가 필요하다. 조선소가 선박을 건조한 다음, 소유하고 운항하는 경우를 포함해 볼 수도 있을 것이다. 선박 건조량이 많아지면 공급이 많아지므로 운임이 떨어지게 된다. 이런 경우 선박 건조량을 줄여야 한다. 또한 운항과정에서의 리스크를 분산시키기 위해 해상보험과 보증이 필요하다. 따라서 조선산업과 해운산업, 보험금융산업은 밀접히 연결돼 있다. 상호 보완하는 관계 설정이 절실하다.

1단계로서 해운빌딩에 이들도 같이 입주하도록 하는 방안을 검토해봐야 한다. 현재 선주협회, Korea P&I, 한국선급이 여의도 해운빌딩에 입주해 있다. 여기에 조선해양플랜트협회, 가칭 해상보험협회를 같은 빌딩에 입주시키자. 가칭 2자 물류협회도 가칭 선주운송인협회의 회원이 되는 것이므로 당연히 입주가 권장될 것이다.

2단계로서는 위 협회들이 느슨한 연합체로서 회의를 같이 하는 등 각종 행사와 모임을 같이 하게 된다. 해운의 날, 조선해양플랜트의 날을 통합해 같은 날, 같은 장소에서 행하는 것이다. 이렇게 되면 해운과 조선업은 별개가 아니고 하나라는 인식이 확산되면서 상호보완하고 협의하는 좋은 분위기가 형성될 것이다. 해상보험, 선박금융산업도 마찬가지로 하면 될 것이다.

〈국내 SPC가 필요하다〉

전 세계적으로 편의치적선이 상선대의 70%를 차지하고 우리나라도 예외는 아니다. 파나마, 마샬 아일랜드 등에 치적을 하는 것이 통상이다. 그런데 최근 국내에 SPC를 설치할 필요성이 증대하고 있다. 저당권 실행이 용이하고 선박우선특권제도에서 금융채권자가 유리한 면이 있기 때문에 금융의 목적으로 해외에 치적을 하게 된다. 또한 해외 SPC는 국취부 용선자(BBCHP)와는 별개의 법인이기 때문에 회생절차에서 보호받는다. 용선자인 운항자가 실제적인 소유자라도 그가 회생절차에 들어가도 별개의 법인이기 때문에 선주의 책임과 구별돼 선박은 보호받게 된다. 또한 도산 시 도산해지조항을 근거로 선박 환취가 가능하다. 이런 유리한 점이 있기 때문에 해외에 SPC가 설치된다.

최근 해외의 SPC가 인정되기 어려운 사유들이 발생했다. 현대상선의 신조선 20척은 국민의 세금이 많이 투입되게 된다. 이 경우 외국에 치적을 하게 된다면 과연 합리적인가 하는 의문이 제기된다. 전쟁이 발발한 경우 동 선박에 대한 징발도 쉽지 않다. 선박은 움직이는 영토인데, 동 선박은 해외에 등록된 선박이기 때문이다.

또한 현재 해수부가 진행하는 원양어선 현대화 펀드사업도 편의치적이 불가해 국내에 등록을 해야 한다. 금융이 제공돼야 하는데, 현재의 해외치적의 경우에 제공되는 금융권이 보호받는 제도가 없다면 금융을 일으킬 수 없을 것이다. 따라서 해외 SPC와 동일한 혜택을 금융채권자에게 부여할 수 있는 제도가 마련돼야 한다. 그냥 우리나라에 등록을 하게 되면 금융채권자는 여러 가지 불리함을 감수해야 하므로 금융을 제공하지 않으려 할 것이기 때문이다.

우리나라에 선박등록특구법을 제정해야 한다. 한강의 밤섬, 송도, 해운대, 제주도 등에 선박등록특구를 지정하고 여기에 등록하는 선박에 대해 우리나라 일반법이 적용되지 않고 특구법이 적용되도록 하는 것이다. 특구에는 특구법이 적용돼 상법, 선박법의 일부내용의 적용이 배제되게 된다. 선박금융채권자도 선박우선특권을 가지는 것으로 한다(상법 제777조의 예외). 기본적으로 해외 치적시 가지는 장점은 모두 제공한다. 세금혜택, 선원 고용도 유연하게 한다. 크루즈 활성화를 위해 카지노도 가능하도록 하고, 크루즈의 선실 각각에 대해 구분 소유권 설정이 가능하도록 한다.

〈기타 법제도 안정화 방안〉

경쟁법과의 관계

현재 현안이 되고 있는 스크러버 설치비용을 화주에게 분담시키는 경우 어느 한 회사가 아니라 전체 정기선사의 일괄인상이 불가피할 것으로 보인다. 이 경우 공동행위로 처벌될 우려가 있다. 해운법에는 경쟁법 적용배제조항이 있다(해운법 제29조). 해운·정기선사의 공동행위도 허용된다는 취지이다.

그렇지만, 공정거래법 제58조는 "정당한 행위"일 경우에만 경쟁법 적용의 대상에서 제외된다고 한다. 운임인상이 화주와 합의가 이루어지지 않은 상태에서 공동으로 인상이 된다면 이는 정당한 행위가 아닌 것이 될 것이다. 해운법 제29조의 적용배제조항을 활용할 수 있지만, 화주가 응하지 않을 경우 부당한 행위가 될 것이다.

현재에도 해운법에 화주와 협조하는 제도가 있지만, 느슨한 것으로 보인다. 화주가 운임인상을 받아들이지 않고 협상에 임하지 않은 상태가 될 때도 있을 것이다. 선주와 화주 그리고 전문가로 구성된 위원회를 구성해 운영하면 화주가 불참해도 정당행위로 판단될 가능성이 높다. 기타 공정거래법 제19조 제2항 불황극복을 위한 공동행위는 공정위의 인가를 받으면 가능하다.

채무자 회생법

채무자 회생법에 의하면 물품공급채권만 공익채권이 된다. 회생절차에서는 공익채권으로 인정받아야 자유롭게 변제받을 수 있다. 회생절차 개시 후 영업지속을 위한 것은 모두 회생채권이 된다. 물품공급채권은 회생절차 개시 20일 이전에 공급된 것이라도 공익채권으로 하여 재무상태가 나쁜 채무자에게 공급이 쉽게 되도록 하고 있다.

그런데 선박의 운항과 관련해서는 물품공급뿐만 아니라 서비스공급도 영업의 지속을 위해 긴요하다. 따라서 채무자 회생법을 개정해 서비스채권도 회생절차 전에 공급된 것을 공익채권에 포함시키고 그 기간도 해운실무를 반영해 20일에서 40일로 늘려야 한다. 이렇게 되면 하역작업이나 도선료, 예선료 채권은 모두 공익채권이 되므로 우리나라에서 회생절차에 들어간 경우 물류대란이 발생할 여지는 줄어든다.

선사가 회생절차에 들어갈 때는 이미 금융제공이 어려운 상황이다. 소위 말하는 DIP(채무자가 관리인이 되는 것) 금융이 가능하도록 채무자 회생법은 법제도를 마련하고 있다. 법원이 관리인의 요청에 의해 금융채권자에게 채무자에게 금융제공을 명하면 이들은 이 명령에 따라야 한다. 이들이 제공하는 금융에 대한 채권은 회생시에는 최우선변제권을 주고 있기 때문에 모두 회수가 가능하므로 문제는 없다. 그런데 파산시에는 이 채권이 최우선변제권을 가지지 못해 회수할 가능성이 낮기 때문에 문제가 된다. 현재 한진해운 사태가 그렇다. 따라서 위 최우선변제권을 파산시에도 적용하도록 해야 한다.

BBCHP 선박도 강제집행의 대상에서 제외하도록 채무자 회생법 제58조를 개정해야 한다. 세법에서는 BBCHP 선박을 선박회사의 소유로 간주하고 기타 단행법에서도 동 선박을 마치 선사의 소유로 취급하는 경우가 있지만, 형식적으로는 해외의 SPC선박인 것도 사실이다. 이에 기초해 우리 법원도 한진샤먼호 사건에서 동 선박을 한진해운 소유의 선박이 아니라고 보았다. 따라서 강제집행의 대상이 됐다. 강제집행의 대상이 되므로 용선자 자신이 소유자에게 선박대금으로 변제한 몫만큼 회생에 활용하지 못하는 격이 된다. 입법을 통해 강제집행의 대상이 되지 않도록 해서 채무자회생에 유리하도록 해야 한다.

마지막 항차의 하역비, 항비 처리를 위한 기금을 마련해야한다. 정기선사가 언제 다시 회생절차에 들어갈지 모르고, 만약 다시 한번 한국정기선사가 회생절차에 들어가고 여전히 물류대란이 발생하면 한국해운의 신뢰성은 완전히 바닥에 떨어질 것이다.

이들에게 기금에 대한 청구를 허용해야 한다. 정기선사들은 공동운항선사가 회생절차에 들어간 경우에 하역비 분담금을 지급하겠다는 약정을 체결해야 한다. 기금은 반드시 현실적으로 비축될 필요는 없다.

최근 정부가 주도해 만든 "비상사태 등에 대비하기 위한 해운 및 항만기능유지에 관한 법률(2020.1.16. 시행)"에 따라 정부가 하역회사와 협약을 체결해 유사시 하역작업 명령을 내릴 수 있다. 그러나 외국하역회사에게 우리 정부가 하역명령을 내릴 수는 없다. 이 점에서 여전히 필자의 제안은 유효하다.

〈선사의 경쟁력 갖추는 방안〉

대선회사

최근 들어서 선주사와 운항사를 준변하자는 제안들이 나와서 힘을 얻고 있다. 일본에서 성행하는 제도로 알고 있다. 대선을 이용해 정기용선하면 운항선사로서는 부채비율이 올라가지 않는 장점이 있다. 그리고 우리 대선회사들이 정책금융과 연결돼 용선료를 안정적으로 가져가면 운항사들의 경영에 도움이 될 것이다.

현재 진행되고 있는 장금상선과 흥아해운의 통합도 두 선사는 선박의 소유자로 남고 신설 운항사에게 선박을 정기용선으로 주는 것이다. 이 경우 극단적으로 대선한 선박만 있으면 운항사의 소유재산이 없다는 것이 된다. 화주의 입장에서는 운항선사의 변제능력이 매우 중요함에도 그렇지 못한 상황에 놓이게 된다. 모든 선박을 정기용선으로 하는 것은 바람직하지 못하다.

우리 법상 원칙적으로 선박에 대한 가압류는 채무자가 되는 운송인이 소유하는 선박에 대해서만 가능하다. 그러므로 정기용선 선박만 모두 있다면 가압류가 불가한 문제가 발생한다. 화주가 강제집행이나 가압류가 가능할 정도의 재산을 운송인이 가져야 선호되게 된다. 만약 정기용선된 선박으로 모두 이루어진다면 변제능력을 갖추기 위해 Korea P&I 등의 보증장을 신속히 제공하는 등의 수단을 보강해야 한다.

또한 상법 제809조의 확대 적용이 필요하다. 상법 제809조는 정기용선자 혹은 항해용선자가 운송인이 되는 경우 선박소유자가 운송인과 함께 연대책임을 부담하도록 된 규정이다. 현재는 항해용선계약에만 적용되는 규정으로 이해되는데 항해용선은 물론 개품운송계약에도 적용되도록 하면 화주보호 정책이 될 것이다.

자본 확충

해양진흥공사, 산업은행 혹은 시중은행을 통해 선박금융을 일으켜 선박을 확보하는 것은 한편으로는 부채비율이 상승해 선박회사의 차금을 어렵게 한다. 자본이 확충되면 부채비율은 내려가게 된다. 가장 전통적인 방법은 신주발행을 해 증자로 자본금이 늘어나는 것이다. 영구채를 발행하면 마치 자본금이 느는 것과 같은 효과가 있다. 금융채권자들이 출자전환을 해 대출금을 주식으로 변경하는 것도 하나의 방법이다. 물론 영업이익이 나게 돼 잉여금이 많아지면 자본이 늘어난다.

〈해운산업에 대한 좋은 이미지 부각〉

중앙언론의 활용

세월호, 한진해운 사태를 경험하면서 해운업계가 중앙일간지와 연결고리가 마련된 점은 고무적인 일이다. 조선, 중앙, 동아, 매경, 한경, 한겨레 등에 해운관련 기사 및 칼럼이 많아졌다. 해운에 대한 부정적인 이미지를 일소하는 긍정적인 기사나 칼럼을 실어주는 작업이 꾸준하게 체계적으로 이루어져야 한다. 우리는 한진해운 사태를 통해 정치권이 국민의 여론에 민감하게 반응한다는 것을 알게 됐다. 그래서 일반 국민들이 우리 해운에 대해 좋은 이미지를 가지도록 하는 노력하는 것이 매우 중요함을 잊어서는 아니 된다.

전문지 인터넷 포털 검색 가능하도록

그간의 해운전문지의 기능도 지대했다. 그런데 최근 기사는 대체로 다음이나 네이버 등 인터넷 포털 검색어를 통해 보기 때문에 검색어에 나타나지 않는 해운전문지의 기능은 전문인들에게는 몰라도 일반대중들에게는 알려지지 않는 단점이 있다. 해운전문지에 실리는 내용 중에서 일반대중이 알아야 할 부분도 상당하기 때문에 인터넷 검색이 되도록 전문지는 노력해야 하고 그렇게 함에 애로사항이 있다면 해운업계의 지원도 필요하다고 생각한다.

동영상 홍보물 만들어야

최근 유튜브를 활용한 TV방송이 선풍적인 인기를 끌고 있다. 선주협회, 도선사협회, 해기사협회와 같은 곳에서도 유튜브 TV 등을 만들어 활발한 홍보전이 필요하다.

〈연구기능 균형 있게 갖추자〉

1980년대 초반에 설립된 한국해양수산개발원(KMI)은 오늘까지 큰 역할을 했다. 설립 당시에는 경영과 법학 분야가 양대 축을 이루었지만 지금은 법학기능이 거의 없다. 그리고 KMI는 국책연구기관이기 때문에 균형 잡힌 시각을 구하는 경우도 있다.

좀 더 객관적이고 선제적인 연구가 필요한데 보험연구원과 같이 민간이 기금을 갹출해 만든 연구기관이 필요해 보인다. 동 연구기관은 KMI가 가지지 못하는 연구기능을 보완해야 한다. 해운산업계가 필요로 하는 연구와 조사기능을 선제적으로 할 필요가 있다. 한국해사문제연구소의 기능을 확대해 그동안 축소된 연구기능을 추가하는 방안도 유효하다.

선주협회에도 자체 연구기능을 두어야 한다. 일본, 홍콩, 싱가포르와 같은 선주협회들이 어떤 혁신을 이루고 있는지 해운 고유의 산업과 부대산업의 발전을 위해 통괄하고 조정하는 기능을 해야 한다. 이렇게 하기 위해서는 자체 연구기능 없이는 불가하다.

〈해운산업 인력양성 구조 체계화〉

해기인력의 배출

해기인력의 경우 20여년전 해사고등학교 → 전문학교 → 해양대학교라는 체계적인 과정을 두었지만, 전문학교는 없어지고 대학교만 2개가 생겼다. 해사고등학교에서는 연안해운이나 내항에로의 진출을 목표로 하지만, 학생들은 원양해운 진출을 목표로 한다. 따라서 원양해운과 연안 및 내항해운을 구별하는 계층별 인력이 배출되지 못하는 문제가 있다.

해운경영인의 배출

해기인력이 몇 년간 승선한 다음에는 일본의 해상보안대학과 같이 경영대학이나 법학, 공학으로 두 번째 전공을 가지는 과정을 두어서 육상 경영에 필요한 인재를 양성해야 한다. 법학이나 경영학 석사 과정에 입학해 2년을 공부해 해기와 법 혹은 경영이라는 문무를 갖추게 되면 경쟁력을 갖추게 될 것이다. 각 대학에 법학이나 경영학 대학원 과정에 해운물류 과정을 신설 운영하도록 하고 하선하는 해기사들에게도 학비 등을 지원하는 프로그램을 마련하면 좋을 것이다.

비해기사 해기경력 갖도록 해야

해기사들이 법학이나 경영학을 하는 사람들은 있지만 역으로 비해기사들이 나이가 들어 해기경험을 갖도록 하는 시스템이 마련돼 있지 않다. 해양대학에서는 해운회사 등에서 근무를 하다가 학사편입제도를 통해 해기사가 될 수 있는 길을 열어주어야 한다. 이렇게 될 때 해기와 경영 혹은 법학이 제대로 융합된 해운산업에 반드시 필요한 인재가 양성될 것이다.

정년퇴직한 인재의 활용

법학 등 많은 분야에서는 정년을 한 인재를 학교에서 겸임교수, 초빙교수 등의 이름으로 2~3년간 활용하는 경향을 보인다. 업계에서 예산을 마련해 해사안전, 해운경영, 해사법무 등에서 활동한 임원급들이 60세를 전후해 정년을 하더라도 관련대학에서 2~3년 경험을 학계에 환원하도록 하는 제도를 만들어 주어야한다. 고려대학교, 한국해양대학교, 목포해양대학교 등 연간 3명은 학계가 충분히 이들을 소화할 수 있다고 본다.

〈나가며〉

해운산업은 현재 어려운 사정에 있다. 그렇지만 1990년대 중반과 2005년 전후에는 해운산업은 전성기를 누렸다. 기본적으로 우리나라가 화물이 많이 있는 국가이므로 해운을 잘 할 수 있는 여건 하에 있다. 해운산업의 규모를 확대해 국민총생산의 10%가 되도록 노력해야 한다. 분명한 목표를 정해 10년, 20년 정진하면 우리 해운이 안정화돼 갈 것이다. 이를 위해서 전통적인 용선과 운송만이 해운산업이라는 시각에서 벗어나 2자 물류, 하역업, 해상보험업, 예선업

등을 모두 해운산업으로 인식하고 성장시켜 나가야 한다.

정부의 해운재건 5개년은 우리 해운산업에게는 다시 없는 기회이다. 그렇지만 해운의 발전은 해운경영인들의 힘과 노력에서 나와야 한다. 해운산업계가 하나가 돼 규모의 경제 등을 달성하도록 노력을 다하면서 다른 업계와 정부에 도움을 청해야 한다. 법학계는 해운산업을 조장하는 법률을 정비해야 하고, 언론을 통한 해운산업 이미지 제고에도 노력해야한다. 연구기능의 확충과 해운산업계의 인재양성도 체계적으로 이루어져야 이런 목표를 달성할 수 있을 것이다.

〈〈한국해운신문〉, 2019년 3월 26일〉

2. 한국해운에 대한 호감도를 높이는 방안

〈문제의 제기〉

한국해운산업에 대한 최근 대국민 이미지는 어떨까? 긍정적인 측면보다는 부정적인 측면이 많은 것이 현실일 것으로 생각된다.

이것은 10년전 태안 유류오염사고, 3년 6개월 전 세월호 사고, 1년 반전인 2016년 8월 31일부터 시작되었던 한진해운 물류대란, 작년 4월 발생한 스텔라 데이지호 침몰사고, 작년 12월의 낚시어선 사고 등 사고의 연속 때문일 것이다.

태안 유류오염사고는 인명의 손상은 없었지만 깨끗한 환경을 망친 경우이다. 세월호와 낚시어선 사고는 아까운 인명의 손상이 동반되어 안전불감증 혹은 후진국형 안전이라는 치명적인 이미지 손상을 내항해운에게 주었다. 우리는 이것은 내항해운의 것으로 애써 외면하려고 했다. 그렇지만, 원양해운에서 발생한 스텔라 데이지호건으로 우리는 더 이상 외항해운도 안전하다는 말을 하지 못하게 되었다. 한진해운의 회생절차에 이어진 물류대란은 전국민적인 관심사가 되었고 화주와 수출입관련자들에게 큰 피해를 주었다(2008년 이후 우리 해운선사들 10여개 기업이 법정관리에 들어가서 채무를 조정 받은 다음 살아남았는데, 이는 주로 선박소유자와 용선자인 해상기업과의 관계로 국민적인 관심사와는 거리가 있다).

이러한 한국해운에 대한 대국민적 부정적인 이미지는 여러 분야에서 해운산업에 불리한 영향을 미치게 될 것이다. 안전하지 않고, 국민의 세금만 축내고 적자투성이라는 국민적인 이미지의 형성은 여러 분야에서 해운산업에 불리하게 작용한다. 또한 해기사나 선원이 되려는 청년들이 급감하는 현상에 이르게 된다. 급기야는 한진해운 사태와 같이 회사를 살리느냐 마느냐의 결정에도 나쁜 여론이 영향이 미치면 정치인들은 그 여론에 따라 결정할 수 밖에 없다. 대한항공의 땅콩회항사건으로 한진그룹은 부도덕한 기업이라는 이미지가 만들어졌고 이것이 최고위층의 한진해운 지원에 대한 소극적인 태도에 영향을 미쳤을 것이다.

〈몇 가지 사고와 그 영향〉

2007년 태안 유류오염사고

2007.12.7. 발생한 허베이스피리트호(태안 유류오염)사고는 우리나라에서 발생한 최대 규모의 유류오염사고로서 서해안에 큰 피해를 주었다. 바지선과 충돌로 선측에 두 개의 구멍이 생겼는데, 3일정도 그 구멍으로부터 기름이 계속 바다로 흘러내렸다. TV를 보는 사람들로 하여금 저 정도의 구멍을 막지 못하는지 의아하게 한 측면이 있다. 그 뒤 많은 우리 국민들은 애국심을 발휘하여 방제작업을 하였다. 깨끗해야 할 바다를 시커먼 기름으로 덮은 모습이 해운은 깨끗하지 못하다는 인상을 주기에 충분하였다. 선주의 책임제한제도 때문에 배상 받는 금액이 부족한 어민들은 전액보상을 요구하였고

국회는 특별법을 만들어 가능한 전액보상을 해주기로 했다. 10년이 지난 최근에서야 비로소 보상이 종료되었다. 책임이 있는 선주들로부터 어민들이 전액 보상을 받지 못하고 특별법을 만들어 국민들이 세금으로 일부 손해가 충당된다는 점이 국민들에게 부정적인 인상을 주게 되었다.

2008년 이후 해운회사의 법정관리 사례

1,1793포인트에 이르렀던 BDI(발틱운임지수)가 2008년 리먼브라더스 사고 이후에 2008.12. 663포인트까지 급락하면서 용선에 크게 의존하였던 우리 선사들은 회생절차를 신청하여 회생을 도모하게 되었다. 2009년 삼선로직스, 대우로지스틱스, 2011년 대한해운, 2013년 STX팬오션 등 대형 벌크회사들이 차례로 회생절차에 들어가서 곧 회생을 하였다. 회생절차에서 회생을 하였다는 것은 기존의 채권자에 대한 채무를 회생된 회사가 상당부분 탕감 받았음을 의미한다. 수많은 채권자의 손해를 동반한 채로 이들 회사들은 모두 회생하였다.

채무자회생법에 의하면 선주와 용선자 사이의 용선계약이 해지되면 장래에 미지급하게 되는 용선료의 손해배상액은 회생채권으로 되어, 채무자인 해운회사는 유리해지고, 채권자인 선주는 큰 손해를 보게 되었다. 따라서 우리 선사들은 특히 해외의 선사를 포함한 채권자들로부터 신용이 많이 떨어지게 되었다.

세월호 사건

2014.4.16. 발생한 세월호 사고는 해운산업에 부정적인 영향을 미친 가장 큰 사건이었다. 내항에서 발생한 사고이기는 하지만, 청해진해운이 운임수입을 더 올리기 위하여 무리하게 선박개조를 하여 선박의 안정성이 나빠진 점, 검사를 피하기 위하여 해운회사들이

검사원에 부정청탁을 하였다는 등 갖가지 의혹들이 불거져 나왔고, 그 사실여부의 확인을 떠나서 해운계는 아주 나쁜 집단으로 각인되게 되었다. 특히, 해피아 관피아라는 말이 나돌 정도가 되었다.

해운계는 애써 이는 내항해운에 한정된 것으로 선을 긋고자 하였다. 외항해운의 안전함이 오히려 부각되는 측면이 있었다.

한진해운 회생절차신청 및 파산

세월호 사고는 내항해운의 안전과 관련된 것이었다면 2016.8.31. 한진해운의 회생절차 신청에 따른 물류대란사태는 외항해운의 정기선 영업과 관련된 문제였다. 국내최대 선사의 회생절차 신청은 세계 곳곳에 물류의 막힘 현상을 일으켰고, 청와대와 금융당국은 한진해운을 부도덕한 기업으로 적시하게 되었다. 수백억의 현금마련을 하지 못하여 한진해운, 정부가 핑퐁게임을 하는 사이에 언론은 물류대란의 피해를 적나라하게 보도하였다. 한진해운을 살리지 않은 정부의 잘못에 초점이 맞추어진 언론기사가 많았지만, 한국의 정기선해운은 빚투성이라는 인상을 남기게 되었다.

스텔라 데이지호 사건

2017.3.31. 국내 선사가 국취부 나용선자로서 운항하던 스텔라 데이지호가 남대서양에서 침몰하여 선원 22명(한국선원 8명포함)이 사망 혹은 실종하는 대형사고가 발생하였다. 본선은 철광석선으로서 유조선을 개조한 선박이었다. 유조선은 선수미 방향의 강재가 설치되어 종강도가 강화되어 있어서 보통의 철광석선이 두 동강이 나는 사고와 다름에도 불구하고, 많은 언론은 처음부터 개조 자체가 잘못되었다는 보도를 하였다. 그리고, 아까운 인명에 대한 구조조치가 지속적으로 취하여 지지 않은 점이 크게 지적되었다. 그 회사의 선대 자체가 낡고 형편없었음을 알리는 내용의 기사들과 자료들이

SNS와 언론을 통하여 확산되었다.

선사나 선급 등에서도 사고의 원인이나 세간의 의혹에 대하여 공개적인 발표를 하지 않아 이 사고는 최근까지도 여전히 언론의 비판의 대상이 되고 있다.

외항해운으로서는 세월호사고와 차별하여 외항선은 안전하다는 주장을 더 이상할 수 없게 된 점이 뼈아프게 되었다.

낚시어선 사고

2017.12.3. 영흥대교 아래에서 발생한 낚시어선 충돌사고에서 낚시승객 15명이 사망하였다. 늑장구조에 초점이 맞추어져 있기는 하였지만, 세월호 사고를 연상하게 하는 사고였다. 어선과 관련되기 때문에 이를 외항해운과 연결시키는 시각이 없는 것은 다행이었다. 그렇지만, 바다는 여전히 위험하여 기피할 대상임을 국민들에게 각인시켜 주게 되었다.

〈회복방안〉

해양사고 방지

최근의 해운산업이나 바다에 대한 부정적인 이미지는 해양사고에 의하여 촉발되었다고 보아야한다. 그렇다면 해양사고가 전혀 없거나 줄게 되면 반사적으로 해운산업에 대한 이미지는 나아질 것이다.

이를 달성하기 위하여는 해양사고방지를 위한 교육제도 및 면허제도의 완비, 현대화된 선박의 운항 등이 마련되어야 한다.

기본적으로 바다는 위험한 것이고 사고가 발생하면 인명을 구조하는 것은 쉽지 않다. 그러나, 해양사고가 발생한 경우에도 해양경찰 등은 구조에 만반을 기하기 위하여 평소에 계획을 잘 세우고 반복되는 연습을 잘하는 자세가 필요하다. 그리고 그러한 준비상태에 대한 홍보를 잘 할 필요도 있다.

해운경영

해운경영이 잘 되어 수익이 많이 나서 국민경제에 이바지하고 회생절차에 들어가는 선사가 없어지면 해운에 대한 국민 이미지는 좋아질 것이다. 그렇지만 해운은 오랜 불황에 1~2년 호황이라는 사이클을 가지고 있기 때문에 경영이 잘 안된다는 경우를 전제해야 한다. 경영이 잘못 되어서 적자가 날 때에도 현상보다 더 나쁘게 이미지가 만들어지지 않도록 노력해야 한다.

해운산업에서 선종은 다양하게 있고, 부정기선사와 정기선사가 있다. 부정기선사에도 벌크선사도 있고 유조선회사도 있고, 자동차 운반회사도 있다. 모든 부분에서 한꺼번에 적자경영이 되는 것은 아니므로, 흑자가 나는 부분에 대한 홍보가 필요하다.

신속하고 체계적인 대처

대형사고의 경우 증거가 바로 찾아지지 않는 해양사고의 특성상 여러 가지 의문이 제기된다. 언론의 기자들은 해상사고를 모르기 때문에 여기저기서 정보를 얻게 되고, 자극적이고 부정적인 자료를 활용하는 경우도 보게 된다.

세월호사고의 경우 해양경찰이 브리핑을 하였다. 그러나, 민사적인 책임문제 등은 해양경찰의 담당분야도 아니다. 경우에 따라서는 해양경찰 등 정부가 사고에 개입된 경우 정부로서는 브리핑을 제공할 수 없는 경우도 있다. 이러한 경우에는 각 전문분야의 학회에서 주도적으로 브리핑이나 보도 자료를 언론에 제공하여 의혹을 풀어주고 사건을 단순화시켜 나갈 필요가 있다.

법제도의 상설화

태안유류사고와 세월호 사고의 경우 모두 특별법이 만들어졌다. 특별법은 피해자를 보호하는 취지에서 만들어진 것이지만, 특별법을 만드는 과정에 찬성하는 측과 반대하는 측의 공방이 오가면서 언론에 해운에 대한 부정적인 측면이 노출되게 된다. 또한 특별법은 예산의 지원을 수반하게 되는데, 그 예산은 모두 국민의 세금으로 충당되는 것이다. 따라서 국민들에게 나쁜 이미지를 주게 된다.

그러므로, 해운법이나 해사안전법에 대형사고 발생시 상설된 법제도에서 조사와 보상 및 배상이 이루어지도록 하면, 신속한 절차에 미리 마련된 예산으로 처리가 되므로 특별법제정시보다 불필요하게 부정적인 이미지를 양산하지는 않을 것이다.

정기선사의 법정관리시에도 최소한 관련 화주의 화물은 제대로 약정된 시간과 장소에 배달이 되도록 해야 한다. 우리나라 15개의 정기선사들이 기금을 갹출하여 하역비지급 등에 활용할 수 있도록 법정관리시 비상기금제도를 운영하고 이를 해운법 등에 법정화시켜 두면 좋을 것이다. 화주들의 피해는 어마어마한데, 정작 책임을 져야할 해운산업계나 정부에서는 아무런 대책도 없다는 언론의 보도를 피할 수 있을 것이다.

언론을 통한 사실 및 긍정적 내용 홍보

과거와 달리 현재 우리 언론들은 해운산업이나 조선산업에 대하여 대단히 큰 관심을 보이고 있다. 좋은 소식이 있으면 언론은 이를 쉽게 실어주는 경향을 보인다. 좋은 소식을 발굴하여 언론이나 SNS에 확산시켜 우호적인 분위기로 만들어갈 필요가 있다.

최근 인터넷신문이나 SNS의 확대로 반드시 종이신문만이 중요한 홍보수단이던 시절은 지나갔다. 또한 해운전문신문도 다음(daum) 등으로 검색이 가능하게 되어야 더 효과가 있다는 점도 유의하여야 한다. 해운전문기자나 해운전문 칼럼니스크를 배출하여 해운관련 국민적 관심사항을 알기 쉽게 대중에게 알려주는 작업도 쉼없이 해야 한다.

종종 각종 기업이 잘못에 대하여 고객들에게 사과를 하는 신문광고를 보게 된다. 그러나, 위에서 살펴본 여러 해운관련 사고와 사건의 경우에 관련 선주나 단체에서 국민들에게 심려를 끼쳐서 송구하다는 내용의 사과나 반성의 기사를 게재한 것을 본적이 없다. 만약, 책임의 인정이 아닌가라는 것이 마음에 걸린다면, 해운관련 전 단체들이 동시에 연명으로 그러한 사과문이나 성명서를 게재할 수도 있을 것이다.

사회적 공헌(CSR) 확대

해운기업은 사익을 목표로 하므로 경영에서 최대의 이윤획득을 목표로 한다. 최근 기업도 공익을 위하여 사회에 공헌하여야 한다는 CSR 확대운동이 하나의 문화로 자리잡은 상태이다. 그럼에도 불구하고 해운관련 기업이나 단체들의 CSR활동에 대한 기사는 쉽게 볼 수 없기 때문에 그 활동 자체가 없는 것처럼 보인다. 이러다 보니, 해운업계는 호경기 때에는 말이 없다가 자신들이 필요한 경우에만 정부에게 대책을 요구한다는 목소리가 나온다. 우리 해운기업이 2000년대 초반 초호황기에 사회적 공헌을 더 많이 하고 홍보하였다면 이런 말은 나오지 않을 것이다.

우리 해운산업의 대표적인 CSR로는 해사재단이 있다. 선사, 도선사 및 예선업체가 100억원을 모금하여 이자로 한국해법학회, 해운물류학회 등에게 해마다 재정적인 지원을 하는 사업이다. 대양상선은 고려대학교에 30억원을 기부하여 해송법학도서관을 만들어주었다. 해운CEO들이 해마다 수 억원의 장학금을 해양대학 학생들에게 지원하는 것, 도선사협회에서 고려대등 로스쿨에 해상법을 전공하는 학생들에게 장학금을 지급하는 것도 좋은 예이다.

그렇지만, 이러한 예들이 하나로 통합되어 일반에 알려지지 않고 있다. 선주협회 등은 해운기업이나 단체들의 사회적 공헌사업을 종합하여 보도 자료로 내야 한다.

해운관련 단체들도 더 많은 CSR을 해야 하고 기존의 공헌을 새롭게 구성하여 더 효과적으로 처리할 필요가 있다. 선박의 안전이나 경영의 측면에서 높은 수준에 와있는 외항해운이 상대적으로 열악한 환경에 있는 내항해운에 기술적인 지원이나 자문을 행하여 주는 것도 좋은 예가 될 것이다.

〈결 어〉

사회는 사람과 회사와 같은 단체로 구성되어 있다. 회사를 움직이는 것도 사람이기 때문에 결국 사회는 사람과 사람사이의 관계이다. 우리는 첫인상이 좋고 호감이 가는 사람을 좋아하게 되고 선택하게 된다. 이와 같은 맥락에서 본다면 전체로서 해운산업도 첫인상이 좋고 호감이 가도록 만들어가야 한다. 최근 10여년간 우리 해운산업은 여러 다양한 사고와 사건의 발생으로 비호감도가 높아진 것으로 판단된다.

비호감도를 낮추고 호감도를 높이기 위한 다양한 대책이 필요한 시점이다. 우선 해운분야에서 해양사고나 사건이 없도록 하여야 함은 물론이다. 안정된 해운경영의 지속, 사고시 신속하고 체계적으로 대처하여 부정적 인상을 최소화하는 것, 사고조사나 피해보상을 위한 법제도의 상설화, 언론을 통한 호감가는 기사의 게재 등의 노력이 필요하다.

특히, 꾸준하게 행해지는 해운관련 기업과 단체들의 사회적 공헌

(CSR)은 해운산업이 어려운 상황에 처하여 정부나 화주 등으로부터 도움을 구할 때 우리의 입지를 강화시켜 주는 큰 자산이 될 것이다.

이러한 해운산업에 대한 호감도를 높이는 작업은 해운산업을 구성하는 회사 및 구성원 개개인에 의하여 실행되어야 한다. 기획과 지원은 해운산업의 중추인 선주들을 위한 선주협회가 중심이 되고, 해운조합, 한국선급, Korea P&I, 도선사협회, 예선협회, 해기사협회, 한국해법학회 및 KMI를 포함한 유관학회 및 연구기관, 해양연맹 및 해사재단 등이 맡아야 할 것이다. 해양수산부등 정부의 도움도 받아야함은 물론이다.

장기적인 목표를 세워서 이러한 해운산업 호감도 증대 운동을 벌여나가 우리 해운산업이 국민경제에 큰 기여를 함과 동시에 국민들에게도 높은 호감도를 가지는 산업으로 인식되기를 기대한다.

(《한국해운신문》, 2018년 1월 16일)

3. 해운 · 조선 · 화주 · 금융 상생협력 생태계 다져야

건조할 선박이 없어서 힘이 들었던 우리 조선시장에 큰 장이 섰다. 어두운 소식만 있던 해운, 조선시장에 반가운 소식이 날아들었다.

세계 최대 철광석 화주인 발레사는 철광석을 세계 각국에 수출한다. 수출은 선박을 통하여 이루어진다. 통상 20년 이상 수출계약이 체결되므로 운송계약도 장기운송계약을 체결하는 것이 통상이다. 작년 11월 발레사의 운송계약 입찰에 우리나라 대형 부정기선사들이 응찰했다. 폴라리스쉽핑, 팬오션, 대한해운, SK해운, H-라인과 같은 우리 선사들이 외국 경쟁선사를 제치고 대부분 낙찰을 받았다. 이로서 향후 20년에 걸쳐서 브라질에서 한국이나 중국 등으로 운송되는 철광석을 운송할 선박이 필요하게 되었다. 대규모의 투자금이 없는 선사들은 은행으로부터 건조대금을 융자받아야한다. 은행은 장기운송계약에서 발생하는 장래운임채권을 융자금에 대한 담보로서 선호한다. 이런 계약이 금년 2월~3월에 이르기까지 진행되었다. 그 결과는 놀랍다. 대형 철광석운반선(32만톤급) 27척 중 우리 조선소에 19척 발주계약이 이루어졌다. 나머지 8척은 중국으로 갔다. 중국 조선소의 건조가격(미화 약 7,500만 달러)이 우리나라(미화 약 8,500만 달러)보다 10% 정도 낮아서 중국 조선소가 가격경쟁력을 가진다. 그럼에도 불구하고 위와 같은 결과는 대형 벌크선 건조에서 우리 조선소의 경쟁력이 있다는 점을 보여주는 것으로 고무적인 일이다. 이로써 우리 조선소는 2조원의 매출을 올리게 되었다. 최근 현대중공업이 연간 40척 정도의 대형선을 인도하므로 그 1/2에 해당하는 대단한 물량을 우리 해운사들이 우리 조선소에 가져다 준 것이다. 우리 선사들은 높은 선가에도 불구하고 중국 조선소 대신 우리 조선소를 택하였다. 해운 – 조선 상생의 좋은 예라고 할 것이다.

지난 2018년 4월 5일에 발표된 정부의 해운재건계획에 의하면 향후 5년간 정부는 200척의 선박의 건조를 도와준다. 컨테이너 선박 60척에 벌크선 등 부정기선 140척이다. 우리나라 선주들이 소유하는 선박의 척수가 1,000척 정도이니 20%를 신조한다는 것이다. 컨테이너선 60척의 건조가를 척당 평균 1,500억원으로 보면 약 9조원에 이른다. 이는 최근 현대중공업의 연간 선박건조 매출 약 5조원의 2배에 육박하는 금액이다. 벌크선 140척을 평균 척당 선가를 500억원으로 잡아도 7조원에 이른다. 약 16조원에 이르는 매출을 우리나라 조선사들이 올릴 수 있다. 3개 대형선사의 선박건조계약 대금의 1년치와 맞먹는 큰 금액이다. 신나는 일이다. 그렇지만, 이러한 수치는 발주되는 모든 선박을 우리 조선소들이 모두 건조함을 전제하는 것이다.

그러나, 실상은 그렇지 못하다. 컨테이너 선박, 대형유조선 및 LNG/LPG선박은 대형조선소의 주력 건조 종목이므로 많은 양의 선박이 건조될 것으로 보인다. 중소형 벌크선박의 대부분은 우리 조선소에서 건조하지 못하고 중국으로 건너갈 우려가 있다. 우리 대형조선소들이 고부가가치 선박에 치중하느라 중소형 벌크선에 대한 건조를 하지 않아왔고, 중형벌크선 건조를 주력업종으로 해왔던 중형조선소는 법정관리 등의 어려움을 겪고 있기 때문이다. 우리는 작년 한중카훼리의 재건조에서 중국 조선소에 완패한 쓰라린 경험이 있다. 카훼리는 한국선주와 중국선주가 지분을 반반씩가지고 있다. 여객선이 노후하여 신조를 했어야하는데, 2015년부터 14척에 대하여 지속적으로 신조건조계약을 체결하는데 우리나라 조선소에서는 1척 (미화 약 7,000만 달러)만을 수주하고 나머지는 모두 건조가가 낮은 중국으로 넘어가고 있는 상황이다.

발레사를 위한 19척의 대형철광석선박의 건조에 뒤이어 향후 5년간 200척 건조라는 희소식이 우리 조선산업이 날아들었다. 우리 조선소는 이번 기회를 놓치지 말고 가능한 많은 건조계약을 체결해야할 것이다. 우리 조선소 자체에서 경쟁력을 키우고 해양플랜트, 컨테이너선박, 대형벌크선, 중형벌크선, 크루스선등 다양한 선종에 대한 건조가 가능하도록 경영을 다각화하는 등의 조치가 필요할 것이다. 해운사들이 선종을 다양하게 하듯이 조선소도 이와 같은 포토폴리오 전략이 필요한 것은 아닌지? 우리 조선소에서 건조하면 중고선매각 가격이 중국건조의 경우보다 높으므로, 비록 건조가는 우리가 높지만, 우리 선주들에게도 매력적인 부분이 있다. 이외에도 선주들을 사로잡을 건조계약상의 이점을 제공하는 다양한 방안을 조선소는 세워야 한다. 조선소가 5년뒤 다른 선박을 추가로 건조할 때에는 시장가보다 할인된 가격으로 건조를 해주는 약정을 미리 체결하는 것은 어떨까?

이렇게 건조되는 벌크선박들은 우리 해운선사들의 운임수입 획득에 큰 기여를 할 것이다. 더구나 대량화주들과 장기운송계약이 뒷받침된 상태에서 발주되는 선박이므로 더욱 효자노릇을 할 것이다. 장기운송계약을 기반으로 안정적인 수익창출이 가능하였던 전통있는 우리 부정기(벌크)선사는 더욱 안정적인 운영이 가능할 것이다.

정부의 해운재건 5개년 계획의 핵심은 60척의 대형 및 중형 컨테이너선을 건조한다는 점에 있다. 현재 현대상선의 운송물량은 45만TEU, SM라인이 15만TEU로 알려져 있다. 우리 외항정기선사가 가지는 어려운 점은 대형선의 부재로 경쟁력이 떨어진다는 점, 운송 서비스를 제공하는 항로가 다양하지 못하다는 점이다. 이런 이유로 화주로부터 선택받지 못하여 수익을 창출하지 못하고 적자가 나고 있다. 컨테이너 60척이면 약 60만TEU로 현재 현대상선 및 SM라인의 선복을 합친 것과 같은 선복량이다. 이러한 신조를 통하여 우리 외항정기선사는 경쟁력을 갖는 선박을 인도받아 원가를 낮출 수 있고, 또 서비스망을 넓혀서 화주들을 유인하여 매출이 증대될 것이다. 한진해운의 선복이 60만TEU였으므로 우리 외항정기선사의 선복을 한진해운의 회생절차 이전의 상태로 되돌려 놓는다는 의미를 갖게 되는 점에서 기개가 느껴지기도 한다.

현재 선주들은 2020년부터 적용되는 선박에 친환경연료유를 사용해야하는 의무를 어떻게 이행할 것인지 노심초사하고 있다. 고가의 스크러버라는 탈황장치를 기존 선박에 설치할 수밖에 없는 선주들은 그렇지 않은 선박에 비하여 원가구조가 높아지게 된다. 5년~10년된 선박을 폐선할 수는 없으니 고가의 탈황장치를 달 수밖에 없고 원가가 높아지게 된다. 그동안 신조선을 짓지 못한 정기선사들에게 오히려 기회가 오게 된다는 것이다. 저황장치가 내장된 기관을 가진 신조선을 보유한 선주들은 그렇지 않은 선주들에 비하여 큰 경쟁력을 가지게 된다. 이번 재건계획을 통하여 60척의 친환경선박을 가진 우리 선사들이 다시 한번 경쟁력을 갖추어 재건될 기회를 잡는 셈이 된다.

다만, 선복이 많아지면서 물동량이 늘어나지 않으면 운임은 떨어지게 된다. 최근 물동량의 증가는 정체되어있다. 그러므로 우리나라에서의 대량 신조선박의 발주는 운임을 낮추는 역효과가 나타나게 된다. 컨테이너 운송의 경우 운송할 화물의 분량이 획기적으로 늘어나야 정상운임을 유지할 수 있을 것이다. 선주협회 등에서 적취율 향상을 위한 선주－화주 상생 캠페인을 벌이고 있는 이유이기도 하다.

선박금융업계, 정부 그리고 선주가 모두 힘을 합쳐 가능한 많은 선박의 건조를 우리 조선소에 의뢰하여야 한다. 우리 조선소에서 건조된 우리 선박에 우리 화주들이 수출입화물을 많이 싣게 되어 안정적인 수익을 창출하는 적절한 내수에 기반한 선순환구조가 되어야겠다. 이것이 선주－화주－조선－금융이 상생하는 모델이다.

(《한국경제》, 뉴스의 맥, 2018년 5월 9일)

4. 해운 산업 전후방의 국산품애용이 절실하다

오늘 아침 반가운 소식을 접하게 되었다. 2016년 9월 한진해운사태 이후 어려움을 겪고 있는 우리 원양정기선사의 대표격인 현대상선에서 20척의 대형컨테이너 선박을 발주하였다는 소식이다. 이 선박을 모두 인수받는 2020년에는 현대상선도 현재의 40만TEU에 약 40만TEU가 추가되어 총 80만TEU가 되면서 글로벌 선사들과 경쟁할 수 있는 규모가 된다. 한진해운사태 이후에 막혔던 유럽노선이나 미국동부로 우리 고속도로가 다시 현대상선에 의하여 개통이 가능하게 되니 반갑지 않을 수가 없다.

20척 모두를 우리 대형 3사에 나누어서 건조하도록 했다는 결정도 또 하나의 반가운 소식이다. 우리나라 조선산업은 중국과 크게 경쟁하고 있다. 노동집약적인 선박건조에서 인건비가 싼 중국의 건조가격이 싼 것은 주지의 사실이다. 그럼에도 불구하고 우리나라 조선소에 일감을 만들어준 우리 해운산업과 정부의 결정도 국익을 위한 훌륭한 결정이다.

대형선박만 건조한다고 하여 해운이 재건되는 것은 아니다. 선박은 화물을 실어나르기 위하여 존재하는 것이니 수출입화물 운송권을 현대상선이 많이 따와야 한다. 그러기 위하여는 덴마크의 머스크사, 일본의 NYK사와 같은 대형 우량 외국정기선사와 경쟁해야 한다. 무엇보다 현재 20% 내외인 우리나라 화주들의 국적선 적취율을 1990년 후반의 50% 수준으로 끌어올리는 작업이 중요하다. 우리 화주들의 국적선사 애용이 중요한 화두가 되는 이유이다.

선박회사	매출
현대상선	약 5조원
일본 NYK	약 18조원
덴마크 머스크	약 44조원
(한진해운)	약 8조원

이번에 신조된 선박은 산업은행이나 해양진흥공사 등을 통해 국민의 세금이 상당부분 투입되는 것이므로 선사가 시중은행으로부터 융자를 일으켜 선박을 건조하는 일반적인 경우와 다르다. 국민들의 혈세가 들어간 선박이므로 모든 면에서 국산화 혹은 내국화가 이루어지는 것이 마땅하다.

신조되는 선박의 국적을 여전히 파나마 등 편의치적선(便宜置籍船)으로 할 것인지 재검토되어야 한다. 실제로는 한국선주들이 소유하는 것이라도 외국의 선적을 얻은 선박을 편의치적선이라고 한다. 금융을 이용하는 경우 대부분 선적을 외국에 둔다. 우리 선사들은 국적취득조건부 나용선(BBCHP)이라는 이름의 용선자가 되어 우리나라와 관련성을 맺게 된다. 파나마 등에 선적을 두게 되면 그 선박에 대한 관할은 원칙적으로 기국인 파나마가 가지고 안전관련 법령도 모두 파나마법에 따라야한다. 외국의 금융회사들이 관여되는 경우에는 그들의 주장을 들어주기 위하여 외국에 편의치적을 하는 특수목적회사(SPC)를 세울 수도 있다. 그러나, 우리 국민들의 세금이 다수 들어가고 우리 국책 은행들이 보증을 서고 융자를 하는 선박도 우리나라 선적을 갖지 않아야 하는가? 우리 법제도가 편의치적을 하는 경우 보다 불리한 점이 있다면 선박법 등을 개정하여 동등한 효과를 부여하고 우리 깃발을 달아 주어야한다. 그래야 유사시 그 선박들을 징집하여 전쟁물자의 수송에 사용할 수 있고, 실질적으로 우리 선박이므로 우리나라 안전관련 법령을 일괄하여 적용할 수 있을 것이다.

선박의 안전성 확보는 정부의 책무이고 정부는 이를 선급기관에 위임하는 것이 국제적인 관례이다. 우리나라도 한국선급(KR)이라는 선급기관이 있다. 한국선급은 이미 세계적인 수준으로 아약스회원국 8개 선급 중의 하나이다. 한국선적이 되면 선박안전법에 따라 한국선급이 정부검사를 하게 되고 또 보험의 목적인 선급검사도 맡게 된다. 한국선급의 선박검사 검사료로 인한 수입은 1년 1,500억원 정도이다. 일본선급은 이보다 2.5배 정도 많은 3,800억원이다. 기타사업까지 포함한 프랑스선급의 매출은 연간 5조 6,000억원이다. 한국에서 국민의 세금으로 건조되는 선박은 당연히 한국선급에 모두 가입해서 한국선급의 경쟁력을 키워주고 매출을 높여 국부를 창출해야 한다.

세계의 선급	수입(검사수수료)
한국선급(KR)	1,500억원
일본선급(NK)	3,800억원
로이드선급	1조 5,000억원
프랑스선급	5조 6,000억원

선박의 운항에는 보험도 필요하다. 보험 중에서도 선주책임보험은 경쟁이 치열하다. 영국 등 유럽계 선진 선주책임보험자(P&I Club)들은 국제클럽을 결성하여 앞서나가고 있고 우리 선사들은 대부분이 이들에게 가입되어있다. 우리 나라의 한국선주상호보험조합(Korea P&I)은 2000년에 발족하여 후발주자로 아직 걸음마 단계에 있다. Korea P&I의 매출액(연간 보험료수입액)은 350억원이지만, 이웃 일본 Japan P&I의 매출액은 2,500억원이고 노르웨이의 Gard P&I는 8,500억원의 매출을 가지고 있다. 새롭게 건조되는 선박은 후발주자인 우리 Korea P&I에 가입하여 경쟁력을 키워주는 것이 마땅할 것이다.

세계의 선주책임보험	매출(보험료 수입)
한국 Korea P&I	350억원
일본 Japan P&I	2,500억원
노르웨이 Gard P&I	8,500억원

신조선박을 위한 건조, 금융제공 그리고 운항 중 법률분쟁이 발생할 수 있다. 해운, 조선, 금융관련 분쟁에 적용할 법률을 영국법으로 하고 런던해사중재에서 처리하는 것이 우리나라의 오랜 관행이었다. 이번 현대상선의 선박건조와 관련하여 선박건조계약, 금융계약, 용선계약상 모두 우리나라 기관이다. 그럼에도 굳이 영국법에 영국중재로 법률문제를 처리할 이유가 있는가? 한국법을 준거법으로 하고 영국중재를 대신하여 대한상사중재원 혹은 서울해사중재협회의 중재를 이용하도록 해야 한다. 이렇게 되어야 해운조선분야의 만성적인 법률비용 해외유출을 막고, 우리 해상법도 발전하여 결국 우리 해운조선사들의 법률비용도 절감되어 경쟁력을 가지게 될 것이다.

이번에 발주되는 20척은 한국해운재건 5개년 계획의 첫걸음으로서 해운관련 모든 산업의 발전을 위한 마중물이 되어야한다. 해운사업 전후방에 걸친 내국화가 절실한 시점에서 현대 상선 20척의 향배는 그 시금석이 될 것이다. 그간 외국에 너무 의존하여온 관행들을 이제는 버리고 내부결속과 내수를 탄탄하게 하는 작업을 시작해야한다. 이렇게 될 때 제2의 한진해운사태가 재발하지 않고 진정한 한국해운의 재건을 이룩하게 될 것이다.

(〈한국경제〉, "해운조선 상생행보, 산업전반에 확대돼야"에 축약 기고, 2018년 6월 9일)

5. 해운산업과 조선산업의 상생

우리 조선 산업은 매출이 70조원에 종사자 20만명에 이른 적도 있다. 1990년대 확장기를 거쳐 우리 조선산업이 세계 1위에 올라선 것은 2000년부터이다. 그 후 우리나라는 전체 세계 선박건조량의 약 35% 정도를 차지하고 있다. 2007년 1억6천만 CGT라는 대량발주(한국건조 약 7,000만CGT) 후 초과공급으로 어려움에 처하였던 전 세계 선박 건조량은 급기야 2016년 1,340만CGT로 떨어졌고 우리나라는 200만CGT를 수주하여 수주절벽을 경험하였다. 세계 선박건조량은 2017년 2,813만CGT, 2018년 2,860만CGT로 증가세를 지속했다. 2018년 우리나라는 수주량 1,300만CGT로 늘어났지만 평균수준인 3,000만CGT에는 한참 못 미친다. 2007년 초호황기와 비교하면 극도의 불황이라고 볼 수 있다.

해운업은 조선업의 선행 산업이다. 해운에서 수요가 발생할 때에 선박이 발주되어야 한다. 따라서 선박건조는 무조건 선박을 지어낸다고 해서 되는 것은 아니다. 지나치게 건조가 많이 되면 화물을 수송할 선박은 많아지니 운임은 떨어지게 되고 선가는 낮아진다. 그렇게 되면 은행으로부터 빌린 돈으로 선박을 건조하던 선박회사들은 건조중인 선박을 인수하려 하지 않고, 은행에 빚을 갚지 못하여, 혹은 발주자인 선주는 금융채권자에게 건조자금을 갚지 못하여 도산이 이어지게 된다. 이렇게 본다면 해운경기에 맞추어 조선경기가 따라가야 한다. 조선과 해운은 이러한 상생의 관계여야 한다. 그렇지 않다는 점은 우리 조선 산업뿐만 아니라 해운산업을 불안하게 하는 요소이다.

우리나라의 조선 산업은 유럽선사를 주 고객으로 건조를 해왔고 우리 선주들의 건조 수요는 10%에 지나지 않으므로 수출 주도적 산업이 되었다. 반면, 일본의 경우 자국 선주의 건조량이 70%에 이른다. 내수에 기반을 두었기 때문에 조선산업이 안정적이다. 더구나 일본은 최전성기인 1980년대 세계 1위였던 선박건조 능력을 1/3로 줄였기 때문에 내수의 비중이 더 높아지게 되어 더 안정화되었다. 세계 3위 조선소인 일본의 이마바리 조선소는 쇼에이기센(正榮汽船)이라는 선주회사를 계열사로 두고 있다. 쇼에이기센은 전형적인 선주사로서 운항사로부터 선박에 대한 수요를 주문받아 모회사인 이마바리 조선소에 건조를 의뢰하게 된다. 조선경기가 나쁠 때일수록 쇼에이기센의 발주는 안전장치로서 큰 역할을 한다. 지난 10년간 우리 조선소들이 극심한 어려움을 겪을 때 일본은 쉽게 불황기를 극복한 것도 이와 같은 한일간의 조선산업의 경영의 차이 때문으로 보인다.

무역대국인 우리나라는 해상운송을 선박으로 할 수 밖에 없다. 무역이 있는 한 선박은 필요하고 조선소에서 선박을 건조해야 한다. 그런 면에서 우리나라는 조선산업을 영위하기에 좋은 국가이다. 안정적으로 조선산업을 영위하려면 해운산업과 연동되도록 하여야 한다.

세계연간 선박건조량을 3,000만CGT로 낮춰보고, 한국이 그중 33%를 건조한다면 연간 1,000만CGT를 건조해야 한다. 2만CGT급 선박이면 연간 500척이다. 내수의 비중을 50% 정도로 올린다면 약

500만CGT(2만CGT급 250척)를 우리 선주들이 발주해줘야 한다. 2018
년 현재 우리 선주들이 운영하는 선대는 1,100척, 약 2,500만CGT
다. 2018 발주량은 약 260만CGT다. 그러므로 내수비중을 50%로 만
들려면 해운 규모를 현재보다 2배는 더 키워야 한다.

화물의 확보없이 우리 선주들이 선박을 무한정으로 건조할 수는
없다. 선박을 소유만 하고 외국선사에게 빌려주는 역할을 하는 선주
사를 만들면 도움이 될 것이다. 우리 조선소도 일본 이마바리 조선
소와 같이 계열 선주사를 만들 필요가 있다. 계열 선주사는 조선소
가 수주절벽이 오더라도 대형화주와 장기용선계약을 발판으로 건조
물량을 만들어낼 수 있으므로 완충역활을 할 수 있다. 이렇게 되면
우리 조선업도 더 안정된 경영이 가능할 것이다.

(《한국경제》, "조선·해운 상생 도울 선주사 키워야", 2019년 3월 5일)

<부 록>
인터뷰 기사

[부록 1] "나용선 등록제도, 한국 해운력 상승 계기될 것" (쉬핑가제트)
[부록 2] 법정에 선 후 '마도로스 출신 법대교수' 결심 (법률신문)
[부록 3] 해운산업과 로스쿨 (한국해운신문)
[부록 4] 선장 출신 로스쿨 교수가 본 세월호 (중앙선데이)
[부록 5] 선장에서 해상법 학자로 (리걸 타임즈)
[부록 6] 해수부 정책자문위원장에게서 듣는다 (쉬핑가제트)
[부록 7] 선장 출신 '해상법 전문가' 로스쿨 교수 (법률신문)
[부록 8] 「한진해운 파산 백서」 낸 김인현 교수 (조선비즈)
[부록 9] 고려대 바다 최고위 과정을 말하다 (쉬핑뉴스넷)

[부록 1]

나용선 등록제도, 한국 해운력 상승 계기될 것

　서울에서 유일하게 해상법 과정을 다루고 있는 고려대 법학전문대학원(로스쿨)의 김인현 교수는 다양한 주장을 통해 한국 해운산업의 발전과 위상 강화를 모색하고 있다. 그 중 하나가 나용선 등록제도 도입이다. 이 제도를 도입할 경우 편의치적선의 안전도가 높아질 뿐 아니라 우리나라의 선박 등록톤수가 늘어 해운력이 높아질 것으로 내다봤다.

　선장 출신의 김 교수는 정부의 '세월호' 사고 처리에 대해선 사고별로 특별법을 제정하는 소모적인 사후대책보다 특별보상규정을 해사안전법 등에 추가해 사고 후 국가가 즉각 피해자에게 먼저 보상토록 하는 게 바람직하다고 주장했다. 아울러 로스쿨 도입 이후 법률 지식이 풍부한 해기사 출신 변호사들이 해상법 분야에서 두각을 나타낼 것으로 기대했다. 다음은 김 교수와의 일문일답.

ⓠ 고려대는 서울권에서 유일하게 로스쿨에서 해상법 과정을 다루고 있으며 해상법연구센터도 개원해 운영 중이다.

ⓐ 저희 고려대 로스쿨은 채이식 교수께서 해상법을 약 25년 동안 강의하면서 세계적인 대가로서 큰 업적을 이루셨다. 연장선에서 제가 고려대에서 공부를 했고 채 교수님의 바통을 이어받아 해상법 교수로서 강의하고 있다. 로스쿨에서는 해상법, 해상운송법(영어강의), 선박충돌법, 해상보험법을 개설했다.

학생들은 희망하면 최대 4과목까지 해상법공부를 하고 졸업하게 된다. 전문특화과정에서 해상법전문인증제도를 도입해 해상법, 해상운송법을 필수로 듣고 다른 2과목을 추가로 들은 다음 해상로펌(법률회사) 등에서 실습을 2주간 하면 인증을 받게 된다.

학생들은 여름방학과 겨울방학을 통해 싱가포르와 홍콩 일본, 중국으로 해외인턴을 다녀오고 국내 해상로펌에서 인턴도 하게 된다. 3학년 졸업하기 전에는 홍콩대학에서 1주간 해상법심화교육을 받고 여름방학 중 3박4일간 승선실습도 한다. 졸업 후엔 3주간에 걸치는 신임해상변호사 강좌를 수강한다.

이렇게 해서 배출되는 학생들은 완전히 맞춤형교육을 받은 상태이기에 바로 현장에서 해상 관련 업무를 처리할 수 있는 장점이 있다. 과거 사법시험 체제에서의 신임변호사 양성과 많이 다른 점이다. 최근에 대형로펌에도 해상법 전공 학생들이 3명 진출하는 등 법조계에서 그 전문성을 인정받는 추세다.

ⓠ 로스쿨 도입 이후 해기경력자들의 변호사 진출이 늘고 있다. 선장 경력의 해상법학자로서 로스쿨 체제의 해상법 전문가 양성에 대해 어떻게 평가하나?

ⓐ 지금까지 해기경력자들 15명이 로스쿨에 진학했으며 이중 변호사가 된 사람도 있고 재학 중인 사람들도 있다. 그러나 아쉽게도 올해는 한 명도 진출하지 못했다. 저는 일정 숫자의 해기사 출신 변호사가 우리 산업의 발전을 위해 반드시 필요하다고 본다.

현재까지는 법대 출신과 해양대 등 해기대학을 나온 사람들이 혼

재돼 있다. 해상법이란 학문은 법률 분야이기 때문에 법대 출신이 주가 될 수밖에 없으며 해기사 출신들은 한계가 있다. 선박충돌, 좌초, 오염 사고 등에서 해기사 출신들이 두각을 나타내고 계약 관계에서는 법대 출신들이 더 뛰어나더라.

당분간은 해기사 출신들이 각고의 노력을 기울여 법학 과목의 공부에 집중해 실력을 쌓아야 한다. 장차 법대(학부) 출신들이 없어지는 상황이 되면 동등한 입장에서 경쟁하게 될 거고 해기 경험을 보유한 해기사 출신 변호사들이 크게 성공할 것으로 본다.

비(非) 해기사들이 해상변호사는 해기사 출신들만 하는 건지 저에게 문의하는 사람들도 있더라. 전혀 그렇지 않다. (웃음) 해기사 출신들이 더 잘하는 부분이 있다는 거다. 결국은 법률을 많이 알고 잘 적용할 줄 아는 사람이 더 중요하고 성공할 거라 본다.

ⓠ '세월호' 사고 이후 여러 차례의 세미나를 통해 사고에 대한 주요 이슈를 다뤄왔다. 피해보상 등 정부 조치에 대해 어떻게 평가하나?

ⓐ 정부가 나름대로 열심히 하고 있다. 저는 안전은 기본적으로 선주와 선원들의 몫이라고 본다. 화물선의 사고는 보험으로 처리될 문제지만, 여객선의 사고는 소중한 사람의 사망으로 이어지기 때문에 정부가 개입하지 않을 수 없고, 여객선의 안전을 확보하는 의무는 정부도 상당한 부분 책임을 부담하게 된다.

정부는 안전을 확보하는 방법으로 해기사의 면허와 교육제도, 운항 면허허가와 안전검사제도를 뒀다. '서해훼리호'에 이어서 '세월호' 사고가 20여년 지나 또 발생하지 않았나? 선주가 안전에 대한 주의 조치를 취하지 않은 것이 가장 큰 원인이다.

그러나 안전정책과 안전점검에 책임이 있는 정부는 근본적인 잘못이 어디에 있었는지 밝혀서 제도를 시정해 발전시켜 나가야 한다. "그 당시 몇 년에 걸쳐서 이러한 대책을 세웠지만, 이 과정에서 어디에서 조치가 부족해 다시 사고가 재발했고 앞으로는 이렇게 하겠다" 등 근본적인 원인에 대한 조사 및 발표가 있어야 한다고 본다. '서해훼리호'에서는 과승이 문제가 됐고 이번에는 화물적재 관리가 잘못돼 사고가 난 것 아닌가?

보상을 위해 특별법을 만들었다. 좋은 아이디어였고 유용한 법률이나. 그러나 법안을 만드는 데 1년 남짓 걸렸다. '허베이스피리트호'의 경우에도 우리는 특별법을 만들었다. 그러면 다음에 대형사고가 발생하면 또 특별법을 만들 건가? 특별법을 만드는 과정에서 얼마나 많은 사회적인 낭비와 분열이 있었나? 제 주장은 대형 해상사고 시 바로 작동되는 특별보상규정을 해사안전법 등에 추가해 이러한 낭비적이고 소모적인 요소를 사전에 제거하고, 그 규정에 따라 사고 후 국가가 즉각 피해자에게 먼저 보상하도록 하자는 거다.

Q 최근 한국해사중재·법정활성화추진위원회 사무국장을 맡으셨다. 어떤 일을 하는 곳인가?

A 아시다시피 우리나라의 무역의 규모는 20년 전인 1990년대 중반에 비해 7배 성장해 대부분의 산업은 더불어 팽창을 하게 됐다. 그럼에도 불구하고 해상법은 낙후되거나 제자리걸음이다. 해상법 교수의 숫자, 해상법 강좌가 개설된 학교의 수, 해상변호사의 숫자에서 이를 확인할 수 있다. 이것은 조선산업의 팽창, 해운산업의 팽창에서 부수되는 법률적인 수요는 대부분 영국의 변호사나 영국의 학교에서 충당됐기 때문이다.

언제까지 우리가 영국의 법률에 의존하고 영국의 분쟁해결절차에 따라야 할 건가? 이런 상황이 지속되면 우리 산업은 더 많은 비용을 지불하게 돼 결국 더 이상 발전하지 못하게 될 거다. 예컨대 중요한 영국판례가 있다고 하자. 한국해운회사마다 모두 이 판례를 알기 위해 영국변호사에게 개별적으로 의견을 구하는 것보다 한국의 전문연구기관이 연구한 결과를 우리나라 전 해운회사에 이메일(전자우편)로 알려드리면 비용이 훨씬 줄어들 거다.

이같이 우리나라 해사표준서식을 만들고 해사법원이나 해사중재원을 만들어 우리나라 사건이 비용을 적게 들이고도 신속하게 해결되도록 해 해상법의 발전을 이루고 우리 산업이 경쟁력을 갖추도록 할 목적으로 해사중재법정활성화 추진위원회가 발족됐다.

한국해법학회에서 2011부터 이 사업을 추진해오다 한계를 느껴 거국적으로 추진하기 위해 지난해 12월 말 선주협회, 고려대 해상법연구센터와 함께 모임을 결성했다. 지난 6월 제3차 모임에서 임원진이 구성이 됐으며 최종현 한국해법학회 회장이 위원장, 제가 사무국장으로 선임됐다. 9월 초에 해사법원 설치를 위한 국제세미나를 개최하게 된다.

Ⓠ 도입을 주장하는 나용선 등록제도는 어떤 것인가?

Ⓐ 알다시피 나용선은 해운경영에서 아주 흔한 형태다. 나용선은 나용선한 국가에서 등록을 따로 하지 않는 것이 일반적이다. 선주의 등록국이 여전히 선적이 되는 거다. 안전검사 등 모든 면에서 선주의 국적인 선적(船積)국가의 관리통제를 받게 된다.

그런데 편의치적 등의 경우 선적국의 안전에 대한 행정력이 떨어지게 돼 안전관리가 제대로 되지 않는다. 이런 불합리를 막기 위해 독일, 싱가포르, 영국의 맨섬, 홍콩 등에서는 나용선을 해오면 자신의 국가에서 또 다른 등록을 선택적으로 할 수 있도록 한다. 이 때 원등록은 일시 정지되고, 나용선 등록국의 안전관리 등을 받게 된다.

최근 대법원 판결에서 소유나 저당권과 같은 것은 원등록국인 선주의 국적에 따른다는 것이 확립돼 있다. 나용선 등록을 우리나라에서 허용하는 제도를 두게 되면 이들 선박은 우리나라의 안전검사를 받게 돼 편의치적국에서 관리하는 것보다 안전에 대한 신뢰도가 높아지리라 본다.

현재 우리나라 해운업계에서는 국적취득조건부나용선(BBCHP)은 법률에 의해 우리나라 정부검사를 받도록 돼 있는데 이를 두고 잘못이라는 주장이 지속적으로 나온다. 나용선 등록제를 도입하면 이런 논란은 없어지게 될 거다. 다른 장점으로는 실질 지배 선주가 우리나라 국민인 경우는 물론 외국인인 경우에도 일정한 요건 하에서 나용선이 가능하도록 하면 우리나라의 등록톤수가 상당히 많아져서 세계 1~2위를 다투게 될 수도 있다. 소위 말하는 '국격'이 올라간다고 할 수 있다. 홍콩이 좋은 예다.

Ⓠ 향후 포부나 계획은?

Ⓐ 고려대 해상법연구센터를 세계적인 연구센터로 키우고 싶다. 지금

싱가포르, 홍콩, 중국이 영국의 뒤를 이은 해상법 중심지가 되기 위해 크게 경쟁하고 있다. 우리나라도 여기에 합세해 좋은 결과를 내야 한다. 업계의 해상법 수요를 충족시켜주는 기관이 필요하다. 저희 센터는 그러한 역할을 충실히 하고자 한다.

선주협회, 도선사협회, 한국선급, 스파크인터내셔널의 박신환 사장님, 해송법률문화재단 등 후원기관에 깊이 감사의 말씀드린다. 한국해사중재법정을 활성화시키기 위해선 우리 해상법의 내용과 우수성이 국내는 물론 국외에도 널리 알려져야 한다. 개인적으로는 우리나라 해상법을 영어로 알리는 작업을 지속적으로 할 생각이다. 우리 법이 뭔지 외국에서 알지 않고서는 우리 법을 준거법으로 사용하자고 우리 국민이 상대방에게 제안할 수 없기 때문이다.

Q 정부당국이나 업계에 당부하실 말씀은?

A '세월호' 참사를 겪으면서 해상법의 중요성을 다시 한 번 실감하게 됐다. 청해진의 경영진이 선박이 안전하지 못한 상태에서 출항하게 되면 불감항이 돼 보험금도 수령하지 못하는 등 여러 가지 불이익이 있다는 것을 몰랐을 수도 있다. 해상법의 내용에 대한 이해가 부족한 것도 사고의 여러 원인 중에 한가지일 거다.

정부도 마찬가지다. '신속한 보상 및 조사제도가 미리 마련됐더라면 좋았을 텐데' 하는 아쉬움이 있다. 해상법의 내용들이 다방면으로 널리 보급돼 현장에서 적용돼야겠고 저도 앞장서서 그렇게 되도록 노력하겠다.   (《쉬핑가제트》, 2015년 7월 13일)

[부록 2]

법정에 선 후 '마도로스 출신 법대교수' 결심

작년 8월 한국연구재단은 국내 학자들의 지난 10년간(2004~2013년) 논문 피인용 횟수를 집계해 발표했다. 학술지 논문이 다른 논문에 얼마나 많이 인용됐는지 보여주는 통계였다. 법학 분야의 2,558명 학자 가운데 1등을 차지한 건 헌법이나 민법 교수가 아니었다. 해상법(海商法)을 전공한 고려대 김인현(57) 교수였다. 그의 논문 총 피인용 수는 330회에 달했다. 해상법은 물품의 해상 운송과 그 보험 관계 등을 규율하는 법이다.

보통 법학 논문 첫 페이지 각주엔 논문 저자가 '법학박사'로 소개된다. 김 교수 논문엔 '법학박사' 앞에 '선장'이라는 칭호가 붙어있다. 그는 원래 한국해양대를 나와 항해사를 거쳐 상선(商船) 선장으로 태평양을 누비던 마도로스였다. 30대 때 처음 법학의 길로 들어섰고 40세에 교수가 됐다. 지금은 학계에서 논문 많이 쓰는 학자로 정평이 나 있다. 지난 5일 오후 연구실에서 김 교수를 만났다.

김인현 교수는 석사, 박사, 학사 순으로 법학 학위를 받았다. 목포해양대 교수로 있던 2005년 김 교수는 고려대 법학과로 학사 편입했나. 법학을 내학원에서부터 공부해 기초가 부실하나고 판단했기 때문이었다.

Q 뱃사람 하면 떠오르는 외모는 아닌데요.

A "어릴 때부터 그런 얘기 많이 들었습니다. 제가 둘짼데 형이 남자답게 생기고 운동도 잘했거든요. 저는 반대로 겁이 많고 책을 좋아했죠. 바닷가에서 나고 자랐는데도 수영을 잘 못했습니다."

김 교수는 경북 영덕군 축산면 축산항에서 태어났다. 일제 시대 일본에서 운수업을 하던 조부가 일본에 있던 재산을 처분한 돈으로 어선 한 척을 사서 축산항에 자리를 잡았다. 한때 50t급 어선을 3척 소유한 부잣집 손자로 컸다고 했다. 그러나 가업이 기울면서 원했던 서울이나 대구로의 유학 꿈은 좌절돼 버렸다.

"제가 초등학교 1학년 때 마지막으로 남은 어선 '대경호'가 축산항 방파제에 충돌해 좌초됐습니다. 물 위로 마스트(돛대)만 솟아올라 있던 게 기억나요. 보험도 들지 않아 인양 후 싼값에 팔아버렸습니다. 선주였던 아버지가 하루아침에 남의 배 페인트칠을 하러 다니는 신세가 됐어요. 그렇게 제 유학의 꿈도 좌절됐습니다. 공부를 곧잘 해 서울로 가고 싶었거든요. 많이 울었습니다."

Q 가업을 다시 살리려고 해양대에 진학한 겁니까.

A "재수를 할 때 한 친구가 '세계의 대학'이라는 책에 한국 대학은 서울대와 한국해양대밖에 없더라고 했습니다. 해양대 영문 표기에는 'Korea'라는 글자가 붙어 있었죠. 그래서 해양대에 갈 생각을 했습니다. 부모님은 물과 관련된 대학이라며 싫어했습니다."

그는 해양대를 졸업하고 일본의 산코(Sanko) 기선에 항해사로 입사했다. 산코는 당시 상선을 350척 운영하던 세계 최대 규모의 벌크선(비포장 화물 적재선) 선사였다. 1982년 초봉이 연 600만원이었다. 그곳에서 계속 일하다 1990년 12월 해양대 동기 중 최초로 선장이 됐다. 2만5,000t급 '산코 하베스트(Sanko Harvest)'호였다. 결혼한 지 2개월 만의 일이었다.

Q 첫 항해에서 사고를 당했다면서요.

A "1991년 2월 14일이니 밸런타인데이였습니다. 미국 플로리다 탬파에서 인광석 3만t을 싣고 출발해 호주 남서부 에스페란스에 닿을 때쯤이었습니다. 새벽 2시쯤 자고 있는데 몸이 두 번 쿨렁쿨렁해서 일어났습니다. 배가 암초에 걸린 겁니다. 해도를 확인해 봤으나 암초 표시는 없었습니다. 나중에 알고보니 2등 항해사가 호주 측에서 보낸 새 정보로 해도를 개정하지 않아 일어난 사고였습니다. 배 밑바닥이 뚫려 물이 들어찼어요. 해안으로부터 14마일 정도 거리라 예인선을 불렀습니다."

Q 배를 포기했군요.

A "인명 피해가 없어 다행이었습니다."

Q 선장으로서 무슨 느낌이 들던가요.

A "그 정도 사고에서 큰 배는 가라앉는 데 며칠 걸립니다. 퇴선한 지 이틀 후에 산코 관계자와 같이 중요 서류 등을 챙기러 침몰 직전의 배에 다시 올라탔습니다. 선장 방에서 항해 일정표를 챙기고 다시 작은 배로 옮겨 타려는데 발이 차마 안 떨어집디다. 사람들이 빨리 뛰어내리라고 고함치는데 불현듯 '선장이라면 배와 운명을 같이해야 하지 않을까'라는 생각이 들어 한참을 서 있었어요. 뭍을 향해 가는데 뒤를 돌아보니 제 배가 다 가라앉아 마스트만 보이더군요. 어디선가 본 광경이었죠. 어선 좌초로 가계가 무너지고, 나는 상선을 바다에 버리고 도망가는 꼴이었죠. 자괴감이 솟구쳤습니다."

그 길로 귀국해 몇 개월간 집에 틀어박혀 있었다. 호주 법원에서 하베스트호 침몰과 관련한 소송 건으로 불렀다. 화주(貨主) 보험사가 선장의 직무능력을 문제 삼으며 산코에 배상을 요구한 것이었다. 법정에서 "배는 침몰했지만 나는 유능했다."고 주장해야 하는 형국이어서 너무 가기 싫었다고 했다. 신고에서는 "김 선장이 안 나가면 해양대 출신 선장들 위상이 떨어진다."고 설득했다.

Ⓠ **처음 법정에 서 본 것일 텐데요.**

Ⓐ "복잡한 해상법 문제가 개입돼 있으니까 법률 자문이 많이 필요했어요. 주위 선배들에게 도움을 요청했지만 마땅히 잘 아는 분이 없더라고요. 회사 측 변호사도 외국인이었습니다. 대학교 때 배운 초보적인 해상법 지식으로 고생했습니다."

Ⓠ **법(法)과의 만남이었군요.**

Ⓐ "산코 소송은 결국 합의로 끝났지만 선장 출신으로 해상법을 공부하면 실무와 이론을 다 갖출 수 있다는 생각이 들더군요. 저같이 어려운 지경에 빠진 선장도 돕고요."

대학을 졸업한 지 10년 만인 33세 때 법학대학원 입시 공부를 시작했다. 도서관에 다니며 생소한 민법전이니 상법전을 들추어 봤다. 1년 뒤인 1993년 11월 고려대 법대 대학원에 합격했다. 그는 전화로 합격을 알리던 대학 직원의 목소리가 "신천지가 열리는 소리 같았다."고 말했다.

Ⓠ **5년 만에 석·박사 학위를 취득했지요.**

Ⓐ "아침 8시에 학교에 나가 밤 11시에 나왔습니다. 9년 동안의 항해 경험을 법률 논리로 다시 한 번 소화하는 기분이었습니다. 교수님들도 실제 배를 몰던 학생이 법학을 공부한다니까 기특해하셨고요. 대학원 공부를 하면서도 자꾸 하베스트호 사고가 머리에 맴돌았어

요. 이참에 일단락을 짓자는 마음으로 '월간 해양한국'에 '본선 선장의 선박전손사고에 따른 국제소송 체험기'를 2회 연재했습니다. 소송의 개요와 심리 과정에 대한 리뷰였는데, 그걸로 나 자신에게 좀 더 당당해질 수 있었습니다."

Q 김앤장 법률사무소에서도 근무하셨다고요.

A "해상 실무를 아는 법률 전문가가 거의 없던 시절이라 제 이력에 흥미가 갔나 봐요. 시범 과제가 1995년 남해에 좌초된 시프린스호 사고를 정리해 보고하는 것이었습니다. 보고문을 올리니까 김앤장을 통해 받은 보험회사 쪽에서 '짠물 냄새가 난다'며 호평했나봐요. 그걸로 실장 직을 제의받았습니다. 싫다고 했죠."

Q 왜요.

A "제가 왜 실장입니까, 선장이지. 선장 타이틀과 선장 수준의 연봉을 요구했어요." 그는 로펌에서 4년 일하다가 목포해양대 교수로 임용됐다. 이후 고려대로 자리를 옮겼다.

Q 논문이 많이 인용된 이유가 무엇이라고 생각합니까.

A "해상법은 최근 발전하는 법 분야입니다. 국내법 제·개정도 잦고 국제조약도 자주 체결돼 새로운 논문 거리가 무궁무진하죠. 부지런하기만 하면 학자들이 인용할 만한 선행 논문을 쓸 수 있습니다. 이번 한국연구재단 집계에서 제 논문 중 제일 많이(21회) 인용된 것도 2007년 개정된 상법 규정에 대한 연구였어요. 매년 대법원의 주요 해상법 판례를 정리해 논문으로 내는데 이런 논문도 많이 인용됩니다."

Q 현안을 좇아 논문을 쓰면 연구의 질이 떨어지진 않을까요.

A "다작(多作)이냐 대작(大作)이냐의 문제인데 저는 대작을 기다리는

것보다는 다작을 하는 게 낫다고 봅니다. 학자는 자기 생각을 계속 업데이트해야 히기 때문이에요. 교수 정년이 돼도 학문적 완성은 어렵기 때문에 막연히 그것만 기다릴 수는 없죠."

ⓠ 법학자로서의 꿈이 뭔가요.

ⓐ "우리나라에 해사전문법원을 만드는 게 꿈입니다. 한국이 해상 강국이라고 하지만 관련 법제로 보면 아직 갈 길이 멀어요. 해운표준계약서가 영국법을 준거법으로 채택하고 있기 때문에 우리나라 앞바다에서 일어난 사고도 영국에 가서 재판을 받는 일이 허다합니다."

ⓠ 선장으로서의 꿈도 남아있습니까.

(그는 잠시 먼 곳을 응시하더니 말을 이었다.)

ⓐ "정년 마치면 다시 배를 탈까 해요. 바다에 나가면요, 갈매기가 수면에 꽂히듯이 달려듭니다. 붉은 석양도 참 아름답고요."

〈조선일보〉, 2016년 4월 9일〉

[부록 3]

해운산업과 로스쿨

김인현 교수는 2008년 로스쿨제도 도입 당시 적극적으로 찬성했으며, 한국해사법 활성화에 로스쿨이 이바지할 수 있다고 기대했다. 그는 국내 해운·조선업이 눈부신 발전을 거듭하고 있는 가운데 산업발전에 맞춰 법률수요도 증가될 것으로 예상했다.

로스쿨 제도는 해기경력을 가진 전문가를 받아들여 변호사를 배출, 외국의 해기경험 보유 변호사와 경쟁할 수 있을 것으로 전망했다. 현재 해기경력자들 15명이 로스쿨에 진학해 변호사가 되거나 재학 중에 있다. 김인현 교수는 로스쿨 도입으로 해상법 전문 변호사가 증가되고 더 나아가 국내에도 독립된 해사법원 설치를 기대하고 있다.

창간 27주년을 맞은 한국해운신문은, 선장출신으로서 고려대 로스쿨에서 해상법을 강의하는 한국해법학회 회장인 김인현 교수를 만나 국내 로스쿨과 해상로펌의 현황 및 발전방향에 대해 물어봤다.

현재 해상법강좌를 개설한 로스쿨은 고려대학교, 서울대학교, 부산대학교, 인하내학교가 있다. 고려대학교 법학전문대학원 해상법은 채이시 교수가 은퇴한 후, 주임교수 김인현 교수를 중심으로 심&상의 정병석 변호사, 광장의 정우영 변호사, 홍콩대학교 팰릭스 챈 (Felix Chan) 교수, 리안준 리(Lianjun Li) 변호사 등 총 4명의 겸임교수(adjunct professor)와 초빙교수인 최낙정 전 해양수산부 장관으로 구성돼 있다.

해상법은 특성화된 분야로 실무 경험이 중요하다. 해양대학교 항해학과를 졸업한 후 항해사와 선장으로 10년간 일을 했던 김인현 교수는 실무의 중요성을 강조했다.

"해상사건은 크게 두 가지로 나눌 수 있다. 용선계약분쟁은 dry사건, 선박사고는 wet사건이다. 특히, 선박충돌, 좌초, 오염 등과 같은 wet사건은 선박 운항 경험이 있는 해기사 혹은 선장 출신들이 유리하다. 로스쿨 출범 전에는 해기사 출신들이 사법시험을 통해 시험에 합격하기는 매우 어려워서 해기경력 변호사가 되지 못했다. 이로 인해 해기사들이 쉽게 변호사가 되어 활발하게 활동하는 영국과 미국 등과 비교가 됐다. 로스쿨 출범 후 15명의 해기사 출신들이 로스쿨에 입학한 것은 큰 변화이다. 로스쿨제도 설립 취지가 다양한 전공을 가진 자들을 법조인으로 만든다는 것이었기 때문에 앞으로도 선박에 승선했거나 해운회사 등에 근무하던 실무 경력자들이 로스쿨에 많이 진학할 것으로 기대된다."

2005년 일명 로스쿨로 불리는 '법학전문대학원 설치·운영에 관한 법률안'이 국회에 제출됐다. 당시 법률안 제안의 사유는 당시 법조인 양성제도는 법학교육과 법적 분쟁을 전문·효율적으로 예방하고 해결하는 능력을 갖춘 법조인 양성이 미흡했기 때문이다.

고려대학교 로스쿨은 꾸준히 해상법 관련 강좌를 개설하고 있다. 해상법 전문 인증과정을 이수하는 학생이 한 학년에 10명 정도 된다. 일반 법학과목 이외에 해상법, 해상운송법(영어강의), 선박충돌법 및 해상 보험법 등 총 4개의 해상법 과목이 개설된다. 이론교육 외에 현장교육도 실시한다. 홍콩, 싱가포르 로펌에서 2주 간 인턴을 하고, 졸업 전에는 홍콩대학에서 일주 간 인턴을 할 수 있다. 또한, 여름방학에는 2박 3일 간 상선 체험을 통해 실무를 경험한다. 이와 같은 경험을 통해 고려대 해상법전문인증과정을 마치면 졸업 후 바로 해상변호사 실무에 투입이 될 수 있다는 이점이 있다.

"고려대 로스쿨의 교육 목표는 로스쿨에서 실습까지 마쳐 졸업 후에 바로 변호사 업무를 할 수 있도록 하는 것이다. 과거 사법연수원시절에는 로펌에서 해상법관련 지식이 없는 학생을 뽑아 자체적으로 1~2년 정도 교육을 시켰다. 그러나 현재는 로스쿨 졸업 후 바로 실무에 투입이 가능하도록 교육을 실시하고 있다. 이것이 바로 로스쿨 제도의 장점이다. 이로써 싱가포르, 홍콩 등의 변호사와 우리 변호사들이 경쟁을 할 수 있게 된다."

이러한 고려대 해상법 과정을 통해 배출된 학생들은 김&장, 화우, 지평, 오로라, 지현 등 해상사건을 다루는 로펌과 장금상선, 고려해운 등 해운사에 취업해 활동하고 있다.

Ⓠ 해상법 전공한 학생들의 해상로펌 취업 현황은?

Ⓐ "현재 국내 해상변호사 수는 70여명 정도 된다. 한국의 해운업은 전 세계 5위 조선업은 1위, 무역은 9위를 기록하고 있음에도 변호사 수는 크게 증가되지 않았다. 그 이유는 한국법정에 대한 불안심리도 큰 비중을 차지한다고 본다. 2012년도에 '한국해사법정 및 한국 준거법 활용현황과 그 활성화 방안'이라는 논문 발표 당시 해상전문변호사 수는 60여명으로 추산됐다. 이 숫자는 1990년대 후반에 비해 2배 가까이 증가했으나 현재의 해상전문 변호사들이 해상사건만 처리하는 것이 아니기 때문에 순수하게 2배가량 늘었다고 말할 수 없다."

"또한, 해상법을 전공하는 학생이 많지 않다. 근본적으로 해상사건이 수가 적고 로펌에서 해상 전문변호사 채용도 적다는 것이 문제점이다. 그러나 앞으로 상황이 바뀔 것으로 예상한다. 해상법 관련 교육이 활성화 돼있는 로스쿨 출신들의 경쟁력이 높아지고 이에 따라 해상로펌에서도 보다 전문적 지식을 갖춘 로스쿨 출신의 해상법 전공자를 뽑을 것이다."

Q 해상변호사 증가를 위한 개선방안은?

A "국내는 영국의 해상법에 많이 의존하고 있다. 국내에서 발생한 해상 관련 분쟁 사건들도 영국 및 해외 로펌에 맡기고 있는 상황이다. 영국 해사중재에서 처리하는 사건들을 국내법으로 처리하도록 해야 한다. 특히, 업계에서는 가능한 국내법을 준거법으로 사용해 국내에서 사건을 처리하고자 하는 약정을 체결해야 한다. 이를 위해서 법조계 교수들은 고객들이 국내법과 법정을 신뢰할 수 있는 법을 만들어야 한다."

법조계 및 해운업계는 해외 해사법원과 경쟁 체계를 갖추기 위한 노력을 하고 있다. 2015년에는 한국선주협회와 한국해법학회, 고려대해상법연구회로 구성된 한국해사법정중재활성화 추진위원회(현 회장 김인현 교수)가 설립됐다. 추진위는 법원에 해사사건 전담재판부 도입을 건의해 지난해 서울고등법원과 서울중앙지방법원, 부산지방법원에 각각 해사 전담재판부가 설치됐다. 추진위는 이 같은 성과에 이어 해사법원과 해사중재원 국내 도입을 추진하고 있다.

Q 해상로펌의 문제점은 무엇인가?

A "국내에서 일어난 사건들을 해외 로펌에서 처리하는 것은 구조적인 문제가 있다. 고객들이 신뢰하고 의존할 수 있는 국내해상판례들이 없었고 있다고 해도 소개가 잘 되지 않았다. 과거에는 초임변호사들이 해상법과 해상실무에 대한 경험이 없었기 때문에 사건을 처리

하는 과정에서 오히려 고객들에게 사실관계에 대해 질의를 하면서 공부를 하는 상황이 벌어졌다. 이렇다보니 우리 변호사를 신뢰하지 않고 오히려 외국변호사를 더 신뢰하게 된 것이다. 이 같은 문제점은 로스쿨 제도 도입 후 상당부분 해결될 것으로 본다."

"또한, 해상변호사는 해운기업, 조선업에 관련된 모든 사건들을 처리해야 한다고 본다. 대형로펌은 금융팀, 노무팀 등 다양한 분야로 나눠져 있다. 우리나라에서 해상로펌이 처음으로 생긴 1980년대 선박 건조계약분쟁은 선박금융팀에서 처리했다. 또한 선원간의 문제가 생겼을 때는 해상팀이 아니라 노무팀이 사건을 처리했다. 이 같은 상황에서 해상팀의 업무범위는 손해배상(클레임)사건 처리로 한정됐다. 해상팀 내의 변호사들이 금융, 노무관련 업무 등을 맡아 처리하는 영국, 싱가포르 등의 해상로펌과는 큰 차이가 났다. 결국, 해상팀이 처리하는 사건의 범위가 좁아 해상변호사의 수도 적었다. 그러나 최근에는 우리나라 해상변호사들도 해운회사와 관련된 도산사건, 금융 등 해상관련 사건의 범위를 넓혀가고 있어 고무적이다."

Q 해상로펌의 역할은 무엇인가?

A "맞춤 교육이 필요하다. 더 이상 사법연수원은 없다. 해상로펌들은 로스쿨에서 자신들이 원하는 인재를 양성하기 위해, 로펌 변호사가 학교에서 직접 강의를 하거나 장학금을 지원하며 학교와 협력해 맞춤형 인재를 양성해야 한다. 또한, 로펌에서 정기적인 실습 기회도 제공되면 좋겠다. 현재는 과도기단계라고 본다. 과거 해상법을 전공하지 않아도 로펌에서 졸업생을 뽑아 자체적으로 교육을 시켰지만, 현재는 로스쿨이 해상법을 전문적으로 교육을 하고 있다. 이에 따라 로펌은 자신들의 원하는 인재를 학교와 연계해 키우고 우선적으로 뽑아야 한다."

김인현 교수는 해상변호사들의 공익적인 기능을 강조했다. "로펌이 공적인 기능을 해야 한다. 변호사의 주 업무는 자문이나 송무이다. 하지만 예방적이고 선제적인 법률의 제정 및 개정작업에도 시간을 할애해 나서주면 좋을 것 같다. 특히, 우리나라와 같이 연구하는 해상법 교수들이 적은 경우 해상변호사들의 이러한 공익적인 마인드는 내단히 중요하다." 〈〈한국해운신문〉, 2017년 3월 10일〉

[부록 4]

선장 출신 로스쿨 교수가 본 세월호
"급격한 우회전 미스터리, 조타기 고장 때문일 가능성"

　　김인현 고려대 로스쿨 교수의 e메일 아이디는 선장을 의미하는 '캡틴 김(captainkim)'이다. 한국해양대를 졸업한 그는 10년간 선장·항해사로 세계의 바다를 누볐다. 하지만 1991년 그가 타던 2만 5,000t급 화물선이 호주의 항구에 입항하다 해도에 없던 암초를 만나 난파하면서 인생의 항로를 변경했다. 사고 수습 과정에서 법률 공부의 필요성을 절실히 느꼈던 그는 93년 고려대 법학과 대학원에 진학하면서 학자로 전직했다. 강단에 서기 전 5년간은 김앤장법률사무소 소속으로 '씨프린스호 사고' 등 100여 건의 해난사고 수습에 참여했다.

　　Ⓠ 세월호가 인양됐다.

　　Ⓐ "선체 인양으로 그간 제기된 의혹들이 해소될 것이라고 본다. 정부

가 지목한 침몰 원인은 ▶무리한 선박 증축 ▶과도한 화물 선적 ▶선박 균형을 잡아 주는 평형수 부족 ▶느슨하게 고박한 차 ▶선원들의 조타 미숙 및 과실 등 5가지였다. 하지만 국민적 의구심은 여전하다. 세월호를 직접 들여다보지 못한 상태에서 관련자 증언, 과학적 시뮬레이션 등만으로 분석한 결과였기 때문이다. 미진했던 부분이 선체 조사로 해명될 것이라고 본다.”

Ⓠ 어떤 점이 더 밝혀질 수 있나.

Ⓐ “세월호 조타기가 고장 났는지 조사해야 한다. 세월호가 복원성이 부족해 넘어갔다는 점엔 이견이 없다. 그런데 넘어가기 전 세월호가 왜 마지막에 급하게 우회전했는지는 여전히 미스터리다. 검찰은 조타수가 미숙하게 조작했다고 봤지만 난 조타기가 고장 났을 가능성이 크다고 본다. 세월호가 침몰 전 그린 항로 궤적은 조타기가 오른쪽으로 고정된 상태에서나 나올 수 있는 궤적이었기 때문이다. 인양된 세월호의 조타기 모양과 유압장치 등을 조사해 이 부분을 명확히 확인해야 한다.”

Ⓠ 최근엔 잠수함 충돌설도 나왔다.

Ⓐ “배를 좀 아는 사람 중 99%는 아니라고 생각할 것이다. 잠수함에 부딪혔다면 배가 제자리에서 넘어가지 그런 궤적을 그릴 수 없다. 레이더에 잠수함으로 추정되는 물체가 나타났다고 하는데 실제 레이더를 사용해 본 사람이라면 간혹 선박 구조물 등으로 인해 그런 허상들이 잡힌다는 걸 안다. 배를 몰라 하는 얘기라고 본다. 외부 선체 충돌 흔적 조사로 의혹이 해소될 것으로 본다.”

Ⓠ 외부 충돌 없었다면 왜 빨리 침몰했나.

Ⓐ “나는 차량이 선박에 드나드는 통로인 램프에 주목하고 있다. 배의 램프 부분이 헐거운 상태에서 물이 쏟아져 들어왔다면 그럴 수 있다. 세월호는 매일 제주도와 인천을 왕복하던 배다. 선원들 입장에

선 매번 고정장치를 꽉 조이는 게 쉽지 않았을 가능성이 있다. 수 개월간 항해하는 원양해운과 달리 연안해운은 몇 시간 뒤면 다시 램프를 개방해야 되기 때문이다. 만약 기울어진 상태에서 이 부분에 물이 쏟아져 들어왔다면 헐겁던 램프가 열리면서 급격하게 침몰했을 것이란 추론이 가능하다. 과학적으로 이 부분을 규명할 수 있다고 본다."

김 교수는 세월호 사고 이후 3년이 지났지만 구조적 문제점들은 여전히 남아 있다고 말한다. 정부가 청해진해운과 사주인 유병언씨에 대한 단죄에 지나치게 집중하면서 다른 구조적 문제점들을 놓쳤다는 지적이다. "사고는 사고로 직시해야 한다. 세월호도 청해진해운이 일으킨 사고다. 돈을 많이 벌기 위해 짐을 많이 실었고 엉터리 선장을 데려다 앉혀 놨다. 왜 그렇게 됐는지 근본 원인을 따졌어야 했다. 개인의 부도덕함도 문제였지만 그럴 수밖에 없는 사회구조적 문제도 분명히 존재했다. 하지만 사회구조적 문제는 등한시하고 개인의 부도덕함에만 초점을 맞췄고, 무슨 마피아만 얘기하다 그 부분에 대한 대책만 집중적으로 나왔다."

Ⓠ 뭐가 문제인가.

Ⓐ "우리나라 연안해운이 가지고 있는 열악성이 우선 해결돼야 한다. 화물을 주로 나르는 원양해운은 국제적 기준에 맞춰 수익구조가 좋지만 여객을 주로 나르는 연안해운은 조선시대 때 만들어진 열악한 수익체계가 아직도 이어지고 있다. 안전기준도 그렇고 인력구조도 그렇다. 여객들이 반대해 운임도 마음대로 못 올린다. 회사 재무상태가 악화되다 보니 인력에 대한 대우는 형편없어졌다. 핵심 인력인 선장마저도 제대로 교육받지 못한 사람에게 맡겼고 결국 사고로 이어진 것이다."

Q 어떻게 해결해야 하나.

A "여객선 선주들이 사람에게 투자할 수 있게 구조를 바꿔야 한다. 운임체계를 바꿔 재무구조를 개선해 줘야 한다. 지금처럼 해군 복무 경험만으로 자격증을 주지 말고 선장과 항해사는 보다 엄격한 기준을 갖춰 선발하도록 해야 한다. 화물 하나 묶고 승객 한 명 태우는 데도 사명감을 갖고 할 수 있는 사람들이 일할 수 있는 환경을 만들어 주면 사고 날 이유가 없다. 지금처럼 구명보트 갖췄는지 사람을 보내 확인하는 대책들은 변죽만 울리는 것이다."

《중앙선데이》, 2017년 4월 2일）

인문사회학자 릴레이 인터뷰(7회)

"세월호 크기 배, 빨리 침몰 안해 어디선가 물 쏟아져 들어온 듯"

선박의 균형을 잡아주는 평형수 부족, 느슨한 화물 고정…세월호 전복과 침몰의 원인은 이제 다 드러난 것일까. 릴레이 인터뷰 일곱 번째 순서로 고려대 법학전문대학원 김인현(55) 교수의 분석을 들어봤다. 해상법 전문가인 김교수는 "세월호가 빠르게 침몰한 이유는 배가 기울어지면서 화물과 차량이 드나드는 통로역할을 하는 선박의 램프(ramp)부분으로 물이쏟아져 들어왔기 때문인 것 같다."고 했다. 이런 사고를 막기 위해선 "외항 상선에 적용되는 엄격한 안전기준을 내향 여객선에도 적용해야한다."고 주장했다. 김교수는 한국해양대를 졸업하고 10년간 항해사 선장 등으로 일했다. 자신이 몰던 배가 좌초한 사고를 계기로 학자가 된 해상재난 전문가이다.

Q 사고의 직접적인 원인은 거의 밝혀진 것 같다

A "알려진 것처럼 여러 가지 원인이 복합 작용한 결과다. 세월호는 화물을 많이 싣기 위해 평형수를 빼다 보니 복원성이 나빠졌다. 한 번 기울어지자 정상으로 돌아오지 않은 것 같다. 느슨하게 묶은 화물들이 한쪽으로 쏠리면서 배가 더 기울어졌을 것이다. 선박의 급작스러운 방향변경이 전복 원인의 하나라는 분석은 맞지 않는다. 선박은 해상 충돌을 피하기 위해 30도까지 방향을 틀 수 있다. 세월호의 30도 변침(방향전환)에는 문제가 없다. 조타기가 고장 나 방향을 되돌릴 수 없었다면 문제다. 세월호는 30도 이상 우회전하는 상태가 계속된 것 같다. 결국 제주도를 향해 남쪽으로 달리던 배가 북쪽으로 180도 방향을 바꾸게 됐다."

Q 배가 빠르게 침몰했는데

A "사고가 나더라도 대개 그렇게 빨리 침몰하지는 않는다. 어디로부턴가 물이 쏟아져 들어왔다는 얘기다. 처음에는 배가 좌초돼 바닥에 구멍이 뚫린 줄 알았다. 그건 아닌 것 같다고 한다. 배의 램프부분이 물을 완전히 차단하지 못한 것 같다."

Q 선장과 선원들이 제대로 대처했다면 희생자를 줄일 수 있었을 텐데

A "내항 여객선을 모는 선장 중 체계적인 항해교육을 받지 못한 사람들이 꽤 되는 것으로 추정된다. 1980년대 해운산업이 급성장하며 선장 수요가 크게 늘자 선원 경력만으로 선장 면허를 취득한 사람들이다. 세월호 선장도 그런 경우인 것 같다. 이들은 선박 안전에 대한 전문지식이 부족 할 수 밖에 없다. 그렇지 않고서야 자기 목숨이 달린 평형수를 빼도록 했을 리 없다."

Q 한국의 해운수준은 어느 정도인가. 후진국인가?

A "외항 해운은 세계적인 수준이다. 세월호 부실 검사 의혹을 받고있는 한국선급은 선박이 안전등급을 매기는 선급(선급)분야에서 세계 랭킹 6위다. 이번 사고로 한국해운의 이미지도 큰 타격을 받았다."

Q 내항해운은 왜 문제가 많나?

A "사실 내항은 외항에 비해 안전하다. 날씨가 좋지 않을 땐 출항하지 않으면 되고, 연안을 항해하다 배에 문제가 생기면 해경이 출동해 육지로 끌고 오면 된다. 이 때문에 그 동안 외항해운에 적용되는 엄격한 안전규칙들을 상당 부분 면제해줬다. 여객선사들이 대개 영세하다보니 엄격한 규정적용이 어렵기도 했다. 하지만 이번 사고로 그런 정책을 유지하기 어렵게 됐다."

Q 대책은 없나?

A "패러다임을 확 바꿔 내항 여객선에도 외항 상선의 안전기준을 적용해야한다. 선박관리전문회사를 설립해 여객선 운항을 맡기면 어떨까. 이 회사가 선장 항해사 등 우수인력을 채용해 관리하고 여객선사에 파견해 배를 몰도록 하는 것이다. 외항상선 방식이다. 우리 연근해에는 사고 위험이 상존한다. 건조를 마친 선박이 시운전하다 충돌사고가 나는 경우도 있다. 현장에서는 새 선박의 시운전 항해구역을 법으로 정해 사고를 선제적으로 막아야 한다는 목소리도 높다."

〈〈중앙일보〉 2014년 5월 9일〉

[부록 5]

선장에서 해상법 학자로

고려대 법학전문대학원의 김인현 교수는 외항선 선장으로 배를 타다가 뒤늦게 법학을 공부해 해상법 교수가 된 입지전적인 인물이다. 법을 공부하기 전에 항해사와 선장으로 약 10년간 바다를 누빈 그는 해상법의 현장을 가장 잘 아는 학자 중 한 사람으로, 바다와 법을 연결시켜 한국 해상법의 위상을 한 단계 높였다는 평가를 받고 있다. 리걸타임즈가 2018년 신년인터뷰로 김 교수를 만났다. 한 달 전쯤 자전적 수필집 「바다와 나」를 출간하기도 한 그와의 인터뷰는 자연스럽게 해상법과 바다를 중심으로 진행됐다. 경북 동해안의 바닷가에서 태어나 두 번의 해양사고를 겪으며 해상법 학자로 이어진 그의 인생항로에 대해 들어보았다.

Q 조금 있으면 로스쿨 7기가 졸업하고, 10기들이 입학하게 됩니다. 사법시험이 폐지되어 유일한 법조인 양성기관으로 자리를 잡게 된 로스쿨에 대한 평가부터 부탁드립니다.

A "로스쿨엔 부정적인 측면과 긍정적인 측면이 병존하고 있어요. 나는 무엇보다도 음지에서의 공부가 양지에서의 공부가 된 것이 가장 큰 장점이라고 생각합니다. 과거에는 법대에서의 4년 공부를 마치고 절이나 고시원에서 2~3년을 더 공부해 사법시험에 합격하는 사람들이 많았죠. 사설학원도 다녀야 했고, 졸업생의 몇 % 이내만 사법시험의 관문을 통과했습니다.

　이에 반하여 로스쿨에서는 학교수업을 충실히 따라가기만 하면 변호사시험 합격이 보장된다고 말할 수 있습니다. 학생들이 모두 학교에서 강의를 듣고 도서관 등에서 시험 준비를 합니다. 절이나 고시원 등에 갈 필요가 없어요. 고려대 로스쿨의 경우 첫 회 응시에 85% 정도가 합격하는데, 입학정원 120명 중에서 학교성적 90등 이상은 떨어지는 사람이 없습니다. 그래서 학교성적대로 가는구나…어떻게 공부하면 된다는 예측이 가능한 시험이 되었다고 할 수 있어요. 법조인 선발시험의 발전입니다. 물론 응시자가 늘어나며 전체 합격률이 낮아지는 것은 해소되어야 할 과제라고 봅니다."

Q 하지만 대부분의 로스쿨에서 내걸었던 특성화교육은 활발하지 않은 것 같은데요.

A "학생들 입장에서 변호사시험 합격이 우선이기 때문에 잘 되지 않고 있는데, 전체 로스쿨의 공통된 현상입니다. 그렇지만 고려대 로스쿨의 해상법 전공은 첨병 역할을 하고 있다고 자부합니다.

　지금까지 모두 11명의 해상법 전공자가 해상로펌이나 해운회사 등에 초빙되어 변호사로 근무하고 있습니다. 화우, 김앤장, 광장, 지평, 선율, 우창, 오로라, 고려해운, 장금상선 등 최고의 직장을 잡았습니다.

　나는 싱가포르 등 외국의 전문 해상변호사와 경쟁할 수 있는 변호사 양성을 목표로 삼고 있어요. 내가 유학할 때 보았는데 싱가포르 국립대학엔 해상법 강좌가 연간 8과목이나 개설됩니다. 변호사 시험에도 해상법이 있습니다. 그래서 싱가포르의 해상변호사는 변호사가 됨과 동시에 바로 업무를 시작할 수 있습니다. 과거에 사법연수원을 수료한 우수한 변호사를 선발하여 2년 정도 도제식 훈련을 시켜가며 실무를 가르쳤던 우리와는 달라요.

지금도 해상사건은 영국계가 독점하다시피하고 있는데, 나는 로스쿨 시스템에서 교육을 잘 하면 우리도 이렇게 할 수 있다고 보았고, 현재까지는 성공적이라고 생각합니다."

고려대 로스쿨에선 특성화과정과 별도로 10여개의 전문인증과정을 운영하고 있다. 해상법 과정도 가장 활발한 전문인증과정의 하나다. 해상법 전문인증을 받기 위해서는 해상법과 영어로 진행되는 해상운송법 강의를 반드시 들어야 하며, 이외에 국제거래, 상법총칙·상행위법, 보험법, 선박충돌법, 해상보험법 등에서 2과목을 선택과목으로 택해 들어야 한다. 이중 해상법, 해상운송법, 선박충돌법, 해상보험법 강의를 김 교수가 맡고 있다.

또 해상로펌이나 해운회사 등에서 2주간 인턴을 해야 하며, 학생들은 김 교수의 주선으로 싱가포르의 유명한 로펌인 라자앤탄(Rajah & Tann)과 알렌앤그레드힐(Allen & Gredhill), 홍콩의 리드스미스 리처드버틀러, 중국의 왕징, 일본의 오까베 야마구찌 등의 외국 로펌에서도 인턴십을 수행한다. 또 변호사시험이 끝난 후인 1월 말 고려대와 홍콩대가 홍콩에서 공동진행하는 해상법 심화과정을 이수해야 하며, 필수는 아니지만 여름 방학 때 선박에 승선하여 3박 4일간 승선실습을 하기도 한다. 지난 1월 22~26일 진행된 제5회 고려대-홍콩대 강좌에선 김 교수가 한진해운 파산에 관해 특강했다.

그 대신 고려대 해상법 전공자들에겐 1년에 6명씩 도선사협회와 선급협회, 해상법을 전공한 선배들이 주는 장학금이 수여된다. 또 해상 전문 로펌과 해운회사 등에 취업으로 연결되는 경우가 많아

해상법이 직접적인 변시 과목이 아닌데도 인기가 높다는 후문.

김 교수는 "고려내 해상법 선공은 이런 과성을 거지기 때문에 솔업 후 바로 현장에 투입할 수 있고, 로펌 등의 기성 변호사들도 이런 사정을 알게 되어 시장에서 선호되고 있다."며 "로스쿨의 다른 분야도 실무와 연결시켜 고려대 해상법 분야처럼 되어야 한다."고 강조했다.

선장 출신인 김 교수는 어떻게 해서 고려대 로스쿨의 해상법 교수가 되었을까. 이쯤에서 그가 마도로스의 꿈을 접고 해상법 교수가 된 사연을 소개하지 않을 수 없다. 선장 출신의 해상법 교수는 국내는 물론 세계적으로도 김 교수가 거의 유일하다. 그는 전액 국비장학생으로 운영되는 한국해양대를 나와 배를 타다가 다시 해상법을 공부해 법학석사, 법학박사 학위를 받고 교수가 된 주인공으로, 나중에 고려대 법대에 학사편입해 법학사 자격까지 갖췄다.

학사학위가 둘, 법학석사도 텍사스 오스틴대에서 LLM을 해 두 곳에서 취득했는데, 중요한 포인트는 그가 현재의 로스쿨 시스템처럼 학부에서 법학이 아닌 항해학을 공부하고 대학원에서 법학을 공부해 법학교수가 되었다는 점이다. 김 교수는 "학생들 얘기가 내가 강의를 쉽게 한다고 하는데, 항해학을 공부하고 선장 생활을 오래해 현장에 대한 감이 있기 때문일 것"이라고 말했다.

김 교수가 태어난 곳은 경북 동해안의 작은 어항인 영덕의 축산항으로, 모래사장에서 불과 15미터 떨어진 곳에 고향집이 위치해 있었다고 한다. 조부가 어선 3척을 가진 대형 어선 선주였던 김 교수에겐 어린 시절부터 바다와 배에 관련된 추억이 많다.

부모님 몰래 형과 함께 배를 타고 바다에 나가보기도 하고 선장에게 부탁해 어선을 탔던 그는 선원들의 지시로 선수의 작은 공간인, 폭슬(forecastle)의 갑판장 창고(boatswain store)에 들어가 있었다. 선수여서 배가 가장 많이 흔들리고 멀미가 심한 곳으로, 이때 멀미를 극복한 김 교수는 그 후로는 배를 타면서 한 번도 멀미를 하지 않았다고 한다. 김 교수는 "선원들이 거기를 권한 것은 선주의 아들들을 골려주기 위함이었거나, 아니면 멀미를 없애기 위해 바다에서 내려오는 관행을 우리들에게 적용한 결과였을 것"이라며 "상선에서도 처음으로 선박에 승선하는 선원이 멀미를 심하게 하면 폭슬로 내어보내 단련을 시킨다."고 소개했다.

그러나 그의 바다와 배에 대한 추억에 이런 낭만과 유쾌한 것만 있는 것은 아니다. 그가 초등학교 1학년 때인 1965년에 겪은 대경호 침몰사건이 그의 인생항로를 바꾼 첫 번째 사건이다. 김 교수 집에서 운항하던 대경호가 그해 12월 동해에서 많이 잡히는 가자미, 대게, 대하 등을 가득 싣고 축산항으로 들어왔다가 좌초하면서 집안이 경제적으로 매우 어려워지게 된 것. 김 교수가 서울이나 대구로 유학을 떠나 그 곳에서 중, 고교를 다니지 않고 고향의 영해중·고를 거쳐 일반대학이 아니라 학비 등이 전액 국비로 지원되는 한국해양대에 진학하게 된 것도 따지고 보면 대경호 사건과 무관하지 않다. 김 교수는 그러나 「바다와 나」에서 "나는 내가 걸어온 길을 후회하지 않고 오히려 이런 인연으로 선박과 관련을 맺게 된 것이 오히려 순리라고 생각한다."며 "나에게 오히려 기회를 제공하여 준 셈"이라고 적었다.

대경호 사건이 그를 한국해양대와 바다로 이끌었다면, 그의 나이 32세 때인 1991년 2월 호주 앞바다에서 좌초한 산코 하베스트호 사건은 김 교수가 선장에서 해상법 연구의 길로 들어서는 단초가 되었다.

그는 한국해양대 졸업 후 당시 350척의 선박을 보유한 세계 최대의 해운회사였던 일본의 산코기센에 입사해 9년간 배를 탔다. 산코 시절 그는 산더미 같은 유조선부터 노르웨이 나르빅에서 대만 까오슝까지 45일간 항해한 철광석선, 원목선 등 다양한 선박을 경험했다. 산코 하베스트호는 그가 승선한 8번째 선박이었다.

미국 덤파에서 인광식을 싣고 호주로 향하던 중 2능 항해사가 해도를 개정하면서 암초를 빼트려 항로선정을 잘못하고, 신징인 김 교수가 이를 확인하지 못한 통에 배가 암초에 좌초되는 사고가 났다. 좌초사고는 선박전손사고로 이어졌다. 구조가 되지 않자 선박을 포기하고 탈출, 장래가 촉망되던 김 선장이 졸지에 난파선의 선장이 된 것이다. 배는 침몰했지만 다행히 선원들이 모두 무사히 생환하고, 호주 당국으로부터 어떠한 형사상, 행정상의 처벌도 받지 않았다. 그러나 선장으로서 부끄러움과 책심(責心)을 느낀 그는 바다를 떠났고, 해운계에 기여할 수 있는 새로운 길로 해상법을 찾게 된 것이다.

김 교수의 설명을 들어보자.

"화주가 호주 시드니 지방법원에 선주를 상대로 손해배상청구소송을 제기해 선장인 제가 증인으로 나가게 됐어요. 법정에 나가는 것은 너무 싫었지만, 회사에서 김 선장이 나가지 않으면 해양대학교 학생들의 위상이 떨어지고 후배들의 진급에도 악영향이 있을 것이라고 해서 모교인 해양대의 명예가 훼손되는 것은 막아야겠다는 생각으로 나갔는데, 학교에서 배운 해상법이 현실에서 어떻게 적용되는지, 나의 경우에 어떻게 되는지 도대체 알 수가 없었어요. 주위의 선후배들에게 도움을 받고자 하였지만 아무도 나의 법률적인 고민을 풀어주지 못했죠. 반면 영국이나 호주의 선장들이 변호사와 함께 법정에서 또는 법정 밖에서 선장인 나에게 법률적인 조언을 해주었어요. 선장으로서 해상법을 전공하면 나와 같은 어려움에 처한 사람들에게 도움도 줄 수 있고 좋겠다, 다른 분야에 가는 것보다는 지금까지 배운 분야에서 한 번 더 기회를 갖자 그렇게 마음먹고, 고려대 대학원 법학과 준비를 시작한 것이 오늘의 나를 있게 한 바탕이 된 셈입니다."

당시 대학원 시험엔 제2외국어가 있었다. 그는 집이 있었던 대전에서 학원을 다니며 불어까지 다시 공부한 끝에 고려대 대학원 법학석사과정에 합격했다. 1994년 3월 그는 평생의 은사가 된 채이식 교수의 연구실 조교를 자청했다. 아침 8시에 나가 연구실을 청소하고 본격적인 법학 공부를 시작했다. 공부는 재미있었다고 한다. 교수들은 상법에서 말하는 선장이 학교에 공부하러 왔다고 좋아하며 이끌어주었고, 수업시간에 김 교수가 사고경험을 법률지식과 결부시켜 발표해 주목을 받기도 했다.

또 원래 문과 체질이었던 김 교수에게 법학이 더 적성에 맞았다고 한다. 공학사 학위가 수여되는 해양대 항해학과는 많은 과목이 이과 과목으로 구성되어 있었다. 김 교수는 "해난사고를 경험하고 실무를 해보았기 때문에 필요성을 느껴 더 열심히 실감나게 공부를 한 것 같다"고 당시를 회상하며 이야기했다.

석사논문을 작성할 무렵 그는 국내 최대 로펌인 김앤장 법률사무소로부터 오퍼를 받았다. 해상법 실무가 발달한 김앤장에서 선장 경력에 법학석사를 겸비한 그와 함께 일하고 싶다며 제의를 해 온 것이다. 이때가 1995년 9월로, 그는 이때부터 1999년 3월 국립목포해양대 교수로 부임할 때까지 3년 6개월을 김앤장에서 해난사고 등에 대해 자문하며 프로페셔널 중의 한 명으로 활약했다.

김앤장에 입사할 때의 이야기 하나. 김앤장에선 호칭을 해사실장으로 하는 게 어떻겠느냐는 의견을 제시했다. 그러나 김 교수가 "변호사님들도 변호사 면허를 가지고 변호사라고 하듯이, 나도 선장 면허를 가지고 있으니까 선장으로 불러주고 선장대우를 해달라"고 요구해 관철시켰다고 한다. 당시 김앤장의 해상팀장 변호사는 "5년에 한 번 나올까 말까 한 사람입니다. 해난사고를 당하여 해상법 공부를 시작하였는데, 호랑이를 잡으러 호랑이 굴에 들어왔습니다."라고 김 선장을 대표변호사에게 소개했다. 3년쯤 지나 영국의 한 법률잡지에서 "한국 서울의 해상법 실무에서 최고의 전문가로 시장을 지배하는 자는 김앤장의 팀장 변호사와 Captain I. H. Kim"이라고 평가한 것을 보면 김 교수가 당시 김앤장에서 얼마나 활약했는지 짐작할 수 있다. 선장 출신의 전문가로 로펌에서 근무한 것도 김 교수가 저음이다.

김앤징에시 근무하며 박사과정을 마친 그는 99년 2월 고려대에서 법학박사 학위를 받고 국립목포해양대 교수가 되어 3월부터 강단에 섰다. 이어 로스쿨 도입을 앞두고 2007년 가을학기부터 부산대 법대 해상법 교수로 옮긴 그는 교수가 된 지 꼭 10년 만인 2009년 봄 로스쿨 개원과 함께 고려대 법학전문대학원 교수로 부임했다. 그의 은사인 채이식 교수가 수제자로 인정해 자신의 후임으로 추천한 결과로, 교수들 사회의 표현을 빌면 스승의 학문을 이어가는 적통이 된 것이다.

김 교수는 "석, 박사과정의 지도교수이셨고 고려대 법학과에 학사편입할 때도 도움을 주셨던 채이식 교수께서 당신의 후임으로 나를 추천한 것이 결정적 도움이 된 것"이라며 "당신은 이제 해상법 강의를 하지 않는다고 선언하시고 제자에게 자리를 열어주셨다."고 은사의 배려에 감사해했다.

대학에서 강의담당 과목은 아주 중요한데, 한 학기 6시간의 책임시수를 채우지 못하면 교수로서 자리를 잡을 수가 없기 때문이다. 고려대에서는 두 사람이 해상법 강의를 할 여유가 없기 때문에 채 교수가 제자인 김 교수의 전공인 해상법 과목을 제자에게 양보하면서 길을 열어 주었다는 얘기다.

목포해양대에 있을 때 안식년 휴가를 이용해 텍사스 오스틴대에서 LLM 학위를 받고 47세때인 2005년 고려대 법학과에 3학년으로 학사편입한 것도 김 교수의 그칠 줄 모르는 학구열이 돋보이는 대목으로, 그는 "오스틴에서 해상법을 연구하면서 더 큰 학자가 되기 위해서는 법학 기초과목을 좀 더 다양하게 공부해야겠다고 생각해 지원한 것"이라고 설명했다. 2003학번으로 학부를 마친 김 교수가 고려대 교수로 부임할 때 면접을 본 이기수 총장은 "박사를 하고 다시 학사를 한 사람은 고려대 역사상 김 교수가 처음일 것"이라고 덕담을 건넸다.

선장으로 외항선을 타다가 해상법 연구로 항로를 틀어 모교인 고려대의 법학교수가 된 김 교수는 특히 한국 해상법의 국제화를 위해 노력해 온 것으로 유명하다. 그는 "우리 해상법의 국제화가 제 평생의 업"이라며 "적어도 우리나라의 해상사건은 우리나라에서 많이 처리되도록 하자는 것"이라고 힘주어 말했다.

"우리 해운산업이 세계 10위권 안에 들어요. 조선산업은 1위이고요. 무역대국이 되려면 수출입화물을 실어 나르는 해운이 잘 되어야 하는데, 화물과 선박만 있다고 해운이 되는 것이 아닙니다. 법제도가 이를 뒷받침해 주어야 해요."

그는 해상법의 인프라 확대를 주문했다. 아울러 해운과 조선업계의 계약 당사자들이 한국법을 준거법으로 삼고 분쟁이 발생하면 한국에서의 소송과 중재를 통해 해결하도록 대대적인 캠페인에 나서야 한다고 강조했다.

"해상법이 발전하기 위해서는 수요가 많아야 하는데, 현재 우리나라의 선박회사와 우리 보험사 사이의 선박보험계약은 물론 적하보험도 영국법이 준거법으로 되어 있는 영문계약서를 그대로 사용하고 있고, 외국 회사와의 용선계약 등도 마찬가지에요. 이걸 빨리 국산화해야 한다는 겁니다. 우리 법이 무엇인지 영문화해서 외국에 자꾸 알려 계약을 체결할 때 한국법을 준거법으로 삼게 하고 분쟁이 생기면 한국에서 해결하게 해야 해요."

김 교수는 2015년 12월 발족한 한국해사법정중재활성화추진위원회 위원장을 맡아 해사법원을 설치하고 임의해사중재를 한국에 유치하는 운동을 펼치고 있다. 서울에 본원, 부산과 광주에 지원을 설치하는 해사법원 설치법안이 국회에 제출되어 법사위에 계류 중이며, 선박충돌 등 해사분쟁을 서울에서 중재로 해결하는 서울해사중재협회도 2월 중 창립총회가 예정되어 있다.

물론 해사분쟁을 서울에서 중재로 해결하려면 계약 당사자들이 계약시의 분쟁해결조항에 이런 내용을 넣어 합의하거나 나중에 분쟁이 발생했을 때 별도로 합의해야 해 한국 해상법 연구의 인프라 확충과 홍보가 필요하다는 게 김 교수의 지론이다. 그는 "서울해사중재협회가 발족되어 영국의 LMAA(영국해사중재인협회), 싱가포르해사중재(SCMA)처럼 서울에서 해사 관련 분쟁을 중재로 해결하게 되면 문제가 터져 런던 등을 찾아야 했던 한국 선사 등의 분쟁해결 리스크를 줄일 수 있고, 해운과 조선산업에 발전에도 큰 도움이 될 것"이라고 기대했다.

김 교수는 외국의 법률저널 등에 1년에 2~3편씩 영어 논문을 기고하는 등 개인적으로도 우리 해상법을 세계에 알리는 작업을 10년 넘게 해오고 있다. 같은 해상법 교수인 한국외대 로스쿨의 이균성 명예교수가 "해상법은 김인현 교수가 있었기에 세계화가 가능했다."고 평가했을 정도다.

김 교수는 2004년부터 미국의 유명한 해상법 저널인 'Journal of Maritime Law & Commerce'에 영문으로 논문을 작성해 발표하고 있으며, 세월호 사고와 한진해운 사태를 법적으로 분석한 김 교수의 영문 논문이 SSCI 저널인 홍콩로저널(Hong Kong Law Journal)에 실리기도 했다. 그는 현재 SSCI논문 11편, SCOPUS 5편의 기록을 가지고 있다. 또 2013년 네덜란드의 Kluwer사에서 초판이 출간되어 2017년 3판이 나온 영문 단행본 《Transport Law in South Korea》는 한국의 (해상)운송법을 처음으로 외국에 소개한 책자로, 김 교수는 이 책으로 2014년 봄 제7회 심당학술상을 받았다.

이와 함께 4년 전부터 한국 법원의 최신 해상법 판례를 평석해 우리말과 영어, 중국어, 일본어의 4개 국어로 제공하는 해상법 뉴스레터가 외국의 대학과 중재기관 등에서 인기를 끌고 있다. 21호까지

나온 해상법 뉴스레터는 싱가포르해사중재 홈페이지에 게재되기도 했다.

한국 해상법의 국제화와 함께 한국을 대표하는 해상법 교수로서 그가 소망하는 또 한 가지는 한국 해운산업과 조선산업의 중흥.

해상법 연구를 통해 해운과 조선산업의 발전에 기여한다는 산학 공동연구의 자세를 중시하는 그는 "해상법이 분쟁해결의 수단으로 서만이 아니라 창조적이고 예측가능한 기능을 갖추어야 한다."고 강조했다. 태안 유류오염사고나 세월호 사고, 한진해운 사태에서 보듯이 문제가 터지기 전에 선제적으로 제도를 만들어 예방해야 한다는 것이다.

"저는 다산(茶山) 정약용 선생의 오학론에서 학문하는 자세를 배웠어요. 마지막의 것이 독행(篤行)하라는 것인데, 독실하게 실행하라는 의미에요. 공부한 것을 현실사회에 적응하고 사회에 환원하라는 것입니다."

한국해법학회 회장 등을 맡고 있는 그가 국내외를 마다하지 않고 활발하게 세미나를 열어가며 해상법의 주요 이슈에 대한 지혜를 모으는 것도 이런 소신 때문이라고 한다. 그는 지난해 가을엔 블라디보스톡으로 날아가 러시아 연방극동대에서 러시아 전문가들과 한국과 러시아의 해상운송법, 해상보험법을 비교 고찰하는 국제세미나를 주재했으며, 다음 달엔 중국 조선소들에게 일감을 빼앗기고 있는 여객선 건조에 관련된 금융이슈를 따져보는 '여객선과 선박금융' 세미나를 개최한다.

선장 출신이자 지금도 유효한 선장 면허를 가지고 있는 '현역 선장' 김 교수의 이메일은 captainihkim으로 시작한다. 그는 선장 면허 유효기간이 오는 7월까지라며 그 전에 교육을 받고 면허를 갱신할 예정이라고 귀띔했다. 《리걸타임즈》, 2018년 2월 15일)

[부록 6]

해수부 정책자문위원장에게서 듣는다
– 국적선사 경쟁력 확보 어렵지만 해내야 한다 –

　해양수산부 정책자문위원회 위원장을 맡고 있는 김인현 고려대학교 법학전문대학원 교수는 본지와 가진 인터뷰에서 한국해운 재건을 위해 국적선사들이 화물확보와 재무구조 개선에 힘을 쏟아야 한다고 말했다. 또 내년 국제사회의 황산화물 환경규제에 대응해 정기선사들의 경쟁력이 떨어지지 않도록 스크러버 설치 비용을 지원하는 정책이 필요하다고 조언했다. 최근 논란이 되고 있는 승선근무예비역 제도 폐지 움직임과 관련해 일자리 창출, 제4군 역할 등 해운의 중요성을 부각시켜 제도 존치에 노력해야 한다고 말했다.

Ⓠ 위원장으로 활동하고 있는 해양수산부 정책자문위원회에선 어떤 내용들이 논의되나?

Ⓐ 정책자문위원회에선 해양수산부의 업무계획이 소개되고 위원들은 업무계획에 자신의 전문적인 식견을 말씀드리거나 그간 생각했던

의견을 제시한다. 현재 80여명의 정책자문위원들이 총괄분과 안전 분과 해운물류분과로 나뉘어 활동하고 있다.

해수부가 단기적으로 추진하는 연간 계획, 장기적으로 추진하는 해운재건 5개년 계획, 수산 2030과 어촌 뉴딜 300 등의 주제를 놓고 위원들은 전문 분야 관점에서 더 나은 해양수산행정이 되도록 조언을 드린다. 행정학 관광 해양문학 수산 항만을 비롯해 저와 같은 해양수산 법률전문인 등 다양한 전공의 전문가 혹은 대표가 자문위원으로 계시기 때문에 아주 폭넓은 시각에서 자문이 가능하다.

특기할 만한 건 자문회의가 열리고 10일 정도 지나면 해수부에서 자문위원들에게 위원회에서 논의된 사항과 제시된 의견의 처리 사항을 반드시 답변한다는 점이다. 이렇게 함으로써 자문위원들이 보람을 느끼고 소속감을 더 가지게 돼 해수부 정책도 더 살아나는 거 같다.

ⓠ 한국해운 재건을 위해 가장 시급히 추진돼야 하는 현안이 있다면?

ⓐ 정부가 수립한 해운재건 5개년 계획을 충실히 따라가고 수행하는 게 중요하다고 생각한다. 경쟁력 있는 선박 확충, 안정적 화물 확보, 선사 경영 안정을 달성하자는 게 5개년 계획의 요지 아닌가? 경쟁력 있는 선박 확충은 해양진흥공사를 통해 잘 처리되고 있다.

화주로부터 화물을 많이 확보하고 신주 발행이나 출자전환 등으로 부채비율을 낮추고 재무구조를 개선하는 게 민간이 해야 하는 중요한 일이다. 물론 모두 만만치 않다. 특히 정기선은 2자물류 회사의 존재, 국적선사의 낮은 경쟁력 등의 이유로 우리나라 화주들을 유인하기 쉽지 않다. 하지만 꼭 달성해내야 한다. 그러나 우리가 이미 1990년대 달성했던 일이기도 하다.

2020년 환경규제에 대응해 스크러버 설치 등의 의무를 이행해야 하지 않나. 의무 이행 때문에 우리 정기선사들의 경쟁력이 떨어지지 않도록 설치 비용을 분산하는 정책이 필요하다.

Q 해상법 전문가 입장에서 해운 발전과 경쟁력 강화를 위해 필요하다고 생각하는 입법과제는?

A 우리나라 해운이 법적인 안정성을 마련해야 한다. 화주들이 일단 정기선사에 짐을 맡겼으면 틀림없이 안전하게 화물이 수입자의 손에 들어가도록 해야 한다. 제가 누차 강조해온 '마지막 항차의 화물 양륙을 위한 기금' 제도를 마련해야 하는 이유다.

한진해운 사태로 정기선 운항의 공익성이 크게 부각됐다. 하지만 여전히 법률적으로 정기선 운항은 사기업에 맡겨져 있다. 정기선운 항이 치열한 국제 경쟁에 놓여 있기 때문에 사기업 하나의 힘으로 는 한계가 있다. 국가는 정기선운항을 진흥하고 육성할 의무가 있 다는 문구를 선언적으로라도 해운법에 넣어두면 좋을 것 같다.

이 밖에 선박회사들이 회생절차에 들어갔을 때 도움이 되도록, 또 선박운항 관련 채권자들이 공익채권자로 지정돼 회생절차에서 보호받도록 채무자회생법의 개선이 필요하다. 현재 채무자 회생법 제179조에 "회생절차개시신청 전 20일 이내에 채무자가 계속적이고 정상적인 영업활동으로 공급받은 물건에 대한 대금청구권"이 규정 돼 있다. 기간을 40일 정도로 늘리고 분야 또한 물건에 한정하지 않고 하역작업 등과 같은 필수 서비스로 확대하면 어떨까.

Q 승선근무예비역제도 폐지를 두고 해양산업계의 반발이 심하다.

A 해운산업의 발전을 위해선 선원이 반드시 필요하다. 우리나라는 현 역으로 병역을 마치지 않고도 승선을 할 수 있다는 장점을 살려서 젊은이들이 해양대학이나 해사고를 선택해 왔다. 인구절벽 문제로 현역에 갈 젊은이들이 부족해지자 대체복무제도를 폐지하려는 정부 의 움직임이 있다. 충분히 이해가 된다.

반면 승선근무예비역을 포함하면 안 된다는 게 해운업계의 입장 이다. 승선근무예비역 제도는 2008년 새로 신설됐다. 2만명 대체복 무원 중에서 이들은 1,000명 규모로, 5% 비중에 지나지 않는다. 해 운산업 유지와 일자리창출, 유사시 제4군의 역할을 위해 존치돼야 한다는 게 제 생각이다.

대체전환복무엔 다양한 종류가 있다. 산업기능요원, 전문연구요원, 공중보건의사, 그리고 공익법무관 등이다. 이들 중 국제성을 가지고 치열하게 경쟁하는 분야는 승선근무예비역제도가 유일하다. 국제 경쟁 하에 있는 해운산업의 발전을 위해 이 제도의 존치가 필요하다는 점을 역설해야 한다. 다만 선원의 유일한 매력이 승선근무예비역이기 때문에 존치해야 한다는 주장은 어색한 논리 구조 같다. 이 제도가 존재하면 더 나아지는 게 어떤 게 있는지 잘 부각시켜야 한다.

Ⓠ 지난해 임의해사중재기구가 설립돼 활동을 하고 있다. 1년간의 성과는?

Ⓐ 지난해 2월 서울해사중재협회가 설립했다. 이로써 우리나라는 기관중재를 하는 대한상사중재원과 임의중재를 하는 서울해사중재협회로 양립하게 됐다. 대한상사중재원은 부산에 아태해사중재센터를 설립해 해사중재를 여기서 처리하도록 하고 있다. 조직은 잘 갖춰졌는데 쉽게 사건의 수요가 생기지 않았다. 우리나라는 해사분쟁을 외국에서 처리하는 오랜 관행이 있기 때문이다.

다만 최근 중재에 관한 문의와 의뢰들이 점차 늘어나고 있다. 선박충돌 사건과 같은 경우 서울해사중재협회에 전문가들이 많기 때문에 충분히 쉽게 저렴하게 처리할 수 있다고 본다. 해사중재도 우리 해운산업의 좋은 인프라이기 때문에 잘 육성할 필요가 있다.

Ⓠ 해사전문법원 설립은 어떻게 진행되고 있나?

Ⓐ 해사법원 설립은 한국해법학회(서울) 부산 인천지역 이렇게 3곳에서 진행됐다. 하지만 사건수가 워낙 적어서 탄력을 받지 못하고 현재 추진력을 잃은 상태다. 다만 2016년 2월 발족된 서울과 부산의 지방법원과 고등법원의 해사전담재판부에 주목하고 있다. 최근 한진해운 사태와 관련된 판결을 서울중앙지방법원 해사전담부에서 여러 건 처리하면서 전문성을 인정받게 됐다.

사건이 워낙 적어서 독립된 행정처로서 해사법원을 만들기 어렵다면 홍콩 영국 싱가포르처럼 전담판사와 전담규칙을 두면 어떨까. 해사전담부의 판사를 해상법 전문가로 임명하고 해사전담부를 수도권과 부산지역에 하나씩 둬서 판사를 순환근무토록 하면 될 거다. 토요일이나 일요일에도 선박 강제집행이나 가압류 해방이 가능하도록 하는 '해사법원 소송절차 내규'를 만들어 실시하면 된다. 이렇게 해서 해사전담부가 수요자들로부터 신뢰를 얻고 사건수가 많아지면 그 때 비로소 해사법원을 설치하면 되지 않겠나.

Q 최근 수필집 「바다와 나」를 출간했다. 어떤 내용을 담았나?

A (경북 영덕) 축산항이라는 어촌에서 태어나 60여년을 바다와 같이 한 제 인생을 수필이라는 형식을 빌어서 적은 수필집이다. 재미있는 선박, 바다이야기들, 저의 해운에 대한 사랑과 자부심이 많이 나타나 있다. 제가 선장 시절 해상사고가 있었는데, 이를 극복하고 법학을 전공해 김앤장 법률사무소와 고려대를 거치면서 성장하는 내용도 들어 있다. 실패를 한 젊은이들에게 도움이 될거 같다. 1980년대 문고판으로 피천득의 수필이나 법정스님의 「무소유」 등을 출간해 유명해진 범우사에서 출간했고 현재 6쇄를 찍었다.

Q 향후 포부나 계획을 듣고 싶다.

A 우리 해운조선산업이 발전하려면 기초가 튼튼해야 한다. 학문적인 기초는 경영학과 법학이다. 제 전공은 법학이다. 업계에선 법률이나 법적분쟁은 아주 멀리 있다고 생각한다. 하지만 막상 법률문제가 발생하면 막대한 비용을 치러야 한다. 해운조선산업이 발전하는 전제로, 해상법, 해상보험법, 선박금융법, 해운법, 도산법, 세법과 같은 것들이 탄탄하게 우리나라에 뿌리내려야 한다고 생각한다. 앞으로 이런 해운관련 법학분야를 더욱 발전시키는 데 힘 쏟겠다.

Q 정부당국이나 업계에 당부하실 말씀은?

A '세월호'와 한진해운 사태를 거치면서 해운 재건을 꼭 해야겠다는 마음이 정부나 해운인들 사이에 형성된 거 같다. 그 마음을 하나로 모아 해운산업 100년 대계를 세워야 한다. 작년 해운산업 매출이 32조원이라고 한다. 50조원을 달성할 때도 있었다.

해운에 전통적인 용선과 운송업뿐 아니라 해운부대업종인 2자물류산업, 항만, 해상보험, 예선과 도선, 해운중개업, 해사중재까지 포함해 10년 내 100조원 매출을 달성하면 국민총생산의 5%를 차지하게 된다. 이런 장기적인 목표를 명확하게 세워서 해운과 항만 화주 조선업계가 일치단결해 나가면 좋겠다. 업계에서 자발적으로 이런 목표를 세워 추진하겠다고 밝히고 정부에 도와달라고 청하는 게 순서인 것 같다.

1990년대 안정됐던 해운산업은 현재 그 기반이 무너지면서 유치산업과 같이 됐다. 유치산업은 외국과의 경쟁에서 살아남기 위해 국가는 물론이고 해당산업과 연관산업에서 도움을 받지 않으면 일어설 수 없다. 우리 모두가 1960년대 선각자들이 해운산업을 시작했을 때와 같은 초심으로 돌아가야 한다.

〈〈쉬핑가제트〉, 2019년 2월 21일〉

[부록 7]

선상 출신 '해상법 전문가' 로스쿨 교수

"운명은 뒤에서 날아온 공과 같아서 아무도 예측할 수 없다."는 말이 있다. 국내 최고의 해상법 전문가인 김인현(60) 고려대 로스쿨 교수의 삶이 꼭 그렇다. 경북 영덕군 축산면의 선주(船主) 집안에서 태어난 그는 한국해양대를 졸업하고 세계 최고의 선사에서 최연소 선장으로 활약하던 '바다 사나이'였다. 뜻하지 않은 사고를 겪으면서 '마도로스'의 꿈은 접었지만, 그는 법학에서 새로운 인생 항로를 개척하며 해상법 불모지였던 우리나라를 밝히는 등대가 됐다. 해상법의 본고장인 영국에서는 한때 "한국에서 해상법 실무 최고의 전문가로 시장을 지배하는 사람은 김앤장 법률사무소의 팀장 변호사와 'Captain I. H. Kim(김 교수를 지칭)'"이라고 평가하기도 했다. 한 평생 바다에 기여하는 삶을 살아온 영원한 캡틴(Captain) 김인현 교수를 지난달 26일 고려대 해상법 연구센터에서 만났다.

1991년 2월 14일 인광석을 가득 실은 대형상선 '산코 하베스트

(Sanko Harvest)호'가 호주 남서부 앞바다에서 좌초했다. 해도(海圖)에 표시되지 않은 암초에 선박이 부딪힌 것이다. 다행히 다친 사람은 없었지만 배는 그대로 바다에 가라앉았다. 선장은 한국해양대를 졸업하고 세계 최대 해운사 중 하나인 일본 산코(三光) 기센에 입사(1982년)해 최연소 선장 타이틀을 거머쥔 32세의 청년 김인현이었다.

"원래 항로설정은 2등 항해사가 담당합니다. 2등 항해사가 오래된 해도를 그대로 쓰다가 새로 생긴 암초를 발견하지 못하고 항로를 설정해 사고가 났습니다. 물론 최종적인 지휘책임은 선장인 제가 져야지요. 이 사고로 평생 가슴에 품었던 바다를 떠나야 했습니다."

화주들은 선사를 상대로 호주 시드니 법원에 소송을 제기했다. 사고 후 실의에 빠져 칩거하던 그는 사건 발생 경위 등을 증언하기 위해 보름간 호주 법정에 서야 했다. 화주 측 대리인은 "너무 어린 선장이 배를 몰아서 사고가 난 게 아니냐"는 식으로 공격해왔다. 법에 대해 무지했던 그는 소송기간 내내 답답한 마음이 들었다. 주변에 전문적인 법률 자문을 구하려 했지만 찾을 수 없었다. 당시 우리나라는 해상법의 불모지였다. 이때 김 교수는 "선장인 내가 해상법 전문가가 된다면, 비슷한 어려움을 겪는 사람들에게 많은 도움을 줄 수 있겠다."는 생각을 했다.

"귀국 후 한동안 법학을 공부하겠다는 일념 하나로 집 근처 한남대 도서관에 가서 독학을 했습니다. 법을 어떻게 공부하는지조차 몰랐던 저는 법률용어사전을 무작정 노트에 베껴 쓰기만 했지요. 그러다 이렇게 해서는 안 되겠다 싶어 대학원에 가기로 마음먹고 고려대에 원서를 넣었습니다. 당시 고려대는 영어 비중이 50% 정도로 매우 높았는데 영어만큼은 자신이 있었기에 다행히 합격할 수 있었습니다."

1994년 늦깎이로 대학원에 진학한 그는 법학 공부에 몰두했다.

큰 소송을 직접 겪으며 법률지식의 필요성을 절감한 그는 1분, 1초
도 낭비할 수 없었다. 김 교수는 채이식(70 · 사법연수원 1기) 고려대
教授의 助教를 자청해 연구실에 들어갔는데, 석사를 마칠 무렵 김앤
장 법률사무소에서 함께 일하자는 제의가 들어왔다.

"해상팀에서 해사자문역으로 일해 달라는 제안이었어요. 주로 해상 충돌
이나 오염사고가 발생한 경우 사건 당사자 등을 인터뷰하고 보고서를 쓰는
역할이었습니다. 해양대를 나와 오랫동안 배를 탔고, 사고도 직접 경험해봤
으니 수준 높은 보고서를 작성할 수 있었습니다. 다만 호칭 문제로 해프닝
이 좀 있었습니다. 법률사무소에서는 '실장'이라는 명칭을 제시했는데, 저는
"변호사님들도 자격증을 갖고 변호사로 불리는데, 나도 선장 자격증이 있으
니 선장으로 불러 달라."고 요청했습니다. 지금도 김앤장에 가면 저를 선장
이라고 부릅니다(웃음)."

박사학위를 취득한 김 교수는 1999년 3월 목포해양대 교수로 임
용되면서 본격적인 법학자의 길을 걷는다. 교수가 된 그는 자정까지
학교에 남아 연구하고, 다시 새벽 5시에 학교에 나오는 생활을 반복
했다. 2003년 안식년을 이용해 텍사스 오스틴(Texas Austin)대학에서
LL.M 학위를 취득했는데, 이후부터는 영어논문도 꾸준히 발표해 최
상 등급인 SSCI 논문을 11편, 스코프스(SCOPUS) 등급 논문을 5편
썼다. 지금도 매년 7~8편의 논문을 발표하는데, 한국학술지인용색
인(Korea Citation Index, KCI) 결과에 따르면 그는 해마다 법학연구
분야 피인용 횟수 순위에서 1~3위를 차지한다.

"교수에게 논문쓰기는 떼어놓을 수 없는 운명입니다. 저는 다작(多作)을
하는 편인데, 특히 해외저널에 많이 기고하는 편입니다. 전 세계 대학순위
를 평가할 때 소속 교수가 SSCI 등급이나, SCOPUS 등급 논문을 많이 제출
한 경우 좋은 점수를 얻을 수 있지요. 아직까지는 우리나라 법학 교수들이
해외저널 투고에 소극적인데, 한국의 법제도를 국제사회에 홍보할 수 있는
통로라는 점을 고려하면 더 적극적으로 나설 필요가 있습니다."

김 교수는 2009년 은사인 채이식 교수의 해상법 강의를 물려받으며 고려대로 적(籍)을 옮겼다. 그는 로스쿨 교육을 통해 제대로 된 해상법 전문 변호사를 배출하겠다는 야심찬 계획을 세우고 해상법 강좌를 4개나 개설했다.

"해상법 사건은 특성상 의견서나 소송문건을 대부분 영어로 작성해야 합니다. 로스쿨생들이 한국어 수업만 듣고 졸업하면 현장에서 당황할 수밖에 없는 구조입니다. 그래서 저는 처음부터 해상법과 운송계약법 강의를 영어로 진행했습니다. 2년 뒤에는 선박충돌법과 해상보험법 강좌를 추가로 개설하는 등 계속해서 해상법 커리큘럼을 강화했습니다. 전국 로스쿨에 개설된 해상법 강좌로는 가장 많은 숫자입니다."

김 교수의 노력이 처음부터 결실을 맺은 건 아니었다. 강의에 혼신의 힘을 기울였지만, 로스쿨 1~3기 제자들은 해상법 전문이 아닌 그냥 평범한 변호사로 취직했다. 당시까지만 해도 로펌들은 '교육을 통한 인재 배출'을 신뢰하지 않았다. 그는 절치부심하며 제자들이 싱가포르 최대 로펌인 라자앤탄(Raja&Tann)이나 알렌그레드힐(Allen& Gredhill) 등에서 인턴십을 받을 수 있도록 주선하고, 여름방학 동안에는 선박 승선 실습도 시키는 등 해상법 양성 코스를 더욱 정예화했다. 그 결과 고려대 로스쿨 4회 졸업생인 채정수(37·변호사시험 4회) 변호사가 김앤장 해상팀에 입사한 것을 시작으로 10여명의 제자들이 김앤장은 물론 법무법인 화우, 지평, 선율 등의 로펌에서 해상 전문 변호사로 맹활약 중이다.

"학교에서 해상법 분야 전문인증제도를 도입했는데, 전문인증을 받은 학생이 졸업 후 로펌에 갔을 때 실무에 즉시 투입 가능한 수준으로 교육하는 것을 목표로 정했습니다. 로스쿨 제도 아래서 전문가를 양성하려면 학생은 물론이고, 교수도 치열하게 노력하고 궁구(窮究)해야 합니다. 고려대 로스쿨은 이러한 특성화 목표에 맞는 수업을 학생들에게 제공하고 있다고 자부합니다."

그는 지난해 7월부터 해양수산부 정책자문위원장을 맡아 업계의 다양한 목소리를 정부에 전달하고 있다. 지난 몇 년 사이 한참 이슈가 됐던 해사법원 설치에 관한 의견을 물었다.

"서울과 인천, 부산이 서로 해사법원을 유치하기 위해 각축전을 벌였습니다. 당연한 말이지만 각 도시들은 자신들의 지역에만 해사법원을 설립해야 한다고 주장했지요. 해법학회는 일종의 중도안으로서 서울과 부산 두 곳에 해사법원을 두자는 입장이었습니다. 사실 해사법원 설치가 능사는 아니라고 봅니다. 국내 해사(海事)사건이 연간 500건 미만을 하회하는 우리 현실에서는 해사법원 보다는 2016년 설치된 해사 전담재판부를 내실있게 운영함으로서 인적·물적 인프라를 확충해 나가는 것이 우선이라고 생각합니다. 먼저 법원 해사규칙을 제정해 전담 판사를 확보하고 해사재판부의 전문성을 유지할 수 있도록 해야 합니다. 주말 법정도 운영할 필요가 있습니다. 국내외 선주들이 우리나라 법원을 기피하는 이유 중 하나가 주말에 법원이 쉰다는 점입니다. 싱가포르·홍콩 등은 요건만 맞다면 주중, 주말 할 것 없이 법원에서 선박 압류·가압류를 풀어주는데, 우리나라는 금요일에 신청을 해도 주말을 지나 월요일에나 선박 압류가 풀립니다. 대형 선박은 하루만 운용하지 않아도 영업손실이 어마어마한데 이래서는 외국법원과 경쟁이 되지 않습니다."

국토의 3면이 바다인 우리나라는 수출을 통한 '무역입국'을 기치로 경제성장을 거듭했다. 전체 수출량의 99.8%가 해상운송에 의존하고 있으며, 국내 기업들은 세계 정상급의 선박건조 기술도 갖추고 있다. 하지만 산업규모에 비해 관련 법제 인프라는 뒤떨어져 있다. 이 때문에 해상분야 국제 경쟁력도 제자리걸음 상태다. 최근 중국이 급부상하면서 200명이 넘는 해상법 전문가를 양성하고 계속해서 법제도를 정비해 나가는 현실과 대조적이다.

"역사적인 차원에서 해운·해상법이 영국 중심으로 편성돼 있는 것은 사실입니다. 해상분쟁이 발생한 경우, 어느 나라 법률을 기준으로 분쟁을 해결할지 판단하는 준거법(proper law) 결정이 중요한데, 우리나라 해상법과 법원은 국제적으로 홍보도 돼 있지 않을뿐더러 인프라도 낙후돼 있습니다. 그동안 "선박을 몇 척 수주했다.", "해운계약을 몇 건 체결했다."는 식의 실적에 연연한 점이 한계였지요. 그러다 2016년 한진해운 사태 같은 국제분쟁이 발생하면 어떻게 해결할지 몰라 용선료 인하 협상에 기업들이 비싼 해외로펌을 고용하고, 해사관련 분쟁을 다른 나라 법정에서 판단받는 기형적인 상황에 이른 것입니다. 더 많은 교수들, 법조인들이 우리나라 해상법의 저변을 확대하기 위해 노력해야 합니다."

김 교수는 최근 선박건조·선박금융·해사도산 등 해상법의 특수분야 연구에 매진하고 있다. 직접 선박건조금융법연구회를 설립하고, 해상법을 중심으로 다양한 법 영역을 아우르는 연구를 시도하고 있다.

"앞으로는 해운산업을 진흥하고, 도와주는 창조적인 형태의 법률을 연구하고 발전시켜야 합니다. 예를 들어 환경규제 때문에 특수한 설비를 배에 설치해야 한다면, 비용을 선주들에게만 부담시키는 것이 아니라 화주들에게도 적당한 분배가 이뤄질 수 있도록 우리 경쟁법 체계 안에서 새로운 법리를 개발하고 입법 등을 통해 적용할 필요가 있습니다. 또 해상법의 연구 범위를 넓혀 선박건조·선박금융·해사도산법 등의 분야에서도 국제 경쟁력을 확보해야 합니다. 그래야 우리나라가 비교우위를 점하고 있는 선박건조·해운업 분야에서도 시너지 효과를 낼 수 있을 것입니다."

〈법률신문〉, 2019년 5월 2일)

[부록 8]

「한진해운 파산 백서」 낸 김인현 교수

"한진해운이 준비된 상태에서 기업회생절차(법정관리)를 신청했다면 파산에 이르지 않고, 물류대란을 막을 수 있었다."

지난 2019년 8월 20일 서울 성북구에 위치한 고려대 법학관에서 만난 김인현 교수는 한진해운 파산 원인·결과·개선방향에 대해 연구한 「한진해운 파산 백서」를 발간하면서 느낀 소회를 밝혔다. 김인현 고려대 해상법연구센터장은 한국해운물류학회 한종길 성결대 교수와 함께 「한진해운 파산 백서」를 집필했다. 한진해운 파산 백서 연구 결과는 26일 서울 여의도 선주협회에서 발표 예정이다.

「한진해운 파산 백서」는 전 세계 해운업계에 큰 파장을 일으킨 한진해운 법정관리 신청 3년만에 완성됐다. 국내 1위·세계 7위 컨테이너 선사였던 한진해운은 2016년 8월 31일 법정관리를 신청했고, 6개월 뒤인 이듬해 2월 법원에서 파산 선고를 받으면서 역사 속으로 사라졌다. 한진해운의 갑작스러운 법정관리 신청으로 전 세계 항만에서는 한진해운 선박을 억류하거나 화물 하역작업을 거부하는 등 물류대란이 발생했다.

한국 해운업계는 한진해운 파산으로 여전히 후유증을 앓고 있다. 정부는 한진해운 파산으로 무너진 한국 해운 경쟁력을 되찾겠다며 '해운재건 5개년 계획'을 추진 중이지만, 선복량(적재용량)과 노선 점유율 등은 한진해운 사태 이전 수준으로 회복될 조짐이 보이지 않는다. 현대상선도 최근 얼라이언스 가입과 초대형 선박 발주 등으로 한진해운 빈자리를 메우기 위해 바쁘게 움직이고 있지만, 적자가 계속되고 있는 상태다.

"얼라이언스 퇴출 조항은 무효로 다퉈볼 여지 있어"

한진해운 파산 문제에 대해 법률·제도적으로 분석한 김인현 교수는 정부와 한진해운이 준비 없이 법정관리를 결정했다고 지적했다. 한진해운은 법정관리 신청 직후 당시 활동하고 있던 해운 얼라이언스(동맹)에서 퇴출되면서 결정적인 타격을 입었는데, 퇴출을 막을 수 있는 방법이 있었다는 것이다. 얼라이언스 퇴출을 지연시켰다면 물류대란을 막았을 수 있었고, 그랬다면 물류대란으로 인한 손해배상 규모를 줄여 파산에 이르지 않았을 수 있었다는 분석이다.

김인현 교수는 "얼라이언스 내부적으로 법정관리를 신청할 경우 조기 퇴출한다는 조항이 있었는데, 이런 도산해지조항 자체가 무효"라며 "정기선사는 공익성이 있기 때문에 얼라이언스 퇴출시 물류에 미치는 파장을 고려할 때 해당 조항은 무효라고 다퉈볼 여지가 있었는데, 한진해운 측에서 몰랐던 것 같다."고 했다.

김인현 교수는 한진해운 법정관리 신청이 3년이 지나도록 이를 막을 수 있는 제도적 장치가 없다고 꼬집었다. 한진해운이 결성했던 해운 동맹 '디 얼라이언스'는 한진해운 파산 이후 내부적으로 파산 신청 이후 물류대란을 막을 수 있는 기금을 조성하기로 했다. 현대상선은 최근 '디 얼라이언스'에 가입하면서 물류대란을 막을 수 있게 됐지만, 그렇지 않은 국내 근해 선사들은 아직도 물류대란 위험에 노출돼 있는 상황이다. 김인현 교수는 이와 관련된 입법안을 만들어 국회에 전달할 계획이다.

"「한진해운 파산 백서」 발간에 해봉 배순태 회장 도움 커"

김인현 교수는 한진해운 파산 백서 준비 과정에서 고(故) 배순태 흥해 회장의 도움이 컸다고 설명했다. 한국 해운 1세대로 꼽히는 배순태 회장은 우리나라 최초로 세계일주를 한 선장으로 유명하다. 1945년 진해고등해원양성소(한국해양대 전신)를 졸업하고 1953년 선장이 됐다. 1959년 국가 공인 도선 면허 1호를 취득해 인천항에서 34년 동안 도선사로 근무하면서 한국 해운·항만산업 발전에 이바지했다.

배순태 회장은 2017년 4월 11일 세상을 떠나기 전까지 한진해운 파산 소식을 듣고 안타까워한 것으로 전해졌다. 국내 1위·세계 7위 해운사였던 한진해운은 2016년 8월 31일 기업회생절차(법정관리)를 신청했고, 6개월 만인 2017년 2월 파산 선고를 받고 역사 속으로 사라졌다. 배순태 회장은 아들 배동진 흥해 대표에게 다시는 한진해운 파산과 같은 일이 일어나지 않도록 연구하라는 유언을 남겼다.

연구는 한진해운 파산 과정에 관심을 갖고 관련 세미나를 여러 차례 진행한 김인현 교수가 맡았다. 김인현 교수는 배순태 회장의 한국해양대 후배로 10년 동안 상선(商船)을 탄 선장 출신이다. 국내 해상법 권위자로 해양수산부 정책자문위원회 위원장 등을 맡고 있다. 마침 해운물류학회에서도 한진해운 사태에 대한 연구를 진행하고 있었기 때문에 「한진해운 파산 백서」를 공동 발행하게 된 것이다.

김인현 교수는 "과거 조양상선 파산과 관련된 자료를 수집하는데 어려움을 겪었다"며 "이번에는 제대로 자료를 남겨서 절대 이런 일이 반복되지 않도록 해야겠다는 생각이 들었다."고 했다.

〈〈조선비즈〉, 2019년 8월 26일〉

[부록 9]

고려대 바다 최고위과정을 말하다
- 김인현 고려대 로스쿨 교수 -

Q 지난 7월 고려대 해운조선물류수산(바다) 최고위 과정을 성공적으로 마친 것으로 압니다. 우선 소개를 부탁드립니다.

A 고려대학교 법과대학(로스쿨) 산하에 최고위 과정을 개설했습니다. 4월 10일부터 시작해서 7월말까지 약 4개월 동안 매 수요일마다 3시간씩 2강좌의 강의가 있었습니다. 7월 17일 40명에 대한 수료식을 가졌습니다. 해운, 조선, 물류, 선박금융, 수산에서 원생들이 참여하여 각 분야에 대한 전문지식도 얻고, 네트워킹도 하는 시간을 가졌습니다. 고려대 법과대학에서 ESEL이라는 플랫트 폼에 의하면 2기이지만, 정식 명칭은 해운조선물류수산 최고위 과정 1기입니다. 이를 줄여서 바다최고위 과정으로 하기로 했습니다. 현재 40명의 1기원우회가 조직되어 있고, 다양한 활동을 펼치고 있습니다. 내년 3월에 2기를 모집하는데, 9월말부터 조기 모집공고를 하여 더 안정적인 과정운영을 도모하고자 합니다. 저는 주임교수를 맡고 있으면서 1기 원생이기도 합니다.

Ⓠ 훌륭한 프로그램으로 업계에서 칭찬이 많은데 비결은 무언지
요?

Ⓐ 서울지역을 중심으로 바다 관련 최고위 과정에 대한 수요가 많았던
것 같습니다. 부산에는 한국해양대학이나 부산대학, 부산일보 등에
서 바다관련 최고위 과정을 오랫동안 열어왔습니다. 그렇지만, 서울
지역에는 이런 과정이 서울대학의 해양정책 최고위 과정을 제외하
고는 없었던 것으로 압니다. 시장조사를 하였더니, 서울대학의 최고
위과정은 해양법이나 행정 등 공공분야에 대한 프로그램이 많아서
해운조선시장의 공부를 하고자 하는 분들이 해운조선의 비즈니스에
초점을 맞춘 최고위 과정의 개설을 희망했습니다.

　우선 고려대의 학문적 수월성을 최대한 활용하여 법학, 경영학,
역사학 등에서 최고의 강사진을 모셨습니다. 최광식 전 문광부장관
(고려대 명예교수, 역사학과), 이만우 교수(고려대 경영대, 회계학),
김대기 교수(고려대 경영대, 물류), 박지순 교수(고려대 법대, 노동
법), 박세민 교수(고려대 법대, 보험법), 김인현 교수(고려대 법대,
해상법)가 그들입니다. 여기에 해운, 조선, 수산, 물류 등에서도 업
계의 최고의 강사진으로 구성했습니다. 유창근 사장(현대상선, 정기
선영업), 김칠봉 부회장(대한해운, 부정기선영업), 정병석 변호사(김
&장 법률사무소, 해사도산법), 정우영 변호사(법무법인 광장, 선박
금융), 김영무 부회장(선주협회), 정갑선 부사장(팬오션), 안상갑 상
무(한화 손해보험) 등이 그들입니다. 그리고 인문학강좌에 유명한
유학자인 한형조 교수(한국학중앙연구원)를 모셨습니다. 최고의 강
사진의 강의를 듣게 되어서 만족도가 높았다고 봅니다.

　저녁 식사는 6시에 고려대 법대 근처의 식당에서 모여서 같이 식
사하고, 저녁 강의를 마치고 2차 뒤풀이도 매번 가졌습니다. 이런
비용은 모두 학교에서 처리를 했습니다. 그러다보니 학교가 장사
속으로 최고위과정을 운영한다기 보다 진심으로 교육적인 차원의
프로그램을 운영한다는 생각들이 원생들 모두에게 전달되었을 것입
니다.

　해운·조선·물류, 수산업계에 꼭 이러한 최고위 과정이 있어야
한다는 공감대가 형성되어 업계를 대표하시는 분들이 학생으로 많

이 참석하였습니다. 유기준 국회의원, 김성찬 국회의원, 김영무 부회장(선주협회), 유병세 전무(해양조선플랜트협회), 정우영 변호사 그리고 저도 원생으로 참여한 것이 바다 최고위과정의 네트워킹을 강화하는 긍정적인 기능을 했을 겁니다.

원생들 자체로서도 분위기가 너무 좋았습니다. 원우회(회장 임상현 도선사협회장, 부회장 김일연 보양사 이사)가 조직되어 활발하게 움직이고 있습니다.

Q 앞으로 이 바다 최고위 과정을 어떻게 운영하실 계획이신지요?

A 보통, 최고위 과정은 매 학기 개설하는 것이 원칙이지만, 지속적으로 가능해야 하므로 1년에 한번씩 봄학기에 개설하기로 했습니다.

이 과정을 운영해보니 우리 업계에서 이런 최고위 과정이 꼭 필요하다는 생각이 들었습니다. 제1기의 교과목에서 몇 과목을 더 추가하여 진정 우리 분야의 CEO로써 꼭 필요한 소양을 쌓도록 할 예정입니다. 해운업계만 하여도 CEO 자리가 많습니다. 예를 들면, 한국선급 회장, 한국해운조합 이사장, 한국해양교통안전공단 이사장, 부산항만공사, 인천항만공사, 한국해양대/목포해양대 총장, 인천해사고등 교장, 현대상선 사장 등이 공모나 선거를 통하여 정해지는 자리들이지요. 이들 자리에 CEO가 되려면, 해운경영, 해상법, 조선업, 물류, 수산 등 업무관련, 그리고 회계학, 인사관리, 인문학 등의 소양을 갖추어야합니다. 프로그램을 잘 마련하여 이런 수요를 만족시켜드리려고 합니다.

제2기부터는 장차 해운조선물류수산 분야에서 CEO가 되려는 분들을 중심으로 관련 소양을 충분히 갖추는 것이 가능한 프로그램을 운영하도록 하겠습니다. 따라서, 제1기에서는 4개월간 수업(16회 x 3시간)을 했습니다만, 제2기에는 6개월간 수업(24회 x 3시간)을 개설할 예정입니다. 이 과정을 수료하면 어느 정도의 소양은 갖추었다는 인정을 받을 수 있도록 하여 우리 해운조선물류 분야에서 하나의 명품 교육 인프라로 만들어 갈 것입니다.

Ⓠ 한진해운파산 백서를 작성완료하신 것으로 압니다. 작성과정에 대하여 말씀해주십시요.

Ⓐ 한국해양대학의 전신인 진해고등상선학교를 졸업하시고 해운에 투신하신 고 배순태 회장님의 유지로, 한진해운과 같은 사태가 다시는 우리나라에서 발생하지 않도록 용역을 발주하여 제가 책임연구원을 맡게 되었습니다. 해봉 배순태 회장님은 한진해운의 전신인 대한해운공사에 근무하신 바 있었기 때문에 한진해운의 파산에 가슴이 아팠다고 하십니다. 현재는 아드님인 배동진 회장이 해봉꿈이룸 장학재단을 설립하여 해운의 발전을 위한 공익사업에 진력 중입니다.

이화여대의 한민 교수(도산법 전공), 단국대학교 박영준 교수(보험법 전공) 그리고 강동화 전문위원(김&장 법률사무소, 한진해운 법무팀 근무), 신장현 차장(수협은행)등 전문가들과 함께 1년반에 걸쳐서 연구를 했습니다. 저희는 연구분야를 법률분야에 한정했습니다. 경영부분은 한종길 교수를 책임연구원으로 하는 해운물류학회 팀이 연구를 했습니다. 2019.8.26. 선주협회에서 최종보고회를 가진 바 있습니다.

Ⓠ 연구결과에 대한 소감이나 교훈, 그리고 법률개정 희망사항을 알려주십시오.

Ⓐ 먼저, 비 법률분야에 대한 소감 한 가지를 말씀드립니다. 조양상선의 파산이 한진해운 파산보다 15년 정도 앞선 2001년에 있었습니다. 조양상선 파산 당시의 기록을 찾기가 어려워서 애를 먹었는데, 이는 상대적으로 언론의 관심을 받지 않았기 때문임을 알게 되었습니다. 그것은 동일한 정기선사의 파산이었지만, 한진해운 사태와 같은 대규모의 물류대란이 발생하지 않았기 때문입니다. 당시 청산업무를 맡았던 임원과 인터뷰를 했습니다. 조양상선의 사주와 경영진은 가능하면 물류의 흐름에 지장을 주지 않도록 하기 위하여 회생절차개시 신청이전 빚을 가능한 많이 갚기 위하여 노력하였고, 화주와의 운송계약관계도 지속적으로 줄여 나갔다는 것을 알게 되었

습니다. 저는 조양상선의 경영자들이 고맙게 느껴졌습니다. 이들은 조양상선이 개인적인 사기업으로서 자신들이 회사를 마음대로 처리할 수 있다는 생각에 앞서서 정기선의 국제물류상 공익적인 기능을 깊이 인식하고 있었습니다.

한진해운의 경우는 이와 많이 달랐습니다. 아무런 준비도 없이 덜썩 회생절차 개시 신청을 한 것으로 파악되었습니다. 최고경영진이 물류대란을 방지하기 위한 준비가 없었습니다. 이점에서 조양과 한진은 큰 차이를 보였다고 판단되었습니다.

비록 사기업이기는 하지만 정기선영업은 공익적인 기능이 있다는 점을 최고경영진들은 명심해야 한다는 교훈을 한진해운의 파산사태는 우리에게 웅변으로 남겼습니다. 마지막 항차의 화물은 어떤 위험을 무릅쓰고라도 운송인인 정기선사가 책임을 져주어야 합니다. 정기선 영업은 반드시 정시에 화물이 이동되고 인도받는다는 믿음에 기초하는 것입니다. 회생절차에 들어가도 이것은 반드시 지켜주어야 합니다.

정기선사가 자신들이 운항하는 용선된 선박의 용선료가 시장가보다 높아서 비용지출이 많은 경우 이를 대폭 줄일 수 있는 기회를 제공한다는 점이 채무자회생법의 묘미입니다. 회생절차에 들어가서 기존의 용선계약을 해지하면 잔존 용선기간에 대한 용선료채권은 회생채권이 됩니다. 회생절차에서 1/10 정도로 감액이 됩니다. 그러므로, 정기선사는 비용지출이 엄청 줄어들고, 낮은 시장가의 선박을 빌려와서 영업을 하므로 큰 이득이 됩니다.

팬오션이나 대한해운 등이 이런 제도의 혜택을 보았는데, 한진해운은 전혀 준비가 없었던 관계로 얼라이언스에서 퇴출이 되고, 물류대란이 일어나서 화주들이 한진해운을 신뢰하지 않게 됨으로써 법이 보장하는 이렇게 좋은 제도를 활용하지 못하였습니다. 제가 용역수행 중 내내 안타까웠던 것이 바로 이 점입니다. 한진해운의 경영진은 채무자 회생법을 이런 목적으로 활용하였어야 하고 준비작업을 철저히 했어야 합니다. 여기에 대한 인식의 부족과 준비부족은 한진해운의 경영진의 뼈아픈 실책이었다고 저는 생각합니다. 회생절차개시 신청 시 물류대란을 방지하기 위한 금융의 제공, 하역비 지급제도의 확립 등 법제도를 만들어 두지 못한 점도 많이 아쉬운 점입니다. 이 점에서 제가 속한 해상법학계, 변호사업계, 선주협회, 금융당국 등 정부도 모두 반성해야 합니다.

마지막 항차의 하역비 기금을 꼭 마련해야 합니다. 현대상선의 경우 The Alliance에 가입되있고 동 얼라이언스는 회원사가 회생절차개시가 되어도 하역작업은 모두 해주기로 약정이 되어있습니다. 여기에 가입되지 않은 우리나라의 정기선사는 불리한 지위에 놓이게 됩니다. 우리나라 정기선사 17개 선사가 하역기금제도에 가입하고, 하역회사는 하역비용에 대한 직접청구권을 보장받으면 이것이 제도적으로 성립될 수 있다고 봅니다. 기금제도이므로 보험제도와 달리 비용지출이 없습니다. 회생절차에 들어가서 하역비의 문제가 발생하면 갹출하여 비용을 지급하면 됩니다. 밀린 하역비 모두가 보호의 대상이 되는 것이 아니고, 마지막 항차의 화물에 대한 하역비의 지급을 보장하는 것입니다. 마지막 항차의 하역비는 물류의 흐름과 관련하여 공익적인 의미를 갖기 때문입니다. 마지막 항차보다 앞서 밀린 하역비는 공익적인 의미가 없기 때문에 여기에 포함되지 않아야 할 것입니다.

이와 관련, 현재 채무자회생법에는 회생절차개시전 20일 이내에 발생한 물품에 관련된 채권은 공익채권화하고 있습니다. 선박연료의 공급채권이 여기에 해당합니다. 그런데, 도선사 사용채권, 예선 사용채권, 하역료채권도 동일하게 중요하다고 생각합니다. 그래서 이 규정은 해운실무를 반영하여 "회생절차개시전 40일 이내에 발생한 물품 및 서비스 채권은 공익채권화"해야 합니다.

Q 2학기에는 안식학기로 해외에 나가는 것으로 압니다만, 구체적인 설명을 부탁드립니다.

A 예, 저희 교수들은 3년 근무에 6개월 안식학기를 가집니다. 저도 이번에 안식학기를 얻었습니다. 작년 11월 동경대학교 법과대학에서 객원연구원으로 허가를 받아 두었습니다. 9월 1일부터는 동경대학교 법과대학에서 연구생활을 하고 있습니다. 학교근처의 오이와께라는 외국교수용 기숙사에 있습니다. 동경법대에 후지다 교수라고 해상법도 잘 하는 교수가 있습니다. 그를 지도교수로 모셨습니다. 해상법등 연구도 하게 됩니다만, 저는 이번 6개월간 일본의 산

업계를 돌아보는 극일(克日)의 기회를 가질려는 생각을 하고 있습니다.

 일본이 해운, 조선, 물류분야가 어떻게 그렇게 안정적으로 운영되면서도 세계적인 경쟁력을 갖추어 가는지 그 비결을 알아보려고 합니다. 또한 인프라로서 해상보험, 선급, 해상 법조의 상황도 보려고 합니다. 따라서 일본 선주협회, NK, Japan P&I 등 방문계획을 가지고 있습니다.

 나아가 우리 해운조선물류 관련 기업의 지사나 사무소도 방문하여 발전상이나 애로 사항도 들어보려고 합니다.

 제가 생각하고 추구하는 해상법은 분쟁해결의 수단에 머무르지 않고, 분쟁을 미리 방지하는 예방법학, 그리고 해운조선물류 산업을 확대 조장하는 조장법학, 상거래 당사자들이 예측 가능하게 하여 산업을 중흥시키는 것에 목표를 둡니다. 이를 달성하기 위하여는 끊임없이 산업계의 움직임과 같이 가야 합니다. 그간 국내에 머물렀던 시각을 해외인 일본으로 돌려서 선진된 해운과 조선, 물류 분야를 체험하고 해상법과 접목시켜보겠습니다. 11월경부터는 일본산업의 현장에서 느낀 바를 글로 담아서 독자 여러분들과 공유하도록 하겠습니다. 　　　　　　　　　　　　　(《쉬핑뉴스넷》, 2019년 9월 10일)

〈서 평〉

정 필 수 (한국종합물류연구원장, 전 KMI 부원장)

　김인현 교수가 강단에 선 이래 20여 년간 발표한 72편의 수상록을 엮은 「해운산업 깊이 읽기 II」는 각 분야가 두루 망라되어 있고 보편적으로 알아야 할 지식들을 심도 있게 논의하여 마치 해운산업 신약 바이블을 대하는 것 같다. 따라서 이 책은 해운산업 분야 전문가, 비전문가를 가리지 않고 한번 읽어야 할 만큼 포근한 터치가 가능한 선물이 되고 있다. 이 책을 읽으며 해운, 조선, 해상법 등 바다 관련 산업에서 일어난 이벤트를 정확히 파악하여, 지향해야 할 뚜렷한 명제를 정립하고, 예리하지만 부드럽게 서술적으로 표현하여 잔상이 맘속에 여운을 남긴다. 책을 읽어 가다보면 따뜻하게 스며드는 저자의 훈훈한 바다사랑 마음에 저절로 공감대가 형성된다.

　책 전반에 일관되게 흐르는 바탕 주제이지만 앞으로 우리가 추구해야 할 통합(統合)과 포섭(包攝)의 美는 과연 어떻게 찾을 수 있을까? 경제활동을 영위하면서 효율성을 시현하기 위한 時間과 空間의 통합과정이 물류의 본질이라 할 수 있다. 물류활동은 구체적으로 외형활동을 위한 제반시설과 기본설비인 Hardware, 이를 운용하는 제도적 규제와 협약인 Software 그리고 이러한 활동을 수행하고 적용하는 대상에 관한 Humanware가 통합하고 포섭하여 이루는 예술이라 할 수 있다. 저자는 이 미로를 잘 헤쳐 나가 해운, 조선, 해상법, 수산업, 선원 양성 등 바다를 대상으로 한 사랑표현 중 어느 한 분야에 치우침 없이 균형을 취하고 일부 잘못된 억지 논리를 순리로 바꾸어 가며 절미한 통섭예술(統攝藝術)의 꽃을 피워보려 노력하고 있다.

4차 산업혁명으로 불리는 엄청난 여건의 변화 속에 과연 무엇이 우리의 기본자세인가를 생각하게 된다. 다양한 논의가 전개되고 있는 가운데 최근 ESG경영, ESG자본주의라는 개념이 궁극적 과제 중 하나로 정리되고 있다. ESG란 환경(Environment)과 사회적 가치(Social Value) 그리고 지배구조(Governance)를 응축한 표현인데 앞으로 우리 활동의 목표가 될 수도 있고 제약요소가 될 수도 있는 포괄적 의미라는 데 대체로 동의한다. 우리의 새로운 관심영역인 바다는 때로는 두렵고 접근도 제한적이었으나 향후 그 속에서 삶의 본질을 찾아야 하는 기피할 수 없는 대상으로 부상되고 있다. 새로운 도전을 기다리고 있는 생명의 원천인 바다는 과연 우리에게 무엇을 요구하고 있을까? 바다에 적용할 우리의 자세도 ESG로 함축될 수 있는데 약간 의미가 수정되어야 할 것 같다. 바다를 오래 우리 생활의 터전으로 가꾸기 위해 환경(Environment)보전이 가장 중요한 명제가 될 수 있고 예고 없이 닥쳐 올 위험에서 보호받는 안전(Safety, Security)을 우선적 가치로 삼아야 하고 공동의 소유물인 바다를 효율적으로 활용하는 국제협약 등 지배구조(Global Governance)의 발전으로 크게 요약될 수 있다. 지금까지 우리가 이용자 측면에서 바다에 충분히 접근했고 지속적인 활용을 통해 그 가치를 높였다면 앞으로는 영구히 존속할 수 있도록 보전하고 지키는 예방적 환경보호자적 접근이 더 강조되어야 할 것이다. 또한 위험에서 보호하고 군사적 위협에서도 안전한 안전성과 누구에게나 이용권이 열려 있는 바다 지배권의 보장을 위한 국제협약과 규범들을 수용하고 지켜나가야 할 것이다.

우리는 역사를 통해 오늘의 좌표를 알 수 있고 또한 미래로 나아갈 방향을 잡을 수 있다. 그 역사는 오래된 것만이 아니라 최근 일어나고 있는 사실을 정확하게 정리 기록하는 데서 출발한다. 최근 주변에서 일어나고 있는 이벤트들이 역사의 일면이 되고 발전의 단 조가 됨을 볼 때 김교수의 최근세 해양에 대한 정확한 기록과 알맞은 표현은 머지않아 역사적 가치를 충분히 발휘할 것으로 여겨진다. 그의 글을 또박또박 읽다 보면 다양한 모습의 주변 산업을 이어주는 바다라는 포근한 모체가 있고, 같이 논의해야 할 정제되어 가는 논리가 세워져 있으며 앞으로 나아가야 할 방향성이 보여 아름다운 해운역사의 역동성을 느낄 수 있다. 이러한 숨은 노력으로 역사의 한 페이지가 정리된다면 그 가치를 높이 평가할만한데 선험적으로 일본 수행승의 기록도 좋은 귀감이 될 수 있을 것이다. 1200년 전 일본고승 엔닌이 해상여행을 하며 매일 일상사를 세밀히 기록하여 남긴 「入唐求法巡行記」에서 뜻밖에도 귀중한 장보고 대사의 업적을 발굴해 낸 고사는 이러한 기록문화의 중요성을 재확인시켜 주고 있다.

저자는 해양수산부의 존치를 강력히 주장하였고 이제 해양수산부는 바다관련 산업을 총괄하는 독립된 정부조직으로 제 몫을 하고 있다. 미래지향적 사고를 연장하면 해운에 한정된 해양수산부 업무에 그치지 않고 종합적으로 물류부문을 통섭하는 기관으로 업무영역을 확장하는 방안도 상정할 수 있다. 이미 세계적 물류기업이 글로벌 가치창출 활동을 주도하고 있듯이 물류부문에 대한 인식의 깊이가 달라져 국제 해운업무뿐 아니라 국내 육상물류업무도 포괄하는 통합적 물류기업의 가치창출 형태로 영역이 확장되어야 할 것이다. 이러한 정책부서의 발전과 변화는 조심스럽지만 바람직한 해양 Governance 방향이 될 수도 있는 것이다. 또한 국경 없는 바다의 공유화는 해양관련 기관의 글로벌 차원 논의가 전개되어야 하는데 해양산업의 국제화 과정에서 한국이 주도하고 큰 역할을 담당하는 한국형 글로벌 해양모델 즉 "K- 바다모델"을 구축할 방안도 연구해야 할 것이다. 이러한 시도는 흘러가는 시대의 트렌드를 반영하여 정부에 의한 관주도를 벗어나 민간주도 형태로 발전해야 할 것이다. 민간부문이 적극적으로 참여하는 지배구조와 민간부문의 책임문제, 가치창출 문제 등에 대한 논의도 기대 된다.

다시 김 교수의 바다 사랑과 열정을 돌아보니 포항 앞바다 호미곶에 부조되어 있는 상생의 손 조각상이 연상되고 거친 바다에 떠오르는 아침 해처럼 희망의 깃대가 세워지는 느낌이다. 해운, 조선, 해상법, 선원, 정부조직 등을 분석한 칼럼을 통하여 바다 관련 산업을 더 깊이 인식하게 되었고 잊혀졌던 분야를 새로운 장르로 부상시킨 공로를 높이 치하한다. 안시성전투를 그린 영화를 보면서도 우리나라 해운업의 장래를 걱정할 만큼 바다에 대한 감수성이 높은 김 교수와 같은 분들로 인해 해양문화가 더욱 발전하여 바다가 삶과 희망의 공간으로 다시 태어나기 바란다.

〈서 평〉

젊은 율사여! 바다로 가라!

김 연 빈 (도서출판 귀거래사 대표, 전 주일한국대사관 해양수산관)

　온 세계가 코로나19 팬데믹으로 사회적 활동이 자유롭지 못한 가운데 김인현 교수가 놀라운 집중력으로 「김인현 교수의 해운산업 깊이읽기」(이하 「해운산업 깊이읽기 Ⅰ」)와 「선장 김인현 교수의 해운산업 깊이읽기 Ⅱ」(이하 「해운산업 깊이읽기 Ⅱ」)를 시리즈로 발간했다. 김 교수는 이 와중에 이 시리즈 외에도 몇 권의 책을 이미 발간하였거나 계획하고 있어 그 왕성한 활동력이 놀라울 뿐이다. 감히 범접하기 어려운 이 성취는 아무래도 선상에서 발아되고 강단에서 농축된 현장력과 지식력의 발로라 하지 않을 수 없다.

　「해운산업 깊이읽기 Ⅰ」은 저자가 2019년 9월부터 6개월간 일본 도쿄대학에서 보낸 안식학기 중에 기고한 글들을 모은 책이다. 저자는 일본에서 보낸 연구 활동을 통해 일본에서는 업계 사람이나 실무자들이 자기 분야의 전문지식이나 관심 있는 사항들을 연구하고 정리해서 얇은 단행본으로 발간하는 경향이 있는 것을 보고 이를 도입하고 실천하는 의미에서 이 책을 발간하게 되었다고 한다. 이런 것에서 일본 집단지성의 힘을 느꼈다고 한다. 이번에 발간되는 「해운산업 깊이읽기 Ⅱ」는 저자가 목포해양대학 교수에 임용된 1999년부터 2020년까지 각종 일간지와 전문지 등에 게재한 글을 모은 것이다. 해양수산부 폐지와 부활에 대한 저자의 소회는 1996년 해양수산부 창설과 1998년 초의 폐지 논란 때 미력하나마 역사의 현장에 관여했던 기억을 떠올리게 한다.

「해운산업 깊이읽기 Ⅰ」은 '깊이읽기'라는 책 제목과는 달리 책의 분량이 적다. 그러나 책의 분량에 비해서는 다루고 있는 내용이 무게가 있다. 일본 해상법(海商法, 상법 해상편) 개정내용을 소개하는 부분은 새롭고, 한국 해운 선진화를 위한 제안에는 저자의 일생의 연구 성과가 녹아 있다. 저자는 우리 해운분야의 몇 가지 고정관념을 열거하고 이것을 뛰어넘어야 하는 이유와 그 대책을 함께 제시하고 있다. 저자가 열거하는 고정관념은 8가지나 되는데 대표적인 것은 "해운은 위험한 산업이다."라는 것이고 「2000년대 호황 시 불황 대비책 부족에 대한 백서」를 발간하고 "함부로 고가의 선박에 투자하지 말도록" 하여 위험요소를 하나씩 하나씩 줄여나가자고 한다. 일본은 선박을 소유하는 선주사(owner)와 선박을 운항하는 운항사(operator)가 분리되어 있다는 것 속에서 한진해운 파산의 실마리를 보여준다. 정기선해운 등 우리 운송기업이 종합물류기업화를 추구해야 한다는 지적은 지당하고 시급하다.

주장하는 내용 하나하나에 이를 뒷받침하는 해상법 판례와 사례를 적절하고 친절하게 제시하고 있어 서술에 설득력이 있다. 부피는 작지만 내용은 충실하여 '해운산업 깊이읽기'라는 제목에 수긍이 간다. 덕분에 2019년 일본 해상법이 제정 100여년 만에 처음으로 개정·시행되어 이제는 우리 해상법보다 앞서가게 되었으니 우리도 빨리 일본 해상법 개편내용을 참고하여 해상법을 손질해야 한다는 주장에 공감하게 된다.

우리는 2016년 우리나라를 대표하는 글로벌 해운선사 한진해운이 파산하는 것을 가만히 지켜보고 있었다. 국가경제가 수출입에 의존하는 나라에서 한진해운의 파산은 엄청난 국가적 손실이다. 파산은 쉽지만 그만한 국제적 물류네트워크를 다시 갖추기는 쉽지 않다.

국적석사 HMM(2020년 3월 현대상선이 상호 변경)이 존망의 위기에서 살아남아 근근이 버텨주고 있으니 그나마 다행이다. 「해운산업 깊이 읽기 Ⅰ, Ⅱ」에서 저자는 한진해운 파산에 관한 소회와 함께, 한진해운이 화물을 안전하게 정시에 화주의 손에 배달해주는 것에 실패했다고 주장한다. 운송인은 안전하게 목적항에 도착하여야 하는 기본적인 의무에 더하여 정한 시간과 장소에서 화물이 화주에게 배달되도록 해주어야 한다면서, 해상법은 여기에 기여하도록 만들어지고 운용되어야 한다고 주장한다.

2019년 8월 「한진해운 파산백서」(한국해운물류학회, 고려대학교 해상법연구센터)가 김인현 교수와 성결대학교 한종길 교수를 중심으로 해서 발간되었다. 2001년 국내 정기선사의 선봉이었던 조양상선의 파산에서 한국 해운업계와 정책당국은 아무런 교훈도 얻지 못했다고 한다. 그런 의미에서도 저자의 이 시리즈는 우리 해운산업을 이해하는 데 적지 않은 도움이 될 것으로 생각된다. 장기간에 걸쳐 500쪽이 넘는 대작을 만들려고 애쓰지 말고 학자나 연구자들이 습득한 지식이나 경험을 얇은 소책자로 발행하여 즉시즉시 공유함으로써 우리의 집단지성을 우리 해운산업 발전에 기여하는 데 썼으면 하는 것이 저자의 생각이다.

한 때 해가 지지 않는 대영제국을 건설한 영국에서 선장(captain)은 최고의 존경을 받는다. 저자 김인현 교수는 한국해양대학을 나온 외항선 선장 출신의 고려대학교 법학전문대학원 해상법 교수다. 학계에서는 특이한 경력의 소유자이지만, 어쩌면 해상법 교수로서는 가장 적합하고 특화된 자질을 갖추었는지도 모르겠다. 선장으로서 쌓은 다양한 국제항해 경험과 세계 물류 현장에서 체득한 실체적 지식이 한국 최고 수준의 고려대 로스쿨에서 그 역량을 마음껏 발휘하고 있지 않나 싶다.

우리나라는 3면이 바다로 열려 있는 섬나라다. 국가경제가 수출입에 의존하고 있고 수출입 물량의 99.7%가 해상, 즉 선박을 통해 수송된다. 무역액 기준으로는 약 70%(2020년 기준 65.8%)에 이른다. 일본도 거의 같은 수준이다. 한일 간에는 많은 무역거래가 일어나기 때문에 일본의 해상법 개정은 우리나라에도 큰 영향을 미치게 된다. 저자가 우리 해상법이 일본의 해상법 개정 내용을 충분히 반영할 필요가 있다고 주장하는 이유이다.

그 많은 무역거래와 해상운송 과정에서 크고 작은 사건사고와 분쟁이 발생하는 것은 당연한 일이다. 이런 사건사고와 분쟁 속에서 이를 조율하여 당사자의 이익을 최대화하고 피해를 최소화하기 위해 활동하는 전문가들이 해사 전문 변호사라고 할 수 있다. 2007년 12월 태안 앞바다에서 발생한 허베이스피리트호 유류오염사고 피해보상 과정에서 최대 관점 중의 하나는 선주의 책임제한 인정 여부였다. 선주의 책임제한이 인정되느냐 인정되지 않느냐에 따라 피해보상(또는 손해배상) 범위가 작게는 약 50억 원에서 크게는 수천억 원으로 달라진다. 2008~2009년 허베이스피리트 피해보상지원단에 근무하면서 피해자인 어민측과 가해자인 선주측의 법리 공방이 치열했던 것을 뚜렷이 기억하고 있다.

그런데 저자가 말하는 우리나라 해사 관련 법률시장의 현실은 그렇게 활발하지는 않는 것 같다. 싱가포르에는 해상법 전문 변호사가 200여 명에 달하고 이웃 일본에서도 50여 명 이상이 활발하게 활동하고 있는데 우리나라는 40명 선에서 정체를 보이고 있다고 한다. 오래 전부터 거론되어 오던 해사법원 설치 문제도 부산, 인천 두 항만도시의 유치 경쟁 속에 진전이 없다. 일본은 우리와 마찬가지로 독립된 해사법원이 없지만 중국은 이미 11개소의 해사법원을 갖추고 있다.

다행히 지난 1월 한국해법학회(회장 손점열)와 한국해사법정중재 활성화추진위원회(위원장 김인현)가 공청회를 개최하여 현장 의견을 청취한 후, 2월 16일 이수진 의원(더불어민주당, 서울 동작구을) 등 국회의원 47명이 '해사국제상사법원'을 설치하는 「법원조직법 일부개성법률안」(의안번호 제8118호)을 발의하였다. 이 법률안은 해사사건을 전문적으로 처리할 전문법원을 설치해 해사민사 사건, 해사행정 사건, 항소 및 항고 사건, 다른 법률에 따라 해사법원의 권한에 속하는 사건, 국제상사 사건 등을 전속관할로 심판하도록 하자는 것이다. 해사법원 설치라는 당면 과제가 국제상사법원 설치와 융합하여 발전된 해사국제상사법원으로 모습을 드러낼 것을 생각하니 시대의 화두인 통섭의 힘을 여기에서 느끼게 된다.

무역대국 대한민국의 무역거래 현장에서 발생하는 각종 사건사고와 분쟁에서 조금이라도 유리한 지위에 서기 위해서는 해상법에 정통해야 하고 해상법에 정통한 유능한 해상법 전문 법률가들이 많이 양성되고 활약하는 것이 필요하다. 국내의 열악한 해상법 교육 현장에서 고군분투하는 저자가 귀중한 안식학기를 이용하여 거둔 성과를 집단지성의 한 방법으로 표출하고, 그동안 20여 년 동안에 쌓아온 고뇌의 산물을 집적한 「해운산업 깊이읽기 Ⅰ, Ⅱ」 시리즈가 해운산업 현장에서 활약하는 사업 관계자와 해상법을 다루는 법률가들에게 조금이나마 길잡이가 되고, 앞으로 젊은 법률가 지망생들이 해상법에 관심을 갖는 데 촉매제가 되었으면 한다. 그런 뜻에서, 저자가 고려대학교 법학전문대학원에 개설한 'ESEL 해운·조선·물류·수산 최고위과정(일명 바다최고위과정)'을 수료하고 주일해양수산관을 역임한 인연으로, 서평 게재라는 분에 넘치는 영광을 안게 되었다.

끝으로 우리 대한민국에도 머스크와 같은 세계 유수의 선사와 당당하게 경쟁할 수 있는 견고한 글로벌 해운선사가 육성되고 바다를 활약의 무대로 하는 젊고 유능한 법률가들이 많이 양성되기를 바란다.

[저자약력]

경북 영해고 졸업
한국해양대학교 항해학과 졸업
고려대학교 법학사·법학석사·법학박사
University of Texas at Austin(LLM)
싱가포르 국립대학 및 동경대학교 법과대학 방문교수
일본 산코기센(Sanko Line) 항해사 및 선장
김&장 법률사무소 선장(해사자문역), 법무법인 세경 비상임 고문
국립목포해양대, 부산대학교 법과대학 조교수 및 부교수
한국해법학회 회장, 법무부 상법개정위원, 인천항만공사 항만위원,
로테르담 규칙제정 한국대표단, IMO 법률위원회 및 IOPC FUND 한국대표단
해양수산부 정책자문위원장
(현) 고려대학교 법학전문대학원 교수(상법), 동 해상법연구센터 소장
　　　선박건조·금융법연구회 회장, 수산해양레저법정책연구회 회장
　　　대법원 전문심리위원
　　　중앙해양안전심판원 재결평석위원회 위원장
　　　갑종 선장면허(1급항해사) 보유(2024년까지 유효)
　　　대한상사중재원·SCMA(싱가포르해사중재) 중재인

〈저서 및 논문〉
해상법연구(삼우사, 2003), 해상법연구Ⅱ(삼우사, 2008), 해상법연구Ⅲ(법문
사, 2015), 해상법(법문사, 제5판, 2018), 해상교통법(삼우사, 제5판, 2018)
Transport Law in South Korea(Kluwer, 제3판 2017), 선박충돌법(법문사,
2014), 보험법·해상법(박영사, 제9판 2015년)(이기수, 최병규 공저), 선박
건조·금융법연구Ⅰ(법문사, 2016)(편집대표), 해상법 중요판례집Ⅰ(법문사,
2018)(편저), 김인현 교수의 해운산업 깊이읽기(법문사, 2020)

〈수필집〉
바다와 나(종합출판 범우, 2017)
선장교수의 고향사랑(종합출판 범우, 2020)

선장 김인현 교수의 **해운산업 깊이읽기 Ⅱ**

2021년 3월 30일 초판 1쇄 발행
2021년 4월 20일 초판 2쇄 발행

저 자 김   인   현

발행인 배   효   선

발행 서
처 판   **法 文 社**

소 10881 경기도 파주시 회동길 37-29
록 1957년 12월 12일/제2-76호(윤)
화 (031)955-6500~6 FAX (031)955-6525
·mail (영업) bms@bobmunsa.co.kr
(편집) edit66@bobmunsa.co.kr
홈페이지 http://www.bobmunsa.co.kr
조 판   법 문 사 전 산 실

정가 20,000원   ISBN 978-89-18-91193-9